捕诉一体实务指引丛书 ❹
BUSUYITI SHIWU ZHIYIN CONGSHU

毒品犯罪案件捕诉操作指引

主 编◎印仕柏　　副主编◎冯丽君

中国检察出版社

图书在版编目（CIP）数据

毒品犯罪案件捕诉操作指引 / 印仕柏主编. —北京：中国检察出版社，2021.6

ISBN 978-7-5102-2513-0

Ⅰ.①毒… Ⅱ.①印… Ⅲ.①毒品-刑事犯罪-刑事诉讼-研究-中国 Ⅳ.①D925.210.4

中国版本图书馆CIP数据核字(2020)第238595号

毒品犯罪案件捕诉操作指引

印仕柏　主编　冯丽君　副主编

策　　划：刘志远
责任编辑：侯书钊
技术编辑：王英英
封面设计：天之赋设计室

出版发行：中国检察出版社
社　　址：北京市石景山区香山南路109号（100144）
网　　址：中国检察出版社（www.zgjccbs.com）
编辑电话：（010）86423753
发行电话：（010）86423726　86423727　86423728
（010）86423730　86423732
经　　销：新华书店
印　　刷：北京宝昌彩色印刷有限公司
开　　本：710 mm×960 mm　16开
印　　张：26.25
字　　数：375千字
版　　次：2021年6月第一版　2021年6月第一次印刷
书　　号：ISBN 978-7-5102-2513-0
定　　价：78.00元

捕诉一体实务指引丛书

编 委 会

《毒品犯罪案件捕诉操作指引》

编 委 会

主　编　印仕柏

副主编　冯丽君

撰稿人　（按姓氏笔画排序）

王玉萄　冯丽君　彭余辉

总　序

“捕诉一体”是新时代检察机关适应以审判为中心的刑事诉讼制度改革、加快落实司法体制改革、优化司法资源配置的重大机制创新，对于提升检察机关司法办案质效、强化法律监督、推进队伍专业化建设具有十分重要的意义。从2018年推行至今，“捕诉一体”办案机制取得了显著成效，提升了办案质量和效率，成为新时代检察工作的一个亮点。2019年12月30日实施的《人民检察院刑事诉讼规则》从制度层面为“捕诉一体”办案机制运行提供了基本遵循。对于这一办案机制的全面推进，最高人民检察院张军检察长表示，现在认识已达成一致，接下来是怎么把它运行好、管理好、落实好的问题。

实践是检验真理的唯一标准。湖南省检察机关从2017年开始探索试行这一办案机制，按照刑事案件类别设置刑事检察机构，实行批捕、起诉、诉讼监督等一体化模式。长沙市雨花区人民检察院作为先行试点单位，按照案件类型设置刑事检察一、二、三局，将审查批捕权、审查起诉权交由同一个检察官行使，案件办理平均用时缩短近50%。2019年湖南省人民检察院内设机构调整完成，市县两级检察机关内设机构调整、“捕诉一体”渐次展开，提质增效强监督的改革初衷也在进一步成为现实。实践证明，“捕诉一体”办案机制具有三大最直观的优势：实现案件的专业化办理，减少重复劳动，提高诉讼效率；实现指控犯罪以及以审判为中心庭审证据标准要求，前移引导、监督侦查活动的关口，实现渗入式、全过程的对接、引导、监督；实现密切侦诉协作，增强侦诉办案合力，这在一些重大疑难复杂案件中有更明显、更集中的体现，如在扫黑除恶专项斗争中，岳阳等地检察机关实行"捕诉一体"办案模式，集中一个办案组去办批捕起诉的案件，案件质量、效率大幅提升。

改革争在朝夕，落实难在方寸。作为一项全新的改革，"捕诉一体"办案机制在理论和实践上还存在诸多亟待解决的问题。就理论层面来讲，最初关于"捕诉一体"正当性及合理性的质疑，司法实践已给予一定回应，"捕诉一体"改革成效，还需要进一步比较论证，让更多人理解、接受并支持党和国家的司法改革。就实践层面来说，对于运行中存在的上下级院捕诉关系、办案时间"碎片化"、内部监督机制、业务考核考评等问题，最高人民检察院陆续出台了相关的制度规范，对于可能判处无期徒刑以上刑罚的故意杀人、抢劫、危害公共安全犯罪案件"下捕上诉"运行模式，湖南省检察机关正在探索实行由市州人民检察院统一负责审查逮捕。目前实践中最为突出的问题，还是办案能力不适应。从捕、诉"接力赛"转变为捕、诉、监督全程"马拉松"，由"分段负责"到"一案到底"，刑事检察官不仅要有"捕"的能力，还要有"诉"的能力。认罪认罚从宽制度中的"协商"，进一步强化了检察官在审查程序中的主导地位，精准量刑建议的提出，需要检察官不仅要了解侦查工作，还要熟悉审判工作。"案－件比"则要求通过提高办案质效将上一个诉讼环节的工作做到极致。"捕诉一体"办案模式下，刑事检察官专业能力面临着巨大挑战，原公诉部门的办案人员对侦查监督缺乏了解，原侦查监督部门的办案人员对审查起诉、出庭公诉更是缺乏实践。新时代人民群众对检察工作的要求，是办更好的案件，办更高质量、更高效率的案件。在“捕诉一体”优质检察产品的生产线上，检察官、检察官助理、书记员，一个都不能少，“要以等不起的紧迫感、慢不得的危机感、坐不住的责任感，讲政治、顾大局、谋发展、重自强”。

湖南省人民检察院历时近两年，组织全省三级检察院编写的《捕诉一体实务指引丛书》，凝聚了80余名批捕、起诉一线刑事检察官的工作经验和心得，是检察机关落实“捕诉一体”办案机制，提升刑事检察办案能力的实战业务用书。

丛书按照“捕诉一体”的总体思路和工作要求，以“正确、务实、全面、精炼”为基本要求，立足于总结和挖掘近年来湖南省检察机关审查逮捕、审查起诉以及诉讼监督工作的实践经验、成熟机制和试点探索的有效做法，全面深入地介绍、总结审查逮捕、侦查活动监督、审查起诉、出庭公诉、审判活动监督的各个环节、各个方面的工作要求和实务技能，尝试形成可面向和指导全国检察机关适应“捕诉一体”条件下开展刑事检察实务工作需求的工具书。丛书包括《捕诉一体刑事检察实务基础指引（上下）》《侵犯财产犯罪案件捕诉操作指引》《涉众型经济犯罪案件捕诉操作指引》《毒品犯罪案件捕诉操作指引》《未成年人刑事案件捕诉操作指引》《侵犯公民人身权利、民主权利犯罪案件捕诉操作指引》《危害公共安全犯罪案件捕诉操作指引》，共七个分册。在内容上本丛书致力于解决实务问题，结合前沿理论、司法热点、难点与典型实例，阐述审查逮捕、审查起诉要点，提出了解决办法和处理意见，既体现地方特色，又具有普适性；既满足实践办案需求，又兼顾政策性、导向性要求。

当然，“捕诉一体”作为一种实操性较强的改革，还处于不断探索发展过程中，作为一套操作指引丛书，也不可能巨细靡遗、面面俱到，加上编写者自身法治理念、法律素养和业务技能上存在的不足，书中的错漏在所难免，还需要通过实践的检验不断完善，也欢迎检察同行和社会各界提出批评和建议。

希望本丛书的出版，能够给刑事检察工作人员实务操作带来一些帮助，能够给刑事实务工作者和理论研究人员提供鲜活素材与参考。也希望经过实践的检验，这套丛书能够成为受刑事实务工作者欢迎的案头工具书！

最后，如果说改革是知难而行的话，让我们“硬磕最难的路、直面崇高、坚守理想”，借《流浪地球》的这句话，共勉。

是为序！

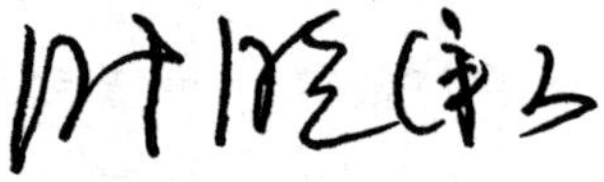

2021 年 4 月

目　录

第一章　毒品犯罪立法概况

毒品是指鸦片、海洛因、甲基苯丙胺（冰毒）、吗啡、大麻、可卡因以及国家规定管制的其他能够使人形成瘾癖的麻醉药品和精神药品。具体品种以国家食品药品监督管理局、公安部、国家卫生和计划生育委员会发布的《麻醉药品品种目录》《精神药品品种目录》为依据[①]。

制毒物品是指《中华人民共和国刑法》（以下简称刑法）第 350 条第 1 款规定的醋酸酐、乙醚、三氯甲烷或者其他用于制造毒品的原料或者配剂，具体品种范围按照国家关于易制毒化学品管理的规定确定。

本书将涉及毒品、制毒物品的犯罪统称毒品犯罪，系指刑法第六章第七节的相关罪名。

第一节　毒品立法概述

毒品犯罪既是国际公约规定的国际性犯罪，同时也是各国刑法规定的犯罪。虽然关于毒品犯罪的概念，至今尚未形成比较一致的概念，但我们认为，所谓毒品犯罪，是指违反禁毒法律法规、破坏毒品管制活动，具有严重的社会危害性，依法应受刑罚处罚的行为。毒品犯罪概念虽不统一，但关于毒品犯罪的打击，总的来说，世界各国立法都是很严厉的。

---

① 2013 年 11 月 11 日，国家食品药品监管局、公安部、国家卫生和计划生育委员会公布了《麻醉药品品种目录（2013 年版）》和《精神药品品种目录（2013 年版）》，自 2014 年 1 月 1 日起施行。

一、英美法系的毒品立法

英美法系国家有比较严密的惩治毒品犯罪的法律体系。美国最早的禁毒法律是1914年12月17日通过的，美国禁毒法律中关于毒品犯罪主要包括五种类型的毒品，其中属于Ⅰ类、Ⅱ类毒品犯罪重犯的，处30年以下监禁，并处或单处5万美元以下罚金。此外，美国《模范刑法典》规定了公然酩酊、乱用药物罪。该法规定的公然酩酊、乱用药物罪是行为人出于医疗以外的目的，提取酒精饮料、麻醉药或其他药物，致使在公共场所显示影响到足以危害自己或他人的身体或财产或使附近的人感到不安的程度的状态，即构成犯罪。英国将吸毒视为犯罪行为，但为了充分体现以人为本的理念，以关心吸毒者的身体健康为首要任务，实施以医疗措施代替刑罚执行。因此，英国对吸毒者的惩罚并非一定限制其人身自由，其处罚的种类很多，诸如拘留、缓刑、假释、社区服务、电子监控、家中监禁等，可根据吸毒者的具体情况选择不同的刑罚措施。加拿大1985年制定了《麻醉品管制法》，此后至1990年进行了4次修订，主要规定了三大类型毒品犯罪，一是生产型毒品犯罪，二是交易型毒品犯罪，三是持有型毒品犯罪，对交易型毒品犯罪，可以处终身监禁。

马来西亚刑法典中没有对毒品犯罪作出规定，有关禁毒规定主要集中在单行刑事法令和条例，内容涉及遏制毒品交易犯罪与预防毒品滥用，其有关禁毒的法律主要有《1952年惩治毒品犯罪法》《1952年毒物管制法》《1983年毒品成瘾者戒毒康复法》《1985年惩治毒品犯罪（特殊预防措施）法》以及《1988年惩治毒品犯罪（没收非法收益）法》等。《1952年惩治毒品犯罪法》开始仅适用于马来西亚半岛，自1978年6月1日开始，其适用范围扩大至沙拉窝和沙巴地区，该法对进口、出口、制造、销售、使用鸦片与其他毒品及物质的犯罪行为作出了明确的规定，其内容主要包含进口毒品罪、出口毒品罪、持有毒品罪、交易毒品罪，栽培、种植毒品原植物罪，生产、销售毒品罪，使用、吸食毒品罪，运输毒品罪[①]。

二、大陆法系的毒品立法

大陆法系中日本除了刑法典中有条文规定外，还制定了单行的特别刑法。这些单行的特别刑法明确了毒品犯罪的范围、增加了毒品犯罪的罪名，扩大了毒品犯罪的管辖权，增加了财产刑的适用和反“洗钱”的有关规定。

法国1810年实施的，1975年修订的刑法典没有就毒品犯罪作出规定，在这时期，法国对于毒品的惩治主要法律依据是《公共卫生法》，该法对于生产型、交易型、持有型、消费性四类毒品犯罪，处以监禁并处罚金[②]。现行的刑法典1994年3月1日生效，其中第2章中共有10个法条对毒品类犯罪作出了规定，包括非法转让或提供毒品供个人消费罪、为非法使用毒品提供方便条件罪。

三、我国港澳台地区毒品立法

我国香港特区刑法中毒品犯罪的主要法律依据是1969年公布施行的《危险药物条例》，1997年香港回归后，条例经历了数次大规模的修订。1989年公布施行的《贩毒（追讨得益）条例》成为香港地区应对贩毒所得利益的没收及追讨的主要法律依据。澳门地区1991年专门针对毒品犯罪制定了单行刑法，其中规定了贩卖—吸食罪、在公众或聚会地方吸食毒品罪、吸食毒品罪、吸毒罪。毒品犯罪在我国台湾地区被称为“鸦片罪”，隶属于侵害社会法益的犯罪，除了刑法典外，还有“肃清烟毒条例”“毒品危害防治条例”“管制药品管理条例”“海陆空军刑法”中都有毒品犯罪规定，其中包含吸毒罪、吸毒后驾驶罪、公务员庇护毒品犯罪分子罪。

---

① 党建军：《马来西亚禁毒立法》，载《法学家》2001年第4期。

② 赵秉志主编：《现代世界毒品犯罪及其惩治》，中国人民公安大学出版社1997年版，第114—120页。

四、禁毒国际公约

毒品是全世界的公害，需要国际社会普遍合作。2014 年至 2018 年《中国毒品形势报告》显示，2014 年，中国收到 34 个国家或地区 204 条涉毒线索核查函，涉及 25 个省份，表明毒品从中国境内流出或经中国过境现象不断增多。2015 年，中国收到 29 个国家或地区 202 条涉毒线索核查函。外籍毒品犯罪嫌疑人员在华贩毒，既将境外毒品贩入国内，又将境内毒品和制毒物品走私国外。2017 年，内地和港澳警方通过实施“猎剑—黑武士”行动，共抓获港澳台籍毒贩 188 名，涉案毒品 7.3 吨。2018 年，受境内外毒品价差带来的暴利诱惑，境外人员携毒入境增多，全年共抓获外国籍贩毒人员 1268 名。2018 年内地和港澳警方联合开展“猎剑—黑武士”行动，破案 198 起，抓获台港澳籍毒贩 350 名，缴获各类毒品 8.6 吨。

国际合作的重要法律依据和前提为有关禁毒国际公约。国际公约的缔结可以追溯至中国、日本、英国、法国、德国、俄国、美国、葡萄牙等 13 个国家于 1909 年 2 月 1 日在我国上海召开的第一次国际性的禁毒会议。这次会议就限制用于正当目的的鸦片数量、对鸦片的进口实行管制、逐渐取缔吸食鸦片等问题，作出了 9 条决议。这 9 条决议虽然属于建议性质，对签字国不具有约束力，但其确定的原则被纳入了以后的国际禁毒公约之中。自 1912 年至今，国际社会就禁毒签订的国际公约主要有：

1.《海牙禁止鸦片公约》

1912 年 1 月，由中国、美国、日本、英国、德国等国家在海牙召开禁毒国际会议。签订了第一个国际禁毒公约《海牙禁止鸦片公约》。该公约主要内容为缔约国应当制定法律管制“生鸦片”的生产、销售和进口；逐渐禁止“熟鸦片”的制造、贩卖和吸食；切实管理吗啡、海洛因、古柯等麻醉品。

2.《关于熟鸦片的制造、国内贸易及使用的协定》和《国际鸦片公约》

为了检验《海牙鸦片公约》的实施情况以及解决禁止贩运毒品问

题，在国际毒品顾问委员会的提议下，召开了两次日内瓦国际禁毒会议，并于1924年12月11日签订了《关于熟鸦片的制造、国内贸易及使用的协定》，后又于1925年2月19日签订了《国际鸦片公约》。

3.《限制制造及调节分配麻醉品公约》《远东管制吸食鸦片协定》和《禁止非法买卖麻醉品公约》

为了补充《海牙鸦片公约》和《国际鸦片公约》的内容，更加严格地限制麻醉药品的制造，1931年7月13日在日内瓦签订了《限制制造及调节分配麻醉品公约》。1931年11月27日，在曼谷签订了《远东管制吸食鸦片协定》。

1936年6月26日，在日内瓦签订了《禁止非法买卖麻醉品公约》。该公约第一次把非法制造、变造、提制、调制、持有、供给、兜售、分配、购买麻醉品等行为规定为国际犯罪，这是国际禁毒立法上的一项重大突破。

4.《1961年麻醉品单一公约》

1961年6月30日，联合国大会通过《1961年麻醉品单一公约》。该公约不仅对过去的公约和协定进行了合并和修订，还把管制范围扩大到了天然麻醉品原料的种植等方面，并对有关刑事管辖权的问题做了规定。

5.《修正1961年麻醉品单一公约议定书》

1972年，联合国在日内瓦召开会议，对《1961年麻醉品单一公约》进行了修订，于3月25日正式订立了《修正1961年麻醉品单一公约的议定书》，即1972年议定书。

6.《1971年精神药物公约》

1971年联合国在维也纳签订了《1971年精神药物公约》，建议各国对精神药物实行管制。

7.《联合国禁止非法贩运麻醉药品和精神药品公约》

1988年，联合国通过《联合国禁止非法贩运麻醉药品和精神药品公约》。

第二节　新中国成立前毒品犯罪立法概述

中国自近代以来与毒品犯罪有着艰苦卓绝的斗争史，不同的历史时期都有严厉的禁毒立法。

一、清朝的毒品犯罪立法

中国大陆的毒品始于鸦片，鸦片滥用自明朝天启年间，当时的鸦片滥用仅限于上流社会。清初，随着鸦片的大量出现，吸食鸦片的成本在不断降低，加之对鸦片危害认识不足，鸦片被作为一般的药品进行相应的征税管理。在禁烟运动中，闭关锁国政策在一定程度上阻塞了鸦片的涌入，但随着假借进口药材为名的鸦片走私活动的加剧，国内鸦片烟毒逐渐泛滥，清雍正七年（1729 年），清朝颁布了中国也是世界上第一个禁毒法令——《兴贩鸦片及开设烟馆之条例》，首次提出用刑罚手段来惩治贩卖、教唆或引诱他人吸食鸦片的行为，是世界上最早的禁毒法规，在世界上首次提出毒品犯罪的概念，标志着禁毒立法史的开始。

嘉庆十八年（1813 年），清朝制定《吸食鸦片烟治罪条例》，对吸食鸦片者按身份不同，规定不同的量刑标准。如官员买食鸦片者，比照刑律中官员犯赌博罪的条款进行处罚，即行革职，杖一百，枷号两月；一般军民等人买食鸦片烟者，杖一百，枷号一月。首开中国历史以刑罚手段制裁吸毒者的先河①。

道光皇帝在禁烟方面有许多作为。如道光十八年至十九年（1838—1839 年）底，道光皇帝颁布的有关禁烟的谕令共计 200 多道，其内容涉及禁烟的方方面面，单就处分涉及吸食、贩运、储存鸦片官吏的谕旨

① 崔敏：《毒品犯罪发展趋势与遏制对策》，警官教育出版社 1999 年版，第 171 页。

就有 40 多条[1]。

1823 年，为惩治官员在禁烟方面的失职行为发布《失察鸦片条例》。其中规定各地文职官员因失觉察而使鸦片走漏一百斤以上者罚俸一年；一千斤以上，降一级留任；五千斤以上财用。武职官员失察处分者，比照文职一并办理。1831 年，又公布《禁种条例》《禁吸条例》。

1838 年，颁布《钦定严禁鸦片烟条例》，共 39 条，系将清朝历次颁布的禁烟规定合编集成。它是我国历史上第一部综合性禁烟法典，也是世界上第一部比较完整的禁毒法规。它全面规定烟毒犯罪：输入鸦片罪、种植鸦片罪、制造烟土罪、贩卖烟土罪、吸食鸦片罪、开设烟馆罪、制造鸦片烟具罪等。对烟毒犯罪处以峻罚，确立连带责任制度。如第 22 条规定，同居子弟，有吸烟者，家长照不能禁约子弟为窃，治罪。

清末在施行新政的背景下，1906 年 9 月清朝提出十年禁烟计划，于 1907 年制定《大清新刑律》，其第二编分则中专门规定了鸦片罪、烟罪，分设制造鸦片烟、贩卖鸦片烟、意图贩卖而收藏鸦片烟等十多个具体罪名，分别处以五等至二等有期徒刑，有的还要并处罚金[2]。但因清朝灭亡而未及施行。

清朝禁毒立法是世界上最早、最完备的，为我国日后的禁毒立法打下了坚实的基础和提供宝贵的法制实践经验。

二、民国时期的毒品犯罪立法

1912 年 3 月 2 日，孙中山就任中华民国临时大总统，向全国发布严禁鸦片通令。民国初年的主要禁烟法令有《暂行新刑律》《禁种罂粟条例》《吗啡治罪条例》等。南京国民政府时期主要禁烟法令有《禁烟暂行章程》《修正禁烟条例》《中华民国刑法》《禁烟法施行条例》《厉

---

① 胡金野、齐磊：《中国禁毒史》，上海社会科学院出版社 2017 年版，第81 页。

② 崔敏：《毒品犯罪发展趋势与遏制对策》，警官教育出版社 1999 年版，第 171 页。

行禁绝鸦片及其他代用品实施办法》。

《中华民国刑法》第19章专章规定了鸦片罪，涉及15个罪名：制造烟毒罪，意图贩卖而收藏鸦片烟罪，贩卖烟毒罪，走私烟毒罪，制造吸食鸦片器具罪，意图贩卖而持有吸食鸦片器具罪，走私吸食鸦片器具罪，提供吸食鸦片馆舍罪，种植罂粟罪，持有烟毒罪，贩卖罂粟或高根种子罪，吸食，注射烟毒罪，帮助他人施行打吗啡罪。该规定中除持有烟毒罪、持有吸食鸦片器具罪外，都规定未遂情节处罚。

三、革命根据地毒品犯罪立法

中国共产党历来严厉禁毒，早在根据地时期就发布不少的禁毒法令。抗日战争时期，共产党在数省交界的地方，建立抗日民主根据地，也称“边区”。如陕甘宁、晋察冀、晋西北等，据统计，陕甘宁边区1939—1941年期间，由司法机关审理的烟毒案件就有1157件，占全部刑事案件的25.41%。[①]

为粉碎日军的毒化阴谋，肃清根据地的毒品犯罪，保卫根据地人民身心健康，陕甘宁边区成立了专门的禁烟毒机构，如禁烟督察处等，制定和颁布了大量的法律、法令、条例、规程、办法，在根据地开展声势浩大的禁烟禁毒运动，基本遏制了毒品在根据地境内的蔓延，成果显著，如1941年7月的《晋冀鲁豫边区毒品治罪暂行条例》、1942年1月公布的《陕甘宁边区政府关于成立陕甘宁边区禁烟督察处命令》等，制定了15部禁毒法律法规，内容全面系统，贯彻了“因地制宜”和“严禁”的禁毒政策，为遏制毒品在根据地的蔓延起到了重要作用。1946年2月，边区政府主席林伯渠、副主席李鼎铭署名签发《陕甘宁边区查缉毒品立法办法》（12条），规定在边区政府下设立查缉委员会，专限于查缉鸦片、料面、吗啡等毒品的贩运事件；凡查缉人员，均发给查缉证为凭；一切查缉人员不得滥用权力，挟嫌诬陷、不得任意侮辱被

① 齐霁：《抗日根据地禁毒立法问题研究》，载《抗日战争研究》2005年第1期。

检查人，或者有其他舞弊徇私行为，违者依法重处等。[①]

第三节 新中国成立后毒品犯罪立法发展过程

1949年新中国成立后关于毒品犯罪立法大致可分为三个阶段：新中国成立初期、60年代至70年代、改革开放以来。

一、新中国成立初期毒品犯罪立法

新中国宣告成立后的第五个月，中央人民政府在全国范围开展了轰轰烈烈的禁烟禁毒运动。1950年2月24日，发布了《政务院关于严禁鸦片烟毒的通令》[②]，该通令要求各级人民政府设立禁烟禁毒委员会，严禁种罂粟，同时还宣布，凡继续贩运、制造和销售毒品者要从严治罪，凡散存于民间的烟土毒品，限期上交政府。所有吸毒瘾民限期向地方政府有关部门登记，并定期戒除。禁毒令发布后，各级人民政府立即开展行动，纷纷成立禁烟禁毒委员会，全国各地进行了一场声势浩大的禁毒运动。1952年8月初，公安部召开全国禁烟禁毒工作会议，部署统一行动。8月10日前后，全国1202个禁烟禁毒重点地区开始了第一期大破案、大逮捕行动，8月下旬进行了第二期大破案、大逮捕行动，9月进行了以毒犯登记为主的第三期行动。最早开始大破案、大逮捕的是首都北京市。到1952年9月底，北京市的肃毒运动基本结束，共捕获烟毒犯637人，登记烟毒犯8649人，收缴制毒设备10部，各种毒具700多件，毒品2300多两。在这次集中大破案、大逮捕中，全国共发现制造、贩卖、运送毒品的烟毒犯近37万人，正式逮捕8万余人，占已掌握毒品犯的22%，共缴获毒品（折合鸦片）近400万两，各种制、

① 胡金野、齐磊：《中国禁毒史》，上海社会科学院出版社2017年版，第282—283页。

② 参见《人民日报》1950年2月24日。

贩、运、藏毒工具26万件[1]。通过三年的禁绝鸦片烟毒运动，基本上肃清了鸦片烟毒。1953年，中国政府向世界庄严宣告：中华人民共和国为无毒国。

这一时期，颁布的禁毒法律的特色是仅规定某些行为入罪，但对于该具体的犯罪行为处以何种刑罚却未作规定。

1950年9月发布了《内务部关于贯彻严禁烟毒工作的指示》，重申严厉禁止运烟、售烟，违者严予治罪。1952年发布了《政务院关于严禁鸦片烟毒的通令》。此外，地方政府颁布的有《西南军政委员会关于禁绝鸦片烟毒的实施办法》《西南区禁绝鸦片烟毒治罪暂行条例》、内蒙古自治区人民政府颁发的《内蒙古自治区禁绝鸦片烟毒实施办法》、东北人民政府发布的《关于鸦片烟毒及其他毒品的命令》等。

二、20世纪60年代至70年代毒品犯罪立法

新中国成立后的十年期间，随着禁毒肃毒运动，毒品犯罪问题出现了相对稳定的时期，60年代初期，少数边境地区和历史上烟毒盛行的地方私种罂粟和贩毒问题仍然断断续续地出现，一些少数民族聚居地区和偏远山区的老烟民戒毒不彻底。于是，1963年颁布了《中央关于严禁鸦片、吗啡毒害的通知》，该通知当时虽然是以中共中央名义发的，但是具有法律效力。该通知规定，私藏毒品、吸食毒品、贩卖毒品的行为应当认定为犯罪并予以严惩。同时还规定，对吸毒犯应强制戒毒，并规定对已吸食鸦片或打吗啡成瘾者，必须指定专门机构严加管制，在群众的监督下，限期强制戒除，凡自己吸食毒品，但自动交出毒品并坦白交代其犯罪行为者，可从宽处理。

70年代以后，随着国际毒品犯罪的蔓延与泛滥，我国大陆地区也受到了严重的影响，毒品犯罪在我国西南、东部地区复发和扩散，为此，1973年，国务院颁布了《关于严禁私种罂粟和贩卖、吸食鸦片等

---

① 胡金野、齐磊：《中国禁毒史》，上海社会科学院出版社2017年版，第303—305页。

毒品的通知》，要求各省、自治区、直辖市人民政府重申1950年颁布的通令，发动人民群众同毒品违法犯罪行为做斗争。

20世纪60年代至70年代，这一时期我国由于毒品控制有效和法律建设相对滞后，有关禁毒立法数量较少。

三、改革开放以来的毒品犯罪立法

党的十一届三中全会后，我国的法制建设进入一个新时期。从新中国成立到80年代初期，经历长达30年的禁毒运动后，国内的毒品犯罪活动得到根本性的遏制。1979年刑法第171条规定了制造、贩卖、运输毒品犯罪。该条规定："制造、贩卖、运输鸦片、海洛因、吗啡或者其他毒品的，处五年以下有期徒刑或者拘役，可以并处罚金。一贯或者大量制造、贩卖、运输前款毒品的，处五年以上有期徒刑，可以并处没收财产。"新中国的第一部刑法仅有一个条文规定毒品犯罪，不仅最高刑为15年有期徒刑，且规定的毒品犯罪种类较少，只有制造、贩卖、运输毒品和走私毒品罪两种。主要是因为在1979年刑法制定时，当时毒品犯罪较少。从立法规定上来看，在毒品犯罪的种类、手段、方法、犯罪的情节、社会危害程度等方面存在缺陷，犯罪行为方式仅限于"制造、贩卖、运输"，除此之外的行为方式则无法适用，对上述三种行为的法定最高刑仅为15年有期徒刑，数罪并罚也不得超过20年。

80年代以后，毒品犯罪活动在我国大陆再次死灰复燃，为有效打击和惩治日益严峻的毒品犯罪，1981年，国务院发布了《国务院关于重申严禁鸦片烟毒的通知》，该通知指出全国18个省、自治区、直辖市均发现有私种罂粟、制造、贩卖和吸食鸦片情况，烟毒泛滥达新中国成立以来最严重的程度。1982年第五届全国人大常委会第二十二次会议审议通过了《关于严惩严重破坏经济的罪犯的决定》，该决定对1979年刑法第171条的制造、贩卖、运输毒品罪的处刑做了补充性规定，对情节特别严重的毒品犯罪处刑最高可以达无期徒刑、死刑。该决定将毒品犯罪的法定最高刑由15年有期徒刑提高到了死刑。

1987年1月22日，第六届全国人民代表大会常务委员会第十九次会议通过的《海关法》第47条规定，逃避海关监管，运输、携带、邮寄国家禁进出品的毒品的行为是走私罪，以武装掩护走私的，以暴力抗拒检查走私货物、物品的，不论数额大小，都是走私罪。犯走私罪的，由人民法院依法判处刑事处罚，包括判处罚金，判处没收走私货物、物品、走私运输工具和违法所得。第47条规定，企业事业单位、国家机关、社会团体犯走私罪的，由司法机关对其主管人员和直接责任人员依法追究刑事责任；对该单位判处罚金，判处没收走私货物、物品、走私运输工具和违法所得。

1987年11月28日，国务院发布了《麻醉药品管理办法》，该办法第2条、第3条对麻醉药品的概念和范围作了明确界定，同时还规定，违反本办法规定，制造、运输、贩卖麻醉药品和罂粟壳，构成犯罪的，由司法机关依法追究刑事罪责任，由于相应的刑事立法没有对此规定作出直接的回应，造成实际操作上的困难。

1988年1月21日，第六届全国人民代表大会常务委员会第二十四次会议通过《关于惩治走私罪的补充规定》。第1条规定，走私鸦片等毒品、武器、弹药或者伪造货币的，处7年以上有期徒刑，并处罚金或者没收财产；情节特别严重的，处无期徒刑或者死刑，并处没收财产；情节较轻的，处7年以下有期徒刑，并处罚金。将走私毒品犯罪的量刑标准按情节分成三个等次，体现罪责刑相适应原则。

同年12月，国务院发布了《精神药品管理办法》，该办法对精神药品的概念做了明确界定，为今后关于毒品的界定奠定了依据，该办法同时还规定，制造、运输、贩卖精神药品，构成犯罪的，由司法机关依法追究其刑事责任，这一规定同样因欠缺对应刑事法律的衔接而缺乏可操作性。

这一时期的毒品犯罪立法比较粗泛，存在较多的不够准确、缺乏操作性的问题。比如情节特别严重、情节较轻等无明确解释，缺乏可操作性。再有将毒品犯罪规定在《关于严惩严重破坏经济的罪犯的决定》中，体现立法的仓促性、应急性。最后对于当时已涌现的非法持有毒品、种植毒品、引诱强迫他人吸食毒品行为没有规定入罪等。

我国禁毒立法的重大转折是1990年第七届全国人大常委会第十七次会议通过了《关于禁毒的决定》。该决定共16个条文，具体包含11个毒品犯罪罪名，这个决定吸收了国内外有关禁毒立法中的合理做法，全面系统地规定了毒品犯罪的种类及其处罚体系，以及毒品违法行为的行政处罚和行政措施，是新中国成立以来第一部系统规定毒品犯罪及其刑罚的单行刑事法律，标志着我国毒品犯罪立法的重要转折，具有重要意义。该决定有以下几项变化：一是明确界定了毒品的概念范围，完善了毒品犯罪罪名的设定；二是规定了单位毒品犯罪的主体资格，设置了系统完整的法定刑；三是规定了毒品犯罪再犯和国家工作人员实施毒品犯罪从重处罚以及我国对毒品犯罪的管辖权；四是规定了实施毒品违法行为的行政处罚。

1997年3月14日，第八届全国人大第五次会议对1979年刑法进行全面系统修订的基础上形成了1997年刑法，1997年刑法关于毒品犯罪的规定全面吸收了1990年《关于禁毒的决定》的主要内容，同时总结了过去禁毒实践的经验，参考国际禁毒公约的有关规定，最终形成了现行刑法分则第6章第7节“走私、贩卖、运输、制造毒品罪”，该章使用11个条文对毒品犯罪作了系统规定，内容涉嫌生产、经营、运输、消费各个环节。

1997年刑法对毒品犯罪的立法规定主要体现在如下几点：一是关于毒品的种类和数量问题，将毒品的范围扩大至鸦片、海洛因、甲基苯丙胺、吗啡、大麻、可卡因以及国家规定管制的其他能够使人形成瘾癖的麻醉药品和精神药品，规定走私、贩卖、运输、制造毒品，无论数量多少，均应追究刑事责任，同时对毒品数量的有关纯度问题作了规定，解决了长期以来困扰司法实务者的毒品构罪上的数量问题。二是关于毒品的罪名与法定刑的设置，沿用了1990年《关于禁毒的决定》中的大部分罪名，将容留他人吸食并出售毒品罪修改为容留他人吸毒罪，增加了非法买卖制毒原料或者配剂等罪名，在刑罚设置上，对毒品犯罪分别规定了主刑、附加刑和非刑罚处理方法，在刑罚幅度设置上，对不同类别的毒品犯罪规定了轻重不同的量刑幅度。三是关于毒品犯罪的未成年人保护问题，对已满14周岁不满16周岁的行为人仅对贩卖毒品罪承担刑事责任，排除了该年龄段的行为人构成其他类型毒品犯罪，同时对利用未成年人实施毒品犯罪或者向未成年人出售毒品的，从重处罚。四是沿用1990年《关于禁毒的决定》关于单位毒品犯罪的问题，在此基础上作了更为具体、详细的规定，且规定对单位判处罚金，对其直接负责的主管人员和其他直接责任人员，依照其具体犯罪判处刑罚。

2000年最高人民法院制定《关于审理毒品案件定罪量刑标准有关问题的解释》（以下简称《2000年毒品案件定罪量刑解释》），2007年最高人民法院、最高人民检察院、公安部印发《办理毒品犯罪案件适用法律若干问题的意见》（以下简称《2007年毒品案件若干意见》）。为有效预防和惩治毒品犯罪，2007年通过了《禁毒法》，该法是总结多年来禁毒工作实践经验制定的一部全面综合规范禁毒工作的法律，它的颁布实施，对于预防和惩治毒品违法犯罪行为，保护公民身心健康、维护和谐稳定的社会秩序发挥着重要作用，是我国禁毒法制建设史上的重要里程碑。2012年最高人民检察院、公安部《关于公安机关管辖的刑事案件立案追诉标准的规定（三）》（以下简称《追诉标准（三）》）。2016年最高人民法院制定《关于审理毒品犯罪案件适用法律若干问题的解释》（以下简称《2016年毒品犯罪司法解释》），2016年最高人民法院、最高人民检察院、公安部印发《办理毒品犯罪案件毒品提取、扣押、称量、取样和送检若干问题的规定》（以下简称《2016年办理毒品案件程序规定》）等一系列司法解释和相关行政法规、部门规章、部门规范性文件陆续出台，至此，我国的毒品犯罪立法逐渐完善。

第二章　毒品犯罪的犯罪构成

第一节　毒品犯罪的构成概述

犯罪构成是指决定某一行为的社会危害性及其程度，而为该行为成立犯罪所必须具备的一切主客观要件的有机统一整体，依据犯罪构成理论解释毒品犯罪构成的一般要件，是从整体上把握毒品犯罪的重要依据。

一、毒品犯罪的客体

毒品犯罪被规定于我国刑法分则第六章“妨害社会管理秩序罪”中，因此，虽然各个具体的毒品犯罪所直接侵犯的客体有所差异，但它们都侵犯社会管理秩序这一点是毫无疑义的，这也是毒品犯罪的同类客体。但是由于我国刑法在第六章分别规定了九节犯罪，因此，在同类客体之外还有一个“次层次”的同类客体。我们认为，毒品犯罪的犯罪客体是国家对毒品的管制秩序，国家为了防止毒品危害人民身心健康，维护社会秩序，制定了有关法律法规，对毒品实行严厉管制，走私、贩卖、运输、制造毒品行为违反了国家有关毒品的管理规定，破坏了对毒品的管制秩序。关于毒品的犯罪对象，通说认为是指犯罪行为所作用的客观存在的具体的人或具体的物，毒品犯罪的犯罪对象包括毒品、与毒品有关的物和特定的人，而毒品是毒品犯罪的主要对象。如走私、贩卖、运输、制造毒品罪和非法持有毒品罪的主要对象即为毒品，非法种植毒品原植物罪的犯罪对象是罂粟、大麻等毒品原植物，包庇毒品犯罪分子罪的犯罪对象是毒品犯罪分子，强迫他人吸毒罪的犯罪对象是一般的人。

二、毒品犯罪的客观方面

毒品犯罪的客观方面，是指违反国家有关毒品、毒品原植物和易制毒化学品管理规定，走私、贩卖、运输、制造毒品和非法持有毒品，非法种植毒品原植物等行为，毒品犯罪的客观行为可以分为直接实行的毒品犯罪和间接实行的毒品犯罪。大多数的毒品犯罪都是以积极的作为方式表现，但确实也存在以消极不作为的方式表现，以不作为形式表现的毒品犯罪主要存在于非法持有毒品犯罪中，但也不是所有持有型毒品犯罪都是不作为表现形式。对于多数持有型犯罪而言，行为人非法获取并持有毒品或者未经灭活的毒品原植物种子、幼苗就是在以积极作为的方式实施刑法所禁止的行为，因而不是不作为。毒品犯罪在客观方面表现为 12 种犯罪行为，这些行为可以分为四大类型：一是生产、流通毒品及相关物品的行为，如走私、贩卖、运输、制造毒品的行为、非法种植毒品原植物的行为。二是持有毒品及相关物品的行为，如非法持有毒品的行为。三是促成他人消费的行为，如引诱、教唆、欺骗他人吸食、注射毒品的行为，强迫他人吸食、注射毒品的行为，容留他人吸食、注射毒品的行为，非法提供毒品的行为。四是妨害司法机关查禁毒品犯罪活动的行为，如窝藏、转移、隐瞒毒品、毒赃的行为。

三、毒品犯罪的犯罪主体

毒品犯罪的犯罪主体主要是一般主体，凡是达到刑事责任年龄、具有刑事责任能力的人都可以构成。只有少数毒品犯罪的主体是特殊主体，如非法提供麻醉药品、精神药品罪的犯罪主体只能由依法从事生产、运输、管理、使用国家管制的麻醉药品和精神药品的人实行，其他的人只能成为该罪的教唆犯或帮助犯。

需要注意的是，刑法第 17 条规定，已满 14 周岁不满 16 周岁的人，犯故意杀人、贩卖毒品等，应当负刑事责任，因此，已满 14 周岁不满 16 周岁的未成年人可以构成贩卖毒品罪的主体，应当对贩卖毒品罪承担刑事责任。此外，有四个毒品犯罪罪名可以由单位构成，即走私、贩卖、运输、制造毒品罪，走私制毒物品罪，非法买卖制毒物品罪，非法提供麻醉药品、精神药品罪。关于单位构成毒品犯罪这一问题，必须具备以下条件：一是行为主体是单位。单位犯罪是由单位实施的犯罪，也就是我国刑法规定的公司、企业、事业单位、机关、团体，既包括国有、集体所有的公司、企业、事业单位，也包括依法设立的合资经营、合作经营企业和具有法人资格的独资、私营等公司、企业、事业单位。就上述四个罪名来讲，除非法提供麻醉药品、精神药品罪的主体必须符合某些特定条件，即必须是依法从事麻醉药品、精神药品种植、实验研究、生产、经营、使用、储存、运输的单位，其余三个罪名没有特定条件的要求。二是必须是以单位名义实施，由于单位是自然人的合体，单位的行为也必然只能由特定的自然人实施，因此，单位的行为实际上只能由代表单位的自然人实施。对于无权代表单位的人实施的行为，或者虽然能够代表单位实施行为，但其行为不是以单位名义实施且所得利益不归单位所有的，都不是单位的行为，也就不能成立单位犯罪，只能适用有关自然人犯罪的规定定罪处罚。

四、毒品犯罪的主观方面

犯罪的主观方面，是指对自己行为及其危害社会的结果所抱的心理态度，包括犯罪故意和过失。我们认为，毒品犯罪的主观方面是故意，包括直接故意和间接故意，过失不能构成毒品犯罪。关于毒品犯罪的主观方面，一个很重要的实践难题就是“明知”的认定。“明知”是犯罪故意认识因素的前提和标志，表明行为人在实施某种行为时，已经比较明确地认识到了自己的行为将对社会造成危害，实践中很多毒品犯罪分子为了逃避制裁，以自己不知道是毒品为由否认实施了毒品犯罪行为，给毒品犯罪认定带来困难。我们认为，判断是否“明知”，应当综合考虑案件中的各种客观实际情况，依据犯罪嫌疑人实施毒品犯罪的过程、行为方式、毒品被查获时的情形和环境等证据，结合其年龄、阅历、智力及掌握相关知识的情况，进行综合分析判断。

第二节　走私、贩卖、运输、制造毒品罪

走私毒品，指明知是毒品而非法将其运输、携带、寄递进出国（边）境的行为，主要包括输入毒品与输出毒品。直接向走私人非法收购走私进口的毒品，或者在内海、领海、界河、界湖运输、收购、贩卖毒品的，以走私毒品罪立案追诉。常见的表现方式有以下几种：（1）从境外购买毒品后非法入境，或者与境外贩毒分子相勾结，将毒品偷运入境；（2）将非法入境的毒品偷运出境，或者把在境内购买的毒品偷运出境；（3）为走私毒品的犯罪分子和集团购买、运输毒品，或者在边境地区与境外走私毒品分子相勾结，买卖、运输毒品；（4）与走私毒品的犯罪分子通谋，为其提供贷款、资金、实物或者为其提供运输、保管、藏匿以及其他方便；（5）与走私毒品的犯罪分子相勾结，在内地直接向走私毒品犯罪分子购买毒品；（6）依法从事生产、运输、管理、使用国家管制的麻醉药品、精神药品的单位或人员，违反国家规定，向走私毒品犯罪分子提供国家管制的麻醉药品或精神药品并偷运出境。如A在领海、内海运输、收购、贩卖国家禁止进出口的毒品，以及直接向走私毒品的犯罪人购买毒品的，是否系走私毒品，且A将毒品带至我国边境线内，但未通过海关检查，是否为既遂？我们认为，在领海、内海运输、收购、贩卖国家禁止进出口的毒品，以及直接向走私毒品的犯罪人购买毒品的，应视为走私毒品，对于走私毒品出境的犯罪行为，只要有证据证明行为人已将毒品带至运输出境即为本罪的既遂，而不问是否已将毒品走私出境。

贩卖毒品，是指明知是毒品而非法销售或者以贩卖为目的而非法收买的行为。实践中是指有偿转让毒品或者以贩卖为目的非法购买毒品的行为。方式可以是公开的，也可以是秘密的，可以是行为人请求对方购买，也可以是对方请求行为人转让，可能直接交付给对方，也可能由中介代为间接交付，可能是获取金钱，也可能是获取其他物质利益，可能先交付毒品后获取利益，也可能先获取物质利益后交付毒品，可以是直

接卖出毒品，也可以是先买进后卖出，可以低价购进高价卖出，也可以高价购进低价卖出，毒品来源可以是自己制造的毒品，也可以是自己购买的毒品，还可是通过其他手段取得的毒品。常见的贩卖行为主要有：(1) 将毒品买入后又转手卖出，从中牟利的；(2) 制造毒品后销售的；(3) 以毒品为流通手段交换商品和其他货物的；(4) 以毒品支付劳务费或者偿还债务的；(5) 赊销毒品的；(6) 介绍毒贩，从中牟利的；(7) 依法从事生产、运输、管理、使用国家管制的麻醉药品、精神药品的单位和人员，违反国家规定，以牟利为目的，向吸食、注射毒品的人员提供国家管制的麻醉药品、精神药品的。对于以毒易毒的行为，如A将自己的海洛因从B手里换冰毒的行为，A和B是否都构成贩卖毒品，我们认为，实际上以毒易毒和以毒易物实质上是一样的，两人实质上均通过贩卖毒品的方式获取自己想要的毒品，还加快了毒品之间的流通，A和B均构成贩卖毒品罪。

运输毒品，是指明知是毒品而采用携带、寄递、托运、利用他人或者使用交通工具等方法非法运送毒品的行为。运输毒品，也是指采用携带、邮寄、利用他人或者使用交通工具等方法在我国领域内将毒品从此地转移到彼地。如A坐车将毒品从城市的甲地运到乙地的行为，是否为运输毒品？运输毒品具体表现为转移毒品的所在地，以发生距离上的位移为特征，但这个距离要有多长，才能符合运输的特征，实践中有争议。有的认为距离不能过短，同一城区的一家房屋内到相邻的另一房屋内的毒品位移，显然不能以运输论；有的认为，运输的距离远与近是相对的，同一城区的一家房屋内到另一家房屋内也有距离的远近，因此不管距离的远近，只要是两个不同的地方，就应该是两地；还有的学者认为应以行政区划为距离的认定标准，认为从某一市、县到另一市、县为运输行为，在行政区的一个城市内从一个区到另一个区，或者从一个县内的一个乡到另一个乡或者从乡到县城间的情况不能认定为运输行为。我们认为，距离的远近并不能说明运输的特征，只要是以运输毒品的故意，使毒品产生了位移，就构成本罪中的运输。我们认为，首先，距离是一个相对的概念，中国地大物博，不能以行政区划为判断标准，同时，也并不因为地点相邻，就认为距离过近不是运输，因为只要存在一定的距离，就可能产生运输的行为；其次，运输与移动状态下的持有和为了窝藏毒品从甲地转移到乙地的行为主要区别在于主观上的故意有所不同。通常运输或是为了将毒品从甲地转移到异地贩卖，或是走私、制造行为的一个环节，因此，运输毒品犯罪的距离认定，不能人为地划定距离的远近作为判断的标准，而是要证明行为人主观上具有运输的故意，客观上使得毒品在空间距离上发生了位移，通过这两方面的综合认定，确定运输毒品的距离特征。但应注意的是，目前司法实践中，一般还是认为“同城运送”不认定为本罪当中的运输行为，运输一般还是要跨行政区划的运送行为。常见的方式主要有以下几种：（1）人体藏毒、动物运毒、植物运毒；（2）将毒品溶于水运输；（3）利用无人机等高科技运输；（4）利用快递运毒；（5）常规的自驾或者乘坐车辆携带。

制造毒品，是指非法利用毒品原植物直接提炼或者用化学方法加工、配制毒品，或者以改变毒品成分和效用为目的，用混合等物理方法加工、配制毒品的行为。如 A 为了增重，添加其他非毒物资，是否为制造毒品？如前所述，为了便于隐蔽运输、销售、使用、欺骗购买者，或者为了增重，对毒品掺杂使假，添加或者去除其他非毒品物质，这纯粹是物物相加或者相减，没有提炼或者其他方法，不属于制造毒品的行为。常见的方式主要有以下几种：（1）将毒品以外的物作为原料，提取或制作成毒品；（2）毒品的精制，即去掉毒品中的不纯之物，使之成为纯毒品或纯度更高的毒品；（3）使用化学方法使一种毒品变成另外一种毒品；（4）使用化学方法以外的方法使一种毒品变成另一种毒品；（5）非法按照一定的处方针对特定的人的特定情况调制的毒品。

一、犯罪客体

毒品犯罪是以公众的健康为保护法益的抽象危险犯，其侵犯的客体是国家对毒品的管制制度和公众健康，包括形式法益和实质法益，由于其巨大的危害性，法律不仅处罚已经侵害公众健康的毒品犯罪行为，也处罚尚未对公众造成危害的毒品犯罪行为。本罪的犯罪对象是毒品，毒品从自然属性上可分为麻醉药品和精神药品。具体而言，麻醉药品是指连续使用后易产生身体依赖性，能形成瘾癖的药品。精神药品是指直接作用于中枢神经系统，使之兴奋或者抑制，连续使用能产生依赖性的药品。非经国家指定部门按照规定的程序审批进行外，任何单位或个人都不能进行麻醉药品和精神药品的生产、运输、供应。行为人走私、贩卖、运输、制造毒品，违反了国家的有关规定，严重侵犯了国家的毒品管理制度和海关管理制度。

二、犯罪客观方面

本罪在客观方面表现为行为人实施了走私、贩卖、运输、制造毒品的行为。值得注意的是，走私、贩卖、运输毒品是行为犯，尽管本罪保护的法益是人身健康，但由于毒品对人身健康侵害的严重性以及不可逆性，刑法有必要提前介入保护法益。此外，只要实行了走私、贩卖、运输、制造毒品的行为就已然侵犯了本罪的形式法益即国家对毒品的管理制度。另外，本罪是一个选择性罪名，既可以由一个犯罪构成成立一罪，也可以由两个或两个以上的犯罪构成成立一罪。

三、犯罪主体

本罪的主体是一般主体，自然人和单位都可以成为本罪的主体。自然人既可以是中国人也可以是外国人或无国籍人，既可以是一般公民也可以是国家工作人员。关于本罪犯罪主体的刑事责任年龄，刑法第 17 条第 2 款规定：已满 14 周岁不满 16 周岁的人，犯贩卖毒品罪应当负刑事责任，从字面上来看，本罪中只有贩卖毒品罪的刑事责任年龄是 14 周岁以上，而走私、运输、制造毒品罪的刑事责任年龄则为 16 周岁以上。有学者认为应当对此条当中的贩卖毒品做扩张解释，我们认为不能做扩大解释，贩卖毒品，无论如何，也不能合理地解释出其包含走私、运输、制造毒品行为。另外，从行为的社会危害性角度看，毒品贩卖行为是导致毒品流入社会危害公众身体健康的最直接原因，所以贩卖毒品行为历来是重点打击对象，因此将贩卖毒品单列出来是科学合理的。

四、犯罪主观方面

本罪在主观方面表现为故意，即明知走私、贩卖、运输、制造毒品行为会发生危害公众身体健康的结果，并且希望或放任这种结果发生。行为人主观上对毒品认识的程度可能有所不同，但只要知道是毒品，即使对具体属于哪一种毒品及其成分、毒性大小、效用等不十分明确，仍属于“明知”范畴。关于违法性认识，本罪在主观方面要求行为人认识到自己的行为是非法走私、贩卖、运输、制造毒品的行为，至于所走私、贩卖、运输、制造的是否确实是毒品，不影响本罪的构成。

五、追诉标准

根据《追诉标准（三）》第1条规定，走私、贩卖、运输、制造毒品，无论数量多少，都应予立案追诉。

有证据证明行为人以牟利为目的，为他人代购仅用于吸食、注射的毒品，对代购者以贩卖毒品罪立案追诉。

明知他人实施毒品犯罪而为其居间介绍，居间介绍者受贩毒者委托，为其介绍联络购毒者的，以贩卖毒品共犯立案追诉。居间介绍者明知购毒者以贩卖为目的购买毒品，受委托为其介绍联络贩毒者的，与购毒者构成贩卖毒品罪的共同犯罪，应以共犯立案追诉。

为了制造毒品而采用生产、加工、提炼等方法非法制造易制毒化学品的，以制造毒品罪（预备）立案追诉。购进制造毒品的设备和原材料，开始着手制造毒品，尚未制造出毒品或者半成品的，以制造毒品罪（未遂）立案追诉。明知他人制造毒品而为其生产、加工、提炼、提供醋酸酐、乙醚、三氯甲烷等制毒物品的，以制造毒品罪的共犯立案追诉。

第三节　非法持有毒品罪

非法持有毒品是指违反国家法律和国家主管部门的规定，占有、携带、藏有或者以其他方式持有毒品，且数量较大的行为。我国 1979 年刑法没有设立非法持有毒品罪，系考虑到非法持有往往是走私、贩卖、运输、制造等毒品犯罪行为的伴生状态，不具有独立性，可以被走私、贩卖、运输、制造毒品等行为所吸纳。但在实践中，犯罪分子为逃避法律制裁，作案手段越来越隐蔽，证明犯罪越来越困难，这种情况下，将单独的非法持有毒品行为犯罪化的意义就凸显出来。非法持有毒品罪在刑法中是典型的持有型犯罪，是毒品犯罪中一种较为特殊的犯罪形式。

关于非法，是指行为人持有毒品的行为是违反国家毒品管理法律规定的。具体理解：一是持有人的资格，如果经过有关部门的批准，用于医疗、教学、科研等领域的，不是非法；二是持有毒品的时间或地点，具有合法持有资格的人，并非在任何地点都可以持有，超过法律许可的时间或场所、范围而持有也是非法的；三是正当审批程序，具有合法持有毒品资格的人，也必须经过正当的审批程序。持有毒品的合法性贯穿于持有行为的全过程。

关于持有，是指在意识与意志支配下，行为人对物的控制、支配，表现为保管、隐藏、携带、储存等，是主客观的统一体。具体理解：一是实际控制、支配毒品，即毒品处于自己的支配范围之内，既包括直接控制支配，也包括间接控制支配，即行为人可以随身携带，也可以存放在他人之处，寄存偷放于其他处所或物品中等，如 A 将放有毒品的包交给同行人，自己可以随时控制和支配；二是持有毒品不以进行走私、贩卖、运输、制造或窝藏毒品等为目的，或者作为其他犯罪的延续。非法持有毒品罪是一个兜底性的犯罪，只有在不能成立其他犯罪的情况下，才有可能构成非法持有毒品罪；三是持有可能是单独持有，也可能是共同持有，共同持有只需要共同犯罪人实际上共同对毒品享有控制、支配即可，如 A 和 B 共同将毒品放置在 A 和 B 共同支配的场所；四是持有行为有一定的持续性。虽然刑法中并没有规定要求持有多长时间，但我们认为，持有毒品只有持续一定的时间才能构成，并非一接触或握有就构成，只有行为人认识到持有的对象为毒品，基于自己主动控制该毒品时才构成，如果时间过短，不足以说明行为人主观上有无持有的故意以及客观上是否支配控制了该毒品。如 A 在马路上捡到白色粉状物，未及判断就被发现，或者意识到是毒品，立马丢弃或者上交，此种情形不应该认定为非法持有毒品；五是持有指的是现行犯，不包含曾经持有和累计持有。在实践当中，很多购买大宗毒品的行为人，有证据证实其购进且占有，但没有证据认定其贩卖等，亦没有缴获任何实物，只能认定其曾经购买和持有大宗毒品，能否以曾经持有为由认定，同样，吸毒者或者购毒者分多次购买并消耗，能否累计来认定行为人非法持有毒品。我们认为，理论上是可以认为其持有的，但是因为没有物证往往无法认定，其曾经持有的是否是毒品不得而知，所以在实践中很少认定曾经持有和累计持有。

关于情节严重，刑法第 348 条仅概括性地规定“情节严重的，处三年以上七年以下有期徒刑，并处罚金”，对于何为“情节严重”，《2016 年毒品犯罪司法解释》第 5 条作出了规定：非法持有毒品达到刑法第 348 条或者本解释第 2 条规定的数量较大标准，且具有以下情形之一的应当认定为情节严重：一是在戒毒场所、监管场所非法持有毒品的；二是利用、教唆未成年人非法性持有毒品的；三是国家工作人员非法持有毒品的；四是其他严重情形的。

一、犯罪客体

非法持有毒品罪的犯罪客体是国家对毒品的管制或管理制度，非法持有毒品，毒品的用途和危害尚未现实化，因此，该犯罪行为并未直接侵犯除国家对毒品管制以外的两种或两种以上的其他社会关系，非法持有毒品罪对社会秩序的妨害是间接的，是通过对国家毒品管理秩序的侵害间接影响社会秩序的。

二、犯罪客观方面

非法持有毒品罪的客观方面表现为行为人非法持有数量较大的毒品，且经查，无法认定是走私、贩卖、运输和制造毒品或窝藏、转移、隐瞒毒品等犯罪行为。本罪与其他罪名相比，持有这一行为似乎是最简单的，但它的实践形式却是极其复杂的，理解本罪的犯罪客观方面必须厘清何为“非法”、何为“持有”、何为“情节严重”“数量”等问题。非法持有毒品罪的社会危险性明显小于走私、贩卖、运输、制造毒品罪，因此，刑法规定非法持有毒品罪要达到一定的数量标准才能构成本罪。

三、犯罪主体

本罪的主体为一般主体，自然人须达到刑事责任年龄且无刑事责任能力阻却要素，即年满 16 周岁且无精神病的自然人即可成立本罪。既可以是依法从事毒品生产、运输、管理、使用的人员，也可以是非从事专门性工作的公民，既可以是国家工作人员，也可以是非从事专门性工作的公民。需要注意的是，已满 14 周岁不满 16 周岁的未成年人不满足本罪犯罪主体要求，单位不能构成本罪。

四、犯罪主观方面

非法持有毒品罪的主观方面是故意，即明知是毒品而持有，过失不能构成本罪。至于毒品的数量、纯度、用途则不要求明知。但是行为人对于非法持有毒品的社会危害性应该有一定的认识，从意志因素上看，行为人是希望结果发生的，非法持有毒品罪的行为人是明知毒品是国家明令禁止非特定条件下不得持有之禁物，持有毒品的行为必然会破坏国家对毒品的管理制度，对自己的持有行为是积极主动的促使危害结果的发生。

五、追诉标准

根据《追诉标准（三）》第 2 条和《2016 年毒品犯罪司法解释》

第2条之相关规定，明知是毒品而非法持有，涉嫌下列情形之一的，应予立案追诉：

1. 鸦片二百克以上、海洛因、可卡因或者甲基苯丙胺十克以上；

2. 二亚甲基双氧安非他明（MDMA）等苯丙胺类毒品（甲基苯丙胺除外）、吗啡二十克以上；

3. 度冷丁（杜冷丁）[①] 五十克以上（针剂100mg/支规格的五百支以上，50mg/支规格的一千支以上；片剂25mg/片规格的二千片以上，50mg/片规格的一千片以上）；

4. 盐酸二氢埃托啡[②]二毫克以上（针剂或者片剂20mg/支、片规格的一百支、片以上）；

5. 芬太尼二十五克以上；

6. 甲卡西酮四十克以上；

7. 氯胺酮一百克以上；

8. 美沙酮二百克以上；

9. 曲马多、γ-羟丁酸四百克以上；

10. 可待因、丁丙诺啡一千克以上；

11. 阿普唑仑、恰特草二十千克以上；

12. 三唑仑、安眠酮十千克以上；

13. 咖啡因、罂粟壳四十千克以上；

14. 氯氮卓、艾司唑仑、地西泮、溴西泮一百千克以上；

15. 大麻油一千克以上，大麻脂二千克以上，大麻叶及大麻烟三十千克以上；

16. 巴比妥、苯巴比妥、安钠咖、尼美西泮五十千克以上；

17. 上述毒品以外的其他毒品数量较大的。

需要说明的是《2016年毒品犯罪司法解释》下调了《追诉标准

---

① 《2016年毒品犯罪司法解释》将“度冷丁”改为“派替啶”。

② 《2016年毒品犯罪司法解释》将“盐酸二氢埃托啡”改为“二氢埃托啡”。

(三)》非法持有氯胺酮、咖啡因、罂粟壳的定罪数量标准。其中氯胺酮由二百克以上降至一百克以上；咖啡因、罂粟壳由五十千克以上降至四十千克以上。同时新增加规定非法持有芬太尼、甲卡西酮、曲马多、γ-羟丁酸、可待因、丁丙诺啡、阿普唑仑、恰特草、巴比妥、苯巴比妥、安钠咖、尼美西泮等12种新类型毒品的定罪数量标准。

未明确立案追诉标准的毒品，有条件折算为海洛因的，参照有关麻醉药品和精神药品折算标准进行折算。国家定点生产企业按照标准规格生产的麻醉药品或者精神药品被用于毒品犯罪的，根据药品中毒品成分的含量认定涉案毒品数量。

非法持有两种以上毒品，每种毒品均没有达到前述第一款规定的数量标准，但按前款规定的立案追诉数量比例折算成海洛因后累计相加达到十克以上的，应予立案追诉。

有证据证明行为人不以牟利为目的，为他人代购仅用于吸食、注射的毒品，毒品数量达到定罪标准的，对托购者和代购者以非法持有毒品罪立案追诉。

第四节　容留他人吸毒罪

容留他人吸毒是指提供场所，容留他人吸食、注射毒品的行为。容留既可以是主动实施也可以是被动实施，既可以是无偿的也可以是有偿的。关于容留，是指为他人从事某项活动提供了场所的行为，是帮助行为的实行化，其主观上必须是明知的。关于场所，需注意几个问题：一是开放性的空间实施的行为是否能认定系容留。如王某在酒店预订的大厅座位，邀请朋友共同吸食毒品，是不是容留。我们认为是容留，之所以要打击容留行为，是因为容留者为吸毒者提供相对隐蔽和安全的吸毒场所，增加了执法机关执法的难度，王某的行为符合这一特征。因此空间是否封闭并非容留的决定性因素，应当从是否有容留的故意进行判断。二是在共同承租的场所容留他人吸毒，责任如何划分。如A、B两人共同租用房屋，一人住一间，A邀集人在房间吸毒，B看到后不予制止，B 是否为容留的问题。此种情况，实际上涉及容留的主观故意和房屋的控制管理权问题，B 没有容留他人吸毒的主观故意，虽然其可能对场所享有某些权利，但并不能认定其构成容留。关于房屋的控制权，A 租下了房间，对该房间享有单独使用权，是处于实际控制人，享有排他性的权利，B 没有法定的制止、举报义务。三是关于容留次数的理解，实践中很多的次数之间可能并没有严格的界限，如 A 在宾馆开房，一个晚上断断续续容留多人在房间吸毒，是算一次还是两次。如果一次人数没有达到立案追诉标准，那么次数是罪与非罪的关键。我们认为，认定一次还是两次不能一概而论，而应根据为吸毒准备的工具、毒品的准备、阶段的相对独立性等来综合分析认定。

一、犯罪客体

本罪侵犯的是复杂客体，即社会治安管理秩序和公民的身心健康。吸食、注射毒品的场所是各种毒品犯罪的温床，这种场所的存在使得毒品犯罪更加肆虐，严重影响了正常的社会治安管理秩序。此外，吸毒者长期吸毒染上毒瘾，造成了身心的极大损害。尽管吸毒者是出于自愿而吸食、注射毒品，但场所提供者起到了助推作用，况且我国当前法律也未对吸食毒品的行为实行刑罚制裁，因此，给予容留吸毒行为以刑事打击有助于维护社会治安管理秩序和公民的身心健康。

二、犯罪客观方面

本罪的客观方面是容留他人吸食、注射毒品的行为。所谓容留是指为他人吸食、注射毒品提供场所或者便利条件，可以是免费，也可以收费，可以主动提供也可以被动提供，无涉时间长短，可以是临时的，也可以是长期的。

三、犯罪主体

本罪的犯罪主体是一般主体，即达到刑事责任年龄具备刑事责任能力的自然人皆可构成本罪。

四、犯罪主观方面

本罪的主观方面是故意，即明知他人是在吸食、注射毒品而为其提供场所和便利。过失不能构成容留他人吸毒罪，即行为人不知道他人利用自己提供的场所吸食毒品或者事后才知道的，都不能构成本罪。

五、追诉标准

《2016年毒品犯罪司法解释》对《追诉标准（三）》第11条有关容留他人吸毒罪的定罪标准进行修改，规定具有下列情形之一的，应当定罪处罚：

1. 一次容留多人吸食、注射毒品的；
2. 二年内多次容留他人吸食、注射毒品的；
3. 二年内曾因容留他人吸食、注射毒品受过行政处罚的；
4. 容留未成年人吸食、注射毒品的；
5. 以牟利为目的容留他人吸食、注射毒品的；
6. 容留他人吸食、注射毒品造成严重后果的；
7. 其他应当追究刑事责任的情形。

容留近亲属吸食、注射毒品，情节显著轻微危害不大的，不作为犯罪处理；需要追究刑事责任的，可以酌情从宽处理。

第五节　非法种植毒品原植物罪

非法种植毒品原植物是指非法种植罂粟、大麻以及其他毒品原植物的行为，且非法种植数量较大，经过公安机关处理后又种植的或抗拒铲除的行为。毒品原植物不是毒品，但却是提炼加工毒品必不可少的自然原料，没有非法种植毒品原植物犯罪行为的存在，其他毒品犯罪就不会存续。专门规定此罪，是为了从源头上更直接地打击、遏制毒品犯罪。

关于种植，是指对作物种子的栽种、培植和对幼苗的移植等培育行为，是指播种、育苗、移栽、插苗、施肥、灌溉、割取津液或者收取种子的一系列具体行为的总称。非法种植，可以是行为人违反毒品原植物种植管理法规，实施了上述全部行为，也可以是实施了其中任何一个环节的行为。

关于经公安机关处理，公安机关的处理范畴应当包括对非法种植原植物行为的任何处置措施，即不仅包括行政处罚，还包括治安管理处罚以及强制铲除等。

一、犯罪客体

本罪的犯罪客体是国家对麻醉品原植物的管理制度。罂粟等毒品原植物不仅是提炼毒品的原料，也是目前生产麻醉性药品必不可少的自然原料。任何单位和个人未经合法批准，或者虽经批准但违反指令计划超量种植，都是非法行为。非法种植毒品原植物罪所侵犯的是国家对麻醉品原植物的严格管理制度。

二、犯罪客观方面

非法种植毒品原植物罪的客观方面表现为违反国家的有关规定，非法种植毒品原植物数量较大，或者经公安机关处理后又种植，或者抗拒铲除毒品原植物的行为。因此本罪包括了三种行为：非法种植毒品原植物数量较大的行为，非法种植毒品原植物经公安处理后又非法种植毒品原植物的行为，非法种植毒品原植物抗拒铲除的行为。

三、犯罪主体

本罪犯罪主体是一般主体，即年满 16 周岁的具有刑事责任能力的自然人。值得注意的是，在农村有时非法种植毒品原植物是整个家庭的集体行为，是不是对所有参与种植毒品原植物、年满 16 周岁的家庭成员都追究刑事责任呢？一般情况下，所有成员都实行了犯罪行为，但这并不意味着都要追究刑事责任。我们认为只对家庭成员中对非法种植毒品原植物行为负主要责任的人追究刑事责任，一般参与种植毒品原植物的，不以犯罪论处。

四、犯罪主观方面

本罪主观方面是故意，即明知是毒品原植物而进行种植的主观心态。法律没有关于犯罪目的的规定，即不论出于何种犯罪目的，只要明知是毒品原植物而非法种植，且达到了情节严重的程度，就构成非法种植毒品原植物罪。

五、追诉标准

根据《追诉标准（三）》第7条规定，非法种植罂粟、大麻等毒品原植物，涉嫌下列情形之一的，应予立案追诉：

1. 非法种植罂粟五百株以上的；
2. 非法种植大麻五千株以上的；
3. 非法种植其他毒品原植物数量较大的；
4. 非法种植罂粟二百平方米以上、大麻二千平方米以上或者其他毒品原植物面积较大，尚未出苗的；
5. 经公安机关处理后又种植的；
6. 抗拒铲除的。

本条所规定的“种植”，是指播种、育苗、移栽、插苗、施肥、灌溉、割取津液或者收取种子等行为。非法种植毒品原植物的株数一般应以实际查获的数量为准。因种植面积较大，难以逐株清点数目的，可以抽样测算每平方米平均株数后按实际种植面积测算出种植总株数。

非法种植罂粟或者其他毒品原植物，在收获前自动铲除的，可以不予立案追诉。

第六节　包庇毒品犯罪分子罪

包庇毒品犯罪分子是指包庇走私、贩卖、运输、制造毒品的犯罪分子的行为。这里的犯罪分子既包括尚未被抓获而潜逃在外的犯罪分子，也包括已被抓获的已决犯和未决犯。实践中，如果明知其人是公安机关正在追捕的走私、贩卖、运输、制造毒品的案犯，而仍向其提供资助或者交通工具，帮助该案犯潜逃的，或者帮助毒品犯罪分子毁灭罪迹，隐匿、转移、销毁罪证等，也都是包庇毒品犯罪分子的行为，尽管包庇毒品犯罪分子手段多种多样，但目的只有一个，是帮助毒品犯罪分子逃避法律的制裁。另外，包庇毒品犯罪分子的行为，只能发生在被包庇者实施犯罪之后，并且事先没有通谋，如果事先或者事中有通谋，事后又包庇的，则属于帮助犯。

一、犯罪客体

本罪的犯罪客体是司法机关同毒品犯罪做斗争的正常活动。本罪与窝藏、转移、隐瞒毒品、毒赃罪在类客体上是一致的，都是妨害社会管理秩序罪，之所以规定在同一条，是因为两种犯罪行为的目的都旨在使毒品犯罪分子逃脱刑法处罚。

二、犯罪客观方面

本罪的犯罪客观方面是行为人必须对走私、贩卖、运输、制造毒品的犯罪分子给予包庇，为其掩盖罪行，使其逃避惩罚的行为。所谓“包庇”是指向司法机关做假证明，制造假象为犯罪分子掩盖罪行，或者帮助犯罪分子毁灭罪证、藏匿作案工具等，意图使犯罪分子逃避法律制裁的行为。本罪的客观行为包括两种：其一，为特定的毒品犯罪分子提供隐藏处所、交通工具或者其他方便条件，资助其逃跑、逃匿、逃避法律制裁等；其二，包庇毒品犯罪分子的行为，即为特定的毒品犯罪分子逃避制裁，向司法机关提供虚假证明，帮助其掩盖罪行，或者帮助其毁灭罪证等。

三、犯罪主体

本罪犯罪主体是一般主体，即年满 16 周岁的具有刑事责任能力的自然人。只要实施了本罪的客观行为，均可构成本罪。缉毒人员或者其他国家机关工作人员掩护、包庇特定的毒品犯罪分子的，应从重处罚。

本罪不能由单位和不满16周岁的或不具备刑事责任能力的自然人构成。

四、犯罪主观方面

本罪主观方面是故意，即行为人明知是特定毒品犯罪分子而有意予以包庇，但是本罪的故意应当排除行为人与特定毒品犯罪分子事先通谋的情况。本罪故意中明知的理解关键是把握行为人实施本罪行为时对于本罪对象的认识情况来确定。一是明知的时间通常是在行为人实施行为一开始时形成，但也不排除行为人刚开始不知道，而是在行为过程中得以认识的情形，如行为人为毒品犯罪分子提供住所一段时间后得知对方的身份，但仍然继续任其留住，有的行为人开始并不知道被包庇者是特定毒品犯罪分子，而为其提供隐藏处所、财物、帮助其逃匿，或者作假证明掩盖其罪行，在知道被包庇者是特定毒品犯罪分子后，继续实施包庇行为，如果是在被包庇者离开行为人为其提供的隐藏处所后，行为人才知道被包庇者为上述特定毒品犯罪分子的，则不能构成本罪；二是明知的内容为毒品犯罪分子，也就是行为人必须认识到其所包庇的人是实施了毒品犯罪行为，尽管这里的明知是行为人主观上的认识因素，但是却包含着客观的内容，这个客观的内容就是前案犯罪事实的存在，即行为人主观上能认识到前案的行为人已经客观上实施了应当追究刑事责任的毒品犯罪行为；三是明知程度包括确切的明知和不确切的明知两种情况，所谓确切的明知是指对明知的内容有明确的、非常清楚的认识，所谓不确切的明知是指对明知的内容有不确定，盖然性的认识，也就是对于明知的内容不要求确切、确实地知道，如果行为人只知道所包庇的人是犯罪分子但并不知道是犯何种罪，根据主客观一致的原则，只能以窝藏、包庇罪论处，同样如果行为人对他人所从事毒品犯罪有确切的认识，只是对其所从事的犯罪是走私、贩卖、运输、制造毒品抑或是非法持有毒品的认识不够确定，还不能具体到是哪一种犯罪，同样也不能认定为包庇毒品犯罪分子罪。

包庇毒品犯罪分子罪的认定应把握其与知情不举的界限。所谓知情不举是指明知犯罪人所从事的是走私、贩卖、运输、制造毒品的活动却不主动向相关部门检举揭发的行为，知情不举既无职业上也无法律上明确规定的作为义务，且在主观上没有帮助犯罪人逃避法律制裁的目的，因此该行为只属于一般的纪律问题或道德问题。

五、追诉标准

根据《追诉标准（三）》第3条的规定，包庇走私、贩卖、运输、制造毒品的犯罪分子，涉嫌下列情形之一的，应予立案追诉：

1. 作虚假证明，帮助掩盖罪行的；
2. 帮助隐藏、转移或者毁灭证据的；
3. 帮助取得虚假身份或者身份证件的；
4. 以其他方式包庇犯罪分子的。

实施前款规定的行为，事先通谋的，以走私、贩卖、运输、制造毒品罪的共犯立案追诉。

第七节　窝藏、转移、隐瞒毒品、毒赃罪

窝藏、转移、隐瞒毒品、毒赃是指为走私、贩卖、运输、制造毒品的犯罪分子窝藏、转移、隐瞒毒品或犯罪所得的财物的行为。本罪保留了窝藏罪的基本性质，所不同的是，本罪的对象是特定的，仅限于毒品和毒赃。本罪也没有“数额”和“情节严重”的具体规定，原则上窝藏、转移、隐瞒毒品、毒赃的行为都可构成犯罪，但在司法实践中，不能一刀切，要具体原因具体分析。

一、犯罪客体

本罪侵犯的客体是国家对毒品的管制和司法机关对毒品犯罪的正常惩治活动。本罪的犯罪对象具有特定性，只能是走私、贩卖、运输、制造毒品的犯罪分子的毒品及其所得的财物，对于其他毒品犯罪或者其他犯罪的毒品或者所得的财物，不属于本罪的犯罪对象，行为人实施了窝藏、转移、隐瞒行为的，可能构成掩饰、隐瞒犯罪所得及其收益罪或者

洗钱罪。

二、犯罪客观方面

本罪的犯罪客观方面是指行为人实施了为毒品犯罪分子窝藏、转移、隐瞒毒品或毒赃的行为。

三、犯罪主体

本罪犯罪主体是一般主体，即年满16周岁的具有刑事责任能力的自然人，只要实施了本罪的客观行为，均可构成本罪。

四、犯罪主观方面

本罪主观方面只能是故意，即行为人明知是走私、贩卖、运输、制造毒品的犯罪分子的毒品或毒赃而故意加以窝藏、转移、隐瞒，且并未与毒品犯罪分子共谋，反之则构成走私、贩卖、运输、制造毒品罪的共犯。窝藏、转移、隐瞒毒品、毒赃罪在认识因素上，要求行为人明知是走私、贩卖、运输、制造毒品的犯罪分子的毒品或者毒赃。司法实践中，要证明行为人明知是毒品及毒赃，是相当困难的，对行为人明知是走私、贩卖、运输、制造毒品的犯罪分子的毒品或者毒赃的认定，可以采用推定的方法，即从行为人已经实施的行为及相关实施中，推断出行为人是否明知是毒品及其产生收益的时间、地点、数量、价格、品种、行为人与本犯的关系、了解程度等方面来推定行为人是否明知是毒品及其产生的收益。

要准确认定本罪，关键是对窝藏、转移、隐瞒行为的理解。所谓窝藏，有观点认为是指为犯罪分子的毒品提供隐藏的场所，也有观点认为是指将犯罪分子的毒品予以隐匿。我们认为窝藏是指将行为人走私、贩卖、运输、制造毒品的犯罪分子托付的毒品或者犯罪所得的财物，隐藏于自己住所或其他隐蔽场所，以逃避司法机关追查的行为。行为人如果利用不知情的第三者或者无刑事责任能力的人来实施窝藏毒品、毒赃的，应将行为人认定为间接正犯，以窝藏毒品、毒赃罪论处。此外，行为人藏匿毒品、毒赃的场所、地点、状态等不限，只要处于行为人的实际支配或控制状态下即可，可藏于自处，也可藏于他处，可静态藏匿，也可动态隐藏。

关于转移是指帮助毒品犯罪分子将毒品或者犯罪所得的财物由此处运往彼处隐藏。转移行为的实质就在于犯罪分子将犯罪对象由一地运往另一地隐藏。至于采用什么工具转移，无论是自身携带转移，还是以欺骗手段交别人转移在所不问。我们认为，转移毒品、毒赃的行为是指行为人接受犯罪分子的委托，将其走私、贩卖、运输、制造的毒品或者犯罪所得的财物从一地迁移到另一地，以逃避司法机关对毒品或者毒赃进行侦查、收缴的行为。

关于隐瞒，有观点认为是指在司法机关进行调查时，不据实告知事实而掩盖真情。还有观点认为，隐瞒是指在司法机关询问调查有关走私、贩卖、运输、制造毒品的犯罪分子情况时，自己明知犯罪分子的毒品去处，而用花言巧语否认自己了解毒品于何处，或者转移侦查人员的视线，避免毒品暴露，有意妨碍司法机关查获毒品。我们认为第二种观点是比较恰当的。隐瞒毒品、毒赃的行为，是指行为人在司法机关依法追查毒品、毒赃时，明知走私、贩卖、运输、制造毒品的犯罪分子的毒品或者毒赃的隐藏处所，而进行隐瞒的行为。可见，构成隐瞒毒品、毒赃罪必须同时具备以下两个特征：一是必须是当司法机关向其调查有关毒品犯罪分子的情况时，拒不提供信息，若没有司法机关的查询而单纯知情不举的不构成本罪；二是隐瞒并不是仅简单不配合司法机关行动的装聋作哑，不提供有关情况，而是故意提供不真实的毒品、毒赃存放地点、数量等信息，为帮助毒品犯罪分子而故意转移侦查人员视线的行为，单纯地害怕惹麻烦、怕报复而不敢讲实话的行为，非本罪所指的隐瞒。

五、追诉标准

根据《追诉标准（三）》第 4 条的规定，为走私、贩卖、运输、制造毒品的犯罪分子窝藏、转移、隐瞒毒品或者犯罪所得的财物的，应予立案追诉。

实施前款规定的行为，事先通谋的，以走私、贩卖、运输、制造毒品罪的共犯立案追诉。

第八节 走私制毒物品罪、非法买卖制毒物品罪

走私、非法买卖制毒物品是指违反国家规定，非法运输、携带制毒物品进出国（边）境或者在境内非法买卖制毒物品的行为。两者的犯罪对象是一样的，两罪区别的关键是行为方式不同，买卖制毒物品，包括未经有关主管部门批准但违规或超量买卖制毒物品的行为，而走私制毒物品罪的行为方式则是走私制毒物品。

一、犯罪客体

走私制毒物品罪侵犯的客体是国家对醋酸酐、乙醚、三氯甲烷或者其他用于制造毒品的原料或者配剂进出口的管制和国家对外贸易管制。犯罪对象是国家统一管制的醋酸酐、乙醚、三氯甲烷或者其他用于制造毒品的原料或配剂。

非法买卖制毒物品罪侵犯的客体是国家对制毒物品的管制秩序。本罪的犯罪对象是制毒物品，这些产品既是有关行业生产中常用的基础原料，也可以作为生产毒品的前体、原料和化学助剂。原料如果按照广义理解，则为制造毒品的一切生物性原料和非生物性原料，刑法已经对毒品原植物进行了规定，所以此处的原料应该做狭义解释，仅为非生物性原料。

二、犯罪客观方面

走私制毒物品罪的犯罪客观方面是指违反国家有关制毒物品管理规定，逃避海关监管、非法运输、携带醋酸酐、乙醚、三氯甲烷或者其他用于制造毒品的原料或者配剂进出国境的行为。制毒物品是指本身并非毒品，但可用作辅助原料制造出毒品的物质。

非法买卖制毒物品罪的犯罪客观方面表现为非法买卖制毒物品的行

为，即违反国家规定，在境内非法买卖醋酸酐、乙醚、三氯甲烷或者其他用于制造毒品的原料或者配剂的行为。非法买卖是指未经国家主管部门批准或授权而非法购买或者出售醋酸酐、乙醚、三氯甲烷或者其他制毒物品的交易行为，包括经国家主管部门批准，有权合法买卖易制毒化学品的单位超范围、用途、数量进行易制毒化学品的买卖行为，此外是无权买卖易制毒化学品的单位和个人未经批准，擅自非法经营易制毒化学品的行为。

三、犯罪主体

走私制毒物品罪犯罪主体是一般主体，包括自然人和单位。自然人是达到刑事责任年龄，具有刑事责任能力，实施了非法运输、携带制毒物品进出境的人。实践中，本罪的自然人主体一般是从事制毒物品的生产、经营、进出口、使用等业务或者与制造毒品犯罪活动有密切关系的人员。对走私制毒物品罪的单位主体的认定：一是对外是否以单位名义进行，二是犯罪行为是否体现单位的意志，三是所得利益是否归单位所有。如果行为人所实施的走私制毒物品犯罪行为是以单位名义进行，体现单位集体意志且所获得非法利益归单位所有，则属于单位犯罪，反之就是自然人犯罪。

非法买卖制毒物品罪犯罪主体是一般主体，包括自然人和单位。自然人是达到刑事责任年龄，具有刑事责任能力的人。年满 16 周岁并具有刑事责任能力的自然人可构成本罪。

四、犯罪主观方面

走私制毒物品罪、买卖制毒物品罪的主观方面均表现为故意，即行为人明知是国家管制的用于制造毒品的原料、配剂，仍运输、携带进出国境的心理态度，或者明知是国家管制的制毒物品而故意非法买卖这些物品。为走私制毒物品犯罪而采用生产、加工、提炼等方法非法制造易制毒化学品的，以走私制毒物品的预备行为论处，明知他人实施走私制毒物品犯罪，而为其运输、储存、代理进出口或者以其他方式提供便利的，以走私制毒物品罪的共犯论处。

要准确认定上述两罪名，关键是对制毒物品的理解。本罪中的制毒物品是指用于制造麻醉药品和精神药品的化学原料或者配剂，或者所提炼、分解毒品所使用的原料及辅助性配料。制毒物品在其他法律法规或者规范性文件中又称易制毒物品、易制毒化学品等。毒品的生产有天然获得和化学合成两种，绝大多数毒品，是靠制毒物品经过化学加工合成的，刑法和相关的规定都有，虽然有些法规规章的制定时间不同，所列的易制毒化学品物品的种类也不完全一致，但是法律没有明文规定为制造毒品的原料或者配剂的，就不构成上述两罪。

非法买卖制毒物品罪的成立有明确的数量规定和要求，构成本罪必须达到非法买卖制毒物品数量较大的程度。此外，行为人的主观明知必须重点考察，如果误以为是化学药品或受他人欺骗而购买的，不构成犯罪。

五、追诉标准

根据《追诉标准（三）》第 5 条规定，违反国家规定，非法运输、携带制毒物品进出国（边）境或者在境内非法买卖制毒物品，涉嫌下列情形之一的，应予立案追诉：

1. 1－苯基－2－丙酮五千克以上；

2. 麻黄碱、伪麻黄碱及其盐类和单方制剂五千克以上，麻黄浸膏、麻黄浸膏粉一百千克以上；

3. 3，4－亚甲基二氧苯基－2－丙酮、去甲麻黄素（去甲麻黄碱）、甲基麻黄素（甲基麻黄碱）、羟亚胺及其盐类十千克以上；

4. 胡椒醛、黄樟素、黄樟油、异黄樟素、麦角酸、麦角胺、麦角新碱、苯乙酸二十千克以上；

5. N－乙酰邻氨基苯酸、邻氨基苯甲酸、哌啶一百五十千克以上；

6. 醋酸酐、三氯甲烷二百千克以上；

7. 乙醚、甲苯、丙酮、甲基乙基酮、高锰酸钾、硫酸、盐酸四百千克以上；

8. 其他用于制造毒品的原料或者配剂相当数量的。

非法运输、携带两种以上制毒物品进出国（边）境，每种制毒物品均没有达到本条第一款规定的数量标准，但按前款规定的立案追诉数量比例折算成一种制毒物品后累计相加达到上述数量标准的，应予立案追诉。

为了走私制毒物品而采用生产、加工、提炼等方法非法制造易制毒化学品的，以走私制毒物品罪（预备）立案追诉。

《追诉标准（三）》第6条规定：

非法买卖两种以上制毒物品，每种制毒物品均没有达到本条第一款规定的数量标准，但按前款规定的立案追诉数量比例折算成一种制毒物品后累计相加达到上述数量标准的，应予立案追诉。

违反国家规定，实施下列行为之一的，认定为本条规定的非法买卖制毒物品行为：

1. 未经许可或者备案，擅自购买、销售易制毒化学品的；

2. 超出许可证明或者备案证明的品种、数量范围购买、销售易制毒化学品的；

3. 使用他人的或者伪造、变造、失效的许可证明或者备案证明购买、销售易制毒化学品的；

4. 经营单位违反规定，向无购买许可证明、备案证明的单位、个人销售易制毒化学品的，或者明知购买者使用他人的或者伪造、变造、失效的许可证明或者备案证明，向其销售易制毒化学品的；

5. 以其他方式非法买卖易制毒化学品的。易制毒化学品生产、经营、使用单位或者个人未办理许可证明或者备案证明，购买、销售易制毒化学品，如果有证据证明确实用于合法生产、生活需要，依法能够办理只是未及时办理许可证明或者备案证明，且未造成严重社会危害的，可不以非法买卖制毒物品罪立案追诉。

为了非法买卖制毒物品而采用生产、加工、提炼等方法非法制造易制毒化学品的，以非法买卖制毒物品罪（预备）立案追诉。

明知他人实施非法买卖制毒物品犯罪，而为其运输、储存、代理进出口或者以其他方式提供便利的，以非法买卖制毒物品罪的共犯立案追诉。

第九节　非法买卖、运输、携带、持有毒品原植物种子、幼苗罪

非法买卖、运输、携带、持有毒品原植物种子、幼苗是指非法买卖、运输、携带、持有未经灭活的罂粟等毒品原植物种子或者幼苗，数量较大的行为。本罪中非法买卖是指以金钱或者实物作价非法购买或者出售未经灭活的毒品原植物种子或者幼苗的行为；非法运输是指非法从事未经灭活的罂粟等毒品原植物种子或者幼苗运输行为，包括国内运输和在国境、边境非法输入输出；非法携带、持有是指违反国家规定，随身携带、私藏未经灭活的罂粟等毒品原植物种子或者幼苗的行为；未经灭活罂粟等毒品原植物种子，是指没有经过烘烤、放射线照射等处理手段，还能继续繁殖、发芽的罂粟等毒品原植物种子。

一、犯罪客体

本罪侵犯的直接客体是国家对毒品的管制秩序。本罪的犯罪对象是未经灭活的毒品原植物种子或幼苗。种子，是指种子植物的胚珠经受精后长成的结构，一般由种皮、胚和胚乳等组成，其大小、形状和色泽等因植物的种类不同而差异很大。被子植物的种子，根据在发育过程中胚乳是否被吸收而分为有胚种子和无胚种子。被子植物的种子包被在由子房发育而成的果实内，裸子植物的种子则裸露而无包被。毒品原植物的种子即符合上述规定的结构。幼苗是指未长大的植物，毒品原植物的幼苗即毒品原植物已经萌发、尚未成熟的个体，通常可以进一步栽培、生长。未经灭活，是指毒品原植物的种子、幼苗没有经过人工高温蒸煮、放射性处理等方式杀死，具有生命力，在适宜的条件下仍能够成活，正常生根发芽或成长。

二、犯罪客观方面

非法买卖，是指未经国家主管部门批准或授权而非法购买或者出售未经灭活的毒品原植物种子、幼苗的交易行为。主要包括两种情况：一是经国家主管部门批准，有权合法买卖未经灭活的毒品原植物种子、幼苗的单位超越经营范围、用途或者数量进行上述物品的买卖行为；二是无权合法买卖未经灭活的毒品原植物种子、幼苗的单位和个人非经批准，擅自非法买卖上述物品的行为。

三、犯罪主体

本罪犯罪主体只能由达到刑事责任年龄，具有刑事责任能力的自然人构成。单位不构成本罪。本罪相对于其他毒品犯罪而言，社会危险性相对较小，刑罚处罚相对较轻，所以年满16周岁并具有刑事责任能力的自然人方可构成。

四、犯罪主观方面

本罪主观方面以故意为限，过失不构成本罪，即行为人明知是未经灭活的毒品原植物种子、幼苗而非法买卖、运输、携带、持有。刑法对本罪没有规定犯罪目的，这说明不管行为人出于何种目的，只要非法买卖、运输、携带、持有毒品原植物种子、幼苗、数量较大的就构成本罪。

本罪的成立必须达到数量较大的要求才构成犯罪，数量不大的不构成犯罪。对于非法买卖、运输、携带、持有少量未经灭活的罂粟等毒品原植物种子或者幼苗的，根据治安管理处罚法的规定处理。

五、追诉标准

根据《追诉标准（三）》第8条规定，非法买卖、运输、携带、持有未经灭活的罂粟等毒品原植物种子或者幼苗，涉嫌下列情形之一的，应予立案追诉：

1. 罂粟种子五十克以上、罂粟幼苗五千株以上；

2. 大麻种子五十千克以上、大麻幼苗五万株以上；

3. 其他毒品原植物种子、幼苗数量较大的。

第十节 引诱、教唆、欺骗他人吸毒罪

引诱、教唆、欺骗他人吸毒是指通过向他人宣扬吸食、注射毒品后的感受等方法，诱使、唆使他人吸食、注射毒品的行为或者用隐瞒事实真相或者用制造假象等方法使他人吸食、注射毒品的行为。本罪是选择性罪名，实施了引诱、教唆、欺骗他人吸食、注射毒品行为之一的，即以该行为确定罪名，实施了其中两种以上行为的，将所实施行为并列为一个罪名，不实行并罚，被引诱、教唆、欺骗的人吸食、注射毒品后是否成瘾，不影响本罪的成立。

一、犯罪客体

本罪侵犯的是复杂客体，即社会管理秩序和公民的身心健康以及国家对毒品的管理制度。行为人引诱、欺骗和教唆行为都直接或间接侵犯国家对于毒品的管理制度。对那些尽管有吸毒意图但由于种种顾忌而犹豫不决的人采取引诱、教唆、欺骗手段，帮助其坚定吸毒意志，促使其吸毒的，也应按本罪论处。他人指的是没有吸食、注射毒品经历或虽曾吸食、注射毒品，但已彻底戒除的人，或者有吸食、注射毒品经历的人已决定戒除毒瘾，并采取了一定措施的人。

二、犯罪客观方面

本罪的客观方面表现为违反国家关于麻醉药品、精神药品的管理法规，采用引诱、教唆、欺骗的手段，促使他人吸毒的行为。理解本罪需要把握几个特性：一是行为的非法性，行为人对于引诱、教唆、欺骗他人吸毒行为的违法性是有认识的。二是行为手段的多样性，即行为人采用了引诱、教唆、欺骗手段。引诱，即采用金钱、物质或其他方法，进行勾引、诱惑、拉拢以使他人产生吸毒欲望的行为；教唆，即通过授

意、劝说、怂恿、请求、示范等方法使那些原来无吸毒欲望的人产生吸毒意念的行为；欺骗，即编造虚假事实，掩盖毒品真相，使他人在不知情的状态下吸食、注射毒品的行为。三是行为导致了一定的后果，行为人的引诱、教唆、欺骗行为必须导致他人产生吸毒意愿并且实施吸毒行为。

三、犯罪主体

本罪犯罪主体由达到刑事责任年龄，具有刑事责任能力的自然人构成。本罪相对于其他毒品犯罪而言，社会危险性相对较小，刑罚处罚相对较轻，所以年满16周岁并具有刑事责任能力的自然人方可构成。

四、犯罪主观方面

本罪主观方面是直接故意，间接故意和过失均不构成本罪，即行为人明知是毒品而引诱、教唆、欺骗他人吸食、注射毒品。犯罪目的、动机多种多样，有的是为了贩卖自己的毒品，有的是为了报复被害人而让其染上毒瘾，更有甚者是为了控制被害人，但都不影响本罪的成立，不过可以作为量刑情节。若行为人的行为虽致使他人吸食、注射了毒品，但不具有故意的主观心态，则不构成本罪。

本罪的引诱，应从如下几个方面理解：一是行为人须制造一个或数个诱饵，即制造出能够吸引被引诱者产生吸毒的欲望的东西，可以是物质的，也可以是精神的；二是必须是被引诱者出于自愿而吸食了毒品，这是引诱与强迫的本质区别，如果被引诱者虽然受到了诱惑，但在最后吸毒时，主观上仍具有不自愿的因素，那就有可能构成强迫他人吸毒罪；三是被引诱者明知是毒品而吸食，如果行为人对吸食的毒品不明知，那么行为人的行为就可能构成欺骗他人吸毒罪。

本罪的教唆，一般分为两种：一是针对本来无吸毒愿望的人，二是针对有吸毒愿望但尚不坚决的人。教唆的方法是除诱惑以外的任何方法，如激将、劝说、请求、怂恿、建议、示范等。可见，引诱与教唆进行区分是正确适用本罪的前提。

本罪的欺骗是指行为人采用虚构事实、隐瞒真相的方法，使原本没有吸毒意愿的他人在不知情的情况下误食毒品，例如在饮料、食品等食物中掺入毒品出售给他人食用。实践中，有人将罂粟壳掺入食品以招揽顾客、吸引回头客，但实践中从一重处罚很多都是以生产销售有毒有害食品定罪处罚的，欺骗他人吸毒最大的特征就是被害人本身不愿意吸毒，之前不知道是毒品，若是毒品就不会吸食的。

五、追诉标准

根据《追诉标准（三）》第 9 条规定，引诱、教唆、欺骗他人吸食、注射毒品的，应予立案追诉。

第十一节　强迫他人吸毒罪

强迫他人吸毒是指违背他人意志，以暴力、胁迫或者其他强制手段，迫使他人吸食、注射毒品的行为。所谓暴力，是指犯罪分子对被害人身体实施强制，排除被害人的抵抗，迫使其违背自己的意志吸食、注射毒品。所谓胁迫，是指犯罪分子以实施暴力相威胁，实行精神强制，使被害人产生恐惧不敢抗拒而吸食、注射毒品。所谓其他强制方法，是指除了暴力或胁迫方法以外，以暴力、胁迫方法相当的，如酒醉、麻醉药麻醉等方法，使被害人不知抗拒而吸食和注射毒品的行为。

一、犯罪客体

本罪侵犯的是复杂客体，即国家对毒品的管理制度和公民的身心健康。强迫他人吸毒往往使人染上毒瘾，成为吸毒者，从而损害被害人身心健康。同时，强迫他人吸毒也给良好的社会秩序和社会风尚造成了严重的破坏。

二、犯罪客观方面

本罪的客观方面表现为行为人违背被害人意志，使用暴力、胁迫或者其他强制手段，强迫他人吸食、注射毒品的行为。本罪客观方面就是要研究迫使他人吸食、注射毒品的行为方式。强迫一词在刑法学中具有广泛的外延，因为不同方式、不同程度的强迫可能造成不同的法律后果，从而影响行为的定性。关于本罪的犯罪对象为他人，与引诱、教唆、欺骗他人吸毒罪中的他人相同，即指没有吸食、注射毒品经历的人，虽曾有过吸食、注射毒品，但已经彻底戒除的人，有吸食毒品的经历，但已决心戒除但尚未戒断的人。

三、犯罪主体

本罪犯罪主体为一般主体，即凡达到刑事责任年龄，具有刑事责任能力的人均可构成。司法实践中，行为人一般都与被害人有直接或间接的利害关系。本罪相对于其他毒品犯罪而言，社会危险性相对较小，刑罚处罚相对较轻，所以年满 16 周岁并具有刑事责任能力的自然人方可构成本罪。

四、犯罪主观方面

本罪主观方面是故意，即明知是毒品，故意采取强制手段迫使他人吸食、注射。若不明知是毒品，或者明知是毒品但没有强迫他人吸食、注射的故意，则不构成本罪。强迫他人吸毒的动机多种多样，有的出于报复他人让其染上毒瘾，有的是为了控制他人。无论出于何种动机都不影响本罪的成立。

强迫具体表现为暴力、胁迫和其他方法，强迫的程度以压制被害人导致不能反抗不得不吸食毒品为限度，而不是无限度的扩张。

五、追诉标准

根据《追诉标准（三）》第 10 条规定，违背他人意志，以暴力、胁迫或者其他强制手段，迫使他人吸食、注射毒品的，应予立案追诉。

第十二节 非法提供麻醉药品、精神药品罪

非法提供麻醉药品、精神药品是指依法从事生产、运输、管理、使用国家管制的麻醉药品、精神药品的个人或者单位，违反国家规定，向吸食、注射毒品的人员提供国家规定管制的能够使人形成瘾癖的麻醉药品、精神药品的行为。如果擅自提供给用于医疗、科研、教学的人以及需要使用麻醉药品、精神药品的病人，尽管违反了法律规定，亦不构成本罪，如果行为人出于故意向走私、贩卖毒品等的毒品犯罪分子提供毒品，也不构成本罪，而应以走私、贩卖毒品罪或者其他有关的毒品犯罪共犯论处，至于吸毒的人是否已经吸食、注射了行为人所提供的毒品，以及吸食、注射后是否成瘾，则不影响本罪的成立。行为人提供毒品的行为必须利用了职务或者工作上的便利，如医生利用自己熟悉药品库房的机会，深夜从库房盗取药品后或者将自己非法持有如祖传的、受赠的或者通过其他非法手段获得的毒品提供给吸毒的人，则不构成本罪，构成其他罪的，应以如非法持有毒品罪等论处。行为人利用职务的便利，既可以是在从事上述工作中事先截留，也可以在结束之后提供，行为人提供给吸毒者以麻醉药品或精神药品，必须是无偿的；有偿的提供，包括货币交易、以物易物或以毒品换取其他劳务、抵偿债务的，不属于本罪中的非法提供，其性质实为一种贩卖毒品的行为。

一、犯罪客体

本罪侵犯的是国家对毒品的管制秩序。麻醉药品和精神药品在被非法使用的时候就是毒品，合法使用的时候即为药品。犯罪对象是麻醉药品和精神药品。麻醉药品是指具有依赖性潜力的药品，滥用或不合理使用易产生身体依赖性和精神依赖性。精神药品指作用于中枢神经系统，使之兴奋或抑制，具有依赖性潜力，滥用或不合理使用能产生药物依赖性的药品。

二、犯罪客观方面

本罪的客观方面表现为违反国家规定，向吸食、注射毒品的人提供国家规定管制的能够使人形成瘾癖的麻醉药品、精神药品的行为。理解本罪必须把握客观方面的四个特征，即提供行为的无偿性、提供行为的违法性、提供行为的多样性和提供对象的特定性。

三、犯罪主体

本罪犯罪主体为特殊主体，即依法从事麻醉药品、精神药品生产、运输、管理、使用的单位和自然人。

四、犯罪主观方面

本罪主观方面是故意，行为人主观上必须具备明知，即明知他人吸食、注射毒品，而为其提供麻醉药品、精神药品的心态。依法从事麻醉药品、精神药品种植，实验研究，生产，经营，使用，储存，运输的单位和自然人应当受过专业的技能培训和法律知识培训，应当知道自己管理的是国家管制的特种药品，也应当知道自己不按规定处置这些药品的违法性，如果行为人确实不知提供的对象是吸毒者或者是走私、贩卖毒品的人，则不按照犯罪处理。

五、追诉标准

根据《追诉标准（三）》第12条规定，依法从事生产、运输、管理、使用国家管制的麻醉药品、精神药品的个人或者单位，违反国家规定，向吸食、注射毒品的人员提供国家规定管制的能够使人形成瘾癖的麻醉药品、精神药品，涉嫌下列情形之一的，应予立案追诉：

1. 非法提供鸦片二十克以上、吗啡二克以上、度冷丁（杜冷丁）五克以上（针剂100mg/支规格的五十支以上，50mg/支规格的一百支以上；片剂25mg/片规格的二百片以上，50mg/片规格的一百片以上）、盐酸二氢埃托啡零点二毫克以上（针剂或者片剂20mg/支、片规格的十支、片以上)、氯胺酮、美沙酮二十克以上、三唑仑、安眠酮一千克以上、咖啡因五千克以上、氯氮卓、艾司唑仑、地西泮、溴西泮十千克以上，以及其他麻醉药品和精神药品数量较大的；

2. 虽未达到上述数量标准，但非法提供麻醉药品、精神药品两次以上，数量累计达到前项规定的数量标准百分之八十以上的；

3. 因非法提供麻醉药品、精神药品被行政处罚，又非法提供麻醉药品、精神药品的；

4. 向吸食、注射毒品的未成年人提供麻醉药品、精神药品的；

5. 造成严重后果或者其他情节严重的。依法从事生产、运输、管理、使用国家管制的麻醉药品、精神药品的人员或者单位，违反国家规定，向走私、贩卖毒品的犯罪分子提供国家规定管制的能够使人形成瘾癖的麻醉药品、精神药品的，或者以牟利为目的，向吸食、注射毒品的人提供国家规定管制的能够使人形成瘾癖的麻醉药品、精神药品的，以走私、贩卖毒品罪立案追诉。

第三章　毒品犯罪案件证据审查

第一节　毒品犯罪证据排除规则

检察官审查全案犯罪事实是否清楚的前提是对单个证据的合法性、客观性、关联性进行审查，也就是通常所说的证据“三性”审查，再是证据综合运用，然后对全案事实综合盘点，审查是否还有遗漏。

对单个证据的审查要解决证据能力和证明力问题。证据能力是指证据材料作为诉讼证据的法律资格，又叫证据资格。证明力是指证据对待证事实证明上的强弱程度，有的证据证明力强，有的证明力弱。审查时，重点要注意对据以定案的某些证明力薄弱的证据进行补强。

在实务办案中，对单个证据的“三性”审查通常是将我国近年来证据立法中确定的十大证据规则在具体个案进行校验的过程。

一、非法证据排除规则

《中华人民共和国刑事诉讼法》（以下简称刑诉法）第 56 条规定：采用刑讯逼供等非法方法收集的犯罪嫌疑人、被告人供述和采用暴力、威胁等非法方法收集的证人证言、被害人陈述，应当予以排除。收集物证、书证不符合法定程序，可能严重影响司法公正的，应当予以补正或者作出合理解释；不能补正或者作出合理解释的，对该证据应当予以排除。

根据 2021 年《最高人民法院关于适用〈中华人民共和国刑事诉讼

法〉的解释》[①]（以下简称《新刑诉法解释》）第123条规定：采用下列非法方法收集的被告人供述，应当予以排除：1. 采用殴打、违法使用戒具等暴力方法或者变相肉刑的恶劣手段，使被告人遭受难以忍受的痛苦而违背意愿作出的供述；2. 采用以暴力或者严重损害本人及其近亲属合法权益等相威胁的方法，使被告人遭受难以忍受的痛苦而违背意愿作出的供述；3. 采用非法拘禁等非法限制人身自由的方法收集的被告人供述。

最高人民法院《关于建立健全防范刑事冤假错案工作机制的意见》（以下简称《防范刑事错案意见》）第8条规定，采用刑讯逼供或者冻、饿、晒、烤、疲劳审讯等非法方法收集的被告人供述，应当排除。除情况紧急必须现场讯问以外，在规定的办案场所外讯问取得的供述，未依法对讯问进行全程录音录像取得的供述，以及不能排除以非法方法取得的供述，应当排除。

最高人民法院、最高人民检察院、公安部、国家安全部、司法部2017年《关于办理刑事案件严格排除非法证据若干问题的规定》（以下简称《2017年严格排非规定》）第2条、第3条、第4条规定对非法证据进一步作了列举式的规定。

（一）非法证据的分类

根据修订后的刑诉法、司法解释及相关规范性文件的规定，对毒品犯罪案件中非法证据可以分三类：

第一类是非法方法获取的犯罪嫌疑人、被告人供述。具体包括六种情形：一是刑讯逼供获得的犯罪嫌疑人、被告人供述；二是采用殴打、违法使用戒具等暴力方法或者变相肉刑的恶劣手段，使犯罪嫌疑人、被告人遭受难以忍受的痛苦而违背意愿作出的供述；三是采用以暴力或者严重损害本人及其近亲属合法权益等进行威胁的方法，使犯罪嫌疑人、被告人遭受难以忍受的痛苦而违背意愿作出的供述；四是采用非法拘禁

① 法释〔2021〕1号，2021年3月1日实施。——编者注

等非法限制人身自由的方法收集的犯罪嫌疑人、被告人供述；五是采取冻、饿、晒、烤、疲劳审讯等方法使犯罪嫌疑人、被告人遭受难以忍受的痛苦而违背意愿所作的供述；六是采用刑讯逼供方法使犯罪嫌疑人、被告人作出供述，之后犯罪嫌疑人、被告人因受该刑讯逼供行为影响而作出的与该供述相同的重复性供述。

第二类是以暴力、威胁以及非法限制人身自由等非法方法收集的证人证言、被害人陈述。

第三类是采用非法搜查、扣押等违反法定程序的方法收集物证、书证，可能严重影响司法公正的，不能补正或者作出合理解释的。

《新刑诉法解释》第124条规定的重复自白例外情形，不属于非法证据。一是指调查、侦查期间，监察机关、侦查机关根据控告、举报或者自己发现等，确认或者不能排除以非法方法收集证据而更换调查、侦查人员，其他调查、侦查人员再次讯问时告知诉讼权利和认罪的法律后果，犯罪嫌疑人自愿供述的；二是审查逮捕、审查起诉和审判期间，检察人员、审判人员讯问时告知诉讼权利和认罪的法律后果，犯罪嫌疑人、被告人自愿供述的。

（二）非法证据的确认与排除

对疑似非法证据的犯罪嫌疑人、被告人供述，审查时要通过对讯问笔录、体检记录、提讯登记等进行“一看三查”确认是否为非法证据。

“一看”是看同步录音录像。根据2018年《人民法院办理刑事案件排除非法证据规程（试行）》（以下简称《2018年排非规程》）第26条第2项之规定，应当对讯问过程录音录像的案件没有提供讯问录音录像，或者讯问录音录像存在选择性录制、剪接、删改等情形，现有证据不能排除以非法方法收集证据的，认定为非法证据。

“三查”是指一查提讯登记，二查体检记录，三查侦查终结前对讯问合法性的核查材料。

提讯登记和体检记录等证据材料能够直接反映提押、讯问和采取有关措施的法律手续是否完备，尤其是体检记录能够直接反映犯罪嫌疑人身体是否有伤或者存在异常，与证据收集的合法性紧密相关。《2017年严格排非规定》第 13 条对提讯登记和收押体检制度作了严格规范。《2018 年排非规程》第 26 条第 3 项之规定，侦查机关除紧急情况外没有在规定的办案场所讯问，现有证据不能排除以非法方法收集证据的，应当排除。

2016 年，"两高三部"联合印发《关于推进以审判为中心的刑事诉讼制度改革的意见》（以下简称《诉讼制度改革意见》）提出探索建立重大案件侦查终结前对讯问合法性进行核查制度。《2017 年严格排非规定》第 14 条第 3 款规定，对重大案件，人民检察院驻看守所检察人员应当在侦查终结前询问犯罪嫌疑人，核查是否存在刑讯逼供、非法取证情形，并同步录音录像。经核查，确有刑讯逼供、非法取证情形的，侦查机关应当及时排除非法证据，不得作为提请批准逮捕、移送审查起诉的根据。

《2018 年排非规程》第 26 条第 4 项规定，驻看守所检察人员在重大案件侦查终结前未对讯问合法性进行核查，现有证据不能排除以非法方法收集证据的，应当排除。《人民检察院刑事诉讼规则》（以下简称《刑诉规则》）第 71 条规定：对于重大案件，人民检察院驻看守所检察人员在侦查终结前应当对讯问合法性进行核查并全程同步录音、录像，核查情况应当及时通知本院负责捕诉的部门。负责捕诉的部门认为确有刑讯逼供等非法取证情形的，应当要求公安机关依法排除非法证据，不得作为提请逮捕、移送起诉的依据。

我们认为非法证据的界定应该从两方面把握：一是办案人员使用的方法必须是肉刑或者是与肉刑具有等价性的方式；二是上述方式必须达到一定程度，一般来说应当以是否足以使犯罪嫌疑人、被告人作出违背真实意愿的供述为标准。当然，上述标准仍然需要办案人员根据具体案情作出判断。

对以暴力、威胁以及非法限制人身自由等非法方法收集的证人证言、被害人陈述应当依法排除。需要注意的是立法并未将采用引诱、欺骗方法取得的犯罪嫌疑人、被告人供述纳入应当排除的非法证据范围，而且引诱、欺骗与讯问技巧难以截然区分，对引诱、欺骗取得的供述是否应当排除，关键看是否系虚假供述。

对于非法取得的实物证据作为非法证据排除，需同时具备三个条件：收集物证、书证不符合法定程序；可能严重影响司法公正；不能补正或作出合理解释的。对于严重影响司法公正的判断要参考以下因素：行为时的现实情况、紧急程度；行为人主观心态是故意还是过失；行为后果是否侵害了公民重大权益，比如宪法性权利等。

【案例】犯罪嫌疑人李某在审查起诉阶段向公诉承办人称，侦查阶段公安办案人员对自己有刑讯逼供的行为，要求将其供述作为非法证据排除。经了解得知，因其与办案人员发生言语冲突，有一名办案人员对其有轻微推搡行为。此种情形下侦查人员取得的犯罪嫌疑人供述是否为非法证据？

司法办案中不乏侦查人员存在讯问言语、行为不当的情形。刑讯逼供肯定是违法行为，但不是一切违反侦查人员行为规范的行为都应认定为刑讯逼供，需要注意区分刑讯逼供与不文明执法的界限。办案人员轻微的不文明执法行为，如轻微肢体冲突未对犯罪嫌疑人的人身造成实际侵害，也不足以致使犯罪嫌疑人作出违背真实意愿的供述，不宜一概认定为非法证据并予以排除。

二、取证程序违法排除规则

取证程序违反法律、司法解释的规定，损害证据的客观性、关联性的，应当排除适用。

常见的有：

1. 在勘验、检查、搜查过程中提取、扣押的物证、书证，未附笔录或者清单，不能证明物证、书证来源的，不得作为定案的根据。

2. 犯罪嫌疑人、被告人供述具有下列情形之一的，不得作为定案的依据：

（1）讯问笔录没有经犯罪嫌疑人、被告人核对确认的；

（2）讯问聋、哑人，应当提供通晓聋、哑手势的人员而未提供的；

（3）讯问不通晓当地通用语言、文字的犯罪嫌疑人、被告人，应当提供翻译人员而未提供的。

3. 证明犯罪嫌疑人、被告人自首、坦白、立功的证据材料，没有加盖接收单位的印章，或者接收人员没有签名的，不得作为定案的依据。

4. 证人证言有下列情形之一的，不得作为定案的根据：

（1）询问证人没有个别进行的；

（2）书面证言没有经证人核对确认的；

（3）询问聋、哑人，应当提供通晓聋、哑手势的人员而未提供的；

（4）询问不通晓当时通用语言、文字的证人，应当提供翻译人员而未提供的。

5. 辨认笔录具有下列情形之一的，不得作为定案的根据：

（1）辨认不是在侦查人员主持下进行的；

（2）辨认前使辨认人见到辨认对象的；

（3）辨认活动没有个别进行的；

（4）辨认对象没有混杂在具有类似特征的其他对象中，或者供辨认的对象数量不符合规定的；

（5）辨认中给辨认人明显暗示或者明显有指认嫌疑的；

（6）违反有关规定、不能确定辨认笔录真实性的其他情形。

6. 鉴定意见有下列情形之一的，不得作为定案的根据：

（1）鉴定机构不具备法定资质，或者鉴定事项超出该鉴定机构业务范围、技术条件的；

（2）鉴定人不具备法定资质，不具有相关专业技术或者职称，或者违反回避规定的；

（3）送检材料、样本来源不明，或者因污染不具备鉴定条件的；

（4）鉴定对象与送检材料、样本不一致的；

（5）鉴定程序违反规定的；

（6）鉴定过程和方法不符合相关专业的规范要求的；

（7）鉴定文书缺少签名、盖章的；

（8）鉴定意见与案件待证事实没有关联的。

【案例】赵某等14人贩卖毒品一案中，公诉人经审查发现14名犯罪嫌疑人均系被抓获两天后才进行第一次讯问的情况。公诉人认为上述证据合法性存疑，不能作为定案依据。

根据刑诉法第119条第2款之规定：传唤、拘传持续的时间不得超过十二小时；案情特别重大、复杂，需要采取拘留、逮捕措施的，传唤、拘传持续的时间不得超过二十四小时。根据2020年9月修正的《公安机关办理刑事案件程序规定》（以下简称《办案规定》）第199条第2款规定：犯罪嫌疑人到案后，应当由其在传唤证上填写到案时间。传唤结束时，应当由其在传唤证上填写传唤结束时间。因此传唤开始的时间应当为犯罪嫌疑人到案以后即开始计算。侦查机关出具情况说明称，本案系统一行动集中抓捕，因人数众多，警力有限，确实存在将犯罪嫌疑人抓捕到案后集中在公安机关，等待全部抓捕到位后再分配到办案单位进行传唤讯问的情况，其间保障了各犯罪嫌疑人休息和饮食权利。刑诉法对犯罪嫌疑人被抓获后控制人身自由的时间作出了严格规定，本案侦查机关存在重大违法，在此过程中其取证合法性存疑，不能作为定案依据。

三、未经法定程序查证排除规则

《新刑诉法解释》第71条规定，经过当庭出示、辨认、质证等法庭调查程序查证属实的证据，才能作为定案的根据。《刑诉规则》第404条第3款规定，经人民法院通知，鉴定人拒不出庭作证的，公诉人可以建议法庭不予采纳该鉴定意见作为定案的根据。《防范刑事错案意见》第12条第2款规定，采取技术侦查措施收集的证据，除可能危及有关人员的人身安全，或者可能产生其他严重后果，由人民法院依职权庭外调查核实的外，未经法庭调查程序查证属实，不能作为定案的根据。

四、瑕疵证据规则

瑕疵证据属于广义的“非法证据”范畴，其与非法证据的区别，在于违法程度不同。瑕疵证据的本质特征在于其违法情节的轻微性，使其具有一定的可容忍性。审查时要厘清二者的区别，避免对非法证据认定的泛化。2010年6月“两高三部”联合颁布《关于办理死刑案件审查判断证据若干问题的规定》（以下简称《2010年死刑案件证据规定》）、《关于办理刑事案件排除非法证据若干问题的规定》（以下简称《2010年排非规定》），除确定对非法言词证据的强制性排除规则和对非法实物证据的自由裁量排除规则，还确定瑕疵证据的可补正排除规则。即对瑕疵证据不是必然排除，如果能够补正或者合理解释，是可以适用的。

常见的证据瑕疵有：

1. 物证、书证的收集程序、方式有下列瑕疵，经补正或者作出合理解释的，可以采用：

（1）勘验、检查、搜查、提取笔录或者扣押清单上没有侦查人员、物品持有人、见证人签名，或者对物品的名称、特征、数量、质量等注明不详的；

（2）物证的照片、录像、复制品，书证的副本、复制件未注明与原件核对无异，无复制时间，或者无被收集、调取人（单位）签名（盖章）的；

（3）物证的照片、录像、复制品，书证的副本、复制件没有制作人关于制作过程和原物、原件存放地点的说明，或者说明中无签名的。

对物证、书证的来源、收集程序有疑问，不能作出合理解释的，该物证、书证不得作为定案依据。

2. 犯罪嫌疑人讯问笔录有下列瑕疵，经补正或作出合理解释的，可以采用；不能补正或作出合理解释的，不得作为定案的根据：

（1）讯问笔录填写的讯问时间、讯问人、记录人、法定代理人有误或者存在矛盾的；

（2）讯问人没有签名的；

（3）首次讯问笔录没有记录告知被讯问人相关权利和法律规定的。

3. 证人证言的收集程序、方式有下列瑕疵，经补正或者作出合理解释的，可以采用；不能补正或者作出合理解释的，不得作为定案的根据：

（1）询问笔录没有填写询问人、记录人、法定代理人姓名或者询问的起止时间、地点的；

（2）询问地点不符合规定的；

（3）询问笔录没有记录告知证人有关作证的权利义务和法律责任的；

（4）询问笔录反映出在同一时段，同一询问人员询问不同证人的。

瑕疵证据主要是由于收集程序、方式不符合法定程序，而无法保障证据的客观性与关联性。如果对其进行“补正或者作出合理解释”且经过法庭质证，法官确认就可以视为适格证据，如果同时具有证明力，就可以作为定案的证据。反之，对于经过补正，仍然不能保障证据的客观性、关联性，最终会将其排除在诉讼证据之外，视其为不适格证据。如讯问笔录显示系一名侦查人员讯问，违背刑诉法的规定，但经补正和合理说明得知另一名侦查人员提讯完后因急事先行离开来不及签名，因并未实际侵害犯罪嫌疑人的任何权利，因而所获取的讯问笔录仅仅是瑕疵证据而不是非法证据。

4. 视听资料、电子证据制作、取得的时间、地点、方式等有疑问，不能提供必要证明或者作出合理解释的，不得作为定案的根据。

【案例】张某甲非法持有毒品案。公安机关从张某甲家中搜出毒品后，未当场称重、封存、扣押。公安机关作出补正说明称当时凌晨2点多受条件限制无法称重、封存。公诉人对全案证据进行全面审查后认定公安机关从张某甲家中搜出毒品后，未当场称重、封存、扣押，程序确实存在一定瑕疵，但公安机关作出了合理的补正说明，且结合其他证据综合分析，该程序瑕疵不影响封存、扣押毒品行为的真实性、客观性，未达到严重影响司法公正的程度。

理由有三：第一，张某甲手机短信中有关于“油”等的交易内容、尿检显示张某甲吸食甲基丙苯胺类毒品、鉴定意见等证据足以证明张某甲经常接触毒品。第二，侦查人员从张某甲家搜出吸壶、锡纸、吸管、防风打火机、电子秤等吸毒工具；多名证人均证明曾看到张某甲多次在家吸食毒品，两名证人还看到张某甲从青绿色的口香糖盒子及红色盖中拿出毒品。与侦查机关说明从两个盒子中搜出毒品内容相符。第三，在搜查勘验的整个过程中，公安机关进行了全程录像及拍照，证实了整个搜查、勘验、提取过程。因此侦查机关提取、封存、称重等程序虽有瑕疵但不影响对本案毒品数量的认定。

五、最佳证据规则

最佳证据规则是关于物证、书证可采性的一项重要证据规则。该项规则体现在《新刑诉法解释》第 83、84 条的规定，收集、调取的书证应当是原件。只有在取得原件确有困难时，才可以是副本或者复制件。收集、调取的物证应当是原物。只有在原物不便搬运、不易保存，依法应当由有关部门保管、处理，或者依法应当返还被害人时，才可以拍摄足以反映原物外形或特征的照片、录像、复制品。以物证为例，着重审查物证是否为原物，还要审查物证在收集、保管及鉴定过程中是否受到损坏或者改变。

六、意见证据规则

意见证据规则是指证人只能陈述自己感知体验的事实，而不能将其判断意见和推测作为证言内容。即证人的猜测性、评论性、推断性的证言，不能作为证据使用，但根据一般生活经验判断符合事实的除外。

七、传闻证据规则

传闻证据有广义与狭义之分。狭义是指证人陈述的非自己亲身经历的事实，而是就其从他人处听来的事实进行陈述。广义的传闻证据还包括证人在法庭之外作出却在法庭之内作为证据使用的口头或者书证陈述。本书所指传闻证据系狭义解释，对于单一的传闻证据一般情况下应当排除适用。

八、不适格证人证言规则

处于明显醉酒，中毒或者麻醉等状态，以致不能正确表达的证人所提供的证言，不能作为定案的根据。

九、关联性规则

关联性规则是指证据与待证事实无关联，不能作为定案证据。

十、鉴真规则

物证的照片、录像、复制品，不能反映原物的外形和特征的，不得作为定案的根据。在勘验、检查、搜查过程中提取、扣押的物证、书证，未附笔录或者清单，不能证明物证、书证来源的，不得作为定案的根据。因此审查物证的照片、录像或者复制品时要注意是否与原物相符。物证的照片、录像或者复制品，经与原物核对无误或者经鉴定证明为真的，或者以其他方式确能证明其真实的，可以作为定案的根据。还要注重审查物证的照片、录像或者复制品制作程序。审查其是否由二人以上制作，有无制作人关于制作过程及原物存放于何处的文字说明及签名。同时，物证是否经过辨认、鉴定也是审查的一个重要方面，具备辨认条件的物证应当交由当事人或者证人进行辨认，必要时应当进行鉴定。

第二节　毒品犯罪常见证据的审查

跟其他普通刑事犯罪案件比较，毒品犯罪案件的证据相对要少，但有其特色。比如大部分毒品犯罪案件没有被害人陈述，证人证言也相对较少，但其电子证据、技术侦查措施收集的证据和域外证据较为常见。本节重点介绍毒品犯罪案件常见证据的审查，其他证据审查参见本丛书总则部分。

一、物证、书证的审查

（一）物证、书证审查的一般方法

1. 证据收集的合法性审查

着重审查物证的收集程序、方式是否符合法律及有关规定。经勘验、检查、搜查提取、扣押的物证、书证，是否附有相关笔录或者清单；笔录或者清单是否有侦查人员、物品持有人、见证人签名，没有物品持有人签名的，是否注明原因；对物品的名称、特征、数量、质量等注明是否清楚。对于经勘验、检查、搜查提取、扣押的物证，未附有勘验、检查笔录，搜查笔录，提取笔录，扣押清单，不能证明物证来源的，不能作为定案的根据。

物证的收集程序、方式存在下列瑕疵，通过有关办案人员的补正或者作出合理解释的，可以采用：收集调取的物证，在勘验、检查笔录，搜查笔录，提取笔录，扣押清单上没有侦查人员、物品持有人、见证人签名或者物品名称、特征、数量、质量等注明不详的；收集调取物证照片、录像或者复制品未注明与原件核对无异，无复制时间、无被收集、调取人（单位）签名（盖章）的；物证照片、录像或者复制品没有制作人关于制作过程及原物存放于何处的说明或者说明中无签名的；物证的收集程序、方式存在其他瑕疵的。

对物证、书证收集不符合法定程序，可能严重影响司法公正的，不能补正或者作出合理解释的，对相关证据应当给予以排除。对物证、书证的来源有疑问，不能作出合理解释的，不能作为定案的根据。

2. 证据的关联性审查

着重审查物证与案件事实有无关联。对现场遗留与犯罪有关的具备检验鉴定条件的血迹、指纹、毛发、体液等生物样本、痕迹、物品，是否通过 DNA 鉴定、指纹鉴定等鉴定方式与被告人或者被害人的相应生物检材、生物特征、物品等作同一认定。

对在勘验、检查、搜查中发现与案件事实可能有关联的血迹、指纹、足迹、字迹、毛发、体液、人体组织等痕迹和物品应当提取而没有提取，应当检验而没有检验，导致案件事实存疑的，人民检察院依法可以补充收集、调取证据，作出合理的说明或者退回侦查机关补充侦查，调取有关证据。

3. 证据收集的全面性审查

着重审查与案件事实有关联的物证是否全面收集。刑诉法第 52 条规定，审判人员、检察人员、侦查人员必须依照法定程序，收集能够证实犯罪嫌疑人、被告人有罪或者无罪、犯罪情节轻重的各种证据。如对毒品、毒资、银行账户交易记录、物流寄递单据等物证、书证应注意审查是否全面收集。

（二）重点关注问题

作为毒品犯罪案件中最重要的物证——毒品，其扣押过程是否规范，直接影响着犯罪指控的力度与效果。因为毒品本身既是证实犯罪、指控犯罪的实物证据，也是定罪量刑的重要尺度，其重要性不言而喻。但由于种种原因，司法实践中对毒品的扣押还存在这样或者那样的问题，主要表现在以下方面：

1. 扣押见证

刑诉法第 141 条规定，在侦查活动中发现的可用以证明犯罪嫌疑人有罪或者无罪的各种财物、文件，应当查封、扣押。刑诉法第 139 条规定，在搜查的时候，应当有被搜查人或者他的家属，邻居或者其他见证人在场。见证人制度设立的目的就是保障搜查、扣押过程的公正性、客观性。司法实践中，由于种种原因，见证人不在场或者无见证人签字的现象仍然存在，这就造成了相关证据的瑕疵。

2. 扣押录像

根据《2016 年办理毒品案件程序规定》，必要时，侦查人员应当对提取、扣押和封装的主要过程进行拍照或者录像。但是司法实践中，仍然存在对毒品及其包装物拍照或者录像不清、不全，或者未对全部涉案毒品及包装物进行拍照或者录像的现象，导致庭审举证时出现无法辨认的情况，甚至有辩护人当庭提出异议，大大影响了庭审效果。

3. 扣押清单

《新刑诉法解释》规定，扣押物品清单中应当将物品的名称、特征、数量、质量等注明清楚，这样规定的目的是可以将所扣押的物品通过清单的形式予以固定，在物证与清单之间形成一一对应关系，避免因描述不清产生争议。司法实践中，仍然存在对毒品的特征（如名称、形状、数量、重量、来源以及包装物等）描述不细致、不全面的情况，甚至出现扣押清单的描述与提取笔录、见证人证言相矛盾的情况。这不仅会导致对毒品的同一性产生疑问，而且会影响对证据的采信。

4. 封装、称量和送检

根据《2016 年办理毒品案件程序规定》，现场提取、扣押等工作完成后，一般应当由两名以上侦查人员对提取、扣押的毒品及包装物进行现场封装，并记录在笔录中。这是保证侦查程序公正性的要求，也是确保扣押的毒品与送检的毒品具有同一性的手段。根据《2010 年死刑案件证据规定》，对于鉴定对象与送检材料、样本不一致的，不能作为定案的根据。因此，如果毒品扣押封装手续不规范，导致扣押的毒品与送检的毒品无法作同一性认定时，就会削弱相关证据的证据资格，从而增加指控犯罪的风险。毒品犯罪案件的量刑主要是毒品数量，侦查人员在收集证据过程中即使是出一点点差错，也会导致对犯罪嫌疑人量刑的巨大影响，轻则几年，重则无期徒刑乃至死刑的差别。主要包括以下几种情形：

（1）侦查人员对所缴获的毒品没有分开称量、分包装封以及分开送检。如某市审查起诉的袁某、刘某贩卖、非法持有毒品案，侦查人员在短时间内，分别在宾馆楼下和房间两个地点先后抓获袁某和刘某，从两人身上分别都缴获了毒品。根据供述，袁某在被抓前将 100 余克冰毒交给刘某保管。结果侦查人员将从袁某身上缴获的毒品与袁某交给刘某保管的毒品混合到一起称量，然后一并进行成分鉴定。本来缴获的是不同的毒品，但它的重量和成分因为混合到了一起，再也无法进行客观的区分和认定。这将直接导致从袁某身上缴获的是否为毒品以及其数量的多少根本无法确定，只要他否认自己身上的是毒品，检验出来的毒品是刘某身上的，因为混在一起了才检出毒品成分，那这一事实就无法认定。而即便袁某认可他交给刘某保管的毒品实际所有人是他，对刘某也无法处理，他非法持有毒品的数量为多少无法得知，那么对刘某非法持有袁某交给其保管的毒品这一事实就无法认定。

（2）侦查人员仅凭犯罪嫌疑人单方面供述即认定为底粉，不进行客观、科学的鉴定。如吴某贩卖毒品案，公安机关缴获了吴某几百余克毒品疑似物，吴某供述是底粉，侦查人员答复给承办检察官为什么不送检的疑问是：我们一看就知道这个不是毒品，不需要送检。在检察官的要求下，侦查人员将这些缴获的所谓“底粉”进行了成分以及含量鉴定，结果令人大吃一惊，这些“底粉”里不仅有海洛因，而且含量还比较高。又如曾某等人贩卖毒品案，缴获了冰毒、海洛因和犯罪嫌疑人供述的底粉若干，侦查人员只将冰毒和海洛因送检，其他就按嫌疑人所讲的认定为底粉，后来在检察官的要求下再送检，造成诉讼拖延。

（3）对可能判处死刑的毒品犯罪嫌疑人所缴获毒品不及时进行含量鉴定。对可能判处死刑的毒品犯罪案件，应当作出毒品含量鉴定。但实践中往往对一些重特大毒品犯罪案件，送检不及时。往往要到审查起诉阶段，检察机关提出后才送检，而这个时候，一方面，鉴定程序相当复杂，时间拉得很长；另一方面，有的案件的物证因为保管不善或是销毁，再想作鉴定，客观上已经不可能，从而导致本来能判死刑立即执行的只能判死缓，本来能判死缓的只能判无期徒刑。还有一种情况，就是案件的主要犯罪嫌疑人在逃，在案人员刑期明显够不到死刑，于是就没有对缴获毒品进行含量鉴定，而在逃人员到案后，毒品已经被销毁，无法进行鉴定，导致打击不到位。

（4）不同包装物内的毒品被混合称量。实践中发生过将同一犯罪嫌疑人的数包毒品混合后称量，或者将多名犯罪嫌疑人各自持有的毒品混合称量，导致毒品数量认定存疑的情况。根据《2016 年办理毒品案件程序规定》，对两个以上包装的毒品，应当分别称量，并统一制作称量记录，不得混合后称量。对同一组内的多个包装的毒品，可以采取全部毒品及包装物总质量减去包装物质量的方式确定毒品的净质量。

（5）扣押时登记的毒品数量与鉴定数量不一致，同一宗毒品出现不同的重量。

5. 包装物上痕迹鉴定

根据《2016 年办理毒品案件程序规定》，侦查人员应当对毒品犯罪案件有关的场所、物品、人身进行勘验、检查或者搜查，及时准确地发现、固定、提取、采集毒品及内外包装物上的痕迹、生物样本等物证，依法予以扣押。参照《2010 年死刑案件证据规定》的相关规定，对现场遗留的与犯罪有关的具备检验条件的血迹、指纹、毛发等，要通过 DNA 鉴定或者指纹鉴定等方法，与被告人的生物特征、物品作出是否同一的认定。毒品及内外包装物上的痕迹、生物样本等对于证实犯罪，反驳其无罪辩解具有很强的证明力。司法实践中，该类物证及鉴定意见的缺失很大程度上削弱了指控力度。

6. 毒品上缴

毒品危害极大，如果落到心怀不轨的人手中，极易产生更为严重的危害后果。因此，在审查毒品犯罪案件时，缴获毒品的去向是审查的重点。实践中，存在案件侦查终结后，毒品没有及时上缴的情况。有的案件的毒品虽然上缴，但是与其他案件的毒品一起上缴。有的毒品是集中一批毒品犯罪案件中缴获的毒品混在一起统一上缴，一张上缴单上只列明了数量，没有说明是什么案件，不能证明该上缴书证是否与本案有关联，结果不能作为证据使用。

二、犯罪嫌疑人、被告人供述与辩解和证人证言的审查

（一）审查的一般方法

1. 证据收集的合法性审查

注意审查供述有无刑讯逼供等非法方法收集的情形；讯问的时间、地点、讯问人的身份、人数以及讯问方式等是否符合法律、有关规定；讯问笔录的制作、修改是否符合法律、有关规定，是否注明讯问的具体起止时间和地点，首次讯问时是否告知犯罪嫌疑人、被告人相关权利和法律规定，被告人是否核对确认；讯问未成年人时，是否通知其法定代

理人或者有关人员到场，其法定代理人或者有关人员是否到场；必要时，可以调取讯问过程的录音录像、被告人体检记录，并结合录音录像、记录、笔录对上述内容进行审查。

注意审查证人是否具有作证能力，询问过程是否合法、规范等。

2. 证据的关联性审查

审查供述是否前后一致，有无反复以及出现反复的原因；被告人的所有供述和辩解是否均已随案移送；被告人的辩解是否符合案情和常理，有无矛盾；被告人的供述和辩解与同案人的供述和辩解以及其他证据能否相互印证，有无矛盾。

注意审查证人证言的内容是否真实、完整，证言是否与犯罪嫌疑人、被告人供述等其他证据相互印证。

3. 证据收集的全面性审查

主要审查与待证案件事实相关联的供述是否全部收集，尤其犯罪嫌疑人、被告人的无罪、罪轻辩解。

（二）审查重点关注问题

审查中应注意讯问笔录的内容与同步录音录像存在实质性差异，不能作出合理解释的，该部分内容不得作为定案的根据，以讯问录音录像为准。对确认或者不能排除采用刑讯逼供等非法方法收集的犯罪嫌疑人、被告人供述，应当予以排除。

【案例】刘某，男，15 岁，辍学在家。因涉嫌贩卖毒品罪于 2018 年 6 月 2 日被公安机关抓获。此后，办案人员在执法办案区对刘某进行了讯问。因刘某家居住在农村，未能及时通知其父母及其他成年亲属，办案人员认为刘某已经有十五岁，没有成年人在场的情况下，也能够完整供述案情和表达思想，因此对其进行了讯问。移送审查起诉后，犯罪嫌疑人提出因当时过于紧张，所供述的内容并不属实。

根据刑诉法第 281 条第 1 款之规定，对于未成年人刑事案件，在讯问和审判的时候，应当通知未成年犯罪嫌疑人、被告人的法定代理人到场。无法通知、法定代理人不能到场或者法定代理人是共犯的，也可以通知未成年犯罪嫌疑人、被告人的其他成年家属、所在学校、单位、居住地基层组织或者未成年人保护组织的代表到场，并将有关情况记录在案。到场的法定代表人可以代为行使未成年犯罪嫌疑人、被告人的诉讼权利。

上述规定主要是考虑刑罚是最严厉的惩罚措施，而未成年人身心发育尚不成熟，无论是心理素质或者是对司法活动的判断能力都不能和成年人相比，因此需要在刑事诉讼中给予特别的保护。在短兵相接讯问未成年人时未通知其法定代理人或者其他合适成年人在场，讯问程序违反法律规定。尽管这并不属于刑诉法规定的刑讯逼供等非法方法收集证据应当依法排除的范畴。但在没有法定代理人或其他适格成年人在场的情况下，因未成年人供述的客观真实性不能得到保障，不能作为定案依据。司法实践中有办案人员认为，如果讯问未成年犯罪嫌疑人或者被告人时有同步录音录像，讯问人员没有刑讯逼供、指供、诱供情形，那么该份供述仍然可以作为定案依据。我们认为，这种情形涉及的是证据客观性而非合法性问题，不能用证明合法性的方法来解决客观性的问题。补救的方法应当是在有法定代理人或者其他适格成年人在场，告知相关权利义务的情况下重新进行讯问。

三、鉴定意见的审查

2012 年修订的刑诉法将法定证据种类中的“鉴定结论”修改为“鉴定意见”，意味着该类证据并非“终局性的结论”，而是“需要审查判断的意见”。就审查内容看，鉴定意见需着重审查鉴定主体、鉴定程序、鉴定过程、鉴定方法、检材以及鉴定意见的形式要件等。实践中对鉴定意见的审查主要包括几个方面：

（一）鉴定主体

对鉴定主体应着重审查，鉴定机构和鉴定人是否具有法定资质，鉴定人是否存在应当回避的情形。一般而言，鉴定机构和鉴定人应当具备法定资质，鉴定人还需具有相关专业技术或者职称，且不得违反回避的规定。如果不具备相应的法定资质、专业技术或者职称，或者违反了回避规定，则相关鉴定意见不得作为定案的根据。除此之外，对于鉴定事项超出该鉴定机构业务范围、技术条件的，鉴定意见也不得作为定案的根据。

（二）鉴定的检材

对鉴定的检材应着重审查，其来源、取得、保管、送检是否符合法律、有关规定，与相关提取笔录、扣押物品清单等记载的内容是否相符，检材是否充足、可靠等。对于送检材料、样本来源不明的，因污染不具备鉴定条件的，或者鉴定对象与送检材料、样本不一致的，鉴定意见不得作为定案的根据。

（三）形式要件

对鉴定意见的形式要件着重从完备性上进行审查，包括提起鉴定的事由、鉴定委托人、鉴定机构、鉴定要求、鉴定过程、鉴定方法、鉴定日期等内容，还包括鉴定机构是否加盖司法鉴定专用章并由鉴定人签名、盖章。对于鉴定文书缺少签名、盖章的，该鉴定意见不得作为定案的根据。

（四）鉴定的程序、过程、方法

鉴定的程序要符合法律和有关规定，鉴定的过程和方法要符合相关专业的规范要求，否则该鉴定意见不得作为定案的根据。

（五）鉴定意见

鉴定意见应当明确，不能模棱两可、含糊不清；鉴定意见应当与案件待证事实具有关联性。同时还要审查，鉴定意见与勘验、检查笔录及相关照片等其他证据是否矛盾，是否依法及时告知相关人员，当事人对鉴定意见有无异议等。对与案件待证事实不具有关联性的鉴定意见不得作为定案的根据。

经审查，对鉴定意见有疑问的，可以由鉴定人出具相关说明或者出庭作证，也可以依法补充鉴定或者重新鉴定。

鉴定意见是毒品犯罪案件中定罪量刑的关键，在司法实践中，要特别注重对鉴定意见的审查，充分运用好这一类证据指控犯罪。如潘某等人贩卖毒品案，全案十余名犯罪嫌疑人，除少数几名外，均供述自己吸毒，还有许多贩卖行为是帮忙代购毒品，从中赚取吸食。但这些犯罪嫌疑人被抓获后都没有进行尿检，导致认定其犯罪的起因、动机以及事实都存在一定障碍。又如刘某等人贩卖毒品案中，犯罪嫌疑人供述吸食毒品，但被抓后七天才做尿检，结果呈阴性，证据之间存在矛盾，导致认定困难。另外还存在尿检人员同时也是本案的侦查人员，尿样检测应当由具有专业资质的人员进行，那么检测结论属于鉴定意见的范围，而如果检测人员同时是本案侦查人员的话，就违反了鉴定人不得担任本案侦查人员的规定，属于程序违法。

四、电子数据的审查

根据2016年最高人民法院、最高人民检察院、公安部制定的《关于办理刑事案件收集提取和审查判断电子数据若干问题的规定》（以下简称《电子数据若干规定》）第一条规定，电子数据是案件发生过程中形成的，以数字化形式存储、处理、传输的，能够证明案件事实的数据。电子数据包括但不限于下列信息、电子文件：（1）网页、博客、微博客、朋友圈、贴吧、网盘等网络平台发布的信息；（2）手机短信、电子邮件、即时通信、通讯群组等网络应用服务的通信信息；（3）用户注册信息、身份认证信息、电子交易记录、通信记录、登录日志等信息；（4）文档、图片、音视频、数字证书、计算机程序等电子文件。以数字化形式记载的证人证言、被害人陈述以及犯罪嫌疑人、被告人供述和辩解等证据，不属于电子数据。确有必要的，对相关证据的收集、提取、移送、审查，可以参照适用本规定。

在毒品犯罪案件中，犯罪分子通过电话联系贩卖毒品，通过互联网传授犯罪方法，通过微信预谋策划毒品犯罪，等等。在此过程中，必然会留下电子痕迹，这些电子痕迹经过提取、转化之后，能够证明案件的相关事实，成为证明犯罪的电子数据。根据毒品犯罪案件的特点，毒品电子数据可以分为以下几类：

一是手机数据。所谓手机数据是指毒品犯罪分子利用手机进行毒品犯罪活动过程中产生的电子数据。包括：手机通话记录、短信息、彩信、手机通讯录、微信记录、音频、视频、图片等。

二是上网记录。上网记录是指毒品犯罪分子利用网络进行毒品犯罪活动过程中产生的电子数据。包括：域名、IP 地址、注册登录信息、网页信息、博客、微博客、cookie 等。

三是电子邮件。电子邮件是指毒品犯罪分子通过电子邮箱进行毒品犯罪活动过程中产生的电子数据。包括：发件人、收件人、主题、邮件内容、电子签名、IP 地址、发送路径等。

四是电子交易记录。所谓电子交易记录是指毒品犯罪分子利用电子商务平台进行毒品犯罪活动过程中产生的电子数据。包括：标的物、交易对象、交易时间、交易金额、支付渠道、IP 地址等。

五是网络聊天记录。所谓网络聊天记录，是指毒品犯罪分子利用微信、QQ、MSN、视频聊天室等网络即时通信工具进行毒品犯罪活动过程中产生的电子数据。

六是其他存储介质中的电子数据。主要是指其他存储介质中保存的各种信息。

毒品犯罪案件隐蔽性强，取证难度大，要特别注意电子数据审查，让电子数据“说话”解决毒品犯罪案件中口供难取，直接证据少的瓶颈问题。最高人民检察院发布的广西壮族自治区人民检察院在办理张某某、李某上诉案件的经验值得借鉴。二审检察官发现蒙某某与本案有关联但未被追究，审查证据时又发现侦查机关仅对扣押的张某某、李某、蒙某某手机中未删除的短信、微信进行拍照提取，未对手机中删除信息进行数据恢复，即委托该院技术部门进行电子数据检验。经检验，恢复并提取已被删除的张某某、李某、蒙某某的短信、微信信息以及通讯录，这些信息证实张某某与蒙某某为交付毒资多次联系进行转款的具体内容。后检察机关督促公安机关对蒙某某重新提请逮捕，依法追究其刑事责任。后被告人蒙某某犯贩卖毒品罪被一审判处死刑，缓期二年执行。

对毒品犯罪案件中的电子数据，司法实践主要从以下几个方面审查：

（一）审查电子数据的完整性

审查该电子数据存储磁盘、存储光盘等可移动存储介质是否与打印件一并提交；在原始存储介质无法封存、不便移动或者依法应当由有关部门保管、处理、返还时，提取、复制电子数据是否由二人以上进行，是否足以保证电子数据的完整性，有无提取、复制过程及原始存储介质存放地点的文字说明和签名。对涉案手机，应当注意审查是否收集手机的号码、品牌、型号、国际移动设备识别码（串号）、号码登记资料、身份认证信息；是否规范地提取并保存手机内存储的与案件事实有关的通话记录、短信、聊天记录以及文档、图片、音视频等电子文件。手机内存储的相关信息、文件被删除或者破坏的，是否予以恢复、提取等。必要时还要审查是否将通信记录的通信时间、地点、漫游区域、主被叫联系人等信息与犯罪嫌疑人活动情况相结合，制作犯罪嫌疑人活动轨迹分析报告。

（二）审查电子数据的收集程序

审查收集程序、方式是否符合《电子数据若干规定》及相关法律、技术规范的规定；经勘验、检查、搜查等侦查活动收集的电子数据，是否附有笔录、清单，并经侦查人员、电子数据持有人、见证人签名；没有持有人签名的，是否注明原因；远程调取境外或者异地的电子数据的，是否注明相关情况；对电子数据的规格、类别、文件格式等注明是否清楚。是否载明该电子数据形成的时间、地点、对象、制作人、制作过程及设备情况等。需要注意的是，电子数据制作、取得的时间、地点、方式等有疑问，不能提供必要证明或者做出合理解释的，不得作为定案的根据。

（三）审查电子数据的真实性

审查电子数据内容是否真实，有无剪裁、拼凑、篡改、添加等伪造、变造情形。需要注意的是，对于经审查无法确定真伪的电子数据，不得作为定案的根据。

（四）审查电子数据的关联性

审查该电子数据与案件事实有无关联性。对电子数据有疑问的，应当进行鉴定或者检验。对电子数据，应当结合案件其他证据，审查其真实性和关联性。

【案例】[1] 2016年5月初，被告人赵某某与被告人石某在重庆市梁平区商谈买卖毒品事宜，为此赵某某又介绍赵某松与石某见面。2016年5月23日至24日，赵某松以承诺10000元报酬为条件，邀约被告人郁某成共同驾驶桂A×××65轿车将毒品从广西壮族自治区南宁市运至重庆市梁平区。5月25日，赵某松与石某见面后，石某以赵某某未在为由拒绝交易。5月26日，赵某某携带3包甲基苯丙胺片剂（俗称"麻古"）从浙江省宁波市赶至重庆市梁平区。随后，石某驾车将赵某松、赵某某带至梁平区名豪大酒店1201房间，唐某某（另案处理）以104000元的价格从赵某松处购买一块海洛因约351.33克，并当场支付80000元现金，唐某某以质量差为由没有购买赵某某的甲基苯丙胺片剂。

被告人石某与被告人钟某群在石某位于梁平区屏锦镇云屏路277号的家中同居生活，两人共同多次向李某某、游某某、段某某等人贩卖毒品。2016年5月27日5时许，梁平区公安局民警在石某家中将石某、钟某群、赵某某抓获，当场从石某与钟某群的住所内搜出疑似毒品共43包，从赵某某的外套口袋内搜出疑似毒品3包。同日11时许，民警在梁平区梁山镇中心汽车站旁的金阳光宾馆将赵某松、郁某成抓获，从赵某松停放于喜悦假日酒店门口停车场的车牌号为桂A×××65本田轿车后排座下搜出疑似毒品3块。经鉴定，从石某家中搜出的43包疑似毒品中，其中28包均检出海洛因成分，净重162.08克；其中8包均检出甲基苯丙胺成分，净重82.24克；其中6包均检出甲基苯丙胺成分和咖啡因成分，净重28.64克。从赵某某身上搜出的3包疑似毒品中均检出甲基苯丙胺和咖啡因成分，净重160.72克。从赵某松轿车上搜出的3块疑似毒品中均检出海洛因成分，其含量分别为67.0%、66.8%、67.1%，净重1054克。

被告人赵某松贩卖、运输海洛因约1405.33克，被告人赵某某贩卖海洛因约351.33克、贩卖、运输甲基苯丙胺片剂160.72克，被告人石

---

① 案例来源于中国裁判文书网。

某贩卖海洛因约513.41克、甲基苯丙胺37.43克、甲基苯丙胺片剂28.64克，被告人钟某群贩卖海洛因162.08克、甲基苯丙胺82.24克、甲基苯丙胺片剂28.64克。被告人郁某成明知是毒品而帮助赵某松运输海洛因约1405.33克，其行为已构成运输毒品罪。

公开的一审判决书摘录的重庆市公安局物证鉴定中心渝公鉴（电物）〔2016〕278号、279号《检验报告》、DVD数据光盘重庆市公安局物证鉴定中心渝公鉴（电物）〔2016〕279号《检验报告》、DVD数据光盘、手机通话清单以及情况说明等信息反映，本案侦查机关规范地提取并保存手机内储的与案件事实有关的通话记录、短信、聊天记录等电子文件。公安机关对从石某、钟某群处缴获的手机进行技术检验，检出数据，从中调取微信、短信内容和手机通话情况，涉及主要是手机证据。本案对手机证据的提取及时、规范，这些手机证据直观清晰地反映本案被告人通过电话、微信联系、策划买卖毒品事实，这些电子数据经过提取、转化之后，能够证明本案各被告人贩卖毒品事实，系证明犯罪的强有力的电子证据。比如微信，公安机关对从赵某松、赵某某处缴获的数部手机进行技术检验，并检出数据。其中20160278－01号为赵某松使用的黑色三星手机（手机号码181×××04486，微信昵称“赵…劲”）；20160278－03号为赵某某使用的honor手机（手机号码133×××35007，微信昵称“惹不起，就不要来找我的叉”）。2016年5月13日，赵某某申请添加赵某松为好友，两人共有222条微信聊天记录。又如短信：重庆市公安局物证鉴定中心渝公鉴（电物）［2016］279号《检验报告》、DVD数据光盘证实，公安机关对从石某、钟某群处缴获的手机进行技术检验，检出数据，从中调取短信内容等。

五、技侦证据材料的审查

对重大毒品犯罪案件中公安机关采取技术侦查措施收集的材料作为证据使用的，应当重点审查以下内容：

1. 采取技术侦查措施是否按照法律和有关规定履行批准手续，批准采取技术侦查措施的法律文书是否随案移送；

2. 采取技术侦查措施的种类、适用对象和期限是否按照批准决定载明的内容执行；

3. 对采取技术侦查措施收集的物证、书证、视听资料、电子数据等证据材料的内容是否作出文字说明；

4. 采取技术侦查措施收集的证据材料是否与其他证据相印证。

【案例】王某、李某等人贩卖毒品一案中，王某、李某归案后拒不认罪，某基层检察院对其作存疑不逮捕，后公安机关对二人取保候审并移送审查起诉。某市检察院与侦查机关沟通后得知，侦查阶段该案经过审批程序后采取了技术侦查手段，侦查人员是通过技侦监听王某指使犯罪嫌疑人李某到出租车租赁公司约车去云南运“货”的通话记录，将二人锁定并抓获归案的。后市检察院引导侦查机关将通过技侦监听取得原始的技侦监听资料进行转化，以情况说明和书面翻音材料的形式另行组卷移送检察院，该案后被作出有罪判决。

需要注意的是，技术侦查证据材料在毒品案件中作为证据使用应限于可能判处无期徒刑、死刑的重大毒品犯罪案件，且关系到罪与非罪、是否判处无期徒刑、死刑等定罪量刑问题，且其他证据不足以充分印证的，才作为证据使用。

六、国际合作中域外证据的审查

由于毒品犯罪日趋国际化，各国之间通力合作打击毒品犯罪日趋密切，比如《2015 年中国毒品形势报告》显示，2015 年，中国收到 29 个国家或地区 202 条涉毒线索核查函。外籍毒品犯罪嫌疑人员在华贩毒，既将境外毒品贩入国内，又将境内毒品和制毒物品走私国外。办理毒品犯罪案件中会涉及对境外收集的证据审查以及跨国的联合调查、执法合作等措施的合规性审查。我国刑诉法第 18 条规定：“根据中华人民共和国缔结或者参加的国际条约，或者按照互惠原则，我国司法机关和外国司法机关可以相互请求刑事司法协助。”因此在审查中要注意相关国家给予司法协助中代为询问证人、被害人、鉴定人及其他犯罪嫌疑人，代为进行搜查、扣押、勘验、检查，代为送达诉讼文书，移交物证、书证及赃款赃物或者联合调查、执法合作等措施是否符合我国缔结或者参加的国际条约的相关规定。

第三节　毒品犯罪全案证据的综合审查与运用

人民检察院在办理毒品犯罪案件中，应当围绕审查逮捕、审查起诉的证明标准，综合全案证据全面审查、判断、收集能够证明犯罪嫌疑人、被告人有罪或者无罪、犯罪情节轻重以及是否具有社会危险性的各种证据。

一、审查逮捕证据综合审查与运用

对毒品犯罪审查逮捕证据审查要根据逮捕的三个要件，把握三个层次：首先是证明有犯罪事实发生的证据；其次是有无逮捕必要的证据；最后是有无社会危险性的证据。

（一）审查是否有证明犯罪事实发生的证据

逮捕的先决条件是有证据证明犯罪事实发生，定罪的四个方面要件的证据均要齐备，且每一个方面的证据之间均不存在矛盾，排除合理怀疑，形成内心确信。

（二）审查是否有证明可能判处徒刑以上刑罚的证据

逮捕只能适用于“可能判处徒刑以上刑罚”的人，这是逮捕的基本条件。“可能判处徒刑以上刑罚”，是指根据有证据证明的犯罪事实、犯罪情节、悔罪表现，法定或者酌定从轻、减轻情节等，依照刑法的有关规定，对行为人可能适用徒刑以上的刑罚，而不能是可能判处拘役、管制或者独立适用附加刑。同时根据最高人民检察院的相关规定，“可能判处徒刑以上刑罚”是指犯罪嫌疑人可能判决的刑罚，而不是指其涉嫌罪名和量刑档次的法定刑。因此在审查逮捕阶段要注意量刑情节证据，如影响量刑的犯罪嫌疑人年龄是否年满18周岁或者75周岁以上。审查时一定要注意结合刑法分则有关累犯、再犯、自首、坦白、立功等法定从重、从轻、减轻或者免除处罚的规定进行结合评判。

对径行逮捕条件之一“可能判处十年有期徒刑以上刑罚”也应当指的是宣告刑，审查时要注意是否有证明犯罪嫌疑人如果具有从轻或减轻处罚的情节，最终的宣告刑可能判处不了十年以上有期徒刑。

此外，证明犯罪嫌疑人曾经故意犯罪的证据包括法院的判决书、《全国违法犯罪人员信息库》摘录等。

（三）审查是否有证明有社会危险性的证据

刑诉法第 81 条第 1 款规定的五种社会危险性，是逮捕的关键性条件，分别是可能实施新的犯罪的；有危害国家安全、公共安全或者社会秩序的现实危险的；可能毁灭、伪造证据，干扰证人作证或者串供的；可能对被害人、举报人、控告人实施打击报复的；可能自杀或者逃跑的。

根据 2015 年最高人民检察院、公安部颁布的《关于逮捕社会危险性若干问题的规定（试行）》，证明犯罪嫌疑人“可能实施新的犯罪”，应当有以下证据或证明材料：1. 证明犯罪嫌疑人多次作案、连续作案、流窜作案的证据；2. 犯罪嫌疑人系惯犯，二年内曾因同类违法行为受到行政拘留；具有吸毒、盗窃、寻衅滋事等恶习以及长期从事同类违法犯罪活动且无稳定收入来源的证据或证明材料；3. 证实犯罪嫌疑人将要实施新的犯罪或者到案前已经开始策划、预备实施新的犯罪的犯罪嫌疑人供述、证人证言或书证、物证等。

证明犯罪嫌疑人有危害国家安全、公共安全或者社会秩序的现实危险的具体情形及证明或证明材料，主要包括涉嫌严重毒品犯罪或其他严重犯罪的相关证据，如犯罪嫌疑人供述、证人证言或书证、物证等证据。

证明犯罪嫌疑人有可能毁灭、伪造证据，干扰证人作证或者串供的具体情形及证据或证明材料，主要包括：证明犯罪嫌疑人制造假象、伪证嫁祸于人或者在本人所涉嫌犯罪行为的主要事实情节上作虚假供述、拒绝提供本人持有的重要证据、隐瞒同案人的重要罪行、虚构被害人重大过错等证据或证明材料；证明犯罪嫌疑人可能向在逃同案犯通风报信、串供的证据；犯罪嫌疑人在案发前实施毁灭、伪造证据、干扰证人作证或者串供的犯罪嫌疑人供述、证人证言或书证、物证等证据的。

证明犯罪嫌疑人可能对被害人、举报人、控告人实施打击报复的具体情形及证据或证明材料，主要包括：对受害人、举报人、控告人实施诬告、陷害、威胁、恐吓。诋毁人格名誉，利用职权刁难、要挟、胁迫等行为，以及采取其他方式滋扰被害人、举报人、控告人正常生活、工作的情形及证据的；证实犯罪嫌疑人到案前已经着手实施侵害受害人、举报人、控告人人身权、财产权等打击报复行为或者到案后扬言要对受害人、举报人、控告人实施打击报复的犯罪嫌疑人供述、证人证言或书证、物证等证据。

证明犯罪嫌疑人企图自杀或者逃跑的具体情形及证据或证明材料，主要包括证实犯罪嫌疑人曾经自杀、准备自杀工具或曾经扬言要自杀的犯罪嫌疑人供述、证人证言或书证、物证等证据；证实犯罪嫌疑人以暴力、威胁手段抗拒抓捕的；证实犯罪嫌疑人居无定所的证；证实犯罪嫌疑人实施犯罪后逃跑或者企图逃跑的犯罪嫌疑人供述、证人证言或书证、物证等证据。

二、审查起诉阶段证据综合审查与运用

刑诉法第 55 条第 2 款规定，证据确实、充分应当符合以下条件：定罪量刑的事实都有证据证明；据以定案的证据均经法定程序查证属实；综合全案证据，对所认定事实已排除合理怀疑。

事实清楚、证据确实充分的证明标准实质包含两层意思：证据“确实”解决的是证据的客观性即证据的“质”的问题；证据“充分”解决的是证据的“量”的问题，不得存在短缺，即任何事实情节的认定都不能存有疑虑。对证据的综合运用是对有证据资格、证明力的证据“拼装”事实单元，而“加工”成审查事实的过程，其中涉及证据的综合运用、补强、采信、定案规则等。

（一）证据综合运用规则

对证据的真实性，应当综合全案证据进行审查。证据之间具有内在

联系，共同指向同一待证事实，不存在无法排除的矛盾和无法解释的疑问的，才能作为定案的依据。

1. 犯罪嫌疑人否认“明知”毒品情形的证据综合运用

犯罪嫌疑人到案后否认明知是毒品，但综合同案犯罪嫌疑人供述，相关证人证言，从毒品包装物上提取的痕迹、生物检材、调取的物品寄递单据，资金交易记录、通信记录等其他证据足以证明其明知的，可以认定其明知是毒品。

犯罪嫌疑人到案后否认明知是毒品，又缺乏其他证据证明其明知的，可以根据其实施毒品犯罪的方式、过程、毒品被查获时的情形，结合其年龄、文化程度、生活状况、职业背景、是否有毒品违法犯罪经历以及与同案犯罪嫌疑人之间的关系等情况，综合分析认定其是否明知是毒品。

2. 证明法定量刑情节证据的综合运用

对犯罪嫌疑人及其辩护人提出具有自首、坦白情节的，应当注重审查公安机关出具的侦破经过、证明材料，结合犯罪嫌疑人供述以及相关证人证言等证据，综合分析认定。

对犯罪嫌疑人及其辩护人提出具有立功表现的，应当注意审查公安机关出具的证明材料、检举线索来源、有关机关的调查核实材料、被检举揭发的供述及其受到刑事追诉的相关法律文书等证据，综合分析认定。

经审查认为证明犯罪嫌疑人具有自首、坦白、立功情节的材料不规范、不全面的，应当通知有关机关予以补正、补充。

3. 未查获毒品案件的证据综合运用

未查获毒品，但其他证据确实充分的，可以认定犯罪事实；既未查获毒品，又缺乏其他证据的，不能仅根据犯罪嫌疑人的供述认定犯罪事实。

全案涉及多起毒品犯罪事实，部分犯罪事实中未查获毒品的，可以按照下列情形分别处理：

（1）犯罪嫌疑人供认犯罪，能够排除刑讯逼供、串供等情形，且所作供述与相关书证、证人证言、电子数据等其他证据相互印证，证据确实充分的，可以认定该起犯罪事实。

（2）两名以上犯罪嫌疑人中部分人供认犯罪，能够排除刑讯逼供、串供等情形，有罪供述与其他证据相互印证，且其他人否认犯罪的辩解不能成立，证明相关事实的证据确实充分的，可以认定该起犯罪事实。

（3）各犯罪嫌疑人的有罪供述在主要犯罪事实上存在无法排除的重大矛盾或者疑问，或者有罪供述与其他证据之间存在无法排除的重大矛盾或者疑问，证明相关事实的证据未达到确实、充分标准的，对该起犯罪事实不予认定。

4. 犯罪嫌疑人翻供案件证据综合运用

毒品犯罪案件中犯罪嫌疑人翻供现象较为常见，可以按照下列情形处理：翻供前有罪供述稳定、详细，且与其他证据相互印证，犯罪嫌疑人不能合理说明翻供理由的，可以采信其翻供前的有罪供述；翻供前有罪供述存在矛盾且无其他证据印证，或者无法排除刑讯逼供、串供等情形的，不得采信其翻供前的有罪供述；翻供理由合理，翻供后的供述或者辩解内容稳定、详细且与其他证据相互印证的，可以采信其翻供后的供述或者辩解。

（二）间接证据定案规则

没有直接证据，但间接证据同时符合下列条件的，可以认定被告人有罪：

1. 证据已经查证属实；
2. 证据之间相互印证，不存在无法排除的矛盾和无法解释的矛盾；
3. 全案证据已经形成完整的证明体系；
4. 根据证据认定案件事实足以排除合理怀疑，结论具有唯一性；
5. 运用证据进行的推理符合逻辑和经验。

（三）证据补强规则

证据补强规则是指为保护当事人尤其是刑事被告人的权利，防止误认案件事实，对一些证明力明显薄弱的证据（主要是被告人供述等言词证据），要求另有其他证据予以辅证才能作为定案根据的规则。[①]《新刑诉法解释》第141条规定，根据被告人的供述、指认提取到了隐蔽性很强的物证、书证，且被告人的供述与其他证明犯罪事实发生的证据相互印证，并排除串供、逼供、诱供等可能性的，可以认定被告人有罪。

根据2008年12月1日《全国部分法院审理毒品犯罪案件工作座谈会纪要》（以下简称《大连会议纪要》）规定，只有被告人的口供与同案其他被告人供述吻合，并且完全排除诱供、逼供、串供等情形，被告人的口供与同案被告人的供述才可以作为定案的证据。仅有被告人口供与同案被告人供述作为定案证据的，对被告人判处死刑立即执行要特别慎重。该规定也可以理解为被告人供述补强规则。

（四）特殊言词证据采信规则

基于言词证据的不稳定性和利益冲突原则，实务中有三类言词证据应当慎重使用：一是生理上、精神上有缺陷，对案件事实的认知和表达存在一定困难，但尚未丧失正确认知、表达能力的被害人、证人和被告人所作的陈述、证言和供述；二是与被告人有亲属关系或者其他密切关系的证人所作的有利被告人的证言；三是与被告人有利害冲突的证人所作的不利被告人的证言。

三、常见毒品犯罪案件证据要求

（一）关于犯罪主体方面的证据

毒品犯罪的主体既有一般主体，也有特殊主体，包括自然人和单位。犯罪主体（自然人）的证据主要参考以下几点：

居民身份证、临时居住证、工作证、医院出生证明、护照、港澳居民来往内地通行证、台湾居民来往大陆通行证、中华人民共和国旅行

① 宋英辉主编：《刑事诉讼法修改问题研究》，中国人民公安大学出版社2007年版，第157页。

证、边民证以及其他能够证明犯罪嫌疑人、被告人真实身份情况的证据材料证明。

外国人的国籍，以其入境时的有效证件予以证明。对于没有护照的，可根据边民证认定其国籍；缅甸的个别地区根据“马帮丁”也可认定其国籍。特殊情况下，根据有关国家有权管理机关出具的证明材料（同时附有我国司法机关的《委托函》或者能够证明该份证据取证合法的证明材料），也可以认定其国籍。国籍不明的，可商请我国出入境管理部门或者我国驻外使领馆予以协助查明。无法查明国籍的，以无国籍人论。

单位犯罪主体方面的证据一般有单位注册登记证明、单位法人代表身份证明、营业执照、办公地和主要营业地证明等；证明单位犯罪集体意志的证据，非法所得归属的证据，如单位资金流动、非法利益分配情况等证明材料；证明单位犯罪中直接负责的主管人员和其他直接责任人员的证据。

需要注意的是对有证明个人为进行违法犯罪活动而设立的公司、企业、事业单位实施犯罪的，或者公司、企业、事业单位设立后，以实施犯罪为主要活动的以及盗用单位名义实施犯罪，违法所得由实施犯罪的个人私分的证据和证明材料的，要注意收集并综合其他证据审查判断是否应当依照刑法有关自然人犯罪的规定定罪处刑。

（二）毒品犯罪主观明知方面的证据

毒品犯罪的主观方面为故意，证明行为人“知道”或者“应当知道”证据包括：犯罪嫌疑人、被告人及其同案犯的供述和辩解；有关证人证言；有关书证（书信、电话记录、手机短信记录）以及其他有助于判断主观故意的证据或者证明材料等。对目的犯，还要审查是否有以牟利为目的的证据或者证明材料。对共同犯罪的认定，还应注意收集证明共同故意的证据。

（三）常见毒品犯罪客观方面的证据

毒品犯罪在客观方面表现为各种形式的毒品犯罪行为，如走私、贩卖、运输、制造毒品、非法持有毒品等。证明毒品犯罪客观方面的证据主要有物证及其照片，包括毒品、毒品的半成品、毒品的前体化学物、毒品原植物、毒品原植物的种子或幼苗、制毒物品、毒资、盛装毒品的容器或包装物、作案工具等实物及其照片；毒资转移的凭证，如银行的支付凭证（如存折、本票、汇票、支票）和记账凭证，毒品、制毒物品、毒品原植物等物品的交付凭证（托运单、货单、仓单、邮寄单），交通运输凭证（车票、船票、机票），同案犯之间的书信等；报案记录、投案记录、举报记录（信件）、控告记录（信件）、破案报告、吸毒记录等能说明案件及相关情况的书面材料；毒品、毒资、作案工具及其他涉案物品的扣押清单；相关证人证言，包括海关、边防检查人员、侦查人员的证言，以及鉴定人员对鉴定所作的说明；辨认笔录、指认笔录及其照片情况的文字记录，包括有关知情人员对犯罪嫌疑人、被告人的辨认和犯罪嫌疑人、被告人对毒品、毒资等犯罪对象的指认情况；犯罪嫌疑人、被告人的供述和辩解；毒品鉴定和检验报告，包括毒品鉴定、制毒物品鉴定、毒品原植物鉴定、毒品原植物的种子或幼苗鉴定、文检鉴定、指纹鉴定、犯罪嫌疑人或被告人是否吸食毒品的检验报告，以及被引诱、教唆、欺骗、强迫吸毒的被害人和被容留吸毒的人员是否吸食毒品的检验报告；现场勘验、检查笔录及照片、录像、现场制图，包括对现场的勘验、对人身的检查、对物品的检查；毒品数量的称量笔录；视听资料、电子数据，包括录音带、录像带等。

常见毒品犯罪客观方面的证据要求如下：

1. 走私、贩卖、运输、制造毒品罪

刑法第347条规定，走私、贩卖、运输、制造毒品罪是指违反毒品管理法规，走私，贩卖、运输、制造毒品的行为。该选择性罪名定罪量刑的证据主要包括：报案登记表、接处警（受案）登记表，举报人、报案人、特情人员递交的信件、照片、录音录像、举报记录、言词证据等；立案决定书、抓获经过、破案经过等说明；现场勘验、指认、搜查扣押、称量等笔录；查获的毒品、毒品半成品、毒品原料、毒资、盛装毒品的容器或包装物等实物、电子称、车船、手机、电脑、行李等作案工具；报关单、托运单、邮寄单、出仓单、信件、支付凭证等明细表以及记载毒品犯罪的配方、数量、价格、品种、上下游的姓名、绰号、电话号码的笔记本、纸张等书证；对毒品成分及含量的鉴定意见；海关人员、安检人员、侦查人员、见证人等的言证；关毒品包装物、容器等是否遗留犯罪嫌疑人指纹、毛发、个人证件等物证；以及所查获的房屋所有权证、房屋租赁合同、租金收据，车船等票据、酒店入住记录、出入境记录、银行账户交易往来等书证；犯罪嫌疑人的手机、电脑、微信、QQ、监听监控等与其他涉案人员的往来的电子证据和书证等；犯罪嫌疑人的供述和辩解、同案犯或者毒品交易上下游的指证、辨认、扣押、现场勘验检查、视听资料等。

根据《2016 年毒品犯罪司法解释》第 4 条的规定，出现六种情形之一，应当认定为刑法第 347 条规定的“情节严重”，因此应注意是否有证明该六种情形的证据，主要包括公安、海关、边检部门出具的证明犯罪嫌疑人、被告人暴力抗拒检查、拘留、逮捕的材料；证明犯罪嫌疑人、被告人参与有组织的国际贩毒活动的材料或者犯罪记录；犯罪嫌疑人、被告人、购毒者的身份证明材料，如证明犯罪嫌疑人、被告人是否为未成年人、怀孕的妇女、年满 75 周岁的老人、国家工作人员等、购毒者是否为在校学生或未成年人等；涉嫌走私、贩卖、运输、制造毒品同案犯的身份证明材料，证明是否为残疾人、严重疾病患者、怀孕或者正在哺乳自己婴儿的妇女；交易地点的证明材料，证明是否在戒毒所、监管场所贩卖毒品；购买毒品的下线供述或者其他证人证言，证明是否向多人贩卖；走私、贩卖、运输、制造毒品的上线、下线及同案犯供述，证明是否多次走私、贩卖、运输、制造等。

2. 非法持有毒品罪

非法持有毒品罪，是指明知是鸦片、海洛因、甲基苯丙胺或者其他毒品，而非法持有且数量较大的行为。证明该罪的证据主要包括接处警（受案）登记表，报案人递交的信件、照片、录音录像、言词证据等；立案决定书、抓获经过、破案经过等说明；现场勘验、指认、搜查扣押、称量等笔录；查获的毒品、毒品半成品、毒品原料、毒资、盛装毒品的容器或包装物等实物、电子称、车船、手机、电脑、行李等作案工具；托运单、邮寄单、出仓单、信件、支付凭证等明细表等书证；对毒品成分及含量等鉴定意见；安检人员、侦查人员、见证人等的言证；有关毒品包装物、容器等是否遗留犯罪嫌疑人指纹、毛发、个人证件等物证；直接控制的犯罪现场查获的监控记录、视频等视听资料以及搜查、扣押、称量笔录；房屋租赁合同、租金收据，车船票据、包裹邮寄单、银行账户交易往来等书证；犯罪嫌疑人的手机、电脑、微信、QQ、监听监控等电子证据和书证等；间接控制的知情人员的证言、协议、保管合同等书证；犯罪嫌疑人的供述和辩解；同案犯或者毒品交易上下游的指证、辨认、扣押、现场勘验检查、视听资料等。

3. 容留他人吸毒罪

容留他人吸毒罪是指为他人吸食、注射毒品提供场所的行为。证明该罪的证据主要包括接处警（受案）登记表，报案人递交的信件、照片、录音录像、言词证据等；立案决定书、抓获经过、破案经过等说明；现场勘验、指认、搜查扣押等笔录；查获的毒品、吸毒工具等实物证据；对毒品成分及含量等鉴定意见；宾馆前台接待、侦查人员、见证人等的言证；有关毒品包装物、容器、吸毒工具等是否遗留犯罪嫌疑人指纹、毛发、个人证件等物证；现场查获的监控记录、视频等视听资料以及搜查、扣押、称量笔录，房屋租赁合同、租金收据，宾馆入住记录等书证；犯罪嫌疑人的手机、微信、QQ、监听监控等电子证据和书证等；吸毒人员、犯罪嫌疑人的供述和辩解，同案犯或者毒品交易上下游的指证、辨认、扣押、现场勘验检查、视听资料等，以及其他足以证明系犯罪嫌疑人提供场所及其主观明知的事实证据；吸毒人员的尿检结论、年龄证明、两年内的前科或违法劣迹等书证，证明其牟利目的言词证据、书证、微信聊天记录、手机短信息等证据。

4. 非法种植毒品原植物罪

非法种植毒品原植物罪是一种多发性的毒品犯罪，是指非法种植罂粟、大麻等毒品原植物数量较大，经过公安机关处理后又种植的或抗拒铲除的行为。证明该罪定罪量刑的证据主要包括接处警（受案）登记表，报案人递交的信件、照片、录音录像、言词证据等；立案决定书、抓获经过、破案经过等说明；现场勘验、指认、搜查扣押等笔录；查获的毒品原植物种子、成品、半成品等实物证据；种植现场、种植面积、种植株数等的确认；公安机关对原种植行为的处理情况说明；公安机关的处理决定，包括行政处罚决定；公安机关责令铲除毒品原植物的通知书；公安机关警告或责令改正的记录；有关毒品原植物种子、承包责任地现场概貌等物证；搜查、扣押、指认、辨认笔录；承包责任合同、委托种植合同、村民委员会出具的证明等书证；邻居、知情人员的证言，毒品种植物收购者、种子提供者的证言；犯罪嫌疑人的供述和辩解等。

另外，刑法第 355 条规定的非法提供麻醉药品、精神药品罪的主体是特殊主体，即依法从事生产、运输、管理、使用国家管制的精神药品和麻醉药品的单位和个人。对该罪的证据审查要注意是否有国家主管部门颁发的生产、运输、管理、使用国家管制的精神药品、麻醉药品的"许可证"；有关单位对国家管制的精神药品和麻醉药品的来源、批号的证明及管理规定、特殊行业专营证、批文以及有关个人的工作证、职称证明、授权书、职务任命书等。刑法第 353 条规定的引诱、教唆、欺骗他人吸毒罪、强迫他人吸毒罪属于有被害人的毒品犯罪。要注意审查有无被害人是否为未成年人，以及是否有被引诱、教唆、欺骗、强迫吸食、注射毒品的未成年人的法定代理人及其亲属的证言等。

第四章　毒品犯罪案件法律适用疑难问题

第一节　毒品犯罪案件类罪法律适用疑难问题

一、自首、立功的认定

行为人贩毒后向司法机关投案，供述自己的贩毒事实。因未被羁押后又多次贩毒，能否认定为自首。

【案例】赵某系贩毒分子，2016 年 6 月得知上线方某被公安机关抓获。由于心中害怕被查处，赵某于 2016 年 6 月 30 日向公安机关投案，供述了自己向方某购买甲基苯丙胺片剂 1000 克并用于贩卖的事实。赵某因身体原因未被实际羁押。2016 年 7 月至 11 月监视居住期间，赵某多次贩卖甲基苯丙胺及甲基苯丙胺片剂共计 2000 克。

争议焦点：对赵某先前自动投案并且如实供述的情节如何看待，能否认定自首？

认定自首必须具备自动投案和如实供述罪行两个条件。赵某 6 月 30 日的行为看似具备了上述两个条件，但综合全案不能认定自首。首先，这种情形认定自首，有违自首制度设立的初衷。自首制度设立的目的在于鼓励犯罪人自动投案，一方面，促使犯罪人悔过自新，不再继续犯罪，另一方面，有利于案件侦破与审判，提高诉讼效率，节约诉讼资源。自动投案一般是指行为人在犯罪后、归案前，出于本人意愿而向司法机关等有关单位承认自己实施了犯罪，并自愿将自己置于上述单位或人员的控制下，等待法律的制裁，其本质属性是投案的主动性和自愿性。不管动机如何，但客观效果上必然包括犯罪人不再危害社会，人身危险性降低和提高诉讼效率等方面。本案中，赵某在6月份自动投案，并供述自己之前贩毒事实。如果此后他不再进行毒品犯罪，认定自首是没有障碍的。但其自动投案并如实供述后，又继续实施贩卖毒品的行为。此时，其并没有因为之前的投案而悔过自新，不再犯罪，而是利用自己身体原因不能羁押的条件，继续贩卖毒品，其主观上没有彻底放弃犯罪的想法，客观上也没有降低人身危险性，而是进一步危害社会。其次，自首中如实供述，要求如实供述主要的犯罪事实，而赵某投案时对于以后的继续犯罪是不可能供述的。本案如果认定自首亦会因此带来理解上的困难。最后，自首作为法定量刑情节，其所针对的是某一罪名涉及的犯罪事实是否可以从轻或者减轻处罚，不可能将同种罪行分别进行认定，分别定罪、量刑。因此，认为本案这种情节前部分行为可以从轻的意见，实际上也不具有可操作性。

二、再犯的认定

对不满十八周岁的人能否认定毒品再犯的问题。

【案例】张某出生于2002年6月2日，2016年7月2日，因贩卖毒品罪被判处有期徒刑一年，2017年6月1日刑满释放。2017年12月又因非法持有毒品罪被移送审查起诉。

一种观点认为：根据刑法第356条的规定：因走私、贩卖、运输、制造、非法持有毒品罪被判过刑，又犯本节规定之罪的，从重处罚。该条具并没有排除未成年人，具有普遍适用性，应当认定张某构成毒品再犯。另一种观点认为：2011年《刑法修正案（八）》第6条对刑法第65条修订增加了不满18周岁的人犯罪不构成累犯的规定。同样是对未成年人的刑罚适用，毒品再犯的认定应当参照适用。我们同意第二种观点，张某不应认定为毒品再犯，理由是：（1）根据刑法第65条第1款和第356条的规定，未成年人犯罪不构成累犯，但对未成年人“因走私、贩卖、运输、制造、非法持有毒品罪被判过刑”而具有犯罪记录的情况下，如果再犯毒品犯罪的，是否构成再犯，刑法并无明确规定。（2）累犯制度的设立是因为犯罪人无视曾经受到刑罚处罚而在一定时间内再次犯罪，由此表明其人身危险性较大，而应当从重处罚。毒品再犯从重处罚在立法原意上与累犯无异。既然在认定累犯时考虑对未成年人的例外保护，那么对于毒品再犯的认定时也应当适用。（3）刑诉法第286条规定："犯罪的时候不满十八周岁，被判处五年有期徒刑以下刑罚的，应当对相关犯罪记录予以封存。"这是刑诉法关于未成年人轻罪犯罪记录封存制度的规定，体现了对未成年人"教育、感化、挽救"的刑事政策，防止未成年罪犯被标签化，使得其能够更好地回归社会。既然未成年人毒品犯罪记录已被封存，就不应当作为再犯的依据。

三、主观明知推定

走私、贩卖、运输、制造毒品罪属于故意犯罪，要求行为人主观上必须明知是毒品而实施相关行为，否则不构成本罪。毒品犯罪的明知包括"知道"和"应当知道"。前者是知悉一个明确的事实，后者是根据一定的基础事实推定行为人知道。实践中，犯罪嫌疑人到案以后常以主观上不明知为理由进行辩解，经常要用到推定明知。

（一）走私、贩卖、运输毒品罪的推定明知

根据《2007年毒品案件若干意见》《大连会议纪要》的相关规定，行为人有以下情形之一，结合行为人供述和其他证据综合审查判断，可以认定其应当知道，但有证据证明确属被蒙骗的除外：

1. 执法人员在口岸、机场、车站、码头、港口和其他检查站点检查时，要求行为人申报为他人携带的物品和其他疑似毒品物，并告知其法律责任，而行为人未如实申报，在其携带的物品中查获毒品的；

2. 以伪报、藏匿、伪装等蒙蔽手段，逃避海关、边防等检查，在其携带、运输、邮寄的物品中查获毒品的；

3. 执法人员检查时，有逃跑、丢弃携带物品或者逃避、抗拒检查等行为，在其携带或丢弃的物品中查获毒品的；

4. 体内或者贴身隐秘处查获毒品的；

5. 为获取不同寻常的高额、不等值报酬为他人携带、运输物品，从中查获毒品的；

6. 采用高度隐蔽的方式携带、运输物品，从中查获毒品的；

7. 采用高度隐蔽的方式交接物品，明显违背合法物品惯常交接方式，从中查获毒品的；

8. 行程、路线故意绕开检查站点，在其携带、运输的物品中查获毒品的；

9. 以虚假身份或者地址办理托运手续，在其托运的物品中查获毒品的；

10. 有其他证据足以证明行为人应当明知的。

上述情形基础事实可以归结为四个方面的异常：行为方式异常、带货方式异常、联系方式异常、报酬金额异常。

（二）制造毒品罪的推定明知

根据《追诉标准（三）》的相关规定，行为人有下列情形之一，结合行为人供述和其他证据综合审查判断，可以认定其应当知道，但有证据证明确属被蒙骗的除外：

1. 配置了专门用于制造毒品的设备、工具、制毒物品或者配制方案的；

2. 为获取不同寻常的高额或者不等值的报酬为他人制造物品，经检验是毒品的；

3. 在偏远、隐蔽场所制造，或者采取对制造设备进行伪装等方式制造物品，经检验是毒品的；

4. 制造人员在执法人员检查时，有逃跑、抗拒检查等行为，在现场查获制造出的物品，经检验是毒品的；

5. 有其他证据足以证明行为人应当知道的。

（三）推定明知适用条件

1. 没有基础事实，不能适用推定明知；

2. 基础事实必须客观真实、具体；

3. 根据基础事实，结合被告人的供述和其他证据如其行动特征、年龄、认知、阅历等情况综合分析判断主观明知；

4. 有证据证明确属被蒙骗的，不能认定其“应当知道”。

推定明知必须严格控制，必须同时满足上述四个条件。除了基础事实外，要结合其他情况，比如毒品包装物上留下犯罪嫌疑人、被告人的指纹或者犯罪嫌疑人、被告人的住宅、车辆中藏有毒品，委托他人代为保管或者以其他方式控制或自由支配毒品等。一定要特别注意使用推定方法证明主观明知的时候，要充分听取犯罪嫌疑人的辩解，对其提供的可以证明其无罪的线索认真查实，切不可认为举证责任在犯罪嫌疑人，而对其辩解不闻不问。

【案例】张某从昆明的上线朱某处购买甲基苯丙胺片剂 5000 克。为了将毒品运回，张某给了自己的同学李某 10000 元，要李某开车送他去云南将毒品一起带回。二人在 H 市某高速公路收费站被抓获，5000 克甲基苯丙胺片剂被缴获。到案后，张某供认，自己告诉了李某运回来的是毒品。归案后李某一直辩称自己主观不明知。经查，在支付过桥过路费以及油费的情况下，张某还支付了 8000 元报酬；两人到达昆明的时间是 20 时前后，当天 21 时 30 分前后两人与朱某在郊区一个工地见面，张某下车时携带一个塑料袋，回来的时候带了一个茶叶盒。随后张、李二人轮流开车，连夜赶回 H 市。

笔者认为，本案李某辩解不能成立：第一，在支付过桥过路费以及油费的情况下，张某还支付了 8000 元，这种报酬明显不合常理。第二，两人到达昆明的时间是 20 时前后，当天 21 时 30 分前后两人与朱某在郊区一个工地见面，张某下车时携带一个塑料袋，回来的时候带了一个茶叶盒。随后张、李二人轮流开车，连夜赶回 H 市。从时间、地点、交接方式看，明显违背正常货物的交接方式。第三，李某一直辩解，以为张某只是带了一盒茶叶回来，如前第二点分析，如此大费周折，连夜赶回，不可能会是为了运回一盒茶叶。综上，李某符合《大连会议纪要》中“为获取不同寻常的高额、不等值报酬为他人携带、运输物品，从中查获毒品”的情形，结合全案其他证据，且没有证据证明其系蒙骗的情形下，可以认定李某主观上明知运回的是毒品。

四、主从犯的认定

毒品共同犯罪中，起意者、为主出资者、策划、纠集、组织、雇佣、致使他人参与毒品犯罪的，认定为主犯。在交易时起次要或辅助作用的是从犯。受雇佣、指使实施毒品犯罪的，应根据其在犯罪中实际发挥的作用具体认定主犯或者从犯。

（一）有多笔共同毒品犯罪事实的，应当分笔对地位作用进行区分，认定主从犯

共同犯罪的被告人如果涉及多笔犯罪事实，应当分别对各笔事实的地位、作用作出评判，分别认定主从犯。比如张某、李某共同贩卖毒品五次，贩卖甲基苯丙胺共计 4000 克。数量是毒品定罪的条件，也是贩卖毒品量刑的主要因素，特别是在贩卖毒品数量相当的情况下，可能会成为影响量刑的一个重要因素。比如前述案例中，假设二人都已经达到了当地实际掌握的死刑数量标准，但根据少杀、慎杀，严格控制死刑数量的死刑政策，同宗毒品判处两人以上死刑立即执行，要特别慎重，这种情况下就需要区分二人在共同犯罪中的地位和作用，对在共同犯罪中地位更为重要的贩毒分子判处死刑。另外，在涉案人数较多的共同犯罪中，需要区分各被告人在各笔贩毒事实中的地位作用，作出综合评判后确定刑期，实现量刑均衡的要求，确保对各被告人做到罪责刑相适应。

（二）同一被告在同一笔事实中贩卖、运输毒品的作用不相同，不需要分别对两个行为区分主从

【案例】张某为贩卖毒品，前往云南联系上线，购买甲基苯丙胺 2000 克。时逢云南在开展扫毒专项行动，张某担心毒品运输回去的途中会被查获，于是打电话给同乡李某，言明自己已经在云南买了 2000 克毒品准备带回 H 市贩卖，希望李某能开车去云南将毒品运回，并承诺毒品卖出获利后将给予好处费。李某欣然前往，开车将毒品运回，张某乘高铁自行返回 H 市。第二天，两人在 H 市碰面后，一起将毒品分装，由张某全部贩卖出去。

对同一被告人在贩卖、运输同一宗毒品犯罪中不同行为、不同作用是否需要分别区分主从犯？如上述案例中，李某与张某对同宗毒品共同实施了贩卖行为和运输行为，主次作用如何认定的问题。有办案人员认为：在共同贩卖毒品的犯罪中，张某出资、联系上线、购买毒品，其后又将毒品贩卖出去，其显然起到了主要作用，应当认定为主犯。在运输毒品的犯罪中，张某教唆、雇用李某将毒品运回H市，也应认定为主犯。李某在运输毒品的犯罪中，直接实施了运输的实行行为，应当认定为主犯。在贩卖毒品的犯罪中李某帮助张某分装毒品，起到辅助作用，应当认定为从犯。

我们认为，这种分析方法既不符合本罪的特点，也与毒品犯罪的相关规定不相符。首先，本罪属于选择性罪名，选择性罪名从设置上看，相关的罪名就存在一定的内在联系甚至多个行为伴生出现的情况时有发生。比如贩卖毒品最常见的表现形式是将毒品购买进来，再贩卖出去，这一过程当中很可能会出现异地之间的运输行为。司法实践当中大部分运输行为实质上是贩卖能够顺利完成的重要环节，从共同犯罪理论看，此种情形下，运输可以理解为贩卖的一种帮助行为，运输实际就是贩卖帮助行为实行化的表现方式。其次，《大连会议纪要》亦有明确规定：对同宗毒品实施了两种以上犯罪行为并有相应确凿证据的，应当按照所实施的犯罪行为的性质并列确定罪名，毒品数量不重复计算，不实行数罪并罚。此规定亦明确了对同宗毒品实施数个行为的处理方式。综上，我们认为此类案件中，不需要再考虑将运输者的运输行为和贩卖帮助行为拆分考量，将贩卖、运输作为一个整体行为一并考虑，认定在贩卖、运输毒品共同犯罪中的地位、作用就可以了。

五、如何区分非法买卖制毒物品罪和制造毒品罪共犯

刑法第350条第1款规定：违反国家规定，非法生产、买卖、运输用于制造毒品的原料、配剂，或者携带上述物品进出境，情节较重的，以非法生产、买卖、运输制毒物品、走私制毒物品罪定罪处罚。第2款规定：明知他人制造毒品而为其生产、买卖、运输前款规定的物品的，

以制造毒品罪的共犯论处。

从上述规定看，非法买卖制毒物品可能构成非法买卖制毒物品罪和制造毒品罪，其界限在于行为人是否“明知”他人制造毒品。司法实践中的难点在于“第2款中的明知是盖然性还是确定性的知道”。

【案例】2010年5月，黄某将25公斤麻黄素卖给范某，获利5000元。2010年11月，黄某将40公斤麻黄素卖给范某，获利7000元。范某购买上述麻黄素后又卖给了余某，余某将上述麻黄素作为原料之一制造了毒品。上诉案件当中，余某构成制造毒品罪没疑问，黄某和范某应当如何定性？

经审查：范某知道余某系制造毒品的人员，黄某不知范某购买麻黄素的用途，但知道麻黄素最终可能被用于制造毒品。

本案中，范某明确知道余某系制毒人员，其卖给余某的麻黄素将用于制造毒品，在这种主观明知下，其提供原料的行为显然应当认定为余某制造毒品的帮助行为，根据刑法第350条第2款的规定应当以制造毒品罪定罪处罚。本案的争议在于黄某，核心问题就是前面所说的“盖然性明知的情况下，能否适用第2款定罪处罚。”一种观点认为：本罪属于故意犯罪，包括直接故意和间接故意，本案中，行为人能够认识到麻黄素是制毒原材料还予以贩卖，说明其主观上对于上述物品会用于制造毒品危害结果的发生至少是一种放任的心态，当危害结果发生的时候，应当以制造毒品罪的共犯定罪处罚。另一种观点认为：构成制造毒品共犯的明知应当是具体的，即行为人知道买方将利用其提供的麻黄素制造毒品，而不能只是概括的明知，即仅认识到其提供的麻黄素可能会用于制造毒品。

我们同意第二种观点，理由是：（1）主观上明知系制毒原材料是非法买卖制毒物品罪的构成要件，如果连这种主观明知都没有，显然是不能构成本罪。（2）根据共同犯罪的一般原理，共同犯意支配下实施的共同行为才能构成共同犯罪。此类案件中，能否将买卖制毒物品作为制造毒品的帮助行为，关键在于是否有制造毒品的犯意联络。如果行为人不确定明知买方将麻黄素用于制造毒品，显然是难以论证二人成立共谋的。（3）从刑法条文的设置看，如果认为一旦出现了买卖的制毒原材料用于制造毒品的后果就一律认定为制造毒品的共犯，设立非法买卖制毒物品罪的罪名就失去了意义。

六、假毒品的问题

（一）不明知是假毒品而贩卖运输的行为如何认定

【案例】杨某花6万元向刘某购买了500克甲基苯丙胺准备用于贩卖。在他将毒品带回家之后，公安民警在其家中将其抓获，并查获了上述毒品。经鉴定：上述毒品不含有毒品成分，系假毒品。杨某应当如何处理？

上述案件属刑法理论上行为人对事实认识错误的一种，因不能实现其犯罪目的，属于对象不能犯。对象不能犯能否予以治罪，应当区分绝对不能犯与相对不能犯两种情形作出处理。绝对不能犯是指行为人出于极端迷信、愚昧无知而采取没有任何客观依据，在任何情况下都不可能产生实际危害结果的手段、方法实现其犯罪意图的情况。如使用“烧香念咒”“画符烧纸”等方法杀人等。绝对不能犯因行为不具有导致法益被侵害的任何现实危险性，不具有可罚性，属于无罪情形。相对不能犯是指行为人在对自己的行为性质及实现行为目的的方法、手段的性质没有发生错误认识的前提下，由于疏忽大意等心理状态造成对事实犯罪的工具或手段的误认，以致实质上选择了不可能实现其犯罪意图的工具或者手段的情况，如误把白糖当砒霜毒人。相对不能犯因存在社会危险性，应当构成未遂犯。对于贩卖假毒品行为如何定性的关键在于行为人是否明知是假毒品，如果不明知是假毒品，属于意志以外的原因不能得逞，应当以贩卖毒品罪（未遂）定罪处罚。

（二）明知是假毒品而持有的行为如何定性

因犯罪对象不符合本罪的规定，此种情形下行为人的现行持有行为无论如何不会构成非法持有毒品罪，至于其是否构成其他犯罪，需要结合主客观具体案情具体分析。（1）行为人明知是假毒品而持有，其真实目的在于非犯罪的其他目的，如讲授禁毒学专业的教师保存假毒品是为了在课堂上作毒品模拟展示之用，此时行为人既没有非法持有毒品的故意，也没有非法持有的行为，显然不符合本罪的构成要件。此外，行为人也不符合其他罪名的构成要件，他的持有行为没有社会危害性，不存在需要接受刑罚处罚的问题。（2）行为人明知是假毒品而持有，其目的在于故意将其当作真毒品出售，此时行为人的行为属于典型的诈骗牟取利益行为，其所侵犯的客体是他人的财产权，具有社会危害性，涉嫌诈骗罪。当然，其是否构成诈骗罪则须视诈骗财物的具体金额而定。

第二节　毒品犯罪案件罪名认定中的疑难问题

一、选择性罪名的确定

《大连会议纪要》规定，刑法第 347 条规定的走私、贩卖、运输、制造毒品罪是选择性罪名，对同一宗毒品实施了两种以上犯罪行为并有相应确凿的证据，应当按照所实施的犯罪行为的性质并列确定罪名，毒品数量不重复计算，不实施数罪并罚。对同一宗毒品实施了两种以上犯罪行为，但相应证据只能认定其中一种或者几种行为，认定其他犯罪的证据不够确实充分的，则只能按照依法能够认定的行为性质定罪。如涉嫌为贩卖而运输毒品，认定贩卖的证据不够确实充分的，则只定运输毒品罪。对不同宗毒品分别实施了不同种犯罪行为的，应对不同种行为并列确定罪名，累计毒品数量，不实行数罪并罚。对被告人一人走私、贩卖、运输、制造两种以上毒品的，不实行数罪并罚，量刑时可综合考虑毒品的种类、数量及危害，依法处理。罪名不以行为实施的先后、毒品数量或者危害大小排列，一律以刑法条文规定的顺序表述。

【案例】李某、陈某伙同张某共同出资从云南购买甲基苯丙胺回 H 市用于贩卖。为了安全起见，三人商议由张某出面找人将毒品运回。张某从三人筹集的资金中拿出 5000 元作为报酬，雇用刘某驾车与其一同前往云南，张某买回毒品后，由刘某开车，两人一起将毒品运回 H 市。其后，李某、陈某将毒品全部卖出。

对本案的定性，有人认为张某的运输行为是为贩卖行为服务，按照手段与目的的牵连关系或者贩卖重度行为吸收运输轻度行为，定贩卖毒品罪。刘某明知张某购买毒品系用于贩卖，还帮其运输，既是贩卖毒品的帮助行为，也有运输行为，应认定为贩卖、运输毒品罪。李某、陈某应当认定为贩卖毒品罪，因为其本人并未实施运输行为。

我们认为：贩卖毒品的犯罪分子又实施了运输毒品的行为，应当认定为贩卖、运输毒品罪。这类案件一般来说会有两种情况：第一种是贩毒分子购买毒品，运输到目的地后又将毒品贩卖出去。这种情况下，行为人有非常明显的贩卖和运输行为，应当认定为贩卖、运输毒品罪。第二种情况是贩毒分子购进毒品并运输，其后并未将毒品实际贩卖出去。根据相关司法精神，以贩卖为目的购买毒品即应当认定贩卖毒品，因此在其买入毒品的时候，已经可以认定为贩卖毒品罪，其后其又实施了运输行为，因此其同样有两个行为，也应当认定为贩卖、运输毒品罪。

李某、陈某系以贩卖为目的，共同出资购买毒品的人员，认定为构成贩卖毒品罪没有问题。实践中有时存在疑问的是：如果他们明确知道毒品需要到外地购买，确定会有运输行为，甚至一起出资雇用他人运输，对这种教唆他人运输的行为如何看待？是否还需要再定运输毒品罪？我们认为，对于雇用他人运输毒品的行为，有运输毒品的主观犯意，有教唆他人运输的客观行为，应当在贩卖毒品外再单独进行评判，认定运输毒品罪，在确定罪名时并列表述为贩卖、运输毒品罪。

上述案例中的刘某，若其明知他人系贩毒人员，还帮助他人运输毒品，应当如何定性？有观点认为应当定贩卖、运输毒品罪，理由是该行为人在运输毒品的时候明确知道他人将运输的毒品用于贩卖，实际上是一种贩卖毒品的帮助行为，只定运输毒品罪显然不符合共同犯罪的一般原理。但我们认为，此种情况应认定为运输毒品罪更为合适，理由是：选择性罪名的适用必须要充分考虑有几个独立的行为，不能进行重复评价。比如，帮助贩毒人员运输毒品认定为运输毒品，本身就是将贩卖的帮助行为实行化评价。如果将运输行为既认定为贩卖行为的帮助行为，又认定为运输毒品罪的实行行为，显然是对一个行为进行了重复评价。

因此，对上述案例中的刘某，认定为运输毒品罪更符合法律规定。

综上，在贩卖、运输毒品共同犯罪中，如何定性应把握以下原则：一是对同宗毒品实施了两个以上的行为，按照选择罪名的顺序认定罪名；二是对行为个数的判断，必须根据法理和相关的司法精神，对同一行为不能进行重复评价。当然，需要特别注意的是：走私、贩卖、运输、制造毒品是选择性罪名，即便是对同一种毒品有多个行为，在罪名的认定上应当并列表述，毒品数量也不能累计。所以，一般来说，选择性罪名即便认定上存在错误，也不必然导致量刑不当。

二、非法持有和窝藏毒品行为的区分

窝藏毒品罪，是指明知是毒品而为毒品犯罪分子藏匿、转移、隐瞒的行为。窝藏毒品罪只能为走私、贩卖、运输、制造毒品的犯罪分子窝藏毒品，非法持有毒品罪属于刑法理论上的持续犯，该犯罪在被发现前犯罪行为处于持续不间断之中，窝藏毒品时必然会持有毒品。行为人窝赃毒品也涉及持有毒品，窝藏毒品本身就是一种非法持有毒品的行为，二者的区别在于主观方面，即非法持有毒品罪的行为人的持有目的具有模糊性，窝藏毒品罪的行为人在主观上是为了为走私、贩卖、运输、制造毒品的犯罪分子持有毒品。

三、强迫他人吸毒致人重伤或者死亡行为性质的认定

强迫他人吸毒罪的客观方面表现为采取暴力、胁迫等强制方法，违背他人意志，迫使他人吸食、注射毒品。因该罪的最高刑为十年有期徒刑，在暴力致人损伤的情况下，其结果应不包含重伤、伤残及死亡，仅包括轻微伤和轻伤。

强迫他人吸毒出现被害人重伤或者死亡后果的，在实践中要注意结合证据分析行为人的主观心态，并结合罪数理论对其性质进行认定。

1. 行为人主观上有伤害或者杀害被害人意图，客观上以强迫他人吸食毒品为手段，应以故意伤害罪或者故意杀人罪定罪处罚。

2. 行为人没有以强迫吸毒为手段达到伤害或者杀害被害人的意图，

但采取的手段导致他人重伤或者死亡的后果，这种情形下的定罪比较复杂，其中既有主观心态影响定性，也有罪数认定的问题。一种观点认为：所采取的暴力手段导致被害人重伤或者死亡的，应当分别认定本罪和故意伤害罪或者故意杀人罪，实行数罪并罚。另一种有观点认为：行为人的暴力行为是强迫被害人吸毒的手段行为，强迫被害人吸毒是行为人暴力手段的目的行为，二者存在刑法意义上的牵连关系，应当按照牵连犯的处断原则，择一重罪处断。我们认为，实践中行为人使用的暴力行为无非是殴打、捆绑等，如果通过上述行为迫使被害人吸食毒品，那么这一行为实质上就是强迫他人吸毒的实行行为，将其既作为故意伤害或者故意杀人的实行行为，又作为强迫他人吸毒的强迫行为，显然是对同一行为进行了两次刑法评价。因此，此种情形下，行为人实际上一个行为触犯了两个罪名，应当按照想象竞合犯的处断原则，择一重罪，按照故意伤害罪或者故意杀人罪定罪处罚。

3. 被害人被强迫吸毒后，因中毒而导致重伤或者死亡的，应结合行为人的认知以及使用的剂量等综合判断行为人的主观心态对其定性。如果行为人为被害人使用了超量毒品的，行为人能够认识到该吸食行为的危险性，却采取放任态度的，应当认为是属于间接故意的杀人或者伤害行为，直接认定为故意杀人罪或者故意伤害罪；如果是常量的毒品，行为人仅仅对强迫他人吸毒的行为是故意的，对于该毒品导致他人重伤或者死亡没有预见可能性的，则只能以强迫他人吸毒罪从重处罚。

四、非法贩卖麻醉、精神药品的定性问题

麻醉、精神药品具有双重属性，被患者正常使用发挥疗效作用的，属于药品，脱离管制被吸毒人员滥用的，才属于毒品。对出于医疗目的，违反药品管理法的相关规定，向无资质的药品经营人员、私立医院、诊所、药店或者病人非法贩卖的，侵犯的是国家对药品的正常经营管理秩序，故不应认定为贩卖毒品罪，符合非法经营罪的定罪标准的，依法定罪处罚。同时要注意的是国家定点生产企业按照标准规格生产的麻醉药品或者精神药品被用于毒品犯罪的，根据药品中毒品成分的含量

认定涉案毒品数量。而非国家定点企业生产麻醉、精神药品以及海洛因、甲基苯丙胺等没有临床用途的麻醉、精神药品不在此列。

第三节　毒品犯罪案件具体个罪中疑难问题

一、走私、贩卖、运输、制造毒品罪和非法持有毒品罪

（一）从吸毒人员处查获毒品的定性

司法实践中对吸毒人员处查获毒品的定罪、量刑主要有以下几个容易出问题的地方：一是运输途中缴获的毒品到底定运输毒品还是非法持有毒品；二是有吸毒情节的贩毒分子如何认定贩毒数量的问题。

【案例】张某系吸毒人员，2018 年 6 月 3 日自行驾车从广东省陆丰市的刘某处购买了甲基苯丙胺 1000 克，在开车将毒品从陆丰带回长沙的途中被抓获。张某如何定性？

很长一段时间以来，办案人员认为此类案件毒品在途运输是一个不争的事实，但如何定性还需要看行为人的主观心态。如果行为人购买的毒品是用于贩卖，那么应当认定为贩卖、运输毒品罪；如果行为人购买毒品的目的只是用于自己吸食，即便是其有运输行为，但应当充分考虑其并没有贩卖的意图，用于自吸而运输的社会危害性显然是不能和用于贩卖而运输行为的社会危害性相提并论。这种情况下，因是选择性罪名，如果认定为运输毒品，其将可能承受与贩卖毒品相当的刑罚，从社会危害性考虑，难以做到罪责刑相适应。因此，在很长一段时间的司法实践中，这种情况有认定为运输毒品的，也有认定为非法持有毒品罪的。

关于吸毒者购买、运输、储存毒品行为的定性，在司法实践中比较混乱，相关规定也有明显的变化。2000 年《全国法院审理毒品犯罪案件工作座谈会纪要》[①]（以下简称《南宁会议纪要》）规定，吸毒者在

① 已失效，2013 年 4 月 18 日废止。——编者注

购买、运输、储存毒品的过程中被抓获，如果没有其他证据证明其实施了其他毒品犯罪行为，查获毒品数量较大的，应当以非法持有毒品罪定罪处罚。《大连会议纪要》规定：吸毒者在购买、运输、储存毒品的过程中被抓获，如果没有证据证明是为了实施贩卖等其他毒品犯罪行为，查获的毒品数量达到较大以上的，应当以其实际实施的毒品犯罪行为定罪处罚。如果从规定的字面理解，《南宁会议纪要》以认定非法持有罪为原则，除非有证据证明实施了其他毒品犯罪，才认定其他罪名。《大连会议纪要》规定的不同在于，认为应当以其实际实施的毒品犯罪行为定罪处罚，但是实践当中对于什么是“实际实施的毒品犯罪行为”在理解上有分歧。有人认为从前后文的字面理解，实际的行为就是运输行为，而且如果还将此处理解为实际的毒品犯罪行为仅仅是非法持有毒品的行为，那与《南宁会议纪要》的规定是一样的，没有必要在《大连会议纪要》中用不同的表述重新作出规定。但也有人认为：不问主观，一律认定为运输毒品，违背了主客观一致的原则，而且同样是吸毒人员持有毒品用于自己吸食，如果是自己从外地购进就认定运输毒品，而在本地购买认定为非法持有毒品，会导致一些案件罪责刑不相适应。运输毒品和非法持有毒品在量刑上差距十分大，其差异主要来源二者对于社会危害性的区别，如果一律认定为运输毒品，将可能导致一些案件量刑失衡。基于以上的种种考虑，司法实践当中的认定千差万别。有的地方简单按照状态，不管数量多少，一律认定为运输毒品。有的地方认为应当按照毒品是否超过了行为人的合理吸食量定性，如果是合理的吸食量，定非法持有毒品，如果已经超出了合理吸食量，定运输毒品。但此时又出现一个问题：合理的吸食量如何认定？于是有的地方提出，可以对合理吸食量作出一个规定。然而合理本身就是一个比较抽象的概念，即便是引入统计学原理，也无法进行具体的量化，难以确保“合理”的合理性。

为了避免分歧，2015 年《全国法院毒品犯罪审判工作座谈会纪要》（以下简称《武汉会议纪要》）对此类情况作出规定：吸毒者在购买、储存、运输过程中被查获，没有证据证明其是为了实施贩卖毒品等其他犯罪，毒品数量达到刑法第 348 条规定的最低数量标准的，以非法持有毒品罪定罪处罚，吸毒者在运输过程中被查获，没有证据证明其是为了实施贩卖毒品等其他犯罪，毒品数量达到较大以上的，以运输毒品罪定罪处罚。从上述规定看，有两个问题是已经明确的：第一，吸毒者在运输毒品过程中被查获的，应当认定为运输毒品罪，购买、储存状态的，认定为非法持有毒品罪（前提是没有证据证明是为了实施贩卖等其他毒品犯罪行为）。这一规定实际上明确了从吸毒者手中查获毒品的定性，按照毒品所处的状态对行为者定罪处罚，有效解决了之前两个会议纪要规定不合理或者不明确之处，提供了可操作的认定方法。第二，对于入罪的门槛进行了限制，并非是运输过程中查获毒品一律认定为运输毒品。此类案件的定性把握上述两个原则即可。

（二）吸毒人员贩卖毒品数量的认定

【案例】张某系吸毒人员，为维系吸毒的资金来源，张某从李某、刘某、陈某等人处分八次，共计购买毒品 1000 克，并将上述毒品中的 100 克贩卖给欧某、王某等人。上述事实有相关证据予以证实，关于另外 900 克毒品的去向有两个：一是张某供述了卖给朱某等 20 余人 300 余克，但相关下线要么不承认向其购买过毒品，要么无法找到下线；二是张某供述剩余的 600 克被自己吸食。张某的贩毒数量如何认定？

对于有吸毒情节贩毒人员毒品数量的认定，司法实践中原来也存在分歧，包括相关座谈会议纪要的规定也有一个变化的过程。《大连会议纪要》规定：对于以贩养吸的被告人，其被查获的毒品数量应当认定为其犯罪的数量，但量刑时应当考虑被告人吸食毒品的情节，酌情处理；被告人购买一定数量的毒品后，部分已经吸食的，应该按照能够证明的贩卖数量及查获的毒品数量认定其贩毒的数量，已经被吸食的部分不计入在内。从上述规定看，认定以贩养吸人员的贩毒数量守的是“出口”，即要根据现场缴获或者查实已经贩卖的毒品认定为贩毒数量。但是在实际的操作当中，比如前述案例将会遇到两个问题：一是对于散卖出去的毒品很难一一查实。比如前述案例中，张某声称卖给朱某等 20 余人 300 克毒品，耗费大量的警力也无法做到一一查实；二是面对被告人提出的大量毒品系自己吸食掉的辩解无能为力。曾经在有些案件的办理过程中，公诉人试图按照合理吸食量的角度去论证被告人辩解的已经吸食的数量不合常理。但这里同样面临的问题是，什么是合理的数量，个体的差异无法进行确定，而承担举证责任的控方显然是无法用这种方法说服法庭。实践当中，有的被告人也有另外的理由，比如说辩称有些毒品被自己丢弃，有些毒品被别人偷窃……总之，将“出口”作为认定的标准，证明难度大，很多案件最终带来的结果就是放纵犯罪。

《武汉会议纪要》对上述问题的认定思路作出了调整：对于有吸毒情节的贩毒人员一般应当按照其购买的毒品数量认定其贩卖毒品的数量，量刑时酌情考虑吸食毒品的情节。购买的毒品数量无法查实的，按照能够证明的贩卖数量以及查获的毒品数量认定其贩毒数量；确有证据证明其购买的部分毒品并非用于贩卖的，不应计入贩毒数量。《武汉会议纪要》与《大连会议纪要》相比有以下几个方面的变化：一是对主体进行了调整，将“以贩养吸的被告人”改为“有吸毒情节的贩毒人员”，这一变化使主体认定更加明确，不需要再去证明被告人是不是存在以贩养吸的情况，主体的范围有所扩大，也更利于司法实践的操作；二是毒品数量认定口径从原来的“出口”变成了“入口”，这不仅有效降低了取证的难度，也更利于打击猖獗的毒品犯罪；三是对剔除贩毒数量部分的证明标准提高为“确有证据证明”。

（三）为他人代购毒品的定性

目前虽然毒品的来源比较广泛，销售在一定范围内也日趋公开化，但这毕竟是一种犯罪活动，因此贩毒人员在销售的时候只可能在一定范围内销售，这就为毒品代购的存在提供了土壤。一方面，吸毒人员可以更加便捷地购买到毒品；另一方面，有些贩毒人员也可以不直接出面购买毒品，从而设法逃避打击。代购行为涉及的问题比较复杂，从目的看，有的是为了谋取利益，有的是为了从中“蹭吸”，有的是为了朋友帮忙；从状态看，有的在运输途中查获，有的在交付后案发。在实际办案当中，有一些是法律适用的问题，也有一些是证据认定事实需要考虑的问题。下面，我们将结合两个座谈会会议纪要的规定，对几个重点问题进行归纳。

1. 明知他人实施毒品犯罪而居间介绍、代买代购的，以相关毒品犯罪的共犯论处。

根据共同犯罪的一般原理，明知他人犯罪而参与其中实施帮助行为的，以共犯论处。因此，行为人明知他人购买毒品系用于贩卖，而帮助其代购或者代卖的，无论是否从中牟利，均以共犯论处，是否牟利只能作为量刑情节予以考虑。

此类案件在法律适用方面没有太大难度，在办案过程中主要把握的是证据问题，特别是代购者主观明知的认定。

【案例】2017 年 6 月 18 日，刘某为张某从 A 市以 80 元/克的价格购买 2000 克甲基苯丙胺回 B 市，在将毒品交给张某的时候被公安机关办案人员当场抓获。刘某辩称，并不知张某要其买回的毒品是用于贩卖。

证据情况：（1）现场勘验笔录、现场照片扣押决定书、扣押物品清单、称量笔录证明从张某处扣押甲基苯丙胺疑似物 2000 克；（2）取样笔录、物证鉴定证明上述毒品疑似物中检出甲基苯丙胺成分，含量为 70%；（3）通话记录显示刘某与张某 2017 年 2 月至 6 月 18 日期间有多次电话联系；（4）高铁票证明 6 月 18 日，刘某往返 A、B 两市的情况。（5）证人杨某证明，曾经和刘某一起从张某处买过甲基苯丙胺 4 克；（6）被告人张某供述了自己要李某帮忙购买甲基苯丙胺 2000 克，但没有明确说明用途。此外，刘某和杨某曾经一起在他那里买过甲基苯丙胺 4 克；（7）刘某对帮助张某购买毒品的事实供认不讳，但辩称并不知道帮张某购买的毒品是用于贩卖。

在行为人不供述明知为人代购的毒品系他人用于贩卖的情况，如何定性？第一种观点认为，明知他人用于贩卖，是一种主观心态的认定，现有证据难以认定代购者主观上明知毒品系用于贩卖，因此不能认定贩卖毒品罪。但现有证据足以证实刘某从 A 市运输 2000 克甲基苯丙胺回 B 市的犯罪事实，应当以运输毒品罪定罪处罚。第二种观点认为，即便没有刘某的供述，根据现有证据也可以认定其主观上明知张某托购的毒品系用于贩卖。

我们同意第二种观点，理由是：贩卖毒品罪是故意犯罪，其主观上包括直接故意和间接故意。本案当中，一方面，有证据证明刘某曾经在张某处购买毒品，那么他知道张某是贩毒人员，买回的毒品有可能用于贩卖；另一方面，张某一次性购买2000克的甲基苯丙胺，不可能完全用于自己吸食。因此，在现有证据状况下，可以证明刘某明知张某购买的毒品可能用于贩卖，还帮助其买回毒品，其至少是一种放任的主观心态，应当以贩卖毒品的共犯追究刑事责任。

对于此类案件，认定代购者的主观明知可以通过以下三种途径：一是有证据证明托购者明确告知了代购者毒品的用途；二是托购者虽未供述，但代购者对其主观明知进行了供述，其清楚所代购毒品的用途；三是证据没有达到上述两种情形，但若代购者知道托购者是贩毒人员，本次又大量购进毒品，亦可以推定代购者的主观明知。

2. 运输代购毒品行为的认定。

《大连会议纪要》规定：有证据证明行为人不以牟利为目的，为他人代购仅用于吸食的毒品，毒品数量超过刑法第348条规定的最低数量标准的，对托购者、代购者应当以非法持有毒品罪定罪。对于同城代购毒品的情况，严格依照上述规定就可以解决法律适用问题。但是对于需要从其他城市运输代购毒品的情况，《大连会议纪要》没有规定，司法实践中有的认为应当定运输毒品罪，理由是代购者主观上有将毒品从甲地运往乙地的故意，客观上也实施了运输的行为，完全符合运输毒品罪的构成要件。有的案件中也将这种情形定性为非法持有毒品罪，理由是刑法第347条走私、贩卖、运输、制造毒品罪是选择性罪名，从刑法罪名的设置和刑罚的设立考虑，选择性罪名一般来说社会危害应具有相当性。在纯粹为他人代购用于吸食的毒品运输中，其社会危害性显然有别于帮助他人运输用于贩卖毒品的危害性。此外，仅就为他人代购用于吸食的毒品来看，运输状态与运输回来之后的实际持有状态，对于社会危害性本质上没有区别，如果运输途中查获定运输毒品罪，静态持有状态定非法持有毒品罪，显然会造成量刑不均，难以实现个案的公平。

基于各地认定情况不一致，《武汉会议纪要》明确：行为人为吸毒者代购毒品，在运输过程中被查获，没有证据证明托购者、代购者是为了实施贩卖毒品等其他犯罪，毒品数量达到较大以上的，对托购者、代购者以运输毒品罪的共犯论处。

通过上述两个纪要，可以得出的结论是：代购者为他人代购用于吸食的毒品达到数量较大情况下，以实际状态定罪处罚，即代购过程被查获的，对代购者、托购者以非法持有毒品共犯论处，在运输过程中被查获的，没有证据证明托购者、代购者是为了实施贩卖毒品等其他犯罪，毒品数量达到较大以上的，以运输毒品共犯论处。上述规定符合两罪名的犯罪构成要件以及现阶段我国严峻的禁毒形势和司法操作的需要。首先，将毒品从 A 地运往 B 地显然符合运输毒品罪的构成要件。其次，上述规定对于入罪门槛做了一定的提高，不会导致罪责刑不相适应情况的出现。依照刑法第 347 条的规定，运输毒品不管数量多少，一律构成本罪，但《武汉会议纪要》将运输为他人代购用于吸食毒品的入罪门槛提高到了数量较大（刑法第 348 条非法持有毒品的入罪标准规定：鸦片 200 克以上、甲基苯丙胺、海洛因 10 克以上或其他毒品数量较大），可以排除将数量较少、社会危害性较小的运输行为入罪的情况。再次，此种情形下对通过运输实现代购行为与本地代购行为予以区分，具有现实意义。目前，毒品制造、流通均在同城的情况时有发生，但制造毒品存在技术、场所、风险等问题，普遍还是制造地和流散地相对分开。因此严厉打击运输行为，对于遏制毒品的流通和消费是有积极作用的。最后，根据实际的状态确定罪名，便于司法实践统一标准进行认定，操作难度低。

需要特别注意的一个问题是，代购者已经将毒品运输回来，在存储或者实际交付的时候被抓获的情形如何认定。

【案例】2017 年 6 月，刘某为张某从 A 市以 80 元/克的价格购买 200 克甲基苯丙胺回 B 市，在刘某将毒品交付给张某的时候，两人被抓获。

实践当中，有办案人员认为：《武汉会议纪要》规定，行为人为吸毒者代购毒品，在运输过程中被查获，没有证据证明代购者是为了实施贩卖毒品等其他犯罪，毒品数量达到较大以上的，对托购者、代购者以运输毒品的共犯论处。根据该规定，只有运输途中查获的代购毒品才认定为运输毒品罪，对已经运输回来的毒品，无论是在存储还是交付过程被查获的，只能认定为非法持有毒品罪。对此，我们持不同观点。首先，从犯罪构成要件看，代购者将毒品运回已经完全符合运输毒品罪的构成要件，在犯罪形态上也已经达到既遂，此时应当认定构成运输毒品罪。其次，从运输毒品和非法持有毒品罪的关系看。此种情形下，非法持有毒品是运输过程和运输完成之后必然会伴生的状态，在刑法理论上可以认为是一种吸收关系，轻度行为非法持有毒品应当被重度行为运输毒品吸收。而且这种情形下，运输毒品罪的入罪门槛已经提高到与非法持有毒品罪一样，打击的范围有别于普通的运输毒品犯罪行为。最后，从社会危害性考虑，毒品尚在运输过程中已经认定为重罪运输毒品罪，而运输行为已经实际完成的情况倒只认定为轻罪非法持有毒品罪，显然会导致量刑不公。因此在处理上述情形时，不能按照条文机械理解，而要从代购、运输毒品与同城代购毒品的危害性有所区别的实质进行理解和把握。

当然此处还有可能会存在另外一种特殊情况，如张某听说李某与本地的毒贩刘某关系很好，托其代购 50 克甲基苯丙胺用于自己吸食。李某找到刘某后，刘称手头没有毒品，于是李某自行到 B 市购买 50 克甲基苯丙胺回来交给张某。张某如何定性？是认定为李某运输毒品的共犯，还是认定为非法持有毒品罪？我们认为：此种情况下，应当认定张某构成非法持有毒品罪，李某构成运输毒品罪。此处有两个问题需要注意：第一个问题是为了防止不当扩大打击面，认定为运输毒品罪还是应当适当考虑运输的距离和目的。对于在不同城市之间运送毒品的，一般认定为运输毒品罪。但对于同城内的运送，因空间距离较短，通常不宜认定为运输毒品罪，即使特殊情况下认定，也应当考虑被告人运送的目的。同城的认定目前也是司法实践中的难点：一是直辖市和一般省会市、计划单列市、地级市是否还应掌握不同标准；二是有的运送行为跨越了行政区划，但是其距离非常短，是否一律以跨行政区划为认定标准。我们认为：构成运输毒品罪有距离要求，但还要充分考虑行政区划大小、运送的方式，以及运输行为是否对毒品交易和消费环节产生重要作用。例如：刘某携带毒品从某市的A区至B区，虽然从行政区划看属于同一城市，但两地相距60千米，且需要运送途径为高速公路，其行为具有促进毒品非法流通的作用，应当认定为运输毒品罪。总之，目前对同城没有相关的司法解释和座谈会议纪要明确进行规定，在一些案件中涉及行为人是构成运输毒品罪还是非法持有毒品罪的认定，这两个罪名入罪标准不同，刑期差距较大，司法实践中不宜把握太宽松。第二个问题是要准确界定张某托购时的主观犯意。如果其明确向李某指明了代购的人员，从该毒贩处购买毒品不存在运输问题，李某在实施运输毒品行为之前又没有与张某通谋，那么张某主观上只有非法持有毒品的故意，没有运输毒品的故意，根据主客观一致的原则应当认定张某构成非法持有毒品罪，不对李某的过限行为承担责任。

3. 为他人代购仅用于吸食的毒品，代购者从中牟利，变相加价贩卖毒品的，对代购者以贩卖毒品罪定罪处罚。

《大连会议纪要》规定：代购者从中牟利，变相加价贩卖毒品的，对代购者应以贩卖毒品罪定罪。对于代购后大幅加价的情况，认定没有争议，如张三要李四帮其代购20克甲基苯丙胺。李四以120元/克购进毒品，以160元/克卖给张三。这种情形，实质上代购者已经作为一个独立的环节贩卖毒品，对其定性没有争议。

《武汉会议纪要》进一步明确了如何认定“从中牟利”，即行为人为他人代购仅用于吸食的毒品，在交通、食宿等必要开销之外收取“介绍费”“劳务费”，或者以贩卖为目的收取部分毒品作为酬劳的，应视为从中牟利，属于变相加价贩卖毒品，以贩卖毒品罪定罪处罚。但是实践中会有两种情况比较难以处理：一是对代购中必要的交通费、食宿费的数额如何认定；二是“代购蹭吸”行为如何处理。

【案例】刘某托张某购买200克甲基苯丙胺用于自己吸食。张某以120元/克从A市购进毒品，共计花费24000元。张某回来后告诉刘某，车费400元，食宿400元。交付毒品后，刘某给张某24800元。

按照《武汉会议纪要》的规定，张某只收取了交通费和食宿费，没有收取额外的介绍费、劳务费。此种情形下，张某没有牟利，不应当认定为贩卖毒品罪。如果张某在实际购买毒品的24000元之外，还收取了2000元，又该如何看待？是不是只要一超过实际支出的交通费、食宿费就一律认定为贩卖毒品？如果不是的话又该如何把握界限？虽然《武汉会议纪要》对“从中牟利”进一步做了规定，但在司法实践当中恐怕仍然会有一些适用方面的难点，我们针对上述问题，提出如下处理方法：

交通费、食宿费等必要开支的认定。首先，从开支的项目看，必要开支只能是往返以及必需的食宿，排除用于娱乐等消费。其次，从金额看，应当以当地一般的消费水平为基准进行比较，排除奢靡消费。所谓的必要消费应当仅限于购买、运输所需要的一般水平的开支，如果存在娱乐消费、奢靡消费，显然与直接收受好处费、劳务费是没有本质区别的，应当认定为谋取利益。

关于是不是一旦出现收取了超出实际开支的钱财，就是“从中牟利”的问题。我们认为，将收取实际必要开支不认定为贩卖毒品罪，是基于这种情况代购者既没有要谋取利益的动机，也没有“贩卖”的行为，不符合贩卖毒品罪的构成要件，因此不构成本罪。一旦超出了必要开支，不管以何种名义收取钱财，都是加价的行为，与通常的贩卖行为并无差异，应当以贩卖毒品罪定罪处罚。但在司法实践中，不可回避的问题是必要开支的认定目前没有具体的标准，各地的消费水平不一，事实上也不可能制定统一的标准或者是每个地方分别制定标准。目前对于必要开支的认定仍然主要依靠办案人员根据个案的主观判断，对于略高于正常标准的开支一般来说难以认定是从中牟利行为。

4. 行为人为他人代购仅用于吸食的毒品，从中赚取毒品用于吸食的情形如何定性？

【案例】向某系吸毒人员，2016年1月至2016年11月期间先后为张某等十人代购毒品用于吸食。张某等人每次从代购的毒品中给向某3

到5克。该案移送审查起诉后，审查人员发现，现有证据无法证明向某获取毒品后用于贩卖或者以贩卖为目的。向某在本案是否构成犯罪？

《武汉会议纪要》规定：行为人为他人代购仅用于吸食的毒品，除交通、食宿等必要开支之外收取“介绍费”“劳务费”，或者以贩卖为目的收取部分毒品作为酬劳的，应当视为从中牟利，属于变相加价贩卖毒品，以贩卖毒品罪定罪处罚。

实践当中有办案人员提出：此处规定，对于帮人代购仅用于吸食的毒品过程中，收取毒品作为报酬的情形进行了规定，只有以贩卖为目的收取毒品的情形才能认定为从中牟利，对于纯粹用于自己吸食的“蹭吸”行为是排除在犯罪之外，不能定罪处罚。也有观点认为：毒品需要金钱购买，从这一点上看，“蹭吸”与直接收受财物没有本质区别，不能一律不定罪处罚。

【案例】李某为他人代购了1000克毒品，收取了400元的“介绍费”，他将这400元用于买毒品自己吸食，构成贩卖毒品罪。张某长期为人代购毒品，每次从中“蹭吸”，一年“蹭吸”的毒品价值数万元，其是否构成贩卖毒品罪？

如果出现上述案例的情况，根据第一种观点，李某构成犯罪，张某不构成犯罪。从实际获利的数额看，会给人一种司法不公的感觉，似乎没有实现个案的公平。持第二种观点的人也认为：座谈会议纪要的作用一般在于将司法实践中的一些经验加以总结或者对一些有共识的问题进行归纳，它不是司法解释，更不是立法。对于《武汉会议纪要》上述阐述的理解，应当是一种提示性的规定，并非是一种排他性的规定。此规定是基于以贩卖为目的收取部分毒品作为报酬认定为贩卖毒品，行为人既有变相加价的行为，主观上亦有牟利的目的，有贩卖毒品的故意，以贩卖毒品罪定罪处罚是基本能达成共识的问题，但并不代表绝对排除了“代购蹭吸”入罪。我们认为：如果从一些极端的案例看，“代购蹭吸”不入罪可能难以实现个案处理的平衡，但考虑到“蹭吸”行为根本上是为了满足代购者自身吸食的需要，在认定牟利目的和贩卖行为上存在一定障碍，目前对于是否定罪仍然存在较大争议，在司法实践当中，个案的处理还应当结合次数、数量、社会危害等慎重把握，在新的司法精神出来之前，不宜类型化按照贩卖毒品罪打击处理。

（四）居间介绍与倒卖毒品的区别

贩卖毒品犯罪案件当中，一些犯罪分子为减轻罪责，往往辩称自己是居间介绍者，并提出自己是在买方或者卖方的要求下对他们的毒品交易进行帮助，以此达到自己只是他人实施毒品犯罪的帮助犯，在量刑上应当有所区别的目的。对于居间介绍和倒卖毒品，从字面上理解有明显差别，但在司法实践中由于证据把握、法律理解等方面的原因，在认定上仍有一定难度。

1994 年最高人民法院《关于执行〈全国人民代表大会常务委员会关于禁毒的决定〉的若干问题的解释》[①]（以下简称《执行禁毒决定的解释》）第 2 条第 4 款规定“居间介绍买卖毒品的，无论是否获利，均以贩卖毒品罪的共犯论处”。但《大连会议纪要》第 1 条第 5 款“有证据证明行为人不以牟利为目的，为他人代购仅用于吸食的毒品，毒品数量超过刑法第 348 条规定的最低数量标准的，对托购者、代购者应以非法持有毒品罪定罪。代购者从中牟利，变相加价贩卖毒品的，对代购者应以贩卖毒品罪定罪。明知他人实施毒品犯罪而为其居间介绍、代购代卖的，无论是否牟利，都应以相关毒品犯罪的共犯论处”的规定有所不同，是吸收完善还是独立规定各自具有执行效力，如果各自具有执行效力，那么居间介绍与代购代卖不同。不论下家是否用于吸食，也不论是否从中牟利，居间介绍都直接构成上家的贩毒共犯。

我们认为，为他人居间介绍、代卖毒品的，构成贩卖毒品罪，主要理由如下：

1. 贩卖毒品罪并不要求以牟利为目的。贩卖毒品罪尽管与牟取暴利紧密联系在一起，但贩卖毒品罪不是一种财产型犯罪，而是妨碍社会管理秩序类犯罪。刑法规制贩卖毒品罪的目的在于遏制毒品的流转而不

---

① 已失效，2013 年 1 月 18 日废止。——编者注

是打击牟利，是否牟利不影响贩毒罪的成立。所以，以是否牟利来区分行为是否构成贩毒罪，违背了刑法对贩毒罪设定的初衷。

2. 居间介绍、代买代卖行为具有刑事可罚性。贩卖毒品行为的核心在于实现了毒品占有的转移，通过这种转移占有使毒品的危害性得以扩散，居间介绍、代买代卖行为促进和帮助实现了这种转移，从而使得毒品对不特定多数人身体健康的抽象危险性发展成了现实危险性，具有刑事可罚性。

《武汉会议纪要》指出：居间介绍者在毒品交易中处于中间人地位，发挥介绍联络作用，通常与交易一方构成共同犯罪，但不以牟利为要件；居中倒卖者属于毒品交易的主体，与前后环节的交易对象是上下线关系，直接参与毒品交易并从中获利。居间介绍者受贩毒者委托，为其介绍联络购毒者的，与贩毒者构成贩卖毒品罪的共同犯罪；明知购毒者以贩卖为目的购买毒品，受委托为其介绍联络贩毒者，与购毒者构成贩卖毒品罪的共同犯罪；受以吸食为目的的购毒者委托，为其介绍联络贩毒者，毒品数量达到刑法第348条规定的最低数量标准的，一般与购毒者构成非法持有毒品的共同犯罪；同时与贩毒者、购毒者共谋，联络促成双方交易的，通常认定与贩毒者构成贩卖毒品罪的共同犯罪。

《武汉会议纪要》从三个方面对居间介绍和居间倒卖进行了区分：第一，在毒品交易中的地位、作用不同。居间介绍者不是毒品交易的一方主体，在交易中处于中间人地位，对促成毒品交易起帮助作用；居中倒卖者虽然处于毒品交易链条的中间环节，但在每一个具体的交易环节都是一方交易主体，对交易的发起和达成起决定性作用。第二，是否成立共同犯罪不同。居间介绍对毒品交易起帮助作用，在处理上往往认定为交易一方的共犯；居中倒卖者与前后环节的交易主体不是共犯关系，而是上下游关系。第三，有无获利及获利方式不同。居间介绍者不以牟利为要件，获得的报酬来自交易一方或者双方支付的酬劳；居中倒卖者必然从毒品交易中获利，通过“吃差价”的方式牟利。

（五）“毒品互易”行为的认定

“毒品互易”是指两方行为人将不同种类的毒品或者不同纯度的同

种毒品进行交换的行为。对于“毒品互易”行为的司法认定，理论界和实务界主要有三种观点：一是不管互易的目的如何，一律不认定为贩卖毒品罪；二是不管互易的目的，一律认定为贩卖毒品罪；三是根据互易的目的确定是否构成贩卖毒品罪。

持第一种观点的人认为：根据商品交易的一般原则，买卖是货币与物品之间的交易，毒品本就是违法物品，显然不能成为一般的等价物。此外，目前没有相关司法解释对互易行为认定的具体问题进行规定，认定贩毒数量也会存在争议，比如用30克甲基苯丙胺换60克甲基苯丙胺片剂，如何认定数量。

持第二种观点的人认为：人类的商品交易最初就是从物物交换开始。交易虽然是使用价值和价值的交换，但价值的计算并非一定要用一般等价物货币直接衡量。实际上毒品互易的过程中，毒品这一违禁物因其本身具有交换价值而成为了一般等价物的替代品。另外，从社会危害性考虑，毒品互易加速了毒品的流通，具有社会危害性，应当打击。

我们认为毒品互易行为并不完全等同于传统的贩卖毒品行为，前两种观点过于绝对，是否构成贩卖毒品罪还应当结合互易的目的进行把握：

1. 以贩卖为目的的毒品互易行为应认定为贩卖毒品罪。这种行为本质上是两件毒品在不同主体之间的流通，行为人通过互易行为获得了毒品，而毒品最终亦将成为商品进入下一流通环节，属于贩卖毒品行为的范畴。在数量认定上，以换回的数量认定为宜。例如，张某以120克甲基苯丙胺换回刘某100克海洛因，应认定其贩卖毒品100克为宜，理由是：现有法律规定将毒品打击的关卡前移在“以贩卖为目的购买毒品”，是因为贩卖毒品行为的规范目的在于禁止毒品流通和扩散，以防止毒品蔓延可能给社会公众身体健康权带来的危害。我们认为互易行为应当认定为贩卖毒品罪的主要理由也是基于其互易后毒品还将非法流通和扩散，从而产生危害社会的后果，因此应当纳入刑法调整的范围。以贩卖为目的进行互易，以行为人的行为为标准，其继续发生社会危害性的毒品数量是换回来的100克海洛因，对于其换出去的120克甲基苯丙胺应当作为对方行为的对象予以考虑。当然，如果张某明知刘某换取的毒品也是用于贩卖，那么在认定上应当将互易行为中数量较大的数字作为其贩卖毒品的数量，但要注意换出、换回不能重复计算。

2. 以吸食为目的的互易行为不宜认定为贩卖毒品罪。如前述案例，若刘某换回120克甲基苯丙胺完全用于自己吸食，则不宜认定为贩卖毒品罪。理由是：虽然其将100克海洛因作为等价物换取120克甲基苯丙胺，但其自吸的行为不会造成毒品的流通和扩散，不会发生危害他人身体健康权的结果。当然，因其非法持有数量大的毒品，应当以非法持有毒品罪定罪处罚。

（六）贩卖毒品的犯罪形态问题

关于贩卖毒品罪的既未遂问题，刑法学界主要有以下几种不同观点：

第一种观点认为，贩卖以毒品实际上转移给买方为既遂。毒品实际上没有转移，即使已经达成协议，或者行为人已经获得利益，也不能认为是既遂。第二种观点认为，应以毒品是否成交为准，双方意思一致达成买卖协议即构成贩毒既遂，至于行为人是否已经交货或者付款，在所不计。如雷某等人贩卖毒品案。雷某等三人已经联系好买家，在等候交易过程中被公安机关查获，检察机关以贩卖毒品（未遂）提起公诉，但法院认为三被告人已经着手实施贩卖，并已经与买家约定毒品价格，应认定为既遂。第三种观点认为，只要实施了贩卖行为，就应视为完成犯罪过程，是犯罪既遂。为了贩卖而买进毒品再加价卖出是贩卖毒品的典型行为过程，只要完成其中一个行为就构成贩卖毒品既遂。

根据通说，贩卖毒品罪的未遂通常认为有以下几种情况：（1）对于不知是假毒品而进行贩卖的，系因意志以外的原因未能得逞，应认定为未遂；（2）行为人为贩卖毒品而购买毒品，还未买进即被查获的，或者买进毒品后尚未卖出即被查获的；（3）对于继承、受赠与等非购买方式取得的毒品，正准备贩卖，尚未卖出即被查处的，应当认定为贩卖毒品罪的未遂。对于第一种情况没有争议。第二种情况存在矛盾。为了贩卖而买进已经构成既遂，买进毒品后尚未卖出怎么又变成未遂，是否专指被人赃俱获场合，卖家既遂而买家未遂的情形。第三种情况没有争议，但如何理解尚未卖出还需要进一步解释，是协议成交还是实际成交，还是要回到既遂未遂标准的探讨上来。

上述第一种观点主张以毒品实际上转移为既遂标准，但实际上毒品交易并非一手交钱一手交货，有的是先汇款再交货，有的是先送货再付款。对于已经收到购毒款派人送货被抓的，或者在甲地交易，在乙地发货，尚未实际发货或者尚在运输途中的，毒品交易已经完成，应该以贩毒既遂处理为妥。

第二种观点认为只要交易双方就买卖毒品达成意思一致，即为既遂。只要双方就毒品交易的时间、地点、价格等交易要素达成协议，而不论是否实际交货与付款，都构成贩毒既遂。但如果双方只是就买卖毒品进行了初步的联系和协商，如约定验货、谈价的时间、地点等事宜，相当于民法上的要约邀请或要约行为，尚不成立交易合同，在验货、谈价等过程中被抓获的，就构成未遂。这与一般观念上的既未遂存在一定差别，但有一定合理性，也可能是实践中相对通行的做法。据此，联系好买家等待交货、交货过程中被抓获等，都构成贩毒既遂。

第三种观点认为只要实施了为卖而买的行为就构成既遂。这在法律和实践中也是有争议的。刑法关于买卖的规定，有拐卖（拐卖妇女儿童罪，只要实施拐骗、中转等其中任何一行为就构成犯罪）、买卖（非法买卖枪支弹药罪，只要实施买或卖的任何一行为就构成犯罪）、倒卖（倒卖文物罪）、贩卖（贩卖毒品罪），贩卖是否与拐卖、买卖相同，因为纯粹从字面上理解，贩卖既有贱买贵卖、买货出售的含义，也有单纯指出售货物的意思，对此，1994 年最高人民法院《执行禁毒决定的解释》（已失效）中对贩卖毒品的定义为：贩卖毒品，是指明知是毒品而非法销售或者以贩卖为目的而非法收买毒品的行为。《追诉标准（三）》规定，贩卖是指明知是毒品而非法销售或者以贩卖为目的而非法收买的行为。据此，只要实施了为卖而买的任何一个行为就构成贩卖毒品罪。但构成贩卖毒品罪与贩卖毒品既遂还是两个不同概念，为卖而买是否直接构成贩毒既遂可能还有争议。有观点认为，贩卖毒品的核心在于卖，买进毒品是典型的预备行为，贩卖毒品犯罪的构成要件尚未完全具备，不可能达到犯罪既遂。对此，2000 年南宁会议上最高人民法院有关领导认为，“贩卖毒品罪包括以出卖为目的而买入或者卖出两种情况，行为人为了贩卖而购进毒品，只要毒品已买到即为既遂”。我们认为，贩卖毒品的既遂点应放在以“贩卖为目的”买进毒品之时，主要行为人已经实际控制了毒品就认定其为贩卖毒品的既遂。

二、容留他人吸毒罪

（一）主观方面

容留他人吸毒罪的主观方面由故意构成，但该罪的主观要件在实务中存在两个争议：一是是否需要“以谋取非法利益为目的”；二是是否包括间接故意，即放任型的容留他人吸毒行为，是否构成容留他人吸毒罪。

关于是否以非法牟利为目的。有观点认为，刑法对容留他人吸毒罪并处罚金刑的规定表明行为人应具有牟利目的。刑法分则规定的罪名中存在法定的目的犯和非法定的目的犯，法定的目的犯如制作、复制、出版、贩卖、传播淫秽物品牟利罪，非法定的目的犯如盗窃、诈骗等。刑法第 354 条对容留吸毒罪的主观方面仅规定了故意，并没有规定以牟取非法利益为目的是构成本罪主观必备要件，显然不是法定的目的犯。那么是否属于非法定的目的犯？我们认为答案也是否定的。判断构成犯罪是否需要具有一定的目的，主要是考虑其行为对客体的侵犯是否当然应当包括一定的主观目的。比如盗窃罪、诈骗罪等侵财犯罪，非法占有他人财物是此类犯罪必然会具有的目的。容留他人吸毒罪侵犯的客体是社会管理秩序，不论其是否具有非法牟利的目的，行为已经实施都将使本罪保护的客体受到侵犯，行为人是否具有谋取非法利益的目的，只能说明其主观恶性的大小，可以作为量刑情节考虑，并非本罪的主观构成要件。

关于容留他人吸毒罪的主观方面能否包括间接故意。一种观点认为，容留吸毒罪是故意犯罪，主观上包括直接故意和间接故意。另一种观点认为，本罪是明知他人吸毒而主动提供场所，应当是直接故意。我们认为：容留吸毒罪的社会危害性体现在行为人为他人提供吸毒场所、条件的行为促进了毒品的流通和交易，具备社会危害性，其主观上不排除间接故意。

【案例】刘某是出租车司机，一天晚 11 时许，王某等三名乘客搭乘其出租车，要其前往郊区的某小区。三人上车后不久，即拿出毒品在车内吸食，刘某从后视镜看到，但考虑王某等人吸食的毒品与自己无关，便没有理会三人继续开车。三人在车上吸完毒品后，又逗留半个多小时后下车。三人如数支付了车费。

【案例】欧某系某 KTV 的老板，某日其朋友赵某邀集李某等 5 人在 KTV 某包厢庆祝生日，其间赵某拿出毒品与大家一起吸食。欧某看见后劝说赵某不要在此处吸毒。赵某不同意离开。欧某遂交代："要把地方打扫干净，工具要全部带走。"然后离开包厢。

案例 1 的刘某和案例 2 的欧某，客观上为吸毒者提供了场所，主观上放任他人在自己控制的空间范围内吸食毒品，都明知自己的行为会发生危害社会的后果，放任危害结果的发生，系间接故意犯罪，应当以容留吸毒罪定罪处罚。

（二）客观方面

容留他人吸毒罪的客观方面表现为他人吸食、注射毒品提供场所的行为。从字面理解，"容留"是指行为人利用自己的住房或者其他场所，长期或者短期为他人吸食、注射毒品提供场所。[①] 该罪客观方面的理解困境主要体现为：一是如何界定"场所"的范围；二是如何区分容留他人吸毒行为与共同吸毒行为；三是次数如何认定的问题。

1. 关于场所的界定问题。"场所"是容留他人吸毒罪的核心问题之一，要求行为人对空间有一定控制权。问题的关键在于，行为人对空间的占有、支配到何种程度才能视为"控制"。实践中，对于相对长期固定的住房或其他场所没有争议，但对于行为人临时取得使用权或支配权的空间是否属于本罪的"场所"则存在争议。一种观点认为，刑法之

---

① 周道鸾、张军主编：《刑法罪名精释》，人民法院出版社 2007 年版，第 740 页。

所以将容留他人吸毒行为规定为独立犯罪并予以惩处，是为了打击地下烟馆、变相地下烟馆以及某些宾馆、饭店、娱乐场所利用场所方便吸毒以招揽生意的行为。只有那些为吸毒者准备的比较固定的空间才符合容留他人吸毒罪中“场所”的构成要件，而临时取得使用权或支配权的空间则不属于本罪中的场所。另一种观点则认为，本罪的保护客体是国家对毒品的管理制度和公民的健康权利，临时租用包厢容留他人吸毒，同样地侵害了刑法保护的客体。从法理上讲，宾馆娱乐包间的临时性管理使用权归属于出资包房者，其他人的吸毒行为得益于出资包房者对包间区域内的可控性，因此，应从广义上理解容留他人吸毒的“场所”，临时租用的交通工具、娱乐场所包厢也是本罪的“场所”。司法实务中大多持第二种观点。

2. 关于容留他人吸毒与共同吸毒的区分问题。实践中，对行为人出资租赁娱乐包厢、宾馆房间，并提供毒品召集多人共同吸食的行为，由于该行为具有组织吸毒的性质，对其以容留他人吸毒罪定罪处罚，容易达成共识。但针对现实中大量的在宾馆房间、娱乐包间等临时性空间AA制共同吸毒或者相对固定的少数几个毒友之间相互邀请共同吸食的行为，是否定罪存在较大争议。对毒品及场所费用AA制的情形，有观点认为，应追究订房者或身份证提供者的刑事责任；也有观点认为，应追究房费的实际出资者的刑事责任；还有观点认为，这只是新型毒品的常规吸食方式，原则上应以共同吸毒行为论处，以吸毒作治安处罚，否则有将吸毒行为犯罪化及变相打击吸毒行为之嫌。我们认为：这种情况比较复杂，对于开房者、实际出资者进行认定均有一定道理，一方面，聚集多人在临时开设的房间中一起吸毒，其社会危害性不会小于在家中聚集多人一起吸毒，对于共同参与吸毒的组织者定罪有依据；另一方面，需要注意的是，容留吸毒的追诉标准中“一次容留3人以上吸食、注射毒品”，在共同吸毒的情况中，一定要注意三人是除本人之外的三个人。

3. 次数的认定如何把握。根据《2016年毒品犯罪司法解释》第12条第1款第2项规定：两年内多次容留他人吸食、注射毒品的，以容留他人吸毒罪定罪处罚。规定很明确，但司法实践中出现的一些问题却并不好判断。

【案例】张某系吸毒人员，某个星期六的上午与同学李某商量好一起到张某家吸毒。当天晚上 20 时前后，李某到达张某家，两人吸食麻古后分别在两个房间睡觉。第二天上午九点前后，两人睡醒毒瘾又犯，于是再次吸食毒品。应认定张某 1 次还是 2 次容留他人吸毒？

一种观点认为，张某为李某吸毒提供场地，李某两次吸毒相隔 13 小时，应当认定张某容留李某两次吸毒。另一种观点认为，李某在张某家吸毒应认定为一次，理由是两人一直未曾离开过张某家，是基于张某之前容留行为的一种延续，不宜认定为两次。我们同意后一种观点。关于如何认定容留吸毒罪中的次数，目前没有相关司法解释予以明确，但应当根据主客观一致的原则，结合其他犯罪对于次数认定的一些规定进行理解和把握。2005 年最高人民法院《关于审理抢夺、抢劫刑事案件适用法律若干问题的意见》第 3 条：关于多次抢劫的认定，应以行为人实施的每一次抢劫行为均已构成犯罪为前提，综合考虑犯罪故意的产生、犯罪行为实施的时间、地点等因素，客观分析、认定。对于行为人基于一个犯意实施犯罪的，如在同一地点同时对在场的多人实施抢劫的；或基于同一犯意在同一地点实施连续抢劫犯罪的，如在同一地点连续地对途径此地的多人进行抢劫的；或在一次犯罪中对一栋居民楼房中的几户居民连续实施入户抢劫的，一般应认定为一次犯罪。从上述意见可以看出，次数的认定不等同于动作的个数，应当要结合时间、地点等因素充分分析行为人是基于一个犯意下实施的数个动作，还是有多个犯意下实施的数个行为，这样才符合主客观一致的要求。

4. 同居者之间容留吸毒是否应入罪问题。

【案例】胡某与欧某系恋人，欧某持有胡某家钥匙。某日，胡某的两位朋友黄某和李某一起到胡某的家中打牌，不久后欧某亦来到胡某家。其后，胡某拿出毒品与黄某、李某、欧某一起吸食。胡某是否构罪？

一种观点认为：胡某是房屋的主人，其容留了三人在其家中吸食毒品，不管欧某与他的关系，都不应当影响其构成犯罪。另一种观点认为，因欧某系胡某的女友，对胡某的房屋有一定的管控力，因此其不应当属于被容留人员，胡某容留的人数没有达到构罪标准，不构成容留吸毒罪。我们同意第二种观点，对容留吸毒场所具备管控力的人可以有多人，同时多人对场所的管控权间并无优先或排他效力。无论是同居者、恋人或亲属间，即使一方对房屋没有处分权限，但因他们本身存在的亲密关系，因恋人、亲属对场所的支配、管控权限有所让渡，被容留的恋人、亲属获得对场所的一定支配权和控制权，故应当排除他们相互容留吸毒构罪的情形。

需要注意的是要防止将容留他人吸毒罪作为惩治吸毒者的罪名。我国刑法没有将吸食、注射毒品的行为规定为犯罪行为。吸食、注射毒品的行为只是违反治安管理行政法规的行为。《禁毒法》第 62 条规定："吸食、注射毒品的，依法给予治安管理处罚。吸毒人员主动到公安机关登记或者到有资质的医疗机构接受戒毒治疗的，不予处罚。"同时，《禁毒法》第 61 条规定"容留他人吸食、注射毒品，构成犯罪的，依法追究刑事责任；尚不构成犯罪的，由公安机关处十日以上十五日以下拘留，可以并处三千元以下罚款；情节较轻的，处五日以下拘留或者五百元以下罚款"。可见，容留他人吸毒的行为，根据事实、情节，存在违法和犯罪的区别，并不是一旦实施容留他人吸毒行为就构成犯罪，还是要考虑具体情节或后果，否则，打击面过大，不仅有违宽严相济刑事政策，发挥不了应有的社会效果，也不符合我国刑法的原则以及与相关法律制度的衔接。

三、非法种植毒品原植物罪

刑法第 351 条非法种植毒品原植物罪司法实践中有两个问题需要注意：

（一）对"经公安机关处理后又种植"的理解

实践中，公安机关处理一般来说包括两类：一是行政处罚；二是尚未达到行政处罚的程度，公安机关进行批评教育。有观点认为，公安机关处理应当是指行政处罚，一般的批评教育说明其违法行为比较轻微，不应认定为此处的“处理”。我们认为：行为人在公安机关处理后再实施种植毒品原植物，说明其主观恶性深，人身危险性大，将这种情形单独作为一项进行规定，旨在打击冥顽不化的行为人，从而有效控制毒品源头。因此，不管是行政处罚还是批评教育后的再犯，都体现了行为人在公安机关明确告知其违法性后仍不知悔改，继续危害社会，应当用刑法进行规制。

（二）对“自动铲除”的理解

【案例】张某在自家院内种植了罂粟，后被隔壁邻居举报至公安机关。当地派出所派人到张某院内了解情况，经清点张某种植的罂粟共计600株。张某表示愿意销毁，并在公安民警走后将罂粟全部铲除。此种情况是否属于“自动铲除”?

实践当中，行为人自行铲除毒品原植物的情况有以下几种：一是行为人在公安机关发现前自行铲除；二是行为人并不知晓公安机关已经发现其非法种植毒品原植物的行为，自行铲除；三是行为人知道公安机关已经掌握其种植毒品原植物的情况，在公安机关尚未对其进行传唤之前自行铲除。本案即是属于第三种情况。我们认为，此种情形不能认定为“自动铲除”。刑法规定在收获前自行铲除，可以免除处罚的意图在于鼓励消除毒源，防止危害社会结果的发生。同时，由于行为人主动铲除的行为具有自愿性，也体现其主观恶性在减小，人身危险性在减低，在处理上可以从宽。因此，对于“自动铲除”的认定应当充分考虑行为人的铲除行为是否具有“自动性”。以此为标准，第一、第二种情形可以认定为“自动铲除”，第三种情形不能认定为“自动铲除”。

第五章　毒品犯罪案件审查逮捕实务

人民检察院对公安机关提请批准逮捕的案件应当全面审查，在对案件事实及证据进行实体审查的同时，要认真审查案件是否符合刑诉法第81条逮捕的三个条件，从证据条件、刑罚条件和社会危险性条件进行审查，最后作出是否批准逮捕的决定。

第一节　毒品犯罪案件提前介入引导侦查的重点

由于公安机关和检察机关在刑事犯罪打击方面各自的工作任务、工作重点、工作方法、工作理念等方面均有不同，以及基层警力少、任务繁杂等原因，导致侦查机关取证重实体、轻程序，重有罪证据，轻无罪、罪轻的证据，重直接证据，轻间接证据。最终导致案件矛盾突出、疑点重重，捕不下、诉不出。因此必要的时候，检察机关应当将把关前移至报捕前，在不干涉侦查权独立行使的前提下，通过提前介入方式督促公安机关围绕指控犯罪的需要收集固定证据，推动公安机关确立正确的侦查方向和思路，提升办案质量和侦查效率。检察机关通过提前介入、引导取证、参与侦查机关案件讨论等方式，就侦查方向提出意见，提高侦查机关取证水平，确保案件报捕质量；同时有效防止关键性证据的缺失，为案件顺利起诉和审判，在侦查阶段就打下坚实的证据基础。[①] 提前介入应重点关注以下证据收集的引导内容：

---

① 黄河、胡卫列主编：《侦查监督业务教程》，中国检察出版社2015年版，第19页。

一、物证收集的引导

毒品犯罪案件中最关键和最核心的物证就是毒品，刑法第347条和最高人民法院有关规定，毒品的数量、含量、实物是毒品犯罪案件的三个要点。数量和含量都必须以实物为前提，毒品犯罪案件中的毒品实物是具有很强证明力的客观物证，只要有条件，就要尽力收集。当然与案件有关的其他物证如吸毒工具、毒品加工工具、称量工具、包装工具等同样也要全面收集。

物证的收集必须有相关的勘验、检查、搜查、提取、扣押笔录证明其来源。笔录、清单须经侦查人员、物品持有人、见证人签名，没有物品持有人的，应当注明原因，并将物品的名称、特征、数量、质量等注明清楚。持有人要确定到人，尤其是同时抓获两人以上的，缴获了毒品的，要确定毒品的归属，问明归谁所有（包括保管、所有、购买等多种持有状态）。要有见证人并签名。特殊情况下没有见证人或见证人不签名的，则应在笔录中予以注明，由毒品持有人对该情况签名认可，并对相关活动进行录像。如果毒品的实际所有人与被提取人不一致（比如犯罪嫌疑人到案后供述藏匿了毒品在家里或租住地点，公安机关到上述地点通过搜查，从其家人或合住人处提取到毒品后，则应制作搜查笔录、提取笔录），制作了提取笔录后，还应制作扣押物品清单，由犯罪嫌疑人即毒品的实际所有人作为持有人签名按印。

物证应当是原物，并随案移送。对所缴获的毒品一定要拍照固定，照片中应当包括毒品被缴获现场、所在位置、毒品包装、每包毒品放置称量仪器称重、犯罪嫌疑人指认毒品是自己所有等内容。然后由犯罪嫌疑人对上述照片辨认、指认后签字按印，并标明毒品归自己所有，缴获前放在什么地方，是什么状态等内容。在保管和送检以及鉴定过程中不得让物证受损或者改变。对缴获的毒品，应当当着犯罪嫌疑人的面封存，由本人在封存标记上签字。对缴获了不同人或同一人的不同毒品的，要分开封存，逐一签字确认。封存后要及时送检，凡缴获的毒品疑似物（包括嫌疑人供述为底粉的以及从吸毒人员身上缴获的毒品）都要送检。在法院作出生效判决前，或者同案人当时没有到案，而同案人到案后可能会对量刑产生重大影响的，毒品不能销毁。毒品在移交有关部门保管时要分案分人分毒品开具收据。

二、书证收集的引导

与案件事实有关联的书证应当全面依法收集。尤其是对通过电话联系交易以及通过银行转账支付毒资的案件，要及时提取相关的通话清单和银行往来明细等书证。犯罪嫌疑人进行毒品交易，电话联系在所难免，那就肯定有电话记录。还有些进行大宗毒品交易和异地交易的，犯罪嫌疑人往往会通过银行来支付毒资。实践中容易忽视，通话清单和银行账目不仅能佐证犯罪嫌疑人的供述，加强法官内心确信，还能与犯罪嫌疑人的供述进行比对。对这些证据的提取一定要及时，一旦时过境迁，这些书证要么完全无法提取，要么因为时间太久难以查证。比如罗某贩卖毒品案，罗某购买了500余克毒品后逃跑到外地，批捕在逃长达一年之久。但侦查机关没有及时取证，直到把人抓到后才去调取证据，结果事过境迁，有些证据比如电话清单等就无法调取，毒品的去向失去线索，给侦查工作带来被动。毒品犯罪案件中，除了通话清单、银行书证外，还有住宿登记、租赁合同等，都是非常重要的书证。

与物证一样，书证的收集必须要有相关的勘验、检查、搜查提取、扣押笔录证明其来源。应当是原件，并随案移送。取得原件确有困难的，可以使用副本、复制件。书证不能有更改或者更改迹象，如有更改或者更改迹象，则必须作出合理解释。书证是副本或者复制件的，制作人须有二人以上，并出示关于制作过程是否合法以及原物存放于何处的文字说明并签名。

三、证人证言收集的引导

证人证言的收集与固定应当要注意以下几个方面：一是在询问证人时要按照规定出示工作证件或者相关证明文件，表明身份，询问证人必须个别进行；二是询问未成年证人时，应当通知其法定代理人或者有关人员到场，并将情况记入笔录；三是询问笔录的制作、修改要符合法律、有关规定，要注明询问的起止时间和地点，首次询问时要告知证人有关作证的权利义务和法律责任，询问结束后证人要对询问笔录进行核对确认；四是询问证人时针对其使用的猜测性、评论性、推断性的语言，要进行确认，尽量不要在笔录中记录上述语言。对证言之间以及与其他证据之间的矛盾，要注意将矛盾予以排除；五是不得采取暴力、威胁等非法方法收集证人证言。

四、犯罪嫌疑人供述收集的引导

毒品犯罪大多依靠言词证据来定案，实践中，犯罪嫌疑人、被告人指证公安机关刑讯逼供的情况屡见不鲜，以往实践中也确实存在有侦查人员获取供述违法的情形，当然毒品犯罪嫌疑人大多非常狡猾，要其始终如实交代也不太可能，如何收集其有罪供述就成为一个难题。获取供述要严格依法进行，这是前提和基础。特别要注意：一是严禁刑讯逼供；二是犯罪嫌疑人被送交看守所羁押以后，侦查人员对其进行讯问，只能在看守所内进行，不得通过提外审来获取供述；三是对犯罪数额较大、可能被判处无期徒刑、死刑的犯罪嫌疑人，对其讯问应当同步录音或者录像，录音或者录像应当全程进行，保持完整性；四是对未成年犯罪嫌疑人、被告人，对其每次讯问均要通知其法定代理人或者有关人员到场，并在笔录中载明；五是讯问笔录必须经犯罪嫌疑人、被告人核对确认。

犯罪嫌疑人一开始被抓后，由于突发剧变，猛然与外界隔绝，这时候他的心理防线是最弱的。对如何突破口供以及突破口供后如何巩固是最关键的时期，因为嫌疑人心理最脆弱，所供述的也是很客观真实的，那么就通过同步录音录像将他的供述过程记录下来，证明其供述的真实、自然和连贯性，以后的刑讯逼供理由也就不攻自破。这里不仅包括可能判处无期徒刑、死刑的案件或者其他重大犯罪案件，也包括其他一般案件，通过同步录音录像将首次讯问固定下来。

在送看守所羁押之前，针对第一次的完整问话，对其中几个关键细节进行重点讯问，这是对之前问话的补充，也能佐证其之前供述的真实性。将犯罪嫌疑人送到看守所羁押，在其还没有机会与其他犯罪嫌疑人接触之前，一定要进行一次详细的讯问。这时候的问话更能体现内容的真实性，即使以后翻供，理由也不充分，很难让人相信。入所后侦查终结前，要对犯罪嫌疑人还进行二到三次详细问话，并实行同步录音或者录像。对前后供述不一致存在矛盾的，要问明原因，消除矛盾。

要安排犯罪嫌疑人与其同案人以及毒品交易的上下线相互之间进行辨认，在笔录中载明辨认对象与他在毒品犯罪中的关系。侦查人员、辨认人、见证人均要在笔录签名确认，并且辨认对象的姓名在案卷材料中另外附页载明。这样形成的辨认笔录作为另一种证据种类，能够与犯罪嫌疑人供述以及证人证言之间相互印证，也是对证据链条的完善。

五、鉴定意见收集的引导

与犯罪有关的具备检验鉴定条件的痕迹、物证、尿液等生物样本，均要进行检验、鉴定和比对。比如所缴获的毒品包括疑似底粉等，都要进行成分鉴定，可能判处死刑的案件，应当进行含量鉴定。对实施毒品犯罪的犯罪嫌疑人，均应当进行尿样检测，确认是否吸食毒品等。对毒品进行鉴定，要在送检人、受理人双方在场的情况下打开包装，对毒品准确称量取样后立即密封包装，由送检人、受理人双方在包装袋上签字并加盖鉴定专用章，在包装袋上注明送检单位、受理日期、毒品净重、取样重量等内容并当场移交至市局禁毒支队封存。鉴定人须有二名以上，要签名、盖章，鉴定意见要明确。鉴定机构和鉴定人必须具有法定资质，并且不存在应当回避的情形。鉴定意见应当及时告知相关犯罪嫌疑人，问明是否申请重新鉴定或者补充鉴定。

六、勘验、检查、辨认、侦查实验等笔录收集的引导

对这类证据，具备条件的均应当收集，尤其是辨认笔录，这对认定毒品犯罪非常重要。不仅是毒品交易的上下线之间要进行辨认，共同犯罪的犯罪嫌疑人之间也要相互辨认，除了混杂辨认外，还要对犯罪地

点、犯罪场所、犯罪对象等进行特定辨认，最好将辨认过程通过拍照或录像方式固定下来。对勘验、检查笔录，要注意依法进行，笔录制作要符合法律、有关规定，勘验、检查人员和见证人签名或者盖章，勘验、检查笔录要记录提起勘验、检查的事由，勘验、检查的时间、地点，在场人员、现场方位、周围环境等，勘验、检查、搜查的过程；文字记录与实物或者绘图、照片、录像是否相符；现场、物品、痕迹等是否伪造、有无破坏；补充进行勘验、检查的，要说明再次勘验、检查的原由，前后勘验、检查的情况是否矛盾等。

对辨认笔录，要注意辨认的过程、方法，以及辨认笔录的制作要符合有关规定。对侦查实验笔录，要注意实验的过程、方法，以及笔录的制作要符合有关规定。侦查实验的条件与事件发生时的条件不能有明显差异，或者存在影响实验结论科学性的其他情形的，否则侦查实验笔录不得作为定案的根据。

七、视听资料、电子数据收集的引导

对视听资料的收集，要注意附有关于提取过程的说明，来源是否合法；调取原件，原件有无复制及复制份数；如果是复制件的，则说明无法调取原件的原因、复制件制作过程和原件存放地点的说明，制作人、原视听资料持有人要签名或者盖章。制作人应当就制作过程是否符合法律、有关规定；制作的时间、地点、条件和方法；制作过程是否真实，有无剪辑、增加、删改等情形出示说明。

对电子邮件、电子数据交换、网上聊天记录、博客、微博客、手机短信、电子签名、域名等电子数据的收集，要注意用原始存储介质移送，如果在原始存储介质上无法封存、不便移动或者依法应当由有关部门保管、处理、返还时，则由二名以上侦查人员提取、复制，提取、提制时要保证电子数据的完整性，要有关于提取、复制过程及原始存储介质存放地点的文字说明和签名；收集程序、方式要符合法律及有关技术规范；经勘验、检查、搜查等侦查活动收集的电子数据，要附有笔录、清单证明，并由侦查人员、电子数据持有人、见证人签名；没有持有人签名的，要注明原因；远程调取境外或者异地的电子数据的，要注明相关情况；对电子数据的规格、类别、文件格式等要注明清楚；电子数据的内容要真实，不能删除、修改、增加等；与案件事实有关联的电子数据要全面收集；对电子数据有疑问的，应当进行鉴定或者检验。

八、零口供案件的引导

刑事司法改革强调以审判为中心，对证据的要求更高更严，但由于毒品犯罪的隐蔽性，犯罪嫌疑人反侦查意识很强，导致案件证据非常单一。毒品犯罪案件证据相对突出的是“零口供”问题。所谓“零口供”案件是指犯罪嫌疑人自始至终对其犯罪事实均不承认的案件。虽然刑诉法在口供的适用原则方面明确规定“没有被告人供述，证据确实、充分的，可以认定被告人有罪和处以刑罚”，但是如果没有口供，会影响案件证据体系的完整性，其他证据要求相对会更高。毒品犯罪案件多数情况下都是抓获犯罪嫌疑人的同时查获毒品实物，这种情况下即使犯罪嫌疑人辩解也不至于影响定案，最多查不实贩卖、运输毒品就定非法持有。但也有个别案件没有查获毒品实物，或者在嫌疑人身上、住处等都没有查获毒品。这种情况下如果犯罪嫌疑人拒不交代，而其他相关证据又不充分，那么定案就成问题或者有争议了。对此，无论是最高人民法院《南宁会议纪要》《大连会议纪要》还是2005年《最高人民检察院公诉厅毒品犯罪案件公诉证据标准指导意见（试行）》都提出了相对慎重的原则，即对毒品、毒资证据都已经不存在的案件，只有被告人口供与同案犯供述相吻合，并且完全排除诱供、逼供、串供等情形，才可以定案。所以在引导侦查时，第一时间获取犯罪嫌疑人的口供非常重要，除引导侦查机关获取口供之外，对书证的及时调取也很关键，对于只有一个同案犯或证人指证的零口供案件，除了笼统地强调要特别关注其他相关证据的收集完善以形成证据锁链外，也很难提出一个明确的标准，还是需要具体案件具体分析。如蒋某贩卖毒品案，一审认定蒋某贩卖冰毒270克，判处无期徒刑。对此，蒋某对指控的犯罪事实从未承认过，所以，不服判决提出上诉，要求改判无罪。本案最终被维持原判，主要在于手机通信记录发挥了积极作用，另外，三个买毒人的指证尽管彼此孤立但在某种程度上也强于单人指证的情况。

九、对存在法定情节证据收集的引导

许多案件在审查逮捕阶段，这方面的证据基本没有，比如累犯没有提取其判决书、释放证明，或者被判过几次刑的，对前几次判刑的判决书不予收集，只提供最后一次的判决书等，其实这些都是证实其是否有社会危险性的关键证据。比如刘某等人贩卖毒品案，根据刘某的供述，2000 年 11 月 28 日他被某法院判处有期徒刑七年，2005 年 1 月 31 日刑满释放。但侦查机关没有将相关材料附卷，侦查人员解释说刘某此次犯罪是从 2010 年 5 月开始，已经过了五年，不是累犯，因此没有将材料收集。但是否累犯，需要相应的书证来证实，不能仅凭本人供述。还有陈某贩卖毒品案，陈某被抓获后在第一次供述里交待自己因犯绑架罪曾被判刑，2007 年刑满释放，有可能是累犯，但没有任何材料在卷。后来侦查人员提供了几份协查通报，上面记载陈某被判刑的法院和服刑的监狱所在地公安机关在查询后没有发现陈某的前科资料。陈某在审查起诉阶段翻供，讲自己没有被判过刑。后检察院要求侦查人员带上陈某的照片到被判刑和服刑所在地去调查，拿照片跟相关资料进行比对。通过艰苦的清查和比对，侦查人员终于查到陈某的相关资料。原来他在当时被判刑时使用的名字与现在的名字只有一字之差，在铁的证据面前，陈某终于承认了自己之前没有用真名字的事实，对累犯事实供认不讳。

第二节　毒品犯罪案件审查逮捕业务要点

逮捕是刑事诉讼五种强制措施中最严厉的强制措施，是由法律规定的司法机关依照法定程序，针对可能判处一定刑罚的犯罪嫌疑人、被告人采取的有时限羁押，剥夺其人身自由的最严厉的刑事强制措施。逮捕作为一种强制措施，并不是刑事诉讼的必经程序。法律规定审查批准逮捕权由检察机关行使，目的就是有效地打击犯罪，保障人权，发挥监督

侦查、引导取证、抑制权力、教育公民、威慑犯罪的作用。在中国百姓的传统意识中，逮捕和定罪是联系在一起的。这种观点在一些司法人员的脑海中也不同程度存在，把高批捕率视为打击力度大的标志，对于构罪的案件较少考虑逮捕必要性，甚至将逮捕单纯理解为震慑犯罪、突破口供、获取证据的“杀手锏”。这种不正确的认识和做法导致逮捕条件被虚置，不能体现打击犯罪与保障人权、惩治与挽救相结合的刑事政策。高逮捕率又大量占用羁押场所、浪费司法资源，甚至造成超期羁押等严重后果。

2012 年和 2018 年，我国先后两次对刑诉法进行了较大规模的修改，细化了逮捕的一般逮捕、径行逮捕和转捕三种类型，同时根据三种不同的逮捕类型，对逮捕的证据条件、刑罚条件和社会危险性三个条件作了进一步的明确和细化，并取消了一般立法所常有的兜底条款。根据这一规定，逮捕必须具备：一是证据条件，即“有证据证明有犯罪事实”，这是逮捕的首要条件。按照《刑诉规则》第 128 条规定，该条件是指同时具备以下三种情形：（1）有证据证明发生了犯罪事实。这里所说的犯罪事实，既可以是单一犯罪行为的事实，也可以是数个犯罪行为中的一个犯罪行为的事实，以及共同犯罪中，已有证据证明的犯罪事实。（2）有证据证明该犯罪行为是犯罪嫌疑人实施的。（3）证明犯罪嫌疑人实施犯罪行为的证据已经查证属实。这里查证属实的犯罪事实，有两层意思。一层是“量”上的查证属实。这里即可以是单一犯罪事实的已经查证属实，也可以是数个罪行中的一个罪行已经查证属实，只要有任何经查证属实的证据证明犯罪嫌疑人实施了犯罪行为，就达到了逮捕的证据条件。另一层是“度”上的查证属实。即查证到什么程度算是查证属实。我们要求“查证属实”，即侦查人员依照法定程序采集的证明犯罪嫌疑人实施犯罪行为的证据，有其他合法证据与之印证，而不是孤证即可，它不要求证据间形成闭环锁链，更不要求证明发生犯罪行为的证据达到“确实、充分”的程度。二是刑罚条件，即“可能判处徒刑以上刑罚”，这是要求逮捕措施的严厉程度与犯罪的严重程度相适应。“可能判处徒刑以上刑罚”，是指根据有证据证明的犯罪事实、犯罪情节、悔罪表现，法定或者酌定从轻、减轻情节等，依照刑法有关规定，对行为人可能适用徒刑以上的刑罚，而不能是可能判处拘役、管制或者独立适用附加刑。它是强制措施贯彻“适度原则”的具体体现。三是社会危险性条件，即刑诉法第 81 条第 1 款规定的五种社会危险性，这是逮捕的又一个实质性条件。社会危险性条件的具体化是 2012 年刑诉法对逮捕强制措施进行的最主要修改，也是采取强制措施贯彻“必要性”原则的具体体现。社会危险性条件修改的核心是强调采取逮捕措施应是确有必要，即对于不捕就不足以防止发生社会危险性的才予以逮捕。

根据刑诉法第 81 条第 3 款的规定，对于“有证据证明有犯罪事实，可能判处十年有期徒刑以上刑罚的，或者有证据证明有犯罪事实，可能判处徒刑以上刑罚，曾经故意犯罪或者身份不明的，应当予以逮捕。”根据这一规定，径行逮捕一共有三种情形，这三种径行逮捕的证据条件与一般逮捕一致，但在刑罚条件和社会危险性条件上存在一些差异。

一是可能判处十年有期徒刑以上刑罚。判处十年有期徒刑以上刑罚的均是适用于犯罪情节和后果最严重的重大犯罪。这类犯罪往往犯罪性质极为恶劣，犯罪情节极为严重，造成的社会危害也极大，其犯罪行为和犯罪性质决定了该类犯罪嫌疑人有着极大的社会危险性，而且由于刑罚较重，甚至可能判处极刑，因此容易发生逃跑、实施新的犯罪等可能而必须羁押。根据 2013 年最高人民检察院在全国检察机关第四次侦查监督工作会议精神，将可能判处十年以上刑罚明确为宣告刑，使得对于这一类犯罪的径行逮捕把握标准更为严格。二是曾经故意犯罪。对于曾经故意犯罪的嫌疑人，其曾受过司法机关的惩处和教育，但仍然犯罪，说明犯罪嫌疑人主观恶性较大甚至不堪改造，如果不羁押可能会继续发生新的犯罪行为，故刑诉法将之规定为默认存在社会危险性而应当逮捕。凡是没有被法院依法判决为有罪的人，都不能认定为“曾经故意犯罪”，包括检察机关作出的不起诉决定以及撤销案件。根据这一观点，只有法院的有罪判决书和监狱的释放证明才能作为证明犯罪嫌疑人曾经故意犯罪的证据。在 2013 年全国检察机关第四次侦查监督工作会议上，最高人民检察院下发的关于正确理解和执行逮捕条件的意见中，即持这一观点。三是身份不明。身份不明是指“不讲真实姓名、住址等身份信息，导致身份无法查明的。”既包括犯罪嫌疑人拒不供述其身份，也包括供述虚假姓名，从而导致侦查机关无法查明其真实身份的情形。这类人员的审查逮捕证据条件和刑罚条件与一般逮捕的标准一致，但是在社会危险性条件中，由于犯罪嫌疑人不讲真实姓名、住址等信息，这种主观心态反映了其具有逃避侦查和刑事处罚的心态，或者有隐瞒自己其他罪行的可能，同时由于身份不明导致无法适用取保候审等非羁押性措施，因此为保障诉讼顺利进行而有羁押的必要。

根据刑诉法第71、77条规定及《刑诉规则》第101、111条规定，犯罪嫌疑人在取保候审或者监视居住期间，严重违反相关规定应当逮捕，或者有“造成严重后果”“严重妨害诉讼正常进行”“两次未经批准”等情形的，可以对犯罪嫌疑人予以逮捕的两种转捕情形。因此对于这类转捕的情形：一是要求犯罪嫌疑人必须符合取保候审或者监视居住的适用条件；二是犯罪嫌疑人在取保候审、监视居住期间存在违反相关规定的行为；三是违反规定的行为必须达到“造成严重后果”“严重妨害诉讼正常进行”“两次未经批准”等情形；四是刑诉法第81条第4款中对于转捕规定的是可以而不是应当，但《刑诉规则》第101条和第111条则分别规定了违反取保候审、监视居住规定应当和可以转捕的两种情形。因此对于转捕情形，检察机关可以根据案件性质、犯罪嫌疑人的情况和后果程度作出逮捕或者不捕决定。在实践中，对于犯罪嫌疑人在监视居住期间没有违反相关规定，但是侦查机关却提请批准逮捕的情形，检察机关则要根据刑诉法第81条第1、3款规定的社会危险性情形进行分析判断，如果通过侦查，发现犯罪嫌疑人符合径行逮捕的三种情形，那么刑事检察部门可以作出逮捕决定。如果犯罪嫌疑人既没有径行逮捕的情形，也没有证据证明存在第81条第1款的五种社会危险性的，则应当作出不予以逮捕的决定。

一、有证据证明犯罪事实的理解与把握

刑诉法将逮捕证明标准进行了细化，分为应当逮捕和可以逮捕两种

情况，但是无论是应当逮捕还是可以逮捕，都必须具备的一个前提就是“有证据证明有犯罪事实”。刑诉法第 81 条规定的“对有证据证明有犯罪事实”应严格按照《刑诉规则》第 128 条和《办案规定》第 133 条规定执行。根据该规定，具有以下情形之一的，不属于“有证据证明有犯罪事实”：

1. 证据所证明的事实不构成犯罪的；

2. 仅有犯罪嫌疑人的有罪供述，而无其他证据印证的；

3. 证明犯罪嫌疑人有罪和无罪的主要证据之间存在重大矛盾且难以排除的；

4. 共同犯罪案件中，同案犯的供述存在重大矛盾，且无其他证据证明犯罪嫌疑人实施了共同犯罪行为的；

5. 没有直接证据，间接证据不能相互印证的；

6. 证明犯罪的证据中，对于采用刑讯逼供等非法方法收集的犯罪嫌疑人供述和采用暴力、威胁等非法方法收集的证人证言、被害人陈述依法予以排除后，其余的证据不足以证明有犯罪事实的；

7. 现有证据不足以证明犯罪主观方面要件的；

8. 虽有证据证明发生了犯罪事实，但无证据证明犯罪事实是犯罪嫌疑人实施的；

9. 其他不能证明有犯罪事实的情形。

有证据证明有犯罪事实是指现有证据能够证明犯罪嫌疑人实施了犯罪行为。但是在审查逮捕阶段，不需要具备证明全部犯罪事实，仅需证明数罪中的一罪、多次中的一次；不要求证实所有的犯罪情节，仅需证明核心犯罪构成的事实。但这仅仅是逮捕处于侦查取证的早期，而在证明标准量上的适当放宽，而非逮捕证明标准在质上的降低。

在审查过程中需要首先重点审查是否有证据证明发生了犯罪事实。这个层次又包含三个小证明层次：第一个层次是发生了什么事？这属于事实确认的客观阶段。第二个层次这个事是否犯罪？这属于法律性质的判断阶段。第三个层次是这个事构成何罪？这属于罪名认定的适用阶段。这三个层次是依次递进发展的，不能够跳过，否则就会导致我们的审查逮捕出现错误。

准确认定发生了什么事，是准确适用逮捕证据条件的基础。只有把发生了什么事搞清楚，才能谈后续的案件性质判断和罪名判断的问题。因此，逮捕证据的第一层证明标准“有证据证明发生了犯罪事实”这一条件主要是证明“事”。每当发生一起刑事案件，人们常会说“出事了”，这个事就是刑事诉讼活动启动的原因，是刑事立案的条件，也是我们决定是否逮捕犯罪嫌疑人的基础。解决了逮捕证据条件中“发生了什么事”这个小层次问题后，就必须解决第二个小层次问题“这个事是不是犯罪”。“发生了什么事情”是证明事的有无这一初级阶段，相对来说比较通俗，但要准确认定发生的事否属于犯罪就是比较专业的证明过程。有很多案件我们捕后公诉部门作出绝对不诉处理，就是因为虽然发生了事，但是这个事不是犯罪事实。当然一个行为是否构成犯罪，有的很容易就能认定，有的则不是那么容易。在解决了行为是不是构成犯罪之后，逮捕的有证据证明发生了犯罪事实就进入了第三个证明小层次，即“发生的犯罪事实构成什么罪名?”实践中有的检察人员对这个问题重视不够，认为只要证明构成犯罪就可以了，至于构成什么罪名，对于逮捕来说没有太大的关系，甚至认为逮捕时适用罪名不准也没问题，认为逮捕处于侦查早期，案件的罪名认定会随着侦查的进展而发生变化，只要嫌疑人构成犯罪则逮捕就没有问题。

其次要审查是否有证据证明犯罪事实是犯罪嫌疑人所为，这一条件主要是证明“人”。出事了就要弄清楚是谁实施了犯罪行为，应当追究谁的刑事责任，这就要求我们要把发生的犯罪行为落实到具体的犯罪分子身上。在近年来曝光的几起冤假错案中，如“呼格案”“张平叔侄案”都是在这个关于“人”的证明环节上出现了重大错误，导致“杀错人、关错人”的冤案发生，这也是我们在审查逮捕中要特别关注的证明环节。这一证明标准决不能简单的以犯罪嫌疑人自己是否承认犯罪为标准。要着力构建以客观证据为核心的证据体系。特别是犯罪嫌疑人虽有供述，但供述的内容与在案的客观证据存在矛盾，或者时翻时供的，务必要足够的谨慎。要仔细审查是否可能存在刑讯逼供的情形。如河北保定顺平县的“王玉雷杀人案”、内蒙古的“呼格故意杀人案”等，在犯罪嫌疑人的供述上都存在这样的共性问题。供述的杀人工具、杀人经过、被害人的特征，犯罪现场的细节特征等，与案件中的其他客观证据都存在矛盾等。同样，虽然犯罪嫌疑人不供述，但其他证据能够证明犯罪嫌疑人实施犯罪行为的，依然可能认定。

最后要审查证明犯罪嫌疑人实施犯罪行为的证据是否已经查证属实。这主要是证明“度”。其对应的是公诉和审判阶段的证据确实充分这一标准。这一证明标准是对前两层证明内容标准的明确和归纳，其有两层意思。

一是证明前两层事实的证据必须符合证据三性的要求，不得是非法证据。这是涉及证据的“质量”问题，在这一点上与公诉和审判关于证据要“确实”的要求是一致的，认定有罪的证据必须确实无疑，没有矛盾和非法证据，这是在审查单个证据时必须首先审查的。

二是证明前两层事实的证据不得是孤证，必须要有其他证据证明其内容属实。这是涉及证据的“数量”问题，我们认为在逮捕阶段关于查证属实的数量，可以低于审判的数量要求，不要求达到公诉和审判环节对于证据“充分”的程度。在平时的审查逮捕工作中，我们坚持实行构建以客观证据为中心的证据体系，运用其他证据来印证客观证据，最终确保证据合法、内容客观。

二、对刑罚条件的理解与把握

刑罚条件是认定社会危险性的重要条件。即使有证据证明有犯罪事实，但可能判处的刑罚低于规定标准的，由于其社会危险性一般较小甚至无社会危险性，法律推定采取取保候审足以防止发生社会危险性。这一条件是为认定社会危险性设定的重要标准，从而对社会危险性的认定起到过滤作用。

“可能判处徒刑以上刑罚”是我国法律对一般逮捕刑罚要件的表述，其基本内涵是根据已有证据证明的犯罪事实，依照刑法的有关规定，初步判断犯罪嫌疑人、被告人可能判处有期徒刑以上的刑罚，而不是可能判处管制、拘役等刑罚或者可能免除刑罚。刑罚的轻重，在某种程度上能反映出犯罪嫌疑人的主观恶性和社会危险性，也在一定程度上能反映其妨害诉讼活动顺利进行的可能性。“可能判处徒刑以上刑罚”是逮捕在刑罚条件上的最低要求。如果犯罪嫌疑人所犯的罪名连徒刑都判不了，证明其犯罪所造成的社会危险较小，妨害诉讼活动的可能性也较低。而逮捕作为最严厉的强制措施，根据强制措施的比例原则，适用强制措施的严厉程度要与犯罪行为的严重程度相适应。因此对于不可能判处徒刑以上刑罚的犯罪嫌疑人，一般不采取逮捕措施。《人民检察院审查逮捕质量标准》第4条指出，“可能判处徒刑以上刑罚”是指根据已经查明的犯罪事实和情节，可能判处徒刑以上刑罚，明确了“可能判处徒刑以上刑罚”是指犯罪嫌疑人可能判决的刑罚，而不是指其涉嫌罪名和量刑档次的法定刑。也就是说“徒刑以上刑罚”应当是指宣告刑，而非法定刑。在司法实践中，最终判决刑罚的主体是人民法院，只有法院才能对犯罪嫌疑人进行最终的宣判，因此检察机关在审查逮捕阶段要按照量刑规范化的相关要求，严格把握逮捕的刑罚条件，准确预判犯罪嫌疑人可能被判处的刑罚，确保逮捕的案件质量。

毒品犯罪的主刑有死刑、无期徒刑、有期徒刑、拘役、管制，其中可以适用死刑的只有走私、贩卖、运输、制造毒品罪，可以适用无期徒刑的有走私、贩卖、运输、制造毒品罪和非法持有毒品罪，毒品犯罪的附加刑有没收财产、罚金、剥夺政治权利，关于没收财产，走私、贩卖、制造、运输毒品罪和非法种植毒品原植物罪两个罪名可以适用，关于罚金，大部分毒品犯罪都做了判处罚金的规定，并且大部分实行并科制。

当前我国的毒品犯罪形势相当严峻，毒品犯罪持续高发，在实践中，一方面，要坚定不移、毫不动摇地继续贯彻执行“严打”方针，依法严厉打击毒品犯罪活动，对罪行严重的毒品犯罪分子，依法该判决的要坚决重判，依法该判处死刑的要坚决判处死刑。要重点打击毒枭、犯罪集团首要分子、职业犯、再犯、累犯，以及具有武装掩护、暴力抗拒查缉、利用未成年人、孕妇等特殊人群实施犯罪和其他严重情节的毒品犯罪分子；另一方面，要认真贯彻宽严相济的刑事政策，坚持区别对待，对具有法定从宽处罚情节的，也应当要体现政策，以分化瓦解犯罪分子。

根据刑法的规定，毒品类犯罪，根据毒品数量和情节，分四档量刑：一是15年有期徒刑、无期徒刑、死刑；二是7年以上有期徒刑；三是3年以上7年以下有期徒刑；四是3年以下有期徒刑、拘役或者管制。正因为出于严厉打击毒品犯罪的考虑，所以在审查逮捕司法实践中，对刑罚条件的把握较为宽乏，一般的涉毒案件，除少数情节特别轻的如容留他人吸毒、非法种植毒品原植物罪等可能达不到判处徒刑以上刑罚外，因为涉毒案件的特殊性和审查逮捕阶段侦查的局限性，在考虑刑罚条件时一般都认为可能判处徒刑以上刑罚。不过，即便如此，各地的把握也还是有不同的，有的地方只要是涉及毒品犯罪，一律适用逮捕强制措施；有的地方，考虑到捕后判轻刑的考核，以及结合审判实践，对有些毒品犯罪案件一律认定可能判处徒刑以下刑罚，如容留他人吸毒，有的地方一律以可能判处徒刑以下刑罚，而不符合逮捕条件。我们认为，在审查毒品犯罪案件刑罚条件时，不能一刀切，而是要根据案件事实来综合认定，有的根据量刑原则可以认定为徒刑以下刑罚的，可以以刑罚条件不符合逮捕条件为由不逮捕，但毒品犯罪分子重新犯罪的社会危险性很大，所以在考量毒品犯罪案件的刑罚条件时，应当要慎重。

三、对社会危险性条件的理解与把握

社会危险性是诉讼法的概念，其实质是一种可能性的特点，故在刑诉法中对这一条件的规定都明确了可能的前缀。2012年刑诉法细化了社会危险性的具体情形，但是这种细化仍然留给了基层办案机关一定的自由裁量权，在判断上仍然容易产生分歧，导致对逮捕强制措施的适用存在较大差异。2015年最高人民检察院、公安部联合颁布了《关于逮捕社会危险性条件若干问题的规定（试行）》，解决了社会危险性是否要证明、证明责任由谁承担以及证明模式等一些重大问题，为司法实践提供了一定遵循。2018年新修改的刑诉法在逮捕社会危险性审查中增加了一款："批准或者决定逮捕，应当将犯罪嫌疑人、被告人涉嫌犯罪的性质、情节，认罪认罚等情况，作为是否可能发生社会危险性的考虑因素"，进一步完善了逮捕社会危险性的审查、判断标准。

毒品犯罪案件社会危险性不言而喻，对社会危害极大，对涉毒的犯罪嫌疑人而言，其个人人身危险性相比其他的犯罪要严重的多，因为大部分涉毒的犯罪嫌疑人，本身吸毒，一旦成瘾，以贩养吸的可能性大，非法持有毒品的可能性大，吸毒人群之间因毒品来源需要互通有无，容易成群结对，相互容留吸毒的可能性大，共同犯罪的可能性大，翻供串供的可能性大，再犯的可能性大，这一系列都是连锁反应。在事实条件、刑罚条件都符合的情况下，同样也要审查犯罪嫌疑人的社会危险性。

在审查走私、贩卖、制造、运输毒品犯罪案件时，具备下列情形时应当着重审查社会危险性：（1）走私、贩卖、运输、制造毒品数量属于法律规定的少量范围，特别是零包贩毒的；（2）属于犯罪的预备、未遂或者中止的；（3）具有自首、立功等从轻、减轻处罚情节的；（4）系被胁迫、被利用、被诱骗参加毒品犯罪的孕妇、哺乳期妇女、急性传染病人、残疾人或未成年人的；（5）在共同犯罪中起次要作用的；（6）对于特情既为犯罪嫌疑人安排上线，又提供下线的"双套引诱"犯罪，且毒品犯罪数量不大的。如张某贩卖毒品一案，张某系建档立卡的贫困户，因为生活没有来源，迫于生活所迫，帮别人送了0.1克毒品，后悔不已，积极劳动脱贫，主动投案，并积极协助抓获同案犯罪嫌疑人，为了帮其树立信心，避免刚脱贫又变成贫困户，可以考虑其没有社会危险性。

在审查非法持有毒品犯罪案件中，在具备下列情形时应当着重审查社会危险性：（1）非法持有鸦片200克以上不满1000克、海洛因或者甲基苯丙胺10克以上不满50克或者其他毒品数量较大的；（2）系被胁迫、被利用、被诱骗持有毒品的；（3）犯罪嫌疑人系孕妇、哺乳期妇女、急性传染病人、残疾人或未成年人的；（4）在共同持有毒品犯罪中系从犯的；（5）具有自首、立功等从轻、减轻情节的。如罗某非法持有毒品一案，罗某系老年妇女，身患心脏病，被人利用老年人可能被查的小概率，非法持有10多克毒品，系初犯偶犯，此种情况可以考虑没有社会危险性。

在审查容留吸毒犯罪案件中，在具备下列情形时应当审查是否具备社会危险性：（1）容留的次数和人数刚刚达到立案追诉标准的；（2）系被胁迫、被利用、被诱骗容留他人吸毒的；（3）在容留他人吸毒中处于从属地位的；（4）犯罪嫌疑人系孕妇、哺乳期妇女、急性传染病人、残疾人或未成年人的；（5）具有自首、立功等从轻或者减轻情节的。如曾某容留吸毒案，曾某系同租房房主，其本人各方面都处于劣势，胆小怕事，明知同租人容留他人吸毒而不敢声张，迫于无奈有的时候还帮助开门，服务，属于被动被利用容留他人吸毒的情形，可以考虑没有社会危险性。

在审查非法种植毒品原植物罪案件中，在具备下列情形时应着重审查社会危险性：（1）种植的面积和株数刚刚达到立案追诉标准的；（2）犯罪嫌疑人的年纪、种植目的是出于提供原植物还是治病等其他目的；（3）种植所处的阶段以及在共同种植中的地位和作用；（4）犯罪嫌疑人系被胁迫或是被利用；（5）自首、立功等从轻或者减轻情节的。如戴某非法种植毒品原植物案，戴某年老，其妻是哮喘病患者，他听信罂粟可以治好哮喘病，便抱着试试看的心理种植罂粟，还没有治就案发，此种情形可以考虑没有社会危险性。

四、其他需要注意的问题

毒品犯罪嫌疑人外国人、无国籍人较多，审查逮捕时要注意的以下方面：

如果犯罪嫌疑人是外国人或者自述是外国人，首先要审查确定其外国人身份，证明身份的证据包括：护照、外国驻我国使、领馆的证明材料或者国家外事部门的查询资料等，有证明其国籍身份的依查明的国籍对待，无法查明的以其自报的国籍或者无国籍人对待。

经审查发现犯罪嫌疑人确系外国人或者无国籍人的，讯问犯罪嫌疑人时应当为其聘请通晓其国籍语言的翻译人员提供翻译。

外国人、无国籍人涉嫌涉及国与国之间政治、外交关系或者在适用法律上确有疑难的毒品犯罪案件，需要逮捕犯罪嫌疑人的，按照刑诉法关于管辖的规定，分别由基层人民检察院或者设区的市级人民检察院审查并提出意见，层报最高人民检察院审查。最高人民检察院认为需要逮捕的，经征求外交部的意见后，作出批准逮捕的批复；认为不需要逮捕的，作出不批准逮捕的批复。基层人民检察院或者设区的市级人民检察院根据最高人民检察院的批复，依法作出批准或者不批准逮捕的决定。层报过程中，上级人民检察院认为不需要逮捕的，应当作出不批准逮捕的批复。报送的人民检察院根据批复依法作出不批准逮捕的决定。

基层人民检察院或者设区的市级人民检察院认为不需要逮捕的，可以直接依法作出不批准逮捕的决定。

外国人、无国籍人涉嫌上述情形外的其他毒品犯罪案件，决定批准逮捕的人民检察院应当在作出批准逮捕决定后四十八小时以内报上一级人民检察院备案，同时向同级人民政府外事部门通报。上一级人民检察院经审查发现批准逮捕决定错误的，应当依法及时纠正。

第三节　毒品犯罪案件侦查监督重点

监督是检察机关的重要职能之一，且毒品犯罪案件证据要求高，在审查毒品犯罪案件时要抓住监督重点，才能有效地把问题在侦查阶段解决好，为诉讼的顺利进行奠定基础。

一、毒品犯罪案件的立案监督

在审查毒品犯罪过程中，立案监督也是重点，狭义的立案监督仅指对公安机关应当立案而没有立案的监督，广义的立案监督不仅包括立案监督，还包括撤案监督，即对公安机关不应当立案而立案的监督。如何发现立案监督线索，概括起来主要有以下做法：一是阅卷提审挖线索，在办理审查逮捕案件中，要注意审查是否有遗漏的非同种犯罪事实，在讯问犯罪嫌疑人时，对其进行政策教育，促使其坦白自己罪行的同时，鼓励其检举揭发他人犯罪；二是重点审查证据之间的重大矛盾，是否有人为的制造矛盾的蛛丝马迹，看是否存在包庇伪证等情形；三是在审查团伙犯罪案件系列犯罪案件中，在深挖余罪漏犯的同时，注意发现上下线犯罪案件线索；四是在审查涉及另案处理、在逃、边缘责任年龄、刑事责任能力等案件时，注意查明真伪；五是注意审查毒品犯罪的上下线，毒品来源去向；六是对久侦不破的案件应在法定期限内督促公安机关按照规定处理；七是对新旧法律规定以及司法解释等变化导致立案追诉标准发生变化，及时监督公安机关撤案处理。

二、毒品犯罪案件纠正漏捕的监督

侦查活动监督主要包括纠正漏捕和对侦查行为的监督。纠正漏捕是指人民检察院在审查逮捕案件过程中，发现符合逮捕条件、公安机关应当提请逮捕而未提请的同案犯罪嫌疑人，应当建议公安机关提请逮捕，公安机关仍不提请逮捕或说明不提请逮捕理由，经审查认为不成立的，可以直接作出逮捕决定。纠正漏捕仅适用于案件在审查逮捕阶段中，如果是在提前介入阶段发现的，不能发出应当逮捕犯罪嫌疑人建议书，且漏捕的是同案犯罪嫌疑人，一般理解为共同犯罪中的同案犯罪嫌疑人。在毒品犯罪案件中，常见的属于纠正漏捕的情形主要有：（1）公安机关在罪与非罪的界限上把握不准导致的漏罪，如贩卖毒品罪与吸毒者帮人代购未把握准确，导致构成贩卖毒品的人以代购处理；（2）对个别案件以罚代刑导致遗漏报捕，在办案过程中，由于基层干警的业务素质参差不齐，有的干警将刑事案件降格做治安案件处理，以罚代刑，导致犯罪嫌疑人没有依法受到追究，如吸毒和容留吸毒没有把握准确，导致已经涉嫌容留犯罪的人仅做吸毒违法处理；（3）对犯罪嫌疑人另案处理不当而造成的漏捕，对共同犯罪案件中的部分犯罪嫌疑人由于工作量大又不易查办等原因，而作另案处理，没有将案件移送检察机关，导致漏捕；（4）公安机关办理的一些重大案件，侦查时多人参与，各自取证，破案后没有对案件涉及的事实和证据进行仔细的汇总审查，仅把主要犯罪嫌疑人移送检察机关处理，造成其他犯罪嫌疑人漏捕；（5）在涉及案件关键证据上审查不严造成的漏捕，在侦查过程中，对一些关系罪与非罪的关键证据上，没有进行认真核实，造成漏捕。比如对犯罪嫌疑人刑事责任年龄审查不细致导致没有追究刑事责任。实践中有几种常见情形不属于纠正漏捕的，应引起高度重视：一是公安机关分批报捕案件；二是对犯罪嫌疑人已采取刑事拘留强制措施的；三是属于立案监督案件，即如果是案件事实相互牵连，但并非是共同犯罪，例如毒品犯罪的上下线犯罪嫌疑人，则应当适用立案监督；四是对于共同犯罪案件中，部分犯罪嫌疑人已被判决有罪且判决生效的，如还有应当要追究犯罪的其他人员，公安机关应当立案而不立案侦查的，适用立案监督程序。

三、毒品犯罪案件的管辖监督

毒品犯罪案件在办理过程中，大多数由发现线索的单位侦查，但可能发生无管辖权问题。如马某等人贩毒案，公安机关在设卡检查过程中，发现马某形迹可疑，对其进行盘查，发现其身上藏有大量毒品，马某交代毒品是从广东买来准备到椒江贩卖。后公安机关安排马某分别与其上家联系购买毒品，在珠海警方的配合下，在珠海市将贩卖毒品犯罪嫌疑人王某等五人抓获，上述人员到案后如实供述自己的犯罪事实。但由于上述个别犯罪嫌疑人的贩卖事实发生在珠海，案件的管辖发生争议。“两高一部”《2007 年毒品案件若干意见》规定，毒品犯罪案件的地域管辖，应当坚持以犯罪地管辖为主、被告人居住地管辖为辅的原则。

“犯罪地”包括犯罪预谋地，毒资筹集地，交易进行地，毒品生产地，毒资、毒赃和毒品的藏匿地、转移地，走私或者贩运毒品的目的地以及犯罪嫌疑人被抓获地等。“被告人居住地”包括被告人常住地、户籍地及其临时居住地。

公安机关对侦办跨区域毒品犯罪案件的管辖权有争议的，应本着有利于查清犯罪事实，有利于诉讼，有利于保障案件侦查安全的原则，认真协商解决。经协商无法达成一致的，报共同的上级公安机关指定管辖。对即将侦查终结的跨省（自治区、直辖市）重大毒品犯罪案件，必要时可由公安部商最高人民法院和最高人民检察院指定管辖。侦查管辖不同于审判管辖，需要在侦查期间解决管辖问题。实践中对于毒品案件，检察机关在受理审查逮捕案件时，对是否有管辖权还是需要认真审查，因为在后期的审查起诉过程中，辩护律师可能会以没有管辖权为抗辩理由，对公安机关所取证据的真实合法性提出质疑。此外，在捕诉一体的情况下，存在上级检察院批准逮捕，但是下一级检察院审查起诉的情况，没有真正实现捕诉一体，这样的问题不仅仅在于毒品案件，基于检察机关内部机构改革，这样的情况该如何解决和衔接，还需要进一步从机制上加以解决。

四、分案或并案的监督

正常情况下，应依各犯罪嫌疑人之间的犯罪事实是否存在内在联系来确定是否予以并案或分案处理。但一些侦查机关因法律业务原因，或者受考核利益驱动，为完成毒品犯罪案件数、3 人以上或 6 人以上团伙案件数等考核指标，对一些毒品犯罪案件进行不当分案或并案处理，破坏案件证据体系的完备性，影响案件的准确定罪量刑。如由某市公安局破获的冯某某等贩卖毒品案，于 2010 年 3 月 17 日至 4 月 7 日，先后抓获了相互关联的犯罪嫌疑人周某、冯某和冯某某等多人，并于 4 月中旬先后将案件分案交由几个不同的公安分局侦查处理。由于各办案机关在取证上不能相互配合、协调，最终导致部分事实未能形成完整的证据锁链，致使冯某指使周某贩卖 200 余克毒品的事实因证据问题没有被法院认定。又如某院办理的高某某等 12 人贩卖毒品案，经审查发现沈某某等 5 人与高某某等 7 人并不存在共犯关系，经退回补充侦查后，由侦查机关作了分案处理。故在提前介入引导侦查时，为案件证据固定和事实认定，指导分案或者并案非常关键。

五、线索来源的监督

毒品犯罪案件通常是线人举报发现的，而线人的情况是保密的。但案件线索来源不清，没有举报记录或者没有具体举报人，仅在抓获经过中简单表明"'根据技术手段'或'根据群众举报'"等，或者举报线索的产生与案发经过不正常、不符合常理等情况在毒品犯罪案件中是普遍存在的。经常是侦查人员犹如天兵天将，突然出现在犯罪嫌疑人面前。这让毒品犯罪案件是否客观真实发生产生怀疑。而且，由于公安办案人员的推诿、搪塞等种种原因，在审查过程中，很多时候也多一笔带过。但这样做的案件隐患很多，不仅不符合审查案件的基本要求，更不符合履行法律监督的职责要求。如吉某贩毒案，该案线索系受贿案被告人黄某检举。黄某因受贿罪被一审法院判处有期徒刑 4 年 6 个月。二审上诉期间，其检举了吉某贩毒线索，而且公安机关依据线索查获了 103.8 克海洛因。中级法院认定黄某有重大立功表现，改判黄某有期徒刑 1 年 6 个月。该案存在两大问题：第一个问题是举报线索来源。分析黄某的供述，其线索来源显然不合情理，主要有：（1）和他聊天的人看见别人走过即会说此人是吸毒的，并告知此人的具体住址；（2）和他聊天的人对吸毒者的毒品来源知道得如此清楚，甚至将贩毒者的原籍清楚地介绍到所在的乡、村，黄某在检举时将该贩毒者的原籍所在的乡、村一字不差地提供给公安人员；（3）当问及和他聊天的人是哪里人时，黄某却说不出该人的名字和地址。第二个问题是当地公安抓获吉某贩毒的经过不正常，存在疑问。公安接到检举线索后，安排特情赵某引诱吉某到当地。赵某安排了旅馆房间，公安提供了"毒资"6 万元给赵某。当吉某和赵某一起在旅馆房间时，公安冲进去。吉某自始至终对贩卖毒品不承认，辩称是赵某约他出来玩的，药瓶也并不是在吉某身上或随身行李中缴获的，没有指纹鉴定，禁毒大队抓获吉某的录像也有中断的情况。最终，吉某案存疑不起诉，对黄某案提出抗诉，认定黄某的重大立功不成立，又将刑期改为 4 年 6 个月，再次收监执行。

该案线索来源确实太离谱，但如果不是因证据欠缺而被存疑不起诉，黄某的重大立功很可能也就顺利通过。类似这样荒唐的线索来源情况在毒品犯罪案件中并不少见，其中还隐藏着假立功、假毒品犯罪案件甚至司法人员渎职犯罪等问题。

六、特情使用的监督

毒品犯罪案件中特情大量存在。许多毒品犯罪案件，都是通过特情提供线索，得以发现和侦破。作为司法机关，有义务保证特情的安全，这是起码的要求。对有特情介入的案件，一些涉密证据没有进行转化，结果陷入两难境地。如唐某贩卖毒品案中，公安机关掌握唐某贩卖毒品的线索是根据专案特情举报才掌握的，而且也是该特情与唐某联系购买毒品，才将唐某抓获。本来认定唐某犯罪的证据确凿，但审查发现，该特情的几份详细证言均涉及了举报以及帮助抓获唐某的内容，因此都属于涉密证据，如果将其作为定案依据，则需要在法庭上举证、质证，这就需要转化。因为是专案特情，协助抓获后，特情已经解除，公安机关找不到其下落，导致证据转换存在难度，如果公开其证言，那么就不利于保护特情，且让司法诚信面临坍塌危险。

毒品犯罪案件由于其隐秘性与“一对一”性，查获相当困难，从而特情的使用对案件侦破意义重大。实践中，大部分毒品犯罪案件也是由特情举报破获。但特情使用也暴露出许多问题：

一是使用特情的手续不齐备。多数情况下侦查机关在案卷中没反映特情使用情况，审查逮捕、移送起诉时也不出具任何有关特情使用情况的说明。这种现状基本上已为司法实践所接受，多数情况下并不仔细深究破案线索的来源，只有在案件存在重大证据缺陷不能定案时才会去调查核实。

二是有的特情使用过于集中。以某县为例，毒品犯罪分子重复犯罪的占半数以上，且毒品交易购买人相对集中，多数案发系买家直接举报。2006 年以来，蔡某、叶某、袁某和易某四人共举报贩毒案件 101 起，且涉案毒品数量很少，几乎都在 1 克以下。2008—2009 年，四人以购买毒品为由进行举报而查获的贩毒案占该县全部贩毒案的 42%。

三是对特情的日常管理不善，导致特情利用其特殊身份制造毒品犯罪案件以换取某种利益的现象时有发生。如傅某某等贩卖毒品案，曹某某系公安特情，其为了帮助吴某立功（吴某涉嫌放火罪，欲获取一重大立功线索后再去公安机关投案自首），与林某某联系谎称其“老大”吴某要购买毒品，林某某遂将傅某某介绍给曹某某，由曹某某与傅某某联系其“老大”需购买200克冰毒事宜。后傅某某等人专程去成都购买了200克冰毒欲贩卖给吴某时，被当场查获。

四是特情欺骗公安人员，骗取奖金的案例时有发生。如王某教唆贩卖毒品案，王某为某区公安局缉毒特情，为了获取奖金，王某以利诱方式先后唆使3名外来打工者（其中2人为未成年人）帮助贩卖由头痛粉冒充的假毒品，然后王某本人向公安机关举报，公安机关成功抓捕并破获了3起贩卖毒品（未遂）案件，并给王某奖金3700元，后王某因涉嫌贩卖毒品罪被立案和提起公诉，但法院最终以诈骗罪判处有期徒刑6年。

七、假立功的监督

由于毒品犯罪具有“隐蔽性、一对一性”等特点，决定其侦破难度较大，因而，正确适用立功制度，不仅可以节约司法资源，还可以分化、瓦解犯罪分子，鼓励、促使犯罪分子互相揭发，有利于重大、疑难毒品犯罪案件的突破，尤其对毒品犯罪集团成员之间以及存在“上下级”关系的贩毒活动，立功制度可发挥不可替代的重要作用。但近年来，毒品犯罪中的立功适用存在不少问题，特别是利用毒品犯罪线索以制造假立功的现象时有发生。个别地区，违法提供毒品犯罪线索以供负案人员、在押人员立功、减刑使用，并以此谋取经济利益已经成为当前毒品犯罪案件办理中存在的最大问题。如某派出所民警裘某，为帮助受贿犯罪嫌疑人王某，介绍王某成为特情，并将特警在巡查中查获的毒品犯罪，伪造成王某举报获取的线索，法院据此认定王某立功，后裘某被判犯徇私枉法罪，王某的假立功也经检察院抗诉后撤销。

假立功、线索来源、特情往往联系在一起。为了立功，往往从不明渠道获得线索，如果有公安的帮助，希望得到立功的人又会被发展为特情。同时，为完成毒品犯罪破案指标，一些基层办案单位将破案数与具体办案部门或人员的奖励、考核挂钩，一些公安干警受部门或个人利益驱动或出于其他目的，立功心切，违规违法办案，甚至出现公安人员与特情串通，人为地制造毒品假案现象。有的虽然没有故意制造假案，但在办案中发现了工作错误或失误，由于好大喜功也不愿主动纠正，而是选择继续违心办案，或放任违法犯罪分子制造假案，或者以掩盖错误的方式逃避错案责任追究，执法理念严重偏差，不仅使无辜的公民受到不应有的刑事追究，也给司法和社会带来极大的危害和负面影响。

第四节　毒品犯罪案件捕诉一体模式下的后续跟综监督

捕诉一体实质上是办案主体的统一，并不是两个办案环节的合一，也不是批捕与起诉的证据标准的合一。刑诉法针对批捕和起诉两个阶段的不同情况，对证据标准作出不同规定。批捕的证据标准很低，即有证据证明有犯罪事实，而起诉的证据标准很高，即证据确实、充分。如果用起诉的证据标准批捕，那么大多数该捕的案件都不可能批捕了。这样做，必然造成打击犯罪不力，严重影响社会稳定。捕诉主体统一使检察官在批捕阶段就开始关注案件的起诉，在批捕的同时可能开列比较详细的待查证据清单，督促和引导侦查，从而更好地发挥侦查监督的职能作用。捕诉一体的后续跟踪监督主要有以下几个方面：

一、对捕后变更强制措施的监督

捕后变更强制措施是指犯罪嫌疑人被执行逮捕后，公安机关或者人民检察院发现逮捕不当或者随着诉讼活动的进行发现不需要、不宜继续羁押的，依法变更、撤销逮捕强制措施，解除羁押状态的措施。在实践中，捕后变更强制措施不当有几种表现：一是捕后变更主观随意性大，公安机关有时仅凭自己的主观判断去理解犯罪嫌疑人患病、罪行较轻，甚至以案件需要为由，随意对不应当变更的犯罪嫌疑人变更强制措施，甚至出现当日逮捕当日取保的现象；二是捕后变更强制措施被作为案件处理的特殊手段，有的涉毒案件，犯罪嫌疑人拒不认罪，为了侦查需要，通过实行逮捕给犯罪嫌疑人及其家属造成心理压力，然后再以释放来消化处理案件；三是把变更强制措施作为“创收”的工具。涉毒案件涉案金额都很大，有的公安机关受利益驱动，期望通过羁押来震慑犯罪嫌疑人以追缴赃款或者收取高额保证金，在经济利益实现后，便将犯罪嫌疑人取保释放；四是通知义务的履行不到位，公安机关变更逮捕措施的，应当通知原批准的检察院。但在司法实践中，有的公安机关不及时通知，有的甚至不通知，致使检察机关对是否应当变更无从监督。因为存在上述情况，加强对捕后变更强制措施的监督便显得尤为重要，实践中主要从以下几个方面进行监督。

（一）捕后变更强制措施理由

公安机关变更逮捕措施的法定条件是发现逮捕不当，实践中对毒品犯罪案件，由于其特殊性，一般慎用非羁押性强制措施，对于公安机关变更的，应当加强监督力度。一是要查阅案件材料，审查案件事实是否已基本查清；二是要求公安机关提供已无社会危险性的证明材料；三是要到犯罪嫌疑人所在的社区或者乡村，了解其一贯表现和群众的反映。

（二）捕后变更强制措施审批、报备程序

关于捕后变更审批、报备程序，一是要注意公安机关捕后变更强制措施后是否及时通知检察机关；二是目前有的地方对捕后变更强制措施的决定程序进行了改革，有的地方明确经检察机关批准逮捕的犯罪嫌疑人，如公安机关认为需要变更强制措施时，应当向原批准人民检察院提交变更书面报告说明理由，经同意后才能变更，同时公安机关认为检察机关的决定有错误的，可以要求复议复核。一方面，这样能使检察机关的批准逮捕权更加科学合理、规范全面；另一方面，这也赋予了公安机关对检察机关所作的逮捕后释放或者变更强制措施决定的复议、复核权，从而形成两机关的有效监督制约。

（三）捕后变更强制措施的执行

实践中逮捕后变更强制措施主要是变更为取保候审或者监视居住。这两种限制性强制措施能否得到较好的执行，是衡量捕后变更强制措施

是否得到实施的重要依据。如黄某某贩卖毒品一案，犯罪嫌疑人被逮捕后变更强制措施为监视居住，检察机关通过监督发现犯罪嫌疑人一直没有在监视居住的法律文书上签字，造成该强制措施没有得到实际执行，遂依法向公安机关提出监督意见，公安机关也多次电话通知黄某某来办理监视居住手续，但黄某某一直不来办理，直到黄某某再次因涉嫌贩卖毒品犯罪，被其他公安机关抓获。因此，对捕后变更强制措施监督一要及时与当地派出所加强联系，强化跟踪监督；二要定期跟踪案件的后续处理情况，不要让变更强制措施变成撤销强制措施，导致案件后续处理消极甚至停滞。

（四）捕后变更强制措施的时间

逮捕是最严厉的强制措施，逮捕后的羁押期限为二个月，犯罪嫌疑人的羁押必要性和社会危险性在一定的时间内具有相对的稳定性。但在实践中存在逮捕后短时间内就变更强制措施，甚至出现同一天宣布逮捕和变更决定的情况，对于这一情形的监督，一是要注意审查变更强制措施的必要性和正当性，是否有悔罪表现，不致再发生社会危险性；二是要及时与侦查机关沟通，就侦查机关提请批准逮捕时是否全面移送案卷材料进行监督。对侦查机关隐瞒侦查情况，没有全面移送犯罪分子是否具备社会危险性等证据材料的，要及时进行监督并提出纠正意见。

（五）变更强制措施中司法人员的渎职行为线索

对公安机关不符合条件的随意变更情况，一经发现，应当立即发出纠正违法通知书，责令公安机关立即纠正；对公安机关变更强制措施不通知等程序上不合法不规范的现象，同样应当依法纠正，对执法人员徇私枉法等违法线索，应及时移送。

二、对延长侦查羁押期限的监督

刑诉法确立了基本的侦查羁押期限，又设计了延押制度，但在司法实践中检察机关办理延长侦查羁押期限案件重程序轻实体，办手续走过场的现象较为突出，因此，对延长侦查羁押期限的监督，应当树立正确的监督理念，程序审查的重点主要集中在报延材料是否齐全、标准，是否有管辖权，是否在规定期限内提请批准延长，侦查羁押期限计算是否正确等等。实体审查的重点主要有：

1. 延押理由是否充分。侦查机关提请批准延长侦查羁押期限意见书应当列明需要延长侦查羁押期限的具体理由和法律依据。对延押案件的审查要严格把关，通过审查延押理由确定延长侦查羁押期限是否合理及其必要。毒品犯罪案件延押的情况一般都是涉案人数多、犯罪事实多，涉地广的共同犯罪案件，但也有的案件是公安机关怠于侦查，通过延押来获取时间。

2. 是否具有继续羁押必要性。提请延长侦查羁押期限案件的犯罪嫌疑人经过了逮捕程序，一般来说是因为其具有羁押的必要性才对其进行羁押，但是侦查机关对该类案件提请延长侦查羁押期限时，应当对是否仍有继续羁押的必要进行重新审查，因为有的犯罪嫌疑人在提请逮捕时是因为可能会伪造、毁灭证据等影响诉讼顺利进行的情形而被逮捕，但是在提请延长羁押时，上述情形可能已经发生变化，虽然案情比较复杂，侦查未能终结，但此时已经没有继续羁押的必要，可以变更为监视居住或取保候审等刑事强制措施。

3. 第一次延押后的后续补充侦查情况。对于侦查机关或者部门第二次、第三次提请批准延长侦查羁押期限的案件，要认真审查侦查机关在前一次批准延长后，是否进行了补充侦查活动，具体补充了哪些证据材料，是否符合法律规定。

4. 对可能判处的刑期与羁押期限进行对比审查，杜绝“刑期倒挂”现象的发生。按照羁押期限“比例性原则”的要求应当确定最高羁押期限，但我国刑诉法规定在侦查阶段第三次延押条件应当是可能判处有期徒刑 10 年以上刑罚的，比例性原则实际是罪刑相适应的法治原则与涉嫌犯罪的严重程度以及犯罪嫌疑人、被告人可能被科处的刑罚相适应。

三、对捕后案件消极侦查的监督

这里所说的消极侦查专指久侦不结，当然也包括逮捕后久侦不结。久侦不结是指侦查机关虽已用尽限制犯罪嫌疑人人身自由的强制措施，仍未侦查终结，此时侦查机关一方面解除限制人身自由的强制措施，另一方面既不作移送审查起诉决定，也不做撤案决定，而是把案件无期限地维持在侦查状态的情形。由于消极侦查通常具有一定的隐蔽性，且侦查本身是一项复杂的系统工程，要认定侦查机关消极侦查，实际上是比较困难的，必须要进行前期调查，我们认为可以从以下几个方面进行调查：

1. 询问案件当事人及知情人。对于案件当事人及知情人反映侦查人员消极侦查的，检察机关认为确有必要的，可当面询问案件当事人及相关知情人员。询问的内容包括案件的基本情况，逮捕后公安机关的取证情况，同时可以要求犯罪嫌疑人提供相关法律文书的复印件，以上情况应当记录在案。

2. 询问办案人员。向侦查机关及侦查人员了解案件是否拟定了侦查计划，案件是否已经做出最终处理，同时要核实侦查机关侦查人员是否存在应予回避的情形。但应当注意在调查阶段，不得限制被调查人员的人身自由和财产权利。

3. 查阅、调取、复制相关案件材料。审查案卷时应当着重从两个方面进行审查：一是实体方面，审查该案是否为犯罪案件，犯罪嫌疑人是否锁定，目前认定的证据是否充足；二是程序方面，要了解对犯罪嫌疑人是否采取了强制措施，下一步有何侦查计划。需要特别指出的是，对于通过查阅、复制、摘录等方式能够满足调查需要的，一般不调取相关法律文书或者报案登记材料、案卷材料的原件。

对消极侦查的监督处理，根据不同的调查结论，可以从以下途径予以处理：一是提出纠正违法意见，可以口头也可以书面提出，但一旦确认侦查机关消极侦查，一般都应采取书面纠正违法的形式。二是对案件进行催办，可以向公安机关发出催办函，要求公安机关反馈侦查工作进展情况，必要时可以向当地党委、人大、政协专题报告，提请相关部门进行监督。三是建议侦查机关对案件作终结性处理。经调查认为不属于犯罪案件，可通过发出检察建议的方式，建议公安机关侦查终结，并作撤案处理；经调查认为犯罪嫌疑人有犯罪嫌疑，但据以认定的主要证据缺乏，且已经丧失继续侦查可能性，导致案件确实无法查清的，对案件作撤案处理；经调查，认定犯罪嫌疑人涉嫌犯罪，且有逮捕必要，可建议侦查机关向检察机关提请批准逮捕犯罪嫌疑人；经调查，认为案件已经基本查清，现有证据足以认定犯罪嫌疑人涉嫌犯罪，且犯罪嫌疑人无逮捕必要的，可建议侦查机关直接将案件移送审查起诉。四是建议更换侦查机关。

四、对不捕案件后续处理的监督

对于不批准逮捕后要求公安机关补充侦查的案件，应当跟踪继续侦查提纲的落实情况。

对于在没有犯罪事实或者犯罪嫌疑人具有刑诉法第 16 条规定情形之一的，作出不批准逮捕决定的案件，应当同时告知公安机关撤销案件。对于有犯罪事实需要追究刑事责任，但不是被立案侦查的犯罪嫌疑人实施，或者共同犯罪案件中部分犯罪嫌疑人不负刑事责任，作出不批准逮捕决定的案件，应当同时告知公安机关对有关犯罪嫌疑人终止侦查。

对于公安机关在收到不批准逮捕决定书后超过 15 日未要求复议、提请复核，也不撤销案件或者终止侦查的，应当发出纠正违法通知书。公安机关仍不纠正的，报上一级人民检察院协商同级公安机关处理。

第六章　毒品犯罪案件审查起诉实务

毒品犯罪案件被侦查终结移送人民检察院审查起诉。人民检察院针对证据采信、事实认定、法律适用以及侦查机关执法活动等进行审查后再决定起诉或者不起诉。

第一节　毒品犯罪案件阅卷方法

检察官办理毒品犯罪案件应当全面审阅案卷材料，必要时制作阅卷笔录。阅卷是检察官办理案件的基础，也是承办检察官审查案件和查找侦查活动有无差错的基础。阅卷质量高低直接关系到最后的审查意见和结果。检察官在对全案事实证据进行全面审查后，才能将全部的证据材料加工成审查认定的事实，既包括原案犯罪事实，也包括侦查人员的执法事实。

一、口供中心法

对犯罪嫌疑人供述初步浏览后选取交代最为详尽的供述为蓝本，以此为中心点查找能与之印证的证据进行发散式阅卷。这种方法适合被告人认罪、事实证据较为简单案件。

通常对认罪的毒品犯罪案件，犯罪嫌疑人、被告人的供述与其他同案犯供述、证人证言相互印证，并且排除诱供、串供、逼供可能的，且被告人的供述和其他物证书证也能相互印证的，可以认定全案事实清楚、证据确实充分。

二、两中心法

对于先供后翻的案件，阅卷时按有罪供述和无罪供述搭建两个中心：一是以认罪供述为中心构建证据链；二是以翻供交代为中心构建证据链，比较分析孰真孰伪。

具体而言，对于翻供案件，要全面审查其从不供到供再到不供，或是从供到不供的变化趋势和原因，从原因入手分析其供与不供哪个更真实，再结合其他证据综合认定全案事实。比如人赃俱获的情况下，被告人供述其主观上系以贩卖为目的，若能得到其他证据印证或补强，即使翻供，但其辩解不合情理或不能合理说明翻供原因的，可以认定其贩卖毒品。实践中有同志将前后矛盾的供述对比审查，得出犯罪嫌疑人供述不真实，无法与其他证据相互印证，从而得出全案证据不能相互印证的结论。我们认为此法欠妥，通常做法是在运用两中心法阅卷后搭建两个证据系：一是以有罪供述为中心，看在案证据能否与之相互印证，逻辑上能否形成逻辑关系；二是以无罪供述为中心，同样看在案证据能否与之相互印证，建立逻辑联系，再综合评判全案证据是否足以定案。

【案例】2013 年 3 月 10 日，被告人魏某租用张某的微型面包车后，安排冷某、魏小某（均已判刑）前往 H 省 S 县拿毒品，到达 S 县后，根据魏某的安排，在 S 县一家宾馆 302 房间床上的枕头下找到一袋用塑料袋包装的毒品。随后，二人乘张某的微型面包车返回 C 市。当车行至常张高速太子庙收费站时，被公安民警查获，当场从微型面包车后排座椅下搜出塑料袋，查获二十包红色药丸状毒品疑似物。经鉴定，红色药丸净重 390.55 克，检验出甲基苯丙胺、咖啡因成分，甲基苯丙胺含量为 11.41%。

2017 年 6 月 29 日，公安民警将魏某抓获，从魏某家中查获毒品疑似物一包，净重 5.55 克，经鉴定，检出了海洛因成分。

本案的主要证据如下：

1. C 市鼎城区公安局禁毒大队出具的线索来源及抓获经过情况说明，证明该禁毒大队在对涉毒人员的管控工作中获悉被告人魏某于

2013 年 3 月 10 日指使冷某、魏小某欲从 S 县将一批毒品运输至 C 市的线索后，于 3 月 10 日 22 时许在常张高速太子庙收费站将冷某、魏小某抓获，当场查获大量毒品。2017 年 6 月 29 日，公安民警在魏某家中将一直在逃的魏某抓获归案。

2. 扣押物品清单及照片，证明公安机关抓获冷某、魏小某后，从二人乘坐的微型面包车中查获二十包毒品疑似物红色药丸，现场称重毛重 443. 8 克。2017 年 6 月 29 日，公安民警在抓获被告人魏某后，从魏某家中查获毒品疑似物一包，净重 5. 55 克。

3. C 市公安局刑事科学研究所物证检验报告证明，经鉴定，从微型面包车上查获的红色药丸净重 390. 55 克，检出了甲基苯丙胺成分，甲基苯丙胺含量为 11. 41%；从魏某家中查获的一包毒品疑似物净重 5. 55 克，检出了海洛因成分。

4. 证人张某的证言，证明 2013 年 3 月 10 日 10 时许，魏某电话联系张某，租用其微型面包车与冷某、魏小某前往 S 县，到达 S 县城后，冷某与魏小某到八一路的一家宾馆办事，16 时许，冷某与魏小某返回到车上，三人驾车返回 C 市，途中，张某闻到车上有一股很浓的香味。开始准备在快到 C 市下高速，后来改变路线在太子庙下高速时被公安机关抓了。

5. 同伙魏小某的供述，证明被抓的四五日前，魏某打电话要他前往 S 县，他乘车到了 S 县后，魏某要其住下休息。次日，魏某打电话说没什么事情，让他返回了 C 市。3 月 9 日，魏某案打电话要他前往 S 县拿点东西，他和冷某于当晚到了 S 县，次日，魏某让他和冷某在 S 县继续等待，他与冷某不愿意等，于当日返回了 C 市。3 月 10 日 10 时许，冷某邀他乘张某的微型面包车同往 S 县，途中，冷某和魏某进行了电话联系。当日 15 时许到达 S 县，冷某又与魏某电话联系，他听到电话内容是到一个地方拿东西。张某将车停下，冷某与他乘出租车到了 S 县城一家叫贵宾楼的宾馆，让服务员打开 302 房间，冷某在床上的枕头下面拿到了一个塑料袋，里面装有一坨东西。二人回到张某车上后，把东西放在后排座位下，三人当即返回 C 市。在太子庙下高速前，他和魏某电话联系，魏某开始要求往C市方向开，后来又发信息要求直接回去。在太子庙下高速时，被公安民警拦截带到了鼎城区公安局，民警从面包车的座椅下查获了塑料袋，里面是红色的麻古。

6. 同伙冷某的供述，证明2013年3月8日，魏某要他和魏小某前往S县拿东西回C市，他和魏小某乘车到了S县，在S县住了一晚，事情没办好，于3月9日上午返回了C市。3月10日10时许，魏某电话联系他，要他与魏小某再次前往S县，魏小某租了张某的面包车。当日16时许，三人到了S县。魏某打电话要他和魏小某到S县的贵宾楼，二人到了贵宾楼后，他联系魏某，魏某要二人找服务员打开302房间，告诉他东西在枕头下面。他要魏小某从枕头下拿出一袋东西，随即离开回到张某的车上。在返回C市途中，魏小某电话联系魏某，要求从德山下高速。半小时后，魏某给魏小某发信息，指示在太子庙下高速。到太子庙下高速时，被公安民警抓获了。

7. 辨认笔录，证明冷某、张某分别辨认出被告人魏某。

8. 手机通话记录，证明冷某使用的151××××3713手机号码、魏某使用的157××××5033和139××××7649手机号码、魏小某使用的186××××0852手机号码在2013年3月5日至3月10日多次通话联系的事实。并且，魏某于2013年3月10日21时40分28秒向魏小某发送短信内容“直接回家不去了”。23时36分5秒，发送短信内容“很晚了一定注意安全特别是不（下）口子的地方”，23时36分16秒，发送短信内容“手机没电了就拿下电板”。

9. 手机通话活动轨迹，证明冷某使用的手机2013年3月10日上午在C市，13时在X市，14时49分在S县，17时46分在Y市，3月11日零时35分在C市，与被告人供述的活动轨迹一致。

10. H省C市中级人民法院（2013）常刑一初字第34号刑事判决书，证明冷某、魏小某因本案于2014年5月4日分别以运输毒品罪被判处有期徒刑15年，剥夺政治权利3年，并处罚金人民币3万元。

11. H省C市鼎城区人民法院（2010）常鼎刑初字第316号刑事判决书，证明被告人魏某因犯走私毒品罪，2003年8月22日被判处有期徒刑10年，剥夺政治权利1年，并处罚金人民币1万元，2008年5月19日被假释，假释考验期至2010年8月17日；因犯贩卖毒品罪，2010年12月3日被判处拘役3个月，并处罚金人民币1千元。

12. 被告人魏某的供述，证明2013年初，魏某到缅甸果敢赌博输光了钱后，向一个叫“杨某”的人借了2万元高利贷，又输光了。“杨某”将魏某扣在果敢一宾馆内，要魏某安排人到S县拿毒品回C市。3月的一天，魏某打电话给魏小某，骗魏小某到S县接他。魏某某到达S县后，未能见到他，即返回了C市。一两天后，他又打电话给魏小某，让魏小某到S县拿东西，魏小某到S县后，未拿到东西又返回了C市。过了一两天，“杨某”要他安排人到S县带毒品，他电话租用张某的面包车，接着给冷某打电话，要冷某乘张某的车前往S县，不清楚魏小某是谁通知去的。冷某到了S县后，他打电话要冷某按照“杨某”的吩咐办事。“杨某”当着他的面给冷某打了电话，具体内容不记得了。冷某拿到毒品后，他交代冷某将毒品带回C市，放在他家中。后电话联系不上冷某，就知道冷某被抓了。事后，他一直待在缅甸，直到去年春节才回到鼎城家中。2017年6月29日，他在家中被公安民警抓获。

被告人魏某翻供称，其因赌博欠债，在债主“杨某”的胁迫下联系了冷某等人，对运输毒品的事实不明知。

本案犯罪嫌疑人魏某先供后翻，可运用两中心法。

一是先以魏某有罪供述为中心构建的证据体系，按照相互印证的证据比对方式，魏某的有罪供述部分有冷某、魏小某、张某的供述相互印证，证明被告人魏某指使冷某、魏小某乘坐张某的出租车将390.55克毒品甲基苯丙胺片剂（俗称“麻古”）从H省S县运输至C市的。魏某的有罪供述与上述证据基本吻合，尤其是其指令二人前往S县带毒品回C市。至于其称受“杨某”胁迫犯罪的事实，只有其个人供述，没有其他证据证明。且冷某、魏小某的供述均证明是魏某直接给冷某打电话的，魏某在电话中未有任何异常。

二是以被告人魏某翻供为中心构建证据体系，但称其因赌博欠债，在债主“杨某”的胁迫下联系了冷某等人，对运输毒品的事实不明知的部分，与冷某、魏小某和张某的供述以及其他在案证据所证的事实不相符，且被告人魏某对指使冷某、魏小某采取隐蔽的方式接货，在运输毒品途中，变换行车路线，躲避公安机关查缉的行为，不能做出合理解释。承办检察官综合全案证据判断，认为其翻供不能作为定案依据。

后一审法院以被告人魏某犯运输毒品罪，判处有期徒刑 15 年，剥夺政治权利 5 年，并处罚金人民币 5 万元。

三、重返现场法

按照发案顺序阅卷，从接到举报到抓获犯罪嫌疑人现场的破案报告、相关书证，再到鉴定意见、证人证言、犯罪嫌疑人供述等循序渐进式阅卷。这种方法的缺点在于较为耗时，优点在于先客观后主观，不依赖于犯罪嫌疑人供述认定犯罪事实，比较适合于犯罪嫌疑人不认罪案件。虽然阅卷时间较长，但是对于全案证据体系的把握会比较好，后续查找证据缺漏也会快捷。

对于拒不认罪案件，从侦查机关经营线索、布控、收网到相关言证、书证收集的全过程要一一回溯，重点审查犯罪嫌疑人供述的相关细节是否能够与通话记录、微信、短信、银行卡转账记录等间接证据印证，在案的间接证据能够形成闭环，可以认定贩卖毒品犯罪事实。

四、信箱法

重大毒品犯罪案件作案人数、次数多，事实证据繁杂，采用我国台湾地区检察官张熙怀的信箱法，他称“再复杂之案件，依信箱法则将书证、物证、人之供述证据一一归类，另以纵横坐标之方式，将历次供述证据依序整理，一切胸有成竹，日夜期盼早日开拓，一展身手，纵使对方是高知名度的大律师甚或律师团，亦不畏惧”。

表 1

	犯罪嫌疑人供述	证人证言	物证	鉴定意见	……
第一次	张三供述	李四证言	缴获毒品	含量 \ 成分	
……					

建议使用Excel表格，不仅填充内容可以无限延展，而且还可自定义标签利用筛选功能将证据归类。

第二节 毒品犯罪案件审查起诉要点

承办检察官对毒品犯罪案件全面审查时，必须查明本院是否有管辖权、犯罪事实、情节是否清楚，证据是否确实、充分，犯罪性质和罪名的认定是否正确；有无遗漏罪行和其他应当追究刑事责任的人；是否属于不应追究刑事责任的；侦查活动是否合法等。

一、审查起诉内容

（一）本院是否有管辖权

1. 地域管辖

《2007年毒品案件若干意见》规定，根据刑事诉讼法的规定，毒品犯罪案件的地域管辖，应当坚持以犯罪地管辖为主、被告人居住地管辖为辅的原则。

“犯罪地”包括犯罪预谋地，毒资筹集地，交易进行地，毒品生产地，毒资、毒赃和毒品的藏匿地、转移地，走私或者贩运毒品的目的地以及犯罪嫌疑人被抓获地等。

“被告人居住地”包括被告人常住地、户籍地及其临时居住地。

根据《大连会议纪要》规定，毒品犯罪的地域管辖，应当依照刑事诉讼法的有关规定，实行以犯罪地管辖为主、被告人居住地管辖为辅的原则。考虑到毒品犯罪的特殊性和毒品犯罪侦查体制，“犯罪地”不仅可以包括犯罪预谋地、毒资筹集地、交易进行地、运输途经地以及毒品生产地，也包括毒资、毒赃和毒品藏匿地、转移地、走私或者贩运毒品目的地等。“被告人居住地”，不仅包括被告人常住地和户籍所在地，也包括其临时居住地。

值得注意的是《大连会议纪要》将“运输途经地”规定为犯罪地，

但将“犯罪嫌疑人被抓获地”从“犯罪地”中移出，我们认为《2007年毒品案件若干意见》是最高人民法院、最高人民检察院、公安部共同印发的规范性文件，拘束力应高于法院内部的纪要精神。

承办检察官收到移送审查起诉的案件后，经审查认为不属于本院管辖的，属于同级其他人民法院管辖的第一审案件的，应当在5日以内移送有管辖权的人民检察院或者报送共同的上级人民检察院指定管辖，同时通知移送审查起诉的公安机关。

2. 级别管辖

经审查，认为毒品犯罪案件属于上级人民法院管辖的第一审案件的，应当报送上一级人民检察院，同时通知移送审查起诉的公安机关。

上级人民检察院受理同级公安机关移送审查起诉的毒品犯罪案件，认为属于下级人民法院管辖的，可以交下级人民检察院审查，由下级人民检察院向同级人民法院提起公诉，同时通知移送审查起诉的公安机关。

3. 关联管辖

对于一人犯数罪、共同犯罪、共同犯罪的犯罪嫌疑人还实施其他犯罪、多个犯罪嫌疑人实施的犯罪存在关联，并案处理有利于查明案件事实和诉讼进行的，人民检察院可以在职责范围内对相关犯罪案件并案处理。

对于一人犯数罪、共同犯罪和其他需要并案审理的毒品犯罪案件，只要其中一人或者一罪属于上级人民检察院管辖的，全案由上级人民检察院审查起诉。

4. 指定管辖

对公安机关侦办跨区域毒品犯罪案件，人民检察院认为同级人民法院没有管辖权的应本着有利于查清犯罪事实，有利于诉讼，有利于保障办案安全的原则，根据《刑诉规则》第22条规定，报请上级人民检察院商有管辖权的人民法院指定管辖。

为保证及时结案，避免超期羁押，人民检察院对于公安机关已移送审查起诉的案件，被告人及其辩护人提出管辖异议或者办案单位发现没有管辖权的，受案人民检察院可以依法报请上级人民检察院商请人民法院指定管辖，不再自行移送有管辖权的人民检察院。

（二）证据的三性审查和综合运用

详见本书第三章毒品犯罪案件证据审查的相关内容。

（三）是否遗漏犯罪事实、情节

在多人多次毒品犯罪案件中要列表审查每一笔毒品犯罪事实。对每一笔毒品犯罪事进行审查时还要再列分表审查其细节。对犯罪嫌疑人的量刑情节要逐一核查，确保不遗漏任何事实情节，尤其是未到案的犯罪嫌疑人的上下游关联犯罪事实，如是否有洗钱罪、掩饰隐瞒犯罪所得事实等。

（四）是否遗漏其他应当追究刑事责任的毒品犯罪嫌疑人

在毒品犯罪案件中上下游关联犯罪、共同犯罪较为普遍，交叉重叠，关系复杂，上下线层级较多，相当部分案件还呈现贩、运、卖一条龙模式，家族化、组织化特征明显。因此在多人多笔共同犯罪、上下游关联事实的毒品犯罪案件中要有体系思维，串并研判，对涉案人员进行拉网式排查。在厘清全案人物关系、上下线脉络，画好人物关系图和毒资流向图的基础上，查明各犯罪嫌疑人的作用和地位。如在办理毒品上下线犯罪案件中，应当审查共同犯罪人上下线交易事实由何方提起，毒品运输由何方负责实施，毒资如何支付，上下线犯罪嫌疑人是否存在其他犯罪事实等。在办理毒品共同犯罪案件，应当注意查明各涉案犯罪嫌疑人在共同犯罪中地位和作用的相关事实，包括谁提起犯意，谁出资，谁购买毒品，谁运输毒品，谁销售毒品，毒资如何分配等。对另案处理的犯罪嫌疑人要考虑是否需要并案处理；对于已决犯要审查是否还有漏罪未判决，对于未归案的要建议公安机关加大追查力度。

（五）是否有不应当追究刑事责任的情形

保障无罪的人不受刑事追究是检察机关的重要职责，在对毒品犯罪案件审查起诉时同样必须查明犯罪嫌疑人有无不应追究刑事责任的情形。刑诉法第16条对不应追究刑事责任的情形作了明确的规定。因此审查时要注意查明毒品犯罪行为是否为犯罪嫌疑人所为，犯罪嫌疑人是否具备刑事责任能力，是否存在容留近亲属吸食、注射毒品，情节显著轻微危害不大的，不作为犯罪处理的情形等。

（六）对侦查活动监督

根据毒品犯罪案件的特点，新受理案件侦查活动监督审查重点是案件管辖是否符合法律规定，调查取证活动是否符合法律规定，是否存在非法证据，另案处理的同案犯去向、采取的强制措施是否适当；侦查的各种法律手续和诉讼文书是否完备。尤为重要的是审查非法证据、采取技术侦查措施的决定书及证据材料是否随案移送，利用特情的审批手续、物证的扣押和涉案款物的移送、处理等。

对于退回补充侦查重新移送审查起诉的毒品犯罪案件，重点监督是否在一个月内完成补充侦查、退查提纲所列补侦事项是否完成，是否存在搁置不理或者补查不力情况。在一个月退回补充侦查期届满之前要提醒侦查人员及时重新移送案件，对逾期不移送的要及时督促纠正并发纠正违法通知书，对于侵犯犯罪嫌疑人合法权益的，应当将追究相关人员执法过错责任的线索移送有关部门处理。

（七）准确适用法律

对毒品案件法律适用方面既有程序法适用问题，也有实体法方面的理解与适用。程序法法律适用审查重点涉及诉讼程序方面的管辖、包括非法证据排除在内的证据规则适用、辩护、回避、数罪并罚、补充、变更起诉、撤回起诉、上诉不加刑等问题的处理，实体方面的法律适用主要解决的是此罪与彼罪、选择性罪名、有罪与无罪以及量刑情节、如何量刑等问题。详见本书第四章毒品犯罪案件法律适用疑难问题的相关内容。

二、退回补充侦查

对毒品犯罪案件证据审查最基本的要求是全面，达到全面审查要求须满足三个条件：一是对在案证据要进行无死角全方位的立体审查。二是对应然的证据体系和实然的证据体系都了然于胸，洞悉证据体系缺漏。三是要穷尽一切手段弥补证据缺漏。最忌讳审查不全面，导致有的证据“沉睡”在案卷中，有的证据“游离”在定罪量刑证据体系之外，有的证据能补未补，未能进入诉讼程序等，这些情况的存在毫无疑问会影响到办案质量和效果，因此应尽力避免。

在审查起诉期间发现案件存在事实不清、证据不足或者存在遗漏罪行、遗漏同案犯罪嫌疑人等情形需要补充侦查的，应当制作补充侦查提纲，连同案卷材料一并退回公安机关并引导公安机关进一步查明案件事实、补充收集证据。实践中贩卖、运输、制造毒品和容留他人吸毒品案中经常出现的退补事项主要有以下方面：一是提取手机微信聊天记录、转账、支付记录。如简某走私毒品案，其供述用手机中的“coincola”软件以购买比特币的方式向上线支付毒资5000元，但侦查机关未提取其手机购买比特币和支付的相关记录。二是提取、扣押、封装、称量毒品及取样等不符合相关程序规定，要求补正。如刘某运输毒品案，要求提供毒品扣押笔录、称量笔录、取样笔录以及称量毒品的电子秤的计量鉴定证书等。三是要求对邮寄、快递毒品的外包装提取指纹、手印或者微量生物送检等。如王某持有毒品案，要求提供从王某接受的快递包装袋上提取微量生物检材。四是交易或者接头地点的监控视频。如马某贩卖毒品案，要求调取其在某市某区五一新村五一小学门口购买、贩卖毒品时段附近的监控记录。五是要求提供犯罪嫌疑人对容留他人吸毒的场所控制方面证据。如孙某、张某容留他人吸毒、余某贩卖毒品案，要求提取租房的实际控制人的相关证据。六是要求提供讯问犯罪嫌疑人的同步录音录像资料或者执法记录仪等证明侦查合法性的视频资料。如李某、王某贩卖毒品、李某某容留他人吸毒案，要求补充三名犯罪嫌疑人的讯问同步录音录像。

退回补充侦查案件应当遵循必要性、可行性、说理性、配合性、有效性原则，应当以增强补充侦查效果为目标，第一次退回补充侦查时，应当向公安机关列明全部补充侦查事项。在案件事实或证据发生变化、公安机关未补充侦查到位、或者重新报送的材料中发现矛盾和问题的，还可以第二次退回补充侦查。

（一）退回补充侦查提纲内容

人民检察院制作的退回补充侦查提纲内容包括：（1）阐明补充侦查的理由，包括案件事实不清、证据不足的具体表现和问题；（2）阐明补充侦查的方向和取证目的；（3）明确需要补充侦查的具体事项和需要补充收集的证据目录；（4）根据起诉和审判的证据标准，明确补充、完善证据需要达到的标准和必备要素；（5）有遗漏罪行的，应当指出在起诉意见书中没有认定的犯罪嫌疑人的罪行；（6）有遗漏同案犯罪嫌疑人需要追究刑事责任的，应当建议补充移送；（7）根据辩护人的申请，调取在侦查期间收集的证明犯罪嫌疑人、被告人无罪或者罪轻的证据材料；（8）成分、含量鉴定。重大毒品犯罪案件、可能大量掺假的毒品案件，或者系成分复杂的新类型毒品或新类型毒品原植物；或者查获的液态物品中含有毒品、制毒物品或者毒品、制毒物品半成品成分的案件未作含量鉴定的，要求委托鉴定机构对送检毒品疑似物进行含量鉴定；对来源不同的多个独立包装的疑似毒品，或者来源相同但包装不一致的疑似毒品没有进行分组鉴定，影响案件事实认定的毒品案件，要求补充鉴定或者重新委托鉴定。

毒品犯罪案件基本事实清楚，虽欠缺某些证据，但收集、补充证据难度不大且在审查起诉期间内能够完成的，侦查人员能够及时提供的，人民检察院可以发出《调取证据材料通知书》，通知公安机关直接补充相关证据并移送，以提高办案效率。比如，缺少前科材料、释放证明、抓获经过等材料。

（二）不宜退回补充侦查情形

根据最高人民检察院、公安部共同制定并印发《关于加强和规范补充侦查工作的指导意见》第9条的规定，具有下列情形之一的，一般不退回补充侦查：

1. 查清的事实足以定罪量刑或者与定罪量刑有关的事实已经查清，不影响定罪量刑的事实无法查清的；

2. 作案工具、赃物去向等部分事实无法查清，但有其他证据足以认定，不影响定罪量刑的；

3. 犯罪嫌疑人供述和辩解、证人证言、被害人陈述的主要情节能够相互印证，只有个别情节不一致但不影响定罪量刑的；

4. 遗漏同案犯罪嫌疑人或者同案犯罪嫌疑人在逃，在案犯罪嫌疑人定罪量刑的事实已经查清且符合起诉条件，公安机关不能及时补充移送同案犯罪嫌疑人的；

5. 补充侦查事项客观上已经没有查证可能性的；

6. 其他没有必要退回补充侦查的。

三、自行补充侦查

人民检察院在审查起诉毒品犯罪过程中，具有下列情形之一，自行补充侦查更为适宜的，可以依法自行开展侦查工作：

1. 影响定罪量刑的关键证据存在灭失风险，需要及时收集和固定证据，人民检察院有条件自行侦查的；

2. 经退回补充侦查未达到要求，自行侦查具有可行性的；

3. 有证据证明或者有迹象表明侦查人员可能存在利用侦查活动插手民事、经济纠纷、实施报复陷害等违法行为和刑讯逼供、非法取证等违法行为，不宜退回补充侦查的。

4. 其他需要自行侦查的。

另外，在法庭审理过程中，人民法院建议人民检察院补充侦查的，人民检察院应当审查有关理由，并作出是否补充侦查决定。人民检察院不同意的，可以要求人民法院就起诉指控的犯罪事实依法作出裁判。

在审判过程中，对于需要补充提供法庭审判所必需的证据或者补充侦查的，人民检察院应当自行收集证据和进行侦查，必要时可以要求公安机关提供协助；也可以书面要求公安机关补充提供证据。人民检察院补充侦查不得超过一个月。

四、审查终结

人民检察院经审查认为毒品犯罪案件符合起诉条件，按照审判管辖的规定，向人民法院提起公诉，并将案卷材料、证据移送人民法院。

（一）提起公诉

人民检察院经审查认为犯罪嫌疑人的犯罪事实已经查清，证据确实、充分，依法应当追究刑事责任的，应当作出起诉决定。

第一，犯罪事实已经查清。

经审查，具有下列情形之一的，可以确认犯罪事实已经查清：

1. 属于单一罪行的案件，查清的事实足以定罪量刑或者与定罪量刑有关的事实已经查清，不影响定罪量刑的事实无法查清的；

2. 属于数个罪行的案件，部分罪行已经查清并符合起诉条件，其他罪行无法查清的；

3. 无法查清作案工具、赃物去向，但有其他证据足以对被告人定罪量刑的；

4. 证人证言、犯罪嫌疑人供述和辩解、被害人陈述的内容中主要情节一致，只有个别情节不一致且不影响定罪的。

对于多笔犯罪事实的，部分查清，部分未能查清的，应当以已经查清的罪行起诉。

第二，证据确实、充分。

根据刑诉法、《新刑诉法解释》《刑诉规则》等法律、司法解释的相关规定，证据确实充分，应当符合以下条件：（1）定罪量刑的事实都有证据证明；（2）据以定案的证据均经法定程序查证属实；（3）综合全案证据，对所认定事实已排除合理怀疑。

对依靠间接证据定案的，《新刑诉法解释》第140条规定：没有直接证据，但间接证据同时符合下列条件的，可以认定被告人有罪：（1）证据已经查证属实；（2）证据之间相互印证，不存在无法排除的矛盾和无法解释的疑问；（3）全案证据形成完整的证据链；（4）根据证据认定案件事实足以排除合理怀疑，结论具有唯一性；（5）运用证据进行的推理符合逻辑和经验。"《新刑诉法解释》第141条规定："根据被告人的供述、指认提取到了隐蔽性很强的物证、书证，且被告人的供述与其他证明犯罪事实发生的证据相互印证，并排除串供、逼供、诱供等可能性的，可以认定被告人有罪。

第三，需要追究刑事责任。

判断犯罪嫌疑人是否需要追究刑事责任，主要审查是否具有刑诉法第16条规定的情形。实践中着重把握以下几点：

1. 根据刑法第347条第1款规定，走私、贩卖、运输、制造毒品，无论数量多少都应追究刑事责任。因此，对于触犯走私、贩卖、运输、制造毒品罪，事实清楚、证据确实充分的，原则上都应当提起公诉。

2. 已满14周岁的不满16周岁的人只对贩卖毒品行为承担刑事责任，对于其他涉毒行为不承担刑事责任。

3. 容留近亲属吸食、注射毒品，情节显著轻微危害不大的，不作为犯罪处理。

4. 包庇走私、贩卖、运输、制造毒品的近亲属，或者为其窝藏、转移、隐瞒毒品或者毒品犯罪所得的财物，不具有“情节严重”情形，归案后认罪、悔罪、积极退赃，且系初犯、偶犯，犯罪情节轻微不需要判处刑罚的，可以免予刑事处罚。

（二）变更、追加、补充起诉

在人民法院宣告判决前，人民检察院发现被告人的真实身份或者犯罪事实与起诉书中叙述的身份或者指控犯罪事实不符的，或者事实、证据没有变化，但罪名、适用法律与起诉书不一致的，可以变更起诉。发现遗漏同案犯罪嫌疑人或者罪行的，应当要求公安机关补充移送起诉或者补充侦查；对于犯罪事实清楚，证据确实、充分的，可以直接追加、补充起诉。

在法庭审理过程中，人民法院建议人民检察院补充侦查、补充起诉、追加起诉或者变更起诉的，人民检察院应当审查有关理由，并作出是否补充侦查、补充起诉、追加起诉或者变更起诉的决定。人民检察院不同意的，可以要求人民法院就起诉指控的犯罪事实依法作出裁判。

变更、追加、补充起诉应当以书面方式在判决宣告前向人民法院提出。

（三）延期审理

在人民法院开庭审理前以及在法庭审判过程中，遇有下列情形之一的，公诉人可以建议法庭延期审理：

1. 发现事实不清、证据不足，或者遗漏罪行、遗漏同案犯罪嫌疑人，需要补充侦查或者补充提供证据的；

2. 被告人揭发他人犯罪行为或者提供重要线索，需要补充侦查进行查证的；

3. 发现遗漏罪行或者遗漏同案犯罪嫌疑人，虽不需要补充侦查和补充提供证据，但需要补充、追加起诉的；

4. 申请人民法院通知证人、鉴定人出庭作证或者有专门知识的人出庭提出意见的；

5. 需要调取新的证据，重新鉴定或者勘验的；

6. 公诉人出示、宣读开庭前移送人民法院的证据以外的证据，或者补充、追加、变更起诉，需要给予被告人、辩护人必要时间进行辩护准备的；

7. 被告人、辩护人向法庭出示公诉人不掌握的与定罪量刑有关的证据，需要调查核实的；

8. 公诉人对证据收集的合法性进行证明，需要调查核实的。

转为普通程序审理的案件，公诉人需要为出席法庭进行准备的，可以建议人民法院延期审理。

法庭宣布延期审理后，人民检察院应当在补充侦查期限内提请人民法院恢复法庭审理或者撤回起诉。

公诉人在法庭审理过程中建议延期审理的次数不得超过两次，每次不得超过一个月。

人民检察院在接到第二审人民法院决定开庭、查阅案卷通知后，可以查阅或者调阅案卷材料。查阅或者调阅案卷材料应当在接到人民法院的通知之日起一个月以内完成。在一个月以内无法完成的，可以商请人民法院延期审理。

（四）撤回起诉

在人民法院宣告判决前，人民检察院发现具有下列情形之一的，经检察长批准，可以撤回起诉：

1. 不存在犯罪事实的；
2. 犯罪事实并非被告人所为的；
3. 情节显著轻微、危害不大，不认为是犯罪的；
4. 证据不足或证据发生变化，不符合起诉条件的；
5. 被告人因未达到刑事责任年龄，不负刑事责任的；
6. 法律、司法解释发生变化导致不应当追究被告人刑事责任的；
7. 其他不应当追究被告人刑事责任的。

对于撤回起诉的案件，人民检察院应当在撤回起诉后三十日以内作出不起诉决定。需要重新调查或者侦查的，应当在作出不起诉决定后将案卷材料退回公安机关，建议公安机关重新侦查，并书面说明理由。

对于撤回起诉的案件，没有新的事实或者新的证据，人民检察院不得再行起诉。

新的事实是指原起诉书中未指控的犯罪事实。该犯罪事实触犯的罪名既可以是原指控罪名的同一罪名，也可以是其他罪名。新的证据是指撤回起诉后收集、调取的足以证明原指控犯罪事实的证据。

撤回起诉应当以书面方式在判决宣告前向人民法院提出。

（五）决定不起诉

对毒品犯罪案件决定不起诉分为三种情形：一是法定不起诉，二是存疑不起诉，三是相对不起诉。

1. 法定不起诉

人民检察院对于公安机关移送审查起诉的案件，发现犯罪嫌疑人没有犯罪事实，或者符合刑诉法第 16 条规定的情形之一的，经检察长批准，应当作出不起诉决定。比如容留近亲属吸食、注射毒品，情节显著轻微危害不大的，不作为犯罪处理，依法应作法定不起诉处理。

对于犯罪事实并非犯罪嫌疑人所为，需要重新侦查的，应在作出不起诉决定后书面说明理由，将案卷材料退回公安机关并建议公安机关重新侦查。

毒品犯罪嫌疑人在审查起诉阶段死亡的，人民检察院应当作出不起诉决定。

2. 相对不起诉

人民检察院对于犯罪情节轻微，依照刑法规定不需要判处刑罚或者免除刑罚的，经检察长批准，可以作出不起诉决定。

刑法第347第1款规定，走私、贩卖、运输、制造毒品，无论数量多少，都应当追究刑事责任，予以刑事处罚。因而对犯走私、贩卖、运输、制造毒品罪的犯罪嫌疑人一般情况不能作相对不起诉。

毒品犯罪案件是刑法打击的重点，一般不宜作相对不起诉，但要注意的是容留近亲属吸食、注射毒品，情节轻微，需要追究刑事责任的，可以酌情从宽处罚，作出相对不起诉决定。

还有包庇走私、贩卖、运输、制造毒品的近亲属，或者为其窝藏、转移、隐瞒毒品或者毒品犯罪所得的财物，不具有“情节严重”情形，归案后认罪、悔罪、积极退赃，且系初犯、偶犯，犯罪情节轻微不需要判处刑罚的，可以作相对不起诉。

根据刑诉法第182条规定，犯罪嫌疑人自愿如实供述涉嫌犯罪的事实，有重大立功或者案件涉及国家重大利益的，经最高人民检察院核准，公安机关可以撤销案件，人民检察院可以作出不起诉决定，也可以对涉嫌数罪中的一项或者多项不起诉。

被不起诉人不服，在收到不起诉决定书后七日以内提出申诉的，应当由作出决定的人民检察院负责捕诉的部门进行复查；被不起诉人在收到不起诉决定书七日以后提出申诉的，由负责控告申诉检察的部门进行审查。经审查，认为不起诉决定正确的，出具审查结论直接答复申诉人，并做好释法说理工作；认为不起诉决定可能存在错误的，移送负责捕诉的部门复查。

人民检察院应当将复查决定书送达被不起诉人。复查后，撤销不起诉决定，变更不起诉的事实或者法律依据的，应当同时将复查决定书抄送移送起诉的公安机关。

人民检察院复查不服不起诉决定的申诉，应当在立案后三个月以内报经检察长批准作出复查决定。案情复杂的，不得超过六个月。

3. 存疑不起诉

人民检察院对于二次退回补充侦查的案件，仍然认为证据不足，不符合起诉条件的，经检察长或者检察委员会决定，应当作出不起诉决定。

对于经过一次退回补充侦查的案件，认为证据不足，不符合起诉条件，且没有退回补充侦查必要，经检察长批准，可以作出不起诉决定。

证据不足，不符合起诉条件，是指具有下列情形之一：

（1）犯罪构成要件事实缺乏必要的证据予以证明的；

（2）据以定罪的证据存在疑问，无法查证属实的；

（3）据以定罪的证据之间、证据与案件事实之间的矛盾不能合理排除的；

（4）根据证据得出的结论具有其他可能性，不能排除合理怀疑的；

（5）根据证据认定案件事实不符合逻辑和经验法则，得出的结论明显不符合常理的。

人民检察院对毒品犯罪案件决定不起诉的，应当制作不起诉决定书，不起诉的决定，由人民检察院公开宣布，公开宣布不起诉决定的活动应当记录在案。不起诉决定书自公开宣布之日起生效。

需要注意的是，根据《刑诉规则》第369条规定，人民检察院作出存疑不起诉决定的，在发现新的证据，符合起诉条件时，可以提起公诉。对于作存疑不起诉的毒品犯罪案件，发现新的证据的，要撤销原存疑不起诉决定，依法提起公诉。

（六）不起诉复议复核

人民检察院应当将不起诉决定书送达公安机关。公安机关认为不起诉的决定有错误的时候，可以要求复议，如果意见不被接受，可以向上一级人民检察院提请复核。

人民检察院接到公安机关的复议意见书，应当另行指定检察官或者检察官办案组进行审查并提出审查意见。人民检察院应当在收到复议意见书后三十日以内，经检察长批准，作出复议决定，通知公安机关。

上一级人民检察院收到提请复核意见书后三十日内作出复核决定，制作复核决定书送交提请复核的公安机关和下级人民检察院。

复核改变原不起诉决定的，应当撤销或者变更下级人民检察院作出的不起诉决定，交由下级人民检察院执行。

五、参与社会综合治理

办理毒品犯罪案件中不能就案办案，要积极参与社会治理，为加强毒品管控社会治理方面贡献检察力量。通常可从以下方面入手提出监管建议或者意见：

一是在办理贩卖、运输毒品犯罪案件中，可以考虑在加强对物流、报关和快递公司的禁毒管控，提升物流运输行业一线员工的识毒、防毒能力等方面有针对性地提出检察建议。如推进实名制和快递安检制度。

二是在办理制造毒品犯罪案件中要关注易制毒化学品和麻醉、精神药品管制法规，善于发现监管漏洞，堵住易制毒化学品非法流失渠道。可以建议相关监管职责部门定期对易制毒化学品和麻醉、精神药品生产经营单位进行检查清理，建议相关生产经营单位严格对易制毒化学品和麻醉、精神药品的生产、销售、使用环节进行管理等。

三是在办理容留他人吸毒犯罪案件中可以建议相关部门加大对各类娱乐场所及公共服务场所的监管力度。

四是针对网络涉毒违法犯罪活动，可以就互联网服务平台及聊天软件运营商强化社会责任意识，主动履行平台监督责任，净化网络环境等方面提出检察建议。

五是可以在加强吸毒人员普查、矫治，遏制毒品犯罪市场需求和落实毒品犯罪人的帮扶救助，减少毒品犯罪人再犯率方面提出检察建议。

六、需要注意的问题

（一）提起公诉材料移送

提起公诉的案件，应当向人民法院移送起诉书、案卷材料、证据和认罪认罚具结书等材料。起诉书应当一式八份，每增加一名被告人增加起诉书五份。

对于犯罪嫌疑人、被告人或者证人等翻供、翻证的材料以及对犯罪嫌疑人、被告人有利的其他证据材料，应当移送人民法院。

人民法院向人民检察院提出书面意见要求补充移送材料，人民检察院认为有必要移送的，应当自收到通知之日起三日以内补送。对提起公诉后，在人民法院宣告判决前补充收集的证据材料，人民检察院应当及时移送人民法院。

人民检察院提出量刑建议的，可以制作量刑建议书，与起诉书一并移送人民法院。除有减轻处罚或者免除处罚情节外，量刑建议应当在法定量刑幅度内提出。建议判处有期徒刑、管制、拘役的，可以具有一定的幅度，也可以提出具体确定的建议。量刑建议书的主要内容应当包括被告人所犯罪行的法定刑、量刑情节、建议人民法院对被告人判处刑罚的种类、刑罚幅度、可以适用的刑罚执行方式以及提出量刑建议的依据和理由等。

（二）不起诉决定

人民检察院决定不起诉的案件，可以根据案件的不同情况，对被不起诉人予以训诫或者责令具结悔过、赔礼道歉、赔偿损失。

对被不起诉人需要给予行政处罚、政务处分或者其他处分的，经检察长批准，人民检察院应当提出检察意见，连同不起诉决定书一并移送有关主管机关处理，并要求有关主管机关及时通报处理情况。

人民检察院决定不起诉的案件，应当同时书面通知作出查封、扣押、冻结决定的机关或者执行查封、扣押、冻结决定的机关解除查封、扣押、冻结。

需要没收违法所得的，经检察长批准，应当提出检察意见，移送有关主管机关处理，并要求有关主管机关及时通报处理情况。

不起诉的决定，应当公开宣布，并且将不起诉决定书送达被不起诉人及其辩护人以及其所在单位。不起诉决定书自公开宣布之日起生效。被不起诉人在押，应当立即释放。

第三节 毒品犯罪案件认罪认罚从宽制度

刑诉法确定认罪认罚从宽制度，并未限制该制度适用的案件范围。最高人民法院、最高人民检察院、公安部、国家安全部、司法部印发的《关于适用认罪认罚从宽制度的指导意见》（2019年10月11日）明确规定，认罪认罚从宽制度贯穿刑事诉讼全过程，适用于侦查、起诉、审判各个阶段。

认罪认罚从宽制度没有适用罪名和可能判处刑罚的限定，所有刑事案件都可以适用，不能因罪轻、罪重或者罪名特殊等原因而剥夺犯罪嫌疑人、被告人自愿认罪认罚获得从宽处理的机会。因而在毒品犯罪案件中适用认罪认罚从宽制度。

一、认罪认罚从宽制度含义

认罪认罚从宽，顾名思义包括认罪、认罚和从宽三个方面的内容。

“认罪”是指犯罪嫌疑人、被告人自愿如实供述自己的罪行，而“如实供述”在《关于处理自首和立功具体应用法律若干问题的解释》《关于处理自首和立功若干具体问题的意见》（以下简称《处理自首和立功意见》)、《关于办理毒品犯罪案件认定自首、立功等量刑情节若干问题的意见》等司法解释有较为明确的规定。

“认罚”，是指犯罪嫌疑人、被告人真诚悔罪，愿意接受处罚。在侦查阶段表现为表示愿意接受处罚；在审查起诉阶段表现为接受人民检察院拟作出的起诉或不起诉决定，认可人民检察院的量刑建议，签署认罪认罚具结书；在审判阶段表现为当庭确认自愿签署具结书，愿意接受刑罚处罚。

“从宽”，是指可以对犯罪嫌疑人、被告人在法律规定范围内从轻、减轻处理。从宽处理既包括实体上从宽处罚，也包括程序上从简处理。“可以从宽”，是指一般应当体现法律规定和政策精神，予以从宽处理。但“可以”从宽并不是一律从宽、必然从宽，是否从宽应由司法机关根据案件事实和情节及其他因素等综合考量。对犯罪性质和危害后果特别严重、犯罪手段特别残忍、社会影响特别恶劣的犯罪嫌疑人、被告人，认罪认罚不足以从轻处罚的，依法不予从宽处罚。对罪行较轻、人身危险性较小的，特别是初犯、偶犯，从宽幅度可以大一些；罪行较重、人身危险性较大的，以及累犯、再犯，从宽幅度应当从严把握。对严重危害国家安全、公共安全犯罪，严重暴力犯罪，以及社会普遍关注的重大敏感案件，适用认罪认罚从宽必须慎重、严格把握，避免案件处理明显违背群众的公平正义观念。

认罪认罚的从宽幅度一般应当大于仅有坦白，或者虽认罪但不认罚的从宽幅度。对犯罪嫌疑人、被告人具有自首、坦白情节，同时认罪认罚的，应当在法定刑幅度内给予相对更大的从宽幅度。认罪认罚与自首、坦白不作重复评价。

办理认罪认罚案件，应当区别认罪认罚的不同诉讼阶段、对查明案件事实的价值和意义、是否确有悔罪表现，以及罪行严重程度等，综合考量确定从宽的限度和幅度。在刑罚评价上，主动认罪优于被动认罪，早认罪优于晚认罪，彻底认罪优于不彻底认罪，稳定认罪优于不稳定认罪。需要特别注意，认罪认罚必须同时存在，才能做到在量刑上从宽。

【案例】被告人阮某然与李某曾同在一监狱服刑。2017 年 4 月中旬，二人电话联系毒品交易事宜，约定李某以人民币 58000 元每千克的价格向阮某然购买毒品冰毒 2000 克，由阮某然将毒品从 S 市运输至 C 市 T 县。随后，阮某然联系他人以人民币 50000 元每千克的价格赊购毒品冰毒 2000 克拟转卖给李某。2017 年 5 月 3 日 21 时许，阮某然拿得赊购的毒品后，于次日 7 时许从 S 市租车将毒品运输至 C 市 T 县。当日 11 时许，阮某然在 T 县漳江镇中天酒店门口被公安机关抓获，所携带的两大包毒品疑似物被当场收缴。经称重与鉴定，两包毒品疑似物共计净重 2009.1 克，均检验出甲基苯丙胺成分，甲基苯丙胺含量分别为 74.7% 和 73.3%。

一审法院认为，被告人阮某然向他人贩卖毒品，并将毒品从 S 市运输至 C 市 T 县，其行为已构成贩卖、运输毒品罪，数量大。被告人阮某然曾因走私毒品犯罪被判处无期徒刑，在假释考验期内又犯贩卖、运输毒品罪，系毒品再犯，依法应从重处罚，并应撤销假释，实行数罪并罚。被告人阮某然对其贩卖毒品的事实供认不讳，且有当场查获称重、鉴定的毒品，出租司机的证言等证据证明，足以认定。辩护人提出被告人认罪认罚的情况属实。辩护人提出本案系特情引诱，经查，本案存在特情情况。鉴于被告人阮某然认罪认罚和本案的具体情况，法院判决撤销对被告人阮某然假释的刑事裁定，以被告人阮某然犯贩卖、运输毒品罪，判处无期徒刑，剥夺政治权利终身，并处没收个人全部财产；与原判尚未执行完毕的刑期三年八个月又十四天并罚，决定执行无期徒刑，剥夺政治权利终身，并处没收个人全部财产。

二、认罪认罚从宽制度的正确把握

毒品犯罪历来是刑法打击的重点，同时结合毒品犯罪的隐蔽性强，犯罪分子反侦查能力强等特点，在毒品犯罪案件中适用认罪认罚从宽制度既要坚持认罪认罚自愿性原则，又要坚持罪责刑相适应原则。

自愿性是认罪认罚从宽制度的灵魂，所以要特别重视认罪认罚自愿性审查，一方面，检察官应当依法履行听取犯罪嫌疑人、被告人及其辩护人或者值班律师、被害人及其诉讼代理人的意见等各项法定职责，依法保障犯罪嫌疑人、被告人诉讼权利和认罪认罚的自愿性、真实性和合法性。要避免出现被告人被迫认罪，代人顶罪、冒名顶替等情况。另一方面，提出量刑建议，应当与审判机关对同一类型、情节相当案件的判罚尺度保持基本均衡。在起诉文书中，应当对量刑建议说明理由和依据，其中拟以速裁程序审理的案件可以在起诉书中概括说明，拟以简易程序、普通程序审理的案件应当在起诉书或者量刑建议书中充分叙明，避免出现被告人接受检察机关明显不当的量刑建议。办理认罪认罚案件，提出量刑建议或者量刑时，既要体现认罪认罚从宽，又要考虑其所犯罪行的轻重、应负刑事责任的大小和人身危险性的大小，做到罪责刑相适应。对没有其他法定减轻情节的毒品犯罪案件，应当在法定刑幅度内予以从宽。根据认罪认罚的主动性、稳定性、全面性以及是否确有悔罪表现等因素综合考量，决定从宽的具体幅度。一般情况下应当就主刑、附加刑等提出确定的量刑建议，因为量刑建议越具体，犯罪嫌疑人、被告人及其辩护律师与检察机关协商的积极性越高，达成一致的可能性也越大。

三、认罪认罚的程序选择权

犯罪嫌疑人认罪认罚时有程序选择权，可以选择速裁程序或简易程序，也可以不同意速裁程序或简易程序等。因为刑诉法虽然规定了认罪认罚从宽案件可以适用速裁程序、适用简易程序审判的情形，但并未排除适用普通程序进行审判。需要注意的是此种情形下犯罪嫌疑人认罪认罚，同意量刑建议但不同意适用速裁程序、简易程序的，不影响“认罚”的认定，但在“从宽”幅度不享受选择适用速裁程序的额外量刑减让。

需要注意的是，经审查认为符合速裁程序适用条件的认罪认罚案件，应当在10日以内作出是否提起公诉的决定，对可能判处的有期徒刑超过1年的，可以延长至15日；认为不符合速裁程序适用条件的，应当在《刑诉规则》规定的期限以内作出是否提起公诉的决定。

四、量刑建议及其调整

根据刑诉法第174条第1款、《刑诉规则》第418条和《关于适用认罪认罚从宽制度的指导意见》相关规定，办理认罪认罚案件，人民检察院一般应当提出确定刑量刑建议。对于人民检察院提出的量刑建议，人民法院应当依法进行审查。对于事实清楚，证据确实、充分，指控的罪名准确，量刑建议适当的，人民法院应当采纳。经审理认为量刑建议明显不当，或者被告人、辩护人对量刑建议提出异议的，人民检察院可以调整量刑建议。人民检察院不调整量刑建议或者调整后仍然明显不当的，人民法院应当依法作出判决。

案件提起公诉后，出现新的量刑情节，或者法官经审理认为量刑建议明显不当建议检察官作出调整的，或者被告人、辩护人对量刑建议提出异议的，检察官视情调整量刑建议。若原量刑建议由检察官提出的，检察官调整量刑建议后应当向部门负责人报告备案；若原量刑建议由检察长、分管副检察长决定的，由检察官报请检察长、分管副检察长决定。

五、对认罪认罚“反悔”的应对

认罪认罚从宽制度是检察机关在落实以审判为中心司法体制改革背景下的一项创新性重大举措。但不排除办案实践中有犯罪嫌疑人、被告人恶意利用该制度逃避处罚的可能，比如被告人认罪认罚获得从轻判决后又提出上诉的。对此检察机关应综合全案证据，审查判断一审判决认定的犯罪事实、情节及被告人归案后的认罪悔罪表现、量刑有无不当等决定，是否依法履行法律监督职责。尤其是检察机关提出确定刑量刑建议，法院采纳后被告人无正当理由或者仅以量刑过重为由上诉的情形，原则上应当提出抗诉。

【案例】2018 年 9 月，广州市天河区检察院办理的姜某某贩卖毒品一案[①]。姜某某曾因贩卖毒品被判处有期徒刑。刑满释放后，又因吸毒被行政处罚。2018 年 6 月社区戒毒期间，姜某某将一包晶状体物品贩卖给他人时，被当场抓获归案。

到案后姜某某承认贩卖毒品的事实。鉴于姜某某在侦查、审查起诉阶段都能如实供述自己的犯罪事实，天河区检察院依法决定对其适用认罪认罚从宽制度，并告知姜某某认罪认罚从宽制度相关内容及权利义务，姜某某表示没有异议。据此，天河区检察院向天河区法院提出了对姜某某减轻处罚的量刑建议，并获得一审法院的采纳。天河区法院一审以贩卖毒品罪依法判处姜某某有期徒刑 9 个月，并处罚金人民币 2000 元。

姜某某收到一审判决后，以量刑过重为由向广州市中级法院提起上诉。得知姜某某提起上诉后，天河区检察院认为在证据没有发生任何变化的情况下，姜某某以量刑过重为由提起上诉，属于以认罪认罚形式换

---

① 钟亚雅、黄泽龙、储颖超：《被告人认罪认罚又想上诉获减刑·广州检方抗诉取消从宽》，载正义网，2019 年 4 月 9 日。

取较轻刑罚，再利用上诉不加刑原则提起上诉，认罪动机不纯，一审时认罪认罚从宽处理不应再适用，应对其处以更重的刑罚，遂依法提起了抗诉。广州市检察院经审查后，依法支持天河区检察院提起的抗诉理由，并提出1年3个月至1年6个月的量刑建议。

广州市中级法院经过审理认为，上诉人姜某某仅以量刑过重为由提起上诉，又没有提供新的证据，对原来协商的量刑表示反悔，认罪但不认罚，已不符合适用认罪认罚从宽处理的条件，抗诉机关、支抗机关的意见有理，应予以采纳。2019年3月13日姜某某一审判决刑满当日，广州市中级法院对本案公开宣判，以贩卖毒品罪依法判处姜某某有期徒刑1年3个月，并处罚金人民币1万元。

本案中被告人姜某某签订了认罪认罚具结书，据此获得量刑减让，一审宣判后又以量刑过重为由提出上诉，虽然其上诉权是受法律保障的，但其违背认罪认罚的承诺，只认罪不认罚，已不符合从宽处罚的条件，依法不宜对其减轻处罚。据此检察机关以量刑不当为由对其提出抗诉是正确的，二审法院也支持检察机关的抗诉意见。

六、应当注意的问题

根据《人民检察院办理认罪认罚案件监督管理办法》第8条的规定，办理认罪认罚案件，出现以下情形的，检察官应当向部门负责人报告：

1. 案件处理结果可能与同类案件或者关联案件处理结果明显不一致的；

2. 案件处理与监察机关、侦查机关、人民法院存在重大意见分歧的；

3. 犯罪嫌疑人、被告人签署认罪认罚具结书后拟调整量刑建议的；

4. 因案件存在特殊情形，提出的量刑建议与同类案件相比明显失衡的；

5. 变更、补充起诉的；

6. 犯罪嫌疑人、被告人自愿认罪认罚，拟不适用认罪认罚从宽制度办理的；

7. 法院建议调整量刑建议，或者判决未采纳量刑建议的；

8. 被告人、辩护人、值班律师对事实认定、案件定性、量刑建议存在重大意见分歧的；

9. 一审判决后被告人决定上诉的；

10. 其他应当报告的情形。

部门负责人、分管副检察长承办案件遇有以上情形的，应当向上一级领导报告。

第四节　毒品犯罪案件常见疑难程序问题处理

毒品犯罪案件以共同犯罪、上下游关联犯罪居多，且毒品交易的隐蔽性、犯罪分子反侦查能力强导致该类案件的一些疑难程序问题较其他犯罪案件更多。比如案件管辖、分并案、侦查人员出庭、辩护人限制情形等。

一、管辖疑难问题

毒品犯罪案件的地域管辖，应当依照刑诉法的有关规定，实行以犯罪地管辖为主、被告人居住地管辖为辅的原则。但司法实践情况较为复杂，经常会碰到疑难棘手的管辖问题。比如犯罪嫌疑人在假释考验期内犯罪的管辖、关联案件的并案处理、先后归案的同案犯并、拆案等。

（一）假释考验期内犯新罪的管辖

因毒品犯罪中前科者较多，假释考验期内犯新罪的犯罪嫌疑人、被告人在实践中并不鲜见。假释考验期内犯罪属于正在服刑的罪犯在服刑期间犯罪，根据《新刑诉法解释》第 13 条第 2 款的规定，“罪犯在服刑期间又犯罪的，由服刑地的人民法院管辖”。因此实务中要注意在抓获地办案机关受理假释考验期内犯罪的毒品犯罪案件，应移送服刑地的与审判管辖对应的办案机关管辖。

（二）关联案件的并案处理

根据最高人民法院、最高人民检察院、公安部、国家安全部、司法部、全国人大常委会法制工作委员会《关于实施刑事诉讼法若干问题的规定》第3条规定，多个犯罪嫌疑人、被告人实施的犯罪存在关联，并案处理有利于查明案件事实的，人民法院、人民检察院、公安机关可以在其职责范围内并案处理。关联管辖的前提是毒品犯罪案件的犯罪地及犯罪嫌疑人居住地不在办案机关的管辖区，但与犯罪地或者犯罪嫌疑人居住地在办案机关辖区内的案件之间存在直接关联，并案处理有利于查明案件事实的，办案机关可以在职责范围内并案处理。若毒品案件与办案机关辖区内的案件不存在直接关联关系，比如是与因关联管辖并案处理取得管辖权的犯罪存在联系的，办案机关不能并案处理，应当移送有管辖权的办案机关或者报请共同的上级办案机关指定管辖。

【案例】2005年7月，被告人闵光辉、马占霖、帕丽旦木·买森木在广东省广州市租住了白云区时代花园6栋303室的房间后，共同预谋购买毒品向他人贩卖。2005年8月1日中午，闵光辉指使帕丽旦木·买森木用维吾尔语与他人电话商定购买毒品后，闵光辉、马占霖安排帕丽旦木·买森木与同住该出租房的女子王华英（在逃）携带筹集的人民币28万元到广州大厦，从他人处购得海洛因1000克，返回后交给闵光辉、马占霖藏匿于租住处。当日21时许，广州市公安人员在该租房内将闵光辉、马占霖、帕丽旦木·买森木三人抓获，当场查获海洛因1282克以及人民币13.8万元。

广州市公安局在广州市白云区时代花园6栋303室抓获马占霖、闵光辉、帕丽旦木·买森木后，公安部认为本案与兰州市公安局破获的牟有苏（已处死刑）等七人制造毒品案有一定关联，遂指示广州市公安局将本案移交兰州市公安局并案侦查。甘肃省兰州市人民检察院以被告人闵光辉、马占霖、帕丽旦木·买森木犯贩卖毒品罪，向兰州市中级人民法院提起公诉。其中被告人被告人闵光辉于1996年6月因犯贩卖毒品罪被判处有期徒刑十五年，2004年9月28日被假释，假释考验期为2004年9月27日至2007年8月30日止。因涉嫌犯贩卖毒品罪于2005

年9月2日被逮捕。①

兰州市中级人民法院认为，被告人闵光辉、马占霖、帕丽旦木·买森木为贩卖而大量购买毒品，其行为均已构成贩卖毒品罪。被告人闵光辉提供大部分毒资，指使被告人帕丽旦木·买森木联系和购买毒品，在共同犯罪中起主要作用，系主犯。且曾因贩卖毒品犯罪被判刑，在假释考验期内又贩卖毒品，应数罪并罚。被告人马占霖参与预谋、出资购买毒品，在共同犯罪中也起主要作用，系主犯，但其在共同犯罪中的地位与作用较被告人闵光辉轻，在量刑时可酌情予以区别。被告人帕丽旦木·买森木受指使联系购买毒品，在共同犯罪中处于从属地位，属从犯，可从轻处罚。据此，兰州市中级人民法院以被告人闵光辉犯贩卖毒品罪，判处死刑，剥夺政治权利终身，并处没收个人全部财产，撤销原判假释，与没有执行完毕的余刑二年十一个月零二天并罚，决定执行死刑，剥夺政治权利终身，并处没收个人全部财产；以被告人马占霖犯贩卖毒品罪，判处死刑，缓期二年执行，剥夺政治权利终身，并处没收个人全部财产；以被告人帕丽旦木·买森木犯贩卖毒品罪，判处无期徒刑，剥夺政治权利终身，并处没收个人全部财产。

一审宣判后，被告人闵光辉、马占霖、帕丽旦木·买森木不服。提出上诉。

甘肃省高级人民法院经审理认为，被告人闵光辉、马占霖、帕丽旦木·买森木相互勾结，共同预谋，贩卖毒品海洛因1282克，其行为均已构成贩卖毒品罪，且贩毒数量大，依法应予严惩。原审认定的事实清楚，证据确实、充分，定性正确，量刑适当，审判程序合法，裁定驳回上诉，维持原判，并依法报送最高人民法院核准。但最高人民法院复核认为，被告人闵光辉的犯罪地、户籍地、居住地均不在甘肃省；闵光辉假释期间犯罪，服刑地也不在甘肃省。兰州市中级人民法院和甘肃省高

① 摘自《刑事审判参考》总第67集第551号闵光辉、马占霖、帕丽旦木·买森木贩卖毒品案，2009年第2集（总第67集），法律出版社2009年版，第131—136页。

级人民法院审理本案，违反《中华人民共和国刑事诉讼法》第二十四条和《最高人民法院关于执行〈中华人民共和国刑事诉讼法〉若干问题的解释》第十四条的规定。最高人民法院以兰州市中级人民法院和甘肃省高级人民法院审理本案，违反了有关地域管辖的法律规定为由，依法裁定撤销原审裁判，发回甘肃省兰州市中级人民法院，依照刑事诉讼法有关管辖的规定办理。

本案在侦查阶段，广州市公安局在广州市白云区时代花园6栋303室抓获马占霖、闵光辉、帕丽旦木·买森木后，公安部认为本案与兰州市公安局破获的牟有苏（已处死刑）等七人制造毒品案有一定关联，遂指示广州市公安局将本案移交兰州市公安局并案侦查。

本案从一审、二审到最高人民法院复核裁定发回重审的过程，回答了实务中管辖方面诸多值得注意的疑难问题，很有借鉴意义。

一是侦查阶段有管辖权不等于审查起诉、审判环节的管辖权，尤其因关联管辖而并案处理的案件要特别注意办案机关的管辖权审查。本案侦查阶段因与兰州市牟有苏等七人制造毒品案有一定关联，即牟有苏等制造毒品“麻古”的原料“冰毒”是通过本案第二被告人马占霖介绍购买的，公安部故指定将两案合并侦查，后由兰州市人民检察院提起公诉。但经一审法院审查，起诉指控牟有苏等人制造毒品“麻古”的原料“冰毒”是通过本案第二被告人马占霖介绍购买的证据不足，检察机关已撤回起诉，并将牟有苏等被告人制造毒品案另行起诉。因而本案与牟有苏等人制造毒品案的关联关系不存在，不符合因关联关系而并案的情形。

二是侦查管辖应服从于审判管辖，因而确定管辖权应以刑诉法和最高人民法院的司法解释为依据，而不是以公安部门侦查或并案侦查地及移送起诉地为依据。

本案被告人闵光辉、马占霖、帕丽旦木·买森木的犯罪地、户籍地、居住地均不在甘肃省；三被告人的犯罪预谋地、毒资筹集地、交易进行地及毒资、毒赃、毒品藏匿地均在广东省广州市，三被告人也是在广州市被广州市公安机关抓获的，说明甘肃省兰州市不是三被告人的

“犯罪地”。被告人闵光辉、马占霖的出生地、常住地均在新疆维吾尔自治区伊宁县，被告人帕丽旦木·买森木的出生地、常住地在新疆维吾尔自治区巩留县，三被告人的临时居住地在广东省广州市白云区时代花园，甘肃省兰州市也不是三被告人的“居住地”。闵光辉系假释期间犯罪，其1996年6月曾因犯贩卖毒品罪被广东省广州市越秀区人民法院判处有期徒刑十五年，服刑地在宁夏回族自治区石嘴山市，也不在甘肃省。甘肃省兰州市中级人民法院和甘肃省高级人民法院审理本案不符合法律规定，均不具有管辖权。

三是假释考验期犯新罪的管辖问题。《最高人民法院关于执行〈中华人民共和国刑事诉讼法〉若干问题的解释》（以下简称《执行解释》，2012年失效）第14条规定，“正在服刑的罪犯在服刑期间又犯罪的，由服刑地的人民法院管辖”。被告人闵光辉1996年6月曾因犯贩卖毒品罪被广东省广州市越秀区人民法院判处有期徒刑十五年；服刑地在宁夏回族自治区石嘴山市，2004年9月28日被石嘴山市中级人民法院裁定假释。闵光辉系在假释期间犯罪，属于正在服刑的罪犯，根据《执行解释》第14条的规定，被告人闵光辉服刑所在地宁夏回族自治区石嘴山市中级人民法院可以有管辖权，而甘肃省兰州市中级人民法院和甘肃省高级人民法院对本案没有管辖权。

四是对于已进入审判程序而没有管辖权的毒品犯罪案件如何处理。

对此，《大连会议纪要》第11条提出明确意见：“对于已进入审判程序的案件，被告人及其辩护人提出管辖异议，经审查异议成立的，或者受案法院发现没有管辖权，而案件由本院管辖更适宜的，受案法院应当报请与有管辖权的法院共同的上级法院依法指定本院管辖。”具体到本案，广东省广州市、宁夏回族自治区石嘴山市中级人民法院对本案具有管辖权，甘肃省兰州市中级人民法院如果认为案件由本院管辖更适宜，应当报请与有管辖权的法院共同的上级法院依法指定其管辖，即应当层报最高人民法院指定管辖。

（三）毒品犯罪案件中先后到案的犯罪嫌疑人并案问题

办理毒品犯罪案件，部分犯罪嫌疑人在逃较为常见。通常情况下应当尽量将共同犯罪案件或者密切关联的上下游案件进行并案审理；特殊情况下因客观原因造成分案处理的，办案时应当及时了解关联案件的审理进展和处理结果，注重全案定罪量刑均衡。具体而言，要把握以下几条处理原则：

一是对于后到案的犯罪嫌疑人是否并案处理，要看诉讼阶段而论。对于先后到案的犯罪嫌疑人均在审查起诉阶段的，在检察环节并案即可，审查起诉期限计算要以先受理案件为准。

二是对于同案犯已被起诉到人民法院的案件，一般要将后到案的犯罪嫌疑人追加起诉，但为不使已起诉的被告人的审理期限过于延长，也可对后到案的被告人另案起诉的。

三是对已归案的被告人处于二审阶段的案件，二审法院认为不并案审理不会影响事实认定的，可继续审理，对后归案的犯罪嫌疑人另案处理。但对于并案处理更有利于查明全案事实的，也有由二审法院发回重审，再并案审理的。

【案例】2006 年初，被告人俄木阿巫与沙马几几（在逃）共谋贩卖毒品。2006 年 2 月 9 日，被告人曲莫木加到四川省昭觉县民族中学俄木阿巫家中，俄木阿巫将 32 万元现金和 1 张户名为沙马拾哈（俄木阿巫的丈夫，不起诉）的农业银行卡及密码交给被告人曲莫木加。曲莫木加到西昌找到被告人依火挖吉。2 月 10 日，依火挖吉和曲莫木加从西昌乘车前往云南省宁蒗县。2 月 11 日，俄木阿巫将 8 万元现金交给沙马拾哈，让其在昭觉县农业银行将该款存入曲莫木加所带的农业银行卡上。依火挖吉、曲莫木加在宁蒗县城将卡上的钱取出，连同所带的现金，购买了海洛因。2 月 12 日，依火挖吉、曲莫木加乘客车返回西昌，行至西木公路河西收费站时被抓获。公安人员从二人携带的塑料编织袋内查获海洛因 5 块，净重 1756 克。经鉴定，海洛因含量为 64.63%。同年 5 月 10 日，公安人员将俄木阿巫抓获。

四川省凉山彝族自治州人民检察院以被告人依火挖吉、曲莫木加、俄木阿巫犯贩卖、运输毒品罪，向凉山彝族自治州中级人民法院提起公诉。

凉山彝族自治州中级人民法院经开庭审理，以被告人依火挖吉犯贩卖、运输毒品罪，判处死刑，剥夺政治权利终身，并处没收个人全部财产；以被告人曲莫木加犯贩卖、运输毒品罪，判处死刑，剥夺政治权利终身，并处没收个人全部财产；以被告人俄木阿巫犯贩卖毒品罪，判处死刑，缓期二年执行，剥夺政治权利终身，并处没收个人全部财产。一审宣判后，被告人依火挖吉、曲莫木加提出上诉。

四川省高级人民法院经二审审理，裁定驳回上诉，维持原判，并依法将本案报请最高人民法院核准。二审期间，公安机关根据被告人依火挖吉亲属提供的线索，将在逃的共同犯罪嫌疑人沙马几几抓获归案。

最高人民法院经复核认为，第一审判决、第二审裁定认定的被告人依火挖吉、曲莫木加贩卖、运输海洛因的部分事实不清、证据不足。依照《中华人民共和国刑事诉讼法》第199条和《最高人民法院关于复核死刑案件若干问题的规定》第3条的规定，裁定如下：

1. 不核准四川省高级人民法院（2007）川刑终字第624号维持第一审对被告人依火挖吉、曲莫木加以贩卖、运输毒品罪判处死刑，剥夺政治权利终身，并处没收个人全部财产的刑事裁定。

2. 撤销四川省高级人民法院（2007）川刑终字第624号刑事裁定和凉山彝族自治州中级人民法院（2006）川凉中刑初字第151号刑事判决中对被告人依火挖吉、曲莫木加以贩卖、运输毒品罪判处死刑，剥夺政治权利终身，并处没收个人全部财产的部分。

3. 发回四川省凉山彝族自治州中级人民法院重新审判。

本院在二审期间，就已得知沙马几几已被公安机关抓获，二审法院认为不并案处理不会影响事实认定，因而继续审理，对后归案的沙马几几另案处理，但最高人民法院在复核本案时认为，四川省高级人民法院在对本案进行二审期间，公安机关根据被告人依火挖吉亲属提供的线索，将在逃的同案犯沙马几几抓获归案，将沙马几几纳入本案一起审判非常必要。一是有利于查明全案事实，使原来因沙马几几未到案而无法查证的事实得以查清。在本案一、二审过程中，由于沙马几几不在案，对依火挖吉和曲莫木加二人究竟谁受沙马几几直接指使到俄木阿巫家去拿毒资的事实一直未能查清。曲莫木加供称，系依火挖吉打电话叫其到沙马拾哈家去拿钱，但依火挖吉坚决否认。俄木阿巫供称，沙马几几打电话叫其把钱和农行卡交给曲莫木加到云南购买毒品。由此分析，沙马几几叫曲莫木加到俄木阿巫家拿钱的可能性较大，但曲莫木加坚称系依火挖吉叫其到俄木阿巫家拿钱，故此情节难以认定。沙马几几现已归案，如将其纳入本案一起审理，对此问题就可以通过讯问沙马几几得到证实和解决。二是有利于查明各被告人在共同犯罪中的地位、作用，准确量刑。本案一、二审已对先归案的三名被告人判处两人死刑立即执行、一人死刑缓期执行。但有证据表明，沙马几几可能系本案涉案毒品的主要所有人，其在共同犯罪中的地位和作用可能大于先归案的三名被告人。如不将其纳入本案一并审判，则很难对各被告人在共同犯罪的地位、作用作出准确、客观的评价，也就必然影响到对各被告人的公正量刑。如将其纳入本案一并审判，查明沙马几几确系本案涉案毒品的主要所有人，而依火挖吉和曲莫木加只是受其指使，为其代购并运输毒品，则对全案各被告人的量刑问题也需要重新进行评价和权衡，从而对各被告人作出罪刑均衡、罚当其罪的公正裁判。

鉴于此，最高人民法院依法裁定不核准被告人依火挖吉、曲莫木加死刑，将本案发回四川省凉山彝族自治州中级人民法院重新审判。

我们认为，先后归案的犯罪嫌疑人、被告人原则上应并案审理，尤其是重大毒品犯罪案件。每名犯罪嫌疑人、被告人都是犯罪亲历者，他们既是犯罪嫌疑人、被告人，也是其他犯罪疑人、被告人犯罪的直接见证者，同时也都是利害关系人。人天生都是趋利避害的，每个人均可能为减轻罪责而在供述时避重就轻，推卸责任。因在共同犯罪责任分担上，他们有着直接的利害冲突。因而要尽可能全面听取每个被告人的供述和辩解，尽可能并案处理，以利于全面查清案件事实及各同案犯在共同犯罪中的地位和作用。除了分案审理确实不会影响公正审判的案件以外，一般情况下对共同犯罪案件，尤其重大毒品犯罪案件，无论处于一审还是二审阶段，原则上都应将后归案的共同犯罪人纳入到全案当中一并审理。如案件已进入二审程序，则应以部分事实不清为由发回重新审判。

（四）二审期间发现被告人在一审判决前漏罪或判决宣告后犯新罪处理

对漏罪的处理，根据1993年4月16日最高人民法院《关于判决宣告后又发现被判刑的犯罪分子的同种漏罪是否实行数罪并罚问题的批复》，人民法院的判决宣告并已发生法律效力以后，刑罚还没有执行完毕以前，发现被判刑的犯罪分子在判决宣告以前还有其他罪没有判决的，不论新发现的罪与原判决的罪是否属于同种罪，都应当依照刑法的规定实行数罪并罚。但如果在第一审人民法院的判决宣告以后，被告人提出上诉或者人民检察院提出抗诉，判决尚未发生法律效力的，第二审人民法院在审理期间，发现原审被告人在第一审判决宣告以前还有同种漏罪没有判决的，第二审人民法院应当依照刑事诉讼法的规定，裁定撤销原判，发回原审人民法院重新审判。在发回重审阶段由人民检察院将被告人漏罪补充起诉至人民法院再并案处理。

我们认为，对于新罪亦可参照漏罪的处理规定，对于被告人在二审审理期间又犯新罪的案件，将原一审判决撤销，发回重审，与所犯新罪并案一起审理，能将被告人全部犯罪事实与犯罪情节查清，对人身危险性和再犯可能性作出全面评判，从而作出公正合理的判决。同时被告人还可以上诉，其辩护权得以保障，由二审法院在全面审查后再作裁判。因此，发回重审后并案审理，是符合两审终审制的制度要求以及保障被告人诉讼权益的必然选择。

二、被告人死亡案件处理

一些重大毒品犯罪案件被告人吸毒、重症的较多，诉讼期间被告人死亡的情况并不鲜见。检察机关对这类案件的处理要区别第一审、二审程序以及上诉、抗诉等不同情形。

（一）一审公诉期间被告人死亡情形的处理

根据刑诉法第16条的规定，犯罪嫌疑人、被告人死亡的，不追究刑事责任。如果在侦查阶段，侦查机关应当撤销案件。若在审查起诉阶段，人民检察院应当对其作绝对不起诉决定。若在法院审理阶段，人民法院应当裁定终止审理或者根据已查明的案件事实和证据，能够确认无罪的，应当判决宣告无罪。

（二）二审上诉程序中被告人死亡情形的处理

此种情形要考虑被告人死亡时间节点以及是否撤回上诉而作不同的处理。《新刑诉法解释》第 383 条规定，上诉人在上诉期限内要求撤回上诉的，人民法院应当准许。对于被告人提出上诉后，又在上诉期限届满前死亡的，如被告人死亡前要求撤回上诉，第一审人民法院应当准许，并在被告人死亡后作出终止审理的裁定。此种情形下不会再进入第二审程序。被告人在第二审上诉期间死亡的，且未要求撤回上诉，第二审人民法院应当裁定终止审理，若二审法院经审查认为根据审理查明的证据、事实，被告人不构成犯罪，应当判决宣告被告人无罪。

（三）被告人死亡前检察机关已提出抗诉情形的处理

人民检察院提出抗诉，被告人死亡的，上一级院不能支持抗诉，根据刑诉法第 16 条的规定，被告人死亡的，不追究刑事责任，因而上一级人民检察院依法不能支持抗诉，应当制作撤回刑事抗诉决定书，在同级人民法院开庭之前送达人民法院，第二审人民法院应当裁定准许，并裁定终止审理。

上列被告人死亡的各种情形中，对应当追缴其违法所得及其他涉案财产的，应当在人民法院裁定终止审理后，由具有管辖权的人民检察院另行向人民法院提出申请。若人民法院经审查认为根据审理查明的证据、事实，被告人不构成犯罪，并据此宣告被告人无罪的，人民检察院不得就同一事实再行提起没收违法所得申请。

三、侦查人员出庭作证

最高人民法院会同有关部门联合出台的《2010 年排非规定》对侦

查人员出庭作证进行了明确规定。《刑诉规则》第413条则更明确规定，公诉人对于搜查、勘验、检查等活动中形成的笔录在庭审中有争议，需要负责侦查的人员出庭陈述有关情况的，可以建议合议庭通知其出庭。毒品犯罪案件中侦查人员出庭作证要注意以下几个方面：

（一）明确侦查人员出庭作证的目的

法庭传唤侦查人员出庭目的是查明案件情况，侦查人员出庭应当对证明案件事实具有重要作用。如果该侦查人员陈述的情况对案件事实的证明作用不大，或者所证明的事实对定罪量刑影响不大或者没有影响，则没必要让其出庭。

（二）对出庭作证的侦查人员应当区别于普遍证人出庭作证

刑诉法第62条规定，凡是知道案件情况的人，都有作证的义务。生理上、精神上有缺陷或者年幼，不能辨别是非、不能正确表达的人，不能作证人。根据刑诉法第29条第3项规定，关于担任过本案证人的侦查人员应当自行回避，侦查人员遇到这种情形应当自行回避。如果属于该条规定的证人则应适用证人资格优先原则，不得担作本案的侦查人员。侦查人员出庭作证的范围是其履行职务过程中所感知的事实，比如在实施搜查、扣押、辨认、讯问、询问和对犯罪嫌疑人进行抓捕的侦查活动过程中经历和了解的情况，主要证明有关侦查活动合法性的相关情况以及犯罪嫌疑人投案或者提供立功线索等事实情况。

（三）侦查人员出庭作证要注意安全保护

司法实践中侦查人员不愿意出庭作证的重要原因是安全考虑，在重大毒品犯罪案件中尤其顾虑穷凶极恶的犯罪团伙对本人或家人的打击报复。为充分保护出庭作证的侦查人员的安全，可以采用视频屏蔽作证方式，打消侦查人员出庭的顾虑，比如让侦查人员在特定的作证室内视频方式作证，通过技术手段将视频和音频信号传送到法庭，并同步处理该侦查人员的头像信号，使法庭内的人员在法庭的显示屏上看到的是隐藏了侦查人员面部特征的图像，必要时还可以对侦查人员的声音进行处理。

第五节　毒品犯罪案件出庭实务技巧

庭审活动既是清楚再现犯罪事实，向法庭证明起诉指控犯罪事实和主张的过程，也是促使被告人认罪悔罪，并面对公众进行法治教育的过程。出庭公诉是公诉人代表国家依法指控犯罪、维护诉讼参与人合法权利、履行刑事审判监督职责的重要活动，是展示公诉人公正司法形象、开展法治宣传教育的重要阵地，也是检察机关接受社会监督、联系群众的重要窗口[①]。公诉人出庭的职责，主要有以下四个方面：一是代表国家指控、揭露和证实犯罪；二是对审判活动是否合法进行监督；三是维护诉讼参与人的合法权利；四是结合案情进行法制宣传和教育。本节围绕公诉人出庭的各环节对毒品犯罪案件履行出庭指控职责需要注意的问题进行梳理。

一、参与庭前会议

庭前会议制度源于刑诉法第 187 条第 2 款："在开庭以前，审判人员可以召集公诉人、当事人和辩护人、诉讼代理人，对回避、出庭证人名单、非法证据排除等与审判相关的问题，了解情况，听取意见。"法条没有明确"庭前会议"一词，《新刑诉法解释》和《刑诉规则》补充和完善了庭前会议制度。

（一）庭前会议的功能

首先，庭前会议是人民法院在庭审以前为保证庭审顺利进行和提高庭审效率、节省庭审时间而进行的一项辅助性工作。其主要任务是解决与审判相关程序性争议、整理控辩双方争点、协商庭审方案等[②]。《新

① 张相军、陈鸷成、郭振：《新形势下提高出庭公诉能力和水平之对策》，载《人民检察》2015 年第 18 期。

② 任丽娜：《刑事庭前会议制度研究》，内蒙古大学 2013 年硕士学位论文。

刑诉法解释》第226条至第233条对庭前会议内容、案件范围等具体操作事项作出规定[①]。《刑诉规则》第393条、第394条、第395条对检察机关参与庭前会议目的、职责、方式作了具体规定。法律和司法解释关于庭前会议的规定，是对审判程序庭前活动的重要改革，符合当代刑事司法的发展趋势，有利于我国刑事诉讼程序向审判中心转变，实现庭审活动的对抗平衡，提高刑事审判的效率[②]。通过庭前会议在庭前汇总解决程序性争议及厘清明晰实体争议焦点，可以保证法庭集中解决被告人定罪量刑问题，有助于提高诉讼效率。其次，控辩双方通过庭前会议进行充分的证据展示，调取庭审所需要证据，确定出庭证人、鉴定人和有专门知识的人员名单等程序，可实现控辩双方的证据资源平衡，促进庭审的实质化，提高审判质量。最后，庭前会议以当事人看得见的方式解

---

① 《新刑诉法解释》第二百二十六条规定："案件具有下列情形之一的，人民法院可以决定召开庭前会议：（一）证据材料较多、案情重大复杂的；（二）控辩双方对事实、证据存在较大争议的；（三）社会影响重大的；（四）需要召开庭前会议的其他情形。"第二百二十七条规定："控辩双方可以申请人民法院召开庭前会议，提出申请应当说明理由。人民法院经审查认为有必要的，应当召开庭前会议；决定不召开的，应当告知申请人。"第二百二十八条规定："庭前会议可以就下列事项向控辩双方了解情况，听取意见：（一）是否对案件管辖有异议；（二）是否申请有关人员回避；（三）是否申请不公开审理；（四）是否申请排除非法证据；（五）是否提供新的证据材料；（六）是否申请重新鉴定或者勘验；（七）是否申请收集、调取证明被告人无罪或者罪轻的证据材料；（八）是否申请证人、鉴定人、有专门知识的人、调查人员、侦查人员或者其他人员出庭，是否对出庭人员名单有异议；（九）是否对涉案财物的权属情况和人民检察院的处理建议有异议；（十）与审判相关的其他问题。庭前会议中，人民法院可以开展附带民事调解。对第一款规定中可能导致庭审中断的程序性事项，人民法院可以在庭前会议后依法作出处理，并在庭审中说明处理决定和理由。控辩双方没有新的理由，在庭审中再次提出有关申请或者异议的，法庭可以在说明庭前会议情况和处理决定理由后，依法予以驳回。庭前会议情况应当制作笔录，由参会人员核对后签名。"……

② 厉晓燕：《刑事庭前会议制度实施问题研究》，西南政法大学2014年硕士学位论文。

决程序性请求或争议事项，有助于保障当事人的诉权，促进程序公正的实现。正因为庭前会议制度的上述价值，该制度为广大专家学者所青睐。诚如陈瑞华教授所言，如果说整个审判程序的改革是一个美丽的皇冠的话，庭前会议制度的构建则是这顶皇冠上最耀眼的明珠之一。

（二）检察机关在庭前会议中的职责

《刑诉规则》第394条至第396条规定，检察机关在庭前会议中的职责有三：一是参与会议，人民法院通知人民检察院派员参加庭前会议的，由出席法庭的公诉人参加，检察官助理可以协助，必要时配备书记员担任记录工作。二是了解案件事实、证据和法律适用的争议和不同意见以及辩护人收集证据情况。三是解决程序性问题。所谓程序性问题包括管辖、回避、出庭证人、鉴定人、有专门知识的人的名单、辩护人提供的无罪证据、非法证据排除、不公开审理、延期审理、适用简易程序、庭审方案等与审判相关的问题。解决的方式是提出和交换意见，对于涉及非法证据排除的，则要采取证明或排除、调查核实等方式解决[①]。当事人、辩护人、诉讼代理人在庭前会议中提出证据系非法方法取得，对已查证确系非法证据的，应坚决排除适用；对已查证认为不是非法证据的，可以对证据收集的合法性进行证明；当场不能确定是否为非法证据的，应在会议之后至开庭之前调查核实[②]。

（三）毒品犯罪案件庭前会议内容

1. 解决管辖争议

目前毒品犯罪案件在世界范围看，呈现全球化趋势，在国内看，毒品犯罪分子跨地区作案的案件频发。庭前会议中对于辩护人、被告人提出的管辖权问题，公诉人应当依照法律规定，结合案件的实际情况作出回应。对于经合议庭认为确无管辖权的案件，应当及时层报有管辖权人

① 高虹：《检察环节非法证据排除规则研究》，苏州大学2013年硕士学位论文。

② 黄曙、吴小倩：《庭前会议的司法实践与制度完善》，载《人民检察》2013年第18期。

民法院上级人民法院对应的人民检察院商请法院指定管辖。

2. 就非法证据排除听取意见

合法性问题涉及的是证据的资格问题，是证据作为定案依据必须要首先解决的问题。毒品犯罪案件的证据具有证据种类较单一，相当一部分案件主要依靠言词证据定案的特点，毒品犯罪案件中，大量被告人会提出供述系非法证据的问题。按照《新刑诉法解释》第129—130条规定，当事人及其辩护人、诉讼代理人申请人民法院排除非法证据的，人民法院应当在开庭前及时将申请书或者申请笔录及相关线索、材料的复制件送交人民检察院。人民法院可以召开庭前会议，就非法证据排除等问题了解情况，听取意见。在庭前会议中，人民检察院可以通过出示有关证据材料等方式，对证据收集的合法性加以说明。必要时，可以通知调查人员、侦查人员或者其他人员参加庭前会议，说明情况。

根据《刑诉规则》第410条的规定：在法庭审理过程中，被告人及其辩护人提出被告人庭前供述系非法取得，审判人员认为需要进行法庭调查的，公诉人可以通过出示讯问笔录、提讯登记、体检记录、采取强制措施或者侦查措施的法律文书、侦查终结前对讯问合法性进行核查的材料等证据材料，有针对性地播放讯问录音、录像，提请法庭通知调查人员、侦查人员或者其他人员出庭说明情况等方式，对证据收集的合法性加以说明。

公诉人不能当庭证明证据搜集合法性，需要调查核实的，可以建议法庭休庭或者延期审理。在法庭审理期间，人民检察院可以要求监察机关或者公安机关对证据搜集的合法性进行说明或者提供相关证明材料。必要时，可以自行调查核实。

从上述规定看，非法证据调查主要发生在庭审阶段，庭前会议可以调查了解情况。按照刑诉法的要求举证、质证、认证均形成在法庭，也是就证据最后合法性的认定还是依靠庭审解决。但是需要考虑的实际问题有两个：一是被告人或者辩护人当庭提出排除非法证据的要求，如果公诉人不能当庭提供证据证明的话，需要申请延期审理，对相关线索进行查实。事实上，如果被告人或者辩护人提出这样的请求，有一些证明材料是无法当庭提供的，比如体检记录、侦查终结前对讯问合法性进行核查的材料等。造成的后果是庭审无法继续进行，势必影响诉讼效率。二是如果需要播放讯问时的同步录音录像资料，会造成庭审无限冗长、拖沓，拉低庭审效率，实践一般考虑略去不播放或不出示，但又使庭审举证有形式化之嫌。

庭前会议可以在一定程度上对以上不足进行弥补。对于被告人、辩护人提出的非法证据的线索，公诉人应当做好证明取证合法性的工作，如果相关证据搜集到位，可以在庭前会议向被告人、辩护人充分出示；特别是同步录音录像的播放，可以在庭前会议进行。毒品犯罪案件的证据有自身的特点，尤其是在没有缴获毒品的案件中，客观证据相对较少，主要依靠供述定案，被告人供述的合法性是认定案件事实的基础。目前，此类案件出现了非常多要求播放同步录音录像的情况，被告人多、讯问次数多、讯问时间长都是该类案件不可回避的问题，庭审过程播放显然不现实，最好的方法就是利用庭前会议做这项工作。实践当中，很多案件就是通过庭前会议控辩双方达成共识，辩护人和被告人认为无须再启动合法性调查，从而有效将非法证据之争拦截在庭审之外。即便是被告人和辩护人对证据合法性仍持有异议，合议庭认为确有必要启动非法证据排除程序，因公诉人已经对就相关证据进行了开示，庭审当中就该问题也可以简化举证，提高庭审效率。

3. 确定举证方式

举证方式的确定与案件复杂程度、证据量大小以及被告人、辩护人对事实的争议程度有关。一般来说，毒品犯罪案件需要在庭前会议中对举证方式进行商定的情况是，被告人人数众多、关系复杂、言词证据多的案件，可以根据具体情况确定没有争议的事实进行简化举证，对有争议的事实详细出示、宣读证据。

4. 明确争议焦点

庭前会议解决的是程序性问题，但不可避免会触及案件实体问题，因此在一定程度上公诉人可以对主要的争议焦点进行预判，在会后有针对性调整出庭预案，针对辩护人观点有的放矢作好答辩准备，做到防攻得当，观点全面，提升庭审指控效果。

二、庭审实务

法庭审理活动包括法庭调查、法庭辩论、被告人最后陈述、评议案件与宣告判决等环节，公诉人的工作主要集中在前两个环节。公诉人出庭指控效果的好坏与庭前的准备工作密不可分。在公诉实际工作中，庭前准备与实际庭审是两个阶段，但为了方便总结，我们按宣读起诉书、讯问、举证质证、发表公诉意见、答辩的庭审顺序，结合毒品犯罪案件的特点，对上述各项工作开展庭前的准备与实际庭审的注意事项分别说明。

（一）宣读起诉书

宣读起诉书是公诉人在庭审活动中的第一项工作。公诉人宣读起诉书，代表国家指控犯罪，提请人民法院对被告人依法进行审判[①]。

起诉书的宣读需要注意几个问题：一是要站立宣读，公诉人应当精神饱满、仪态大方；二是做到用语规范、语速适中、吐字清楚、声音洪亮；三是宣读起诉书应当完整，不得随意删节、更改（目前有些地区在进行庭审改革，其中涉及起诉书有些部分省略宣读的情况。如在法庭查明被告人身份后，不再宣读被告人基本情况，以各地依照相关程序确定的模式为准）。宣读起诉书应从“×××人民检察院起诉书”开始至“检察员×××”结束。宣读完毕之后应向审判长报告“审判长，起诉书宣读完毕”。

（二）讯问策略与技巧

1. 讯问思路的确定和提纲的制作

讯问的目的是展示案件事实、核实主要证据、了解被告人的辩解。公诉人开庭之前，在进一步熟悉案件事实证据和法律适用相关规定的基础上，要针对案件本身的特点，准备好出庭讯问提纲，形成讯问有中心、有目的的局面，不给辩护人可乘之机，避免讯问陷入僵局。讯问提

---

① 参见最高人民检察院公诉厅编：《国家公诉人出庭指南》，法律出版社2013年版。

纲的制作需要注意以下几个问题：

（1）按照犯罪构成要件设计提问。我国刑法分则对罪状的表述采用的是四要件说，即主体、客体、主观方面、客观方面。主体需要发问的情况一般出现在身份犯的犯罪中，比较典型的如职务犯罪类案件。毒品犯罪案件中关于主体的问题，比较多见的是刑事责任年龄有疑问的案件。通常客体需要发问的情况一般出现在可能有此罪、彼罪争议的案件中，毒品犯罪侵犯的客体是国家对毒品的管理制度，犯罪对象是毒品，只要按照相关法律规定能认定是毒品，一般来说不会出现客体上认识有分歧的情况。因此，对于毒品犯罪案件的讯问主要围绕客观方面和主观方面进行。

（2）围绕争议焦点进行发问。要充分预测控辩双方的争议焦点，把握关键点进行发问。如主要证据之间的矛盾之处、主观明知认定的问题、共犯作用地位的问题等。

（3）根据被告人庭前是否认罪，区分情况准备讯问提纲。对被告人认罪的案件，提问时可以多设计开放式的问题，由被告人自己对涉案的关键事实作出回答。若被告人不认罪案件，不宜设计过多开放式的问题，否则可能控制不了讯问的节奏和主动权。另外还需要特别注意的是，要预测被告人翻供的情况并作好处置对策。对于被告人庭前已经翻供的，或有翻供迹象的，应当在讯问提纲中做好预案，力争掌握主动权。

（4）对有证人、鉴定人出庭的案件要充分做好庭前准备。对于控方申请出庭作证的证人、鉴定人和侦查人员，应在出庭前做好沟通工作，消除其心理顾虑，尽力做好证人的保护工作；对于辩方申请的出庭证人，要了解其身份、职业、阅历、学历、与被告人的关系等；对侦查人员要了解其职务、工作经历、参与办案程度及具体职责分工，对出庭说明的问题能否详细陈述；对鉴定人，要了解鉴定人在该专业领域的专业特长、学术观点、资历等情况，充分熟悉本次鉴定的鉴定程序、鉴定材料、鉴定方法、鉴定依据等，研究与本次鉴定有关的法律、法规、工作制度、技术标准以及有可能涉及的专业知识，充分预测庭审发问的广度和深度。[①]

2. 讯问语言技巧

（1）讯问时尽量用法律语言。如讯问被告人："起诉书的指控是否属实?"或者"你对起诉书指控的事实是否有异议?"，而不能表达为："起诉书说的是不是真的?"

（2）对被告人的讯问应当针对争议焦点有所侧重，对关键问题重点发问。

①控辩双方对案件的事实认定上有争议，应当重点针对有争议的部分进行发问。如被告人对起指控的六笔事实中的三笔有异议，那么对于没有异议的几笔可以简单讯问。对于有异议的各笔，也要重点针对被告人有异议的部分进行讯问。

②控辩双方对法律适用有异议的，应该弄清楚异议点是什么？罪与非罪、此罪与彼罪、共同犯罪地位作用的认定、自首和立功的认定等等。围绕各种法律问题涉及的要点进行发问。

【案例】起诉书指控被告人张某伙同刘某、李某等人于 2017 年 10 月至 12 月期间六次从云南购买甲基苯丙胺共计 5000 克回 H 市贩卖：（1）2017 年 10 月 15 日，由张某与云南毒贩周某（另案处理）商定以 80 元/克的价格购买甲基苯丙胺 2000 克。其后张某、刘某各出资 50000 元，李某出资 60000 元，由张某与刘某一同前往云南进行交易，并将毒品运回 H 市，由李某将毒品销售给吸毒人员黄某等人……

被告人对于 2 至 5 笔事实没有异议，对参与第一笔事实提出"我并没有去联系上线，我只是按照被告人××的要求陪他一起去了云南买毒品"。

公诉人的讯问可以分两步走：

第一步，锁定争议焦点。开始讯问时可以先确认被告人张某对起诉书指控事实的异议点："被告人张某，起诉书指控你伙同刘某、李某等

① 王永杰：《从讯问到询问——关键证人出庭作证制度研究》，法律出版社 2013 年版，第 282 页。

人于2017年10月至12月期间六次从云南购买甲基苯丙胺共计5000克回H市贩卖是否属实。”在确定张某异议点后，公诉人可以就该笔事实详细发问：“鉴于被告人张某对起诉书指控的2至5笔事实没有异议，下面公诉人就起诉书指控的第一笔事实进行发问。”

第二步，围绕异议对应的事实和法律适用问题展开讯问。被告人张某对该笔事实的异议指向的是其在该笔犯罪事实中的地位、作用的问题，公诉人的发问应该紧紧围绕他在共同犯罪中到底做了什么进行发问，从而为法庭辩论阶段认定犯罪地位做好铺垫。

（3）用沟通的语言进行讯问。公诉人出庭说到底是在法官的主持下证明案件事实，对案件的处理提出意见。因此，出庭公诉是以言词交流为载体。庭审是个多向的语言互动沟通过程，做好公诉，本质上是一种研究怎样在法庭上说话的活动。既然是语言交流，哪怕是在法庭上，首先得遵循语言交流的基本规则，交流要顺畅，要能够被认同。

①尊重人格，平等相待。就庭审诉讼而言，公诉人和被告人之间，只是诉讼角色的不同，彼此都是平等的诉讼主体。承担指控犯罪职责并不代表公诉人就高人一等，出庭公诉，指控犯罪，针对的是被告人的罪行，而不是针对这个人。司法实践中，很多公诉人一上庭，自觉不自觉的就把自己摆在审讯者的地位，高高在上，以一种居高临下，正义凛然的姿态对待被告人。诸如：“被告人，你要老实点，不要胡说八道”之类的话语。这样一来，无形中把被告人、辩护人或其他诉讼参与人完全推到对立的一面，导致庭审难于驾驭。

②理性平和，不带情绪。如被告人当庭翻供，公诉人非常恼火，大声斥责：“你不要以为不供述就不能定你的罪，认罪态度不好是会对你从重处罚的。”出庭指控不是吵架，不能因为被告人不认罪就失了分寸和应有的理性。这种情况一般可以这样处理：一是向被告人讲明翻供可能带来的法律后果：“被告人，我国法律规定，对一切案件的判处都要重证据，重调查研究，不轻信口供。没有被告人供述，证据确实、充分的，可以认定被告人有罪和处以刑罚。如果你在庭审中不能如实回答问题，将会对你的定罪量刑带来不利的法律后果，希望你能端正态度、如

实回答。”[1] 比较两种说法，其实核心内容有相同之处，但庭审效果完全不同，这就是用语言表达公诉人理性、平和的指控地位。

③语言通俗，便于交流。在法庭上要讲法言法语，这当然是对的，但要注意的是，在法庭上出现的不仅是法官、检察官和律师这些属于法律职业共同体的人员，也包括证人和被告人这些非法律人范畴的人。和律师沟通，严谨专业自然没问题，和被告人、证人沟通，就需要注意转化为非法律人能够明白的语言。要懂得站在对方立场去考虑，我怎么说他更容易懂，更容易明白，同一个意思不同的表达方式，效果是不一样的。要根据不同的对象，文化素质，理解能力，情绪态度来组合语言，调整方式。一般而言，对文化层次高的，反应快的，讯问的语句可以规整些，对素质低的，不妨稍微口语话些，不拿腔做调。通俗不粗俗，体现一种平和的姿态，便于被告人心理认同和接受，减少对抗情绪。

3. 讯问的方法

（1）直接讯问法。即就指控的犯罪事实以及与定罪量刑有关的事实、情节直接、正面发问。这种方法一般比较适合被告人认罪的案件，由其本人作出明确的供述，表现方式一般为短问长答。

（2）迂回讯问法。这种方法一般适用于“零口供”或者当庭翻供的情况。即绕开被告人回避的犯罪事实，先问一些看似无关紧要的问题，让其放松警惕、露出破绽，从而达到较好的庭审效果。这种讯问方法的特点是：一是从枝节问题逐步向实质问题渗透，进而了解全面事实真相；二是抓住被告人对枝节问题不在意的弱点，让其在毫无戒备中供述犯罪事实，或者将被告人引入自相矛盾，没有退路的境地，迫使其如实供述[2]。

---

① 参见最高人民检察院公诉厅编：《国家公诉人出庭指南》，法律出版社2013 年版。

② 吴斌：《公诉人在庭审讯问中的策略和技巧》，载《检察实践》2001 年第 2 期。

①冷静、理性对待当庭翻供

实践中，很多公诉人希望通过庭审讯问达到被告人认罪的效果，这种想法诚然是好的，但实际上在很多案件都是无法实现的。如果不能通过策略讯问使被告人认罪，切忌在庭审讯问中不依不饶逼迫被告人认罪。

【案例】欧某制造毒品一案中，起诉书指控欧某明知张某等人制造毒品氯胺酮，将自己的房子租给张某等人制毒。针对这一事实的讯问：

公诉人："你明知道张某等人要制造毒品，为何还将房子租给他们？"

被告人欧某："我不知道他们是用于制造毒品，张某和我说是用于制造中成药。"

公诉人："你原来在侦查机关供述过知道张某等人是要制造毒品，为什么今天又不承认了。"

被告人欧某："是办案人员打了我，我不知道。"

公诉人："那你为何在笔录上签字？"

被告人欧某："我说了是他们打我。"

公诉人："那你有什么证据证明？"

辩护人："反对。按照法律规定应该是公诉人证明讯问合法，而不是我的当事人证明讯问不合法。"

公诉人："张某等人带了锅子、液化气罐等物品过来，你不觉得奇怪吗？"

被告人欧某："我觉得做中成药也需要这些东西。"

公诉人："做中成药是光明正大的事情，怎么需要租你家那么偏僻的房子？"

被告人欧某："我觉得他可能是没有经过批准，违规做药。"

公诉人："你和张某以前就一起吸过毒，你怎么会不知道他租你的房子完全有可能是制毒。"

被告人欧某："吸毒的人也不一定就会制毒吧？这两件事情我没法联系在一起。"

讯问进行到此，基本上已经陷入僵局，用我们比较流行的话说，叫作“把天聊死了”，一连串的追问显然没有达到迫使被告人认罪的预期效果。这里主要存在两个问题：一是对于被告人出现当庭翻供的情况自乱阵脚，寄望通过连串追问迫使被告人认罪。二是追问的设计不适当。被告人当庭翻供大多不是临时起意，而是经过了深思熟虑，所以不要以为用公诉人的气势问几个问题就可以让其防线崩溃。被告人翻供以后回答提问是很难遇见的，所以追问的设计一定要立足证据问一些有把握的问题，不要“随便问一问”。比如前述案例中，追问的问题有的太过开放，如“做中成药是光明正大的事情，怎么需要租你家那么偏僻的房子?”公诉人无法预料和控制被告人的答案，被告人当然会选择对自己有利的回答方式。有的问题本身就有问题，如：“你和张某以前就一起吸过毒，你怎么会不知道他租你的房子完全有可能是制毒。”这种因果关系的建立显然是很牵强的，倒给被告人提供了反诘的机会。此外，公诉人对于被告人提出非法证据的问题继续发问的过程中还出现了明显的法律纰漏，将证明取证合法性的责任推给了被告人，以致被辩护人当庭提出反对。

②如何迂回讯问

【案例】杨某贩卖毒品一案。起诉指控刘某与四川毒贩联系购买5000克甲基苯丙胺片剂，刘某找到杨某要其一起去四川将毒品运回，刘某承诺支付5000元给杨某，二人将毒品运回时被抓获，毒品被现场缴获。庭审过程中，杨某翻供称：其只是租车给刘某，并不知道杨某是去买毒品，更不知道他是用于贩卖。公诉人庭审中的应对：

公诉人：你和刘某是怎么认识的?

杨某：朋友介绍认识的。

公诉人：根据你以前在侦查机关的供述，你和刘某是在与朋友一起吸毒的过程中认识的，是否属实?

杨某：这个是属实的。

公诉人：你们经常在一起吸毒吗?

杨某：一个月有那么两三次吧。

公诉人：你们吸食的毒品是哪来的?

杨某：有时大家一起凑钱买，有时刘某也请客。

公诉人：你说刘某请客，他手上经常有毒品吗？

杨某：是啊，他渠道广，手上毒品多。

公诉人：他卖过毒品给你们吗？

杨某：有过这种情况。

公诉人：刘某这一次邀你一起去四川有没有和你说去做什么？

杨某：这个真没说，他就是说租我车去旅游。

公诉人：你们是什么时候出发的？

杨某：十点左右吧？

公诉人：什么时候到达目的地的？

杨某：大概下午五点。

公诉人：到了之后去了哪些地方？

杨某：就在县城里转转。

公诉人：有见过什么人吗？

杨某：晚上九点多刘某见了一个朋友吧。

公诉人：是在什么地方见面的？

杨某：一个建筑工地旁边。

公诉人：他们见面做了什么你知道吗？

杨某：不清楚，刘某下车和那人聊了一会，我没下车。

公诉人：公安机关办案人员从你车上查获的装有甲基苯丙胺的旅行包是谁的？

杨某：是刘某那个朋友给他的。我只看到他拿上车，但是真不知道那里面是毒品。我真是轻信他了，不知道他会做这种事。

公诉人：拿了包以后你们去做什么了？

杨某：开车往回走。

公诉人：当时是几点钟？

杨某：晚上十点左右吧。

公诉人：连夜往回赶，你们不考虑安全问题吗？

杨某：没想那么多。

公诉人：你在之前回答公诉人问题的时候说，刘某和你说这次是去旅游，可是那么去了之后哪也没去，却连夜赶回，是为什么？

杨某：我不清楚。

公诉人：晚上九点多，在一个偏僻的工地拿了一包东西后连夜返回，你认为拿的东西是合法的物品吗？

杨某：反正我当时不知道是毒品。

公诉人：你前面回答公诉人的问题时说过，杨某曾经贩卖过毒品给你们，在这样的时间、这样的地点，用这样的方式交接物品，你真的一点怀疑都没有吗？

杨某：就算怀疑，我也不确定就是毒品。是在公安机关的抓到我们后，我才看到毒品。

公诉人：也就是说你怀疑刘某带上车的物品是毒品，还开车带着他和毒品一起返回，是吗？

我们认为，公诉人运用迂回讯问法进行的上述讯问是比较成功的，体现在以下几个方面：一是在被告人翻供的情况下没有直指矛盾导致被告人完全对立，导致讯问无法进行下去。二是层层推进问题，先让被告人回答不回避的一些事实问题，如去了哪，什么时间，什么地点，干了什么。最后，通过追问上述情况的不正常性，使被告人无路可退，最后认罪。

当然在追问的过程中也可能出现另一种情况，被告人一直到最后也不承认，全部用“不知道”“不清楚”“没怀疑过”回答。这种情况也不是讯问没有效果，公诉人可以通过讯问揭示被告人的辩解不符合常情常理，同样有利于加强合议庭对证据客观性的判断。同时公诉人可以做简短的讯问小节，指出被告人辩解与其他证据存在矛盾，为后面的庭审调查中有针对性地举证、质证以及在法庭辩论阶段有力地进行反驳做好铺垫。

总之，出现此类情况，公诉人不要执着于一定要被告人当庭承认，要根据具体情况做出应对：一方面，可以通过讯问促使被告人认罪或者揭示其辩解的不合理之处；另一方面，可以指出被告人供述与侦查阶段不符之处，向法庭说明被告人翻供情形的出现，并表明其供述与侦查阶段供述不一致，公诉人将在举证阶段对其原来供述进行出示。

（3）对质讯问法。对质是指在刑事诉讼中有关人员当面质问或者对证，包括供与供、证与供之间的印证性。此种方法在毒品犯罪中一般用于多人共同犯罪以及上下线同庭受审的情形。对质讯问的使用主要是找出被告人供述之间的矛盾之处，利用他们互相推卸责任的心理进行对质，瓦解被告人心理防线，达到迫使被告人认罪或者达到强化证据真实性证明目的的作用。

（三）举证、质证策略与技巧

公诉案件，庭审证据调查是在审判法官主持下，由控辩双方分别向法庭举证，并进行质证，最后由法官对证据进行判断并认证的一个诉讼过程。因此庭审证据调查包括：举证、质证和认证三个环节。

顾名思义，举证是指在出庭支持公诉过程中，公诉人通过向法庭出示、宣读、播放有关证据材料并加以说明，来证明公诉主张成立的诉讼活动①。举证要把握好以下几条举证原则：客观全面、目的明确、形成有逻辑性的体系。

1. 举证范围

举证证据包括定罪证据和量刑证据。对于无罪证据，不属于公诉方举证范围。因为这与公诉方指控有罪的诉讼主张冲突。控方虽然掌握了无罪证据，但通过对整体证据的审查分析，已排除了无罪证据的客观性，控方是认为被告人有罪的，他有权利不出示自己认为不真实的证据。其实不但是无罪证据，对于罪轻证据，如果公诉人审查认为不认定的，也不需要在法庭上出示。遇到辩护人提出要求公诉人出示这些证据时，公诉人应当明确的予以拒绝。当然拒绝要注意方式，特别是审判长有时也要求公诉人出示这些证据时，表述时可以委婉一些，如可以这样说：审判长，公诉人的职责是举证以指控犯罪。刚才辩护人要求出示的

---

① 参见最高人民检察院公诉厅编：《国家公诉人出庭指南》，法律出版社2013年版。

证据，本公诉人经审查认为是不客观的，不能作为认定事实的证据使用，故决定不予出示，如果辩护认为可作为辩护证据使用，可在辩护人举证时由辩护人自行出示。

2. 举证方法

举证一般应遵循一事一证的原则，并以一罪名一举证为体系，做到条理清楚、层次分明。一人有多笔同一性质犯罪事实的，可以根据同一犯罪活动归类举证，一般应先出示定罪证据，后出示量刑证据；先出示主要证据，后出示次要证据；先出示客观证据后出示主观证据；先证人证言后被告人供述；一人有数罪的，一般根据重罪优先审理的原则，按照犯罪构成要件分别举证；既有共同犯罪又有单个犯罪的，一般按照先共同犯罪后单个犯罪，先重罪后轻罪的两个因素考虑举证顺序。

对于具体举证次序，应以有利于证明公诉主张为目的，举证就是展示犯罪经过，重现犯罪现场的一种诉讼活动，公诉人可以根据案件的不同种类、特点和庭审实际情况，合理安排和调整举证顺序。根据案件的具体情况和证据状况，结合被告人的认罪态度，举证可以采用分组举证或者逐一举证的方式。

案情简单的案件，一般采用逐一举证，即按照犯罪的构成要件和犯罪事实的发生发展过程逐一出示证据。按照客观证据（物证书证）到主观证据（言词证据），证人证言到被告人供述（通常用发问方式解决）的次序举证。注意各份证据在证明内容上的连续递进性即可。

毒品犯罪案件的证据相对来说种类比较单一，我们建议按照以下原则把握：一是分笔进行举证，再举综合证据；二是每笔当中可以按照从客观证据到言词证据的顺序分类进行举证；三是根据案件具体情况，从利于指控以及集中解决争议焦点的角度出发，可以按照证明事项进行举证，对于没有争议的事实可以简略概述证据的证明目的，不需要一一详细出示和宣读。

【案例】赵某贩卖毒品一案，赵某、吴某系男女朋友关系，起诉指控第六笔：2017 年 10 月 23 日从吴某租住的某小区 1206 房内查获甲基苯丙胺片剂 2000 克，赵某拒不承认上述毒品是其所有。本笔事实有大量证据证明从1206房查获毒品的情况，吴某认罪，赵某辩称并不知道家中有毒品，因此可以确定本笔事实争议的焦点在于毒品的归属，公诉人分两组出示证据：第一组，证明缴获毒品的情况的证据。一是现场勘验、检查笔录、扣押决定书、扣押物品清单、物证照片、称重笔录证明现场扣押的疑似毒品的外形及数量；二是取样笔录、物证鉴定证明上述物品的成分及毒品含量；三是被告人吴某对从其家中搜缴毒品的情况供认不讳。第二组，证明上述毒品归属的证据。一是被告人吴某供述，上述毒品是赵某藏在家中旅行包内；二是证人赵小某经辨认证明，查获毒品的旅行包系其哥哥赵某所有；三是装毒品的包内有赵某的身份证等证件；四是证人朱某、黄某证明，他们曾于2017年10月27日在1206房向赵某购买毒品；五是通话记录显示2017年10月27日，朱某、黄某与赵某联系的情况。

3. 注意事项

（1）证据的说明

证据说明是指在举证的前后，公诉人对即将或已经出示给法庭的证据作简要的说明。每一份（组）证据前，公诉人应先就该证据的来源、特征及所要证明的内容向法庭作概括说明，书证、物证宣读或出示完毕后，应提请法庭交由法警让当事人、证人辨认。

证据说明有利于体现公诉人对证据的合理组织，有利于体现公诉人举证全过程的脉络和层次，有利于体现公诉人举证的目的。证据说明在目前的出庭公诉中还相当薄弱，未能引起公诉人的足够重视。主要表现在：

①举证思路的说明。一是对举证顺序的说明。这是在公诉人举证前的开场白，对整个案件的举证顺序向法庭作以总的介绍，以使法庭对公诉人的举证有一个总的印象。这种说明要力求简要，高度概括，切忌太长。二是对证据组合的说明。在使用分组举证的情况下，公诉人应当说明证据组合和具体出示证据的内在关系，如说：下面公诉人向法庭出示能够证明被告人犯罪故意的一组证据。第一个证据是证人某某的证言……

②对证据合法性、客观性、关联性的说明。在具体出示每一个证据

时，一要说明所举证据是证据八种表现形式中的哪一种，是被告人供述还是被害人陈述，是鉴定意见还是勘验笔录等。二要说明所举证据是以合法方法收集的（经庭前会议解决合法性问题的情况除外）。被告人常在法庭上以侦查机关是以刑讯逼供等方法收集证据及供述材料没有交其阅读等理由翻供，因此公诉人举证时应对该证据是侦查人员依照法定程序所取得的作出说明。三要说明所举证据的来源。包括取证的主体、时间、地点、取证对象的说明，因为只有来源清楚、可靠的证据，才能成为定案的根据。四要说明证据的客观性。要将证据的客观内容在法庭上真实地展示出来。五要说明证据的关联性。证据的关联性实质上是证据与待证事实之间的关系。

在出示证据的过程中，要注意用提示性语言和审判长衔接好，比如：审判长，公诉人将就被告人××贩卖毒品一案向法庭出示证据，根据本案实际情况，我们将根据起诉书指控的顺序分笔向法庭出示、宣读相关证据。下面公诉人首先向法庭出示能够证明被告人起诉指控第一笔犯罪事实的证据。

在该组证据出示完毕以后，应向审判长说明："审判长，该组证据出示完毕，提交法庭质证。"

有的案件，庭前会议中，对取证程序的合法性等进行了研究确认，控辩双方没有异议的证据，公诉人在出示证据时，可以不再对每份证据的取证过程进行详细地说明。在具体出示时可以简化，仅说明证据的名称和所要证明的事实即可。

此外，所有证据出示完毕后，公诉人应向审判长说明："审判长，本案的有关证据现已全部出示完毕，以上证据确实、充分，足以证明起诉书指控的犯罪事实和情节，请合议庭依法采信。"

（2）组合举证

对要在庭审时就某方面的问题集中出示时要采取组合举证法，将对应的证据组合出示，但并不意味着把某些证据倾盘罗列后一并质证，应该按照有利于指控的原则进行排列组合。

(3) 意见、笔录宣读

鉴定人、勘验人、检查人未到庭的，公诉人应当当庭宣读鉴定意见、勘验笔录、检查笔录。宣读前，应对鉴定人、勘验人、检查人的身份、资质等作出说明，必要时提供证据予以证明。

(4) 播放视听资料

应首先对视听资料的来源、制作过程、制作环境、制作人员以及所要证明的内容进行概括说明。播放一般应连续进行，也可根据案情分段进行，但应保持资料原貌。播放视听资料，应向法庭提供视听资料的原始载体。提供原载体确有困难的，可以提供复制件，但应向法庭说明原因。声音资料的出示，可以宣读庭前制作的附有声音资料语言内容的文字记录。

(5) 运用多媒体示证

多媒体示证是将案卷的纸质材料通过扫描的方式制作成一定的图像序列，存储在电脑设备中，庭审时通过多媒体予以展示的一种展示证据的方式。通过这种展示，可以让人直观形象地看到证据的原始面貌，生动可信，对于提升庭审效果有一定帮助。当然，作为一种展示工具，能否达到有效证明指控事实的目的主要依靠于公诉人对证据的编排组合以及展示时的证据说明。

4. 质证及对质证意见的答辩

质证是指在庭审过程中，由一方出示证据，并说明证据来源及证明内容，而由对方就证据本身及证明内容进行辨认、质疑、反驳的一项诉讼活动。

(1) 对辩方证据质证

按照学理上的通常理解，证据应当具备“三性”（合法性、客观性、关联性），才能作为有效证据，起到证明案件事实的作用。因此，质证活动应该围绕证据的“三性”展开：对于辩护人提供的程序违法或者有瑕疵的证据，对其证据的合法性真实可靠程度提出质疑，并要求法庭不予采信。对于与定罪量刑没有关系，也未能直接证明案件发生情况的证言，由于其不具有刑法上证据特征的关联性或者明显重复、不必要，或者在案证据能够反驳新证据的，公诉人可以在说明理由或者反驳后，要求法庭不予采信。

如庭审过程中，辩护人、被告人当庭提交新证据，公诉人要沉着应对“证据突袭”。首先，要指出辩护人、被告人当庭提交证据的做法违背了《新刑诉法解释》第221条第1款第3项之规定，应当在开庭前五日提供开庭拟当庭出示的证据。其次，对于可以当庭质证的证据围绕证据“三性”进行质证。最后，对于当庭无法质证，而该证据又对案件定罪量刑有重要作用的，公诉人可建议法庭在本案其他证据质证完毕后延期审理。在延期审理期间，公诉人应对证据进行核实，必要时可以要求公安机关协助。

（2）回应被告人、辩护人的质证意见

庭审中我们经常会遇到的一个问题是，辩护人、被告人对所有或者绝大多数的证据都有异议，质证意见一多二长三重复，在进行回应的时候，要注意以下几个问题。首先，要认真听，并迅速归纳出质证意见到底针对的是证据哪一方面的问题。其次，答辩要注意抓住实质，直击要害，不要在细枝末节上纠缠。对于质疑不影响证据能力的问题，要简明、扼要地表达质疑不影响证据能力，不要过分纠缠。对于质疑影响到了证据能力，要结合证据“三性”，有针对性地进行回应，切忌泛泛而谈。对于辩护人提出的质疑属于证据综合采信、定罪、量刑等问题，可简明扼要指出，上述问题属于法庭辩论阶段解决的问题，公诉人将在法庭辩论时予以回应。

（四）法庭论辩

1. 毒品犯罪案件公诉意见的撰写

公诉意见书，指出庭支持公诉的检察人员，在法庭辩论开始时，就案件的事实、证据、适用法律等问题集中发表意见时所使用的文书。公诉意见书主要围绕起诉书所指控的内容展开，是出庭检察人员对法庭调查的事实以及如何定罪量刑等问题的结论性意见，是法庭审理的重要依据。公诉意见书还是法制宣传的重要形式，通过对被告人犯罪行为危害的剖析、犯罪成因的分析等，可以对旁听群众进行法治宣传和教育，起到预防犯罪的作用。[①]

公诉意见一般应包括以下内容：

一是对起诉书指控的犯罪事实是否清楚，证据是否确实充分进行论述。该部分并非是对证据的简单罗列，要注意与举证阶段相互衔接，单个证据的“合法性、客观性、关联性”问题在举证质证阶段解决，法庭论辩阶段需要解决的是证据体系是否已经建立的问题。叙写的方式可以根据案件的具体情况按照犯罪构成要件或者核心事实要素等方式进行。另外也要结合被告人是否认罪，是否系共同犯罪等情况作出调整。

二是对被告人行为的定性及刑事责任进行分析。毒品犯罪案件的犯罪构成比较简单、清楚，关于定性问题不需要用太多的语言论证，但对于一些共同犯罪中帮助犯的认定，被告人之间是共同犯罪还是上下线关系等适用法律问题要详细论证。关于刑事责任的承担问题，主要是各种法定和酌定的量刑情节的叙写以及量刑建议的提出。

三是社会危害的剖析以及法治教育部分。该部分特别要注意的问题是，需结合案件本身的情况进行法、理、情的分析，切忌泛泛而谈或者千篇一律。

需要特别说明的是，前述内容是公诉意见书应当包含的主要内容，至于具体分几部分进行叙写以及各部分的篇幅、详略问题，需要公诉人根据案件的具体情况决定叙写的方式。

2. 答辩需要注意的问题

（1）充分准备，全面预测

“知己知彼，百战不殆”，公诉人在准备出庭预案的时候，对于庭审可能出现的案件事实证据、法律适用以及其他有可能出现的问题要进行全面预测，并且拟定答辩提纲，包括进一步熟悉案卷材料、对相关法律问题查找资料，梳理答辩逻辑等。

---

① 陈国庆主编：《刑事公诉法律文书制作与优秀范例精选》，中国民主法制出版社2016年版，第553页。

（2）把握焦点，灵活应对

公诉人在全面预测法庭辩论焦点的基础上，需要做到对突发问题和情形进行临场处置，灵活应对。在开庭过程中，可能很多公诉人都有这样的疑惑：辩护人和被告人提了很多意见，到底哪些该答？我们认为，对于影响定罪量刑的的核心事实和问题是需要回答的，其他的枝节问题可以不答，或者用一两句话带过。因此，这就要求公诉人必须要认真听，将听到的内容迅速进行分类，涉及事实认定的问题有哪些、定性的争议点在什么地方、哪些情节可能影响量刑，然后将这些问题用法律语言归纳成争议焦点，进行答辩。

（3）语言精练，针对性强

关于答辩语言需要注意几个方面的问题：一是要用语规范，要尽量用法言法律进行答辩；二是要语言精练，有针对性，答辩中一定要注意逻辑性和层次性。

第七章　毒品犯罪的刑罚适用

根据我国刑法的规定，对毒品犯罪设置主刑有死刑、无期徒刑、有期徒刑、拘役、管制。附加刑有罚金、没收财产。单位犯罪的，对单位判处罚金，并对其直接负责的主管人员和其他直接责任人员定罪处罚。走私、贩卖、运输、制造毒品罪最高法定刑为死刑，非法持有毒品罪的最高法定刑为无期徒刑。对判处死刑、无期徒刑的毒品犯罪分子附加剥夺政治权利。对于毒品犯罪的外国人，可以独立适用或者附加适用驱逐出境。

第一节　影响毒品犯罪案件量刑诸因素

刑法第 61 条规定，对于犯罪分子决定刑罚的时候，应当根据犯罪的事实、犯罪的性质、情节和对于社会的危害程度，依法判处。因此对毒品犯罪被告人量刑时，应综合考虑毒品数量、犯罪情节、危害后果、被告人的主观恶性、人身危险性以及当地禁毒形势等各种因素，准确量刑，罚当其罪。

一、毒品数量

毒品数量是毒品犯罪的重要量刑情节。刑法第六章第七节对走私、贩卖、运输、制造和非法持有鸦片、海洛因或者甲基苯丙胺，非法种植罂粟的数量与刑罚标准作了规定，而其中规定的“其他毒品”的数量与刑罚则在相关司法解释或司法解释性文件予以明确。《2000 年毒品案件定罪量刑解释》和《2007 年毒品案件若干意见》共规定了海洛因、鸦片、甲基苯丙胺以外的16类毒品的量刑数量标准。

《2000年毒品案件定罪量刑解释》和2009年《关于办理制毒物品犯罪案件适用法律若干问题的意见》（以下简称《2009年制毒物品意见》）规定33种列入管制的制毒物品的量刑数量标准。

《2016年毒品犯罪司法解释》首次以司法解释系统地规定各类毒品犯罪的定罪量刑标准。其中第一条、第二条规定28类毒品的数量大和数量较大的标准，保留原司法解释和规范性文件中的15类毒品数量标准，新增12类毒品数量标准，下调了氯胺酮的定罪量刑标准。保留的15类毒品为《2000年毒品案件定罪量刑解释》中规定的可卡因、苯丙胺类（甲基苯丙胺除外）、大麻油、吗啡、度冷丁、盐酸二氢埃托啡、咖啡因、罂粟壳8类和《2007年毒品案件若干意见》规定的美沙酮、三唑仑、安眠酮、氯氮卓、艾司唑仑、地西泮、溴西泮7类毒品。新规定了芬太尼、甲卡西酮、曲马多、γ-羟丁酸、可待因、丁丙诺啡、阿普唑仑、恰特草、巴比妥、苯巴比妥、安钠咖、尼美西泮12类毒品的定罪量刑数量标准。

《2007年毒品案件若干意见》规定氨胺酮与海洛因的定罪量刑的量比关系是20：1，将其下调为10：1，即500克以上为数量大。主要考虑司法实践中制造贩卖氯胺酮案件高发，且滥用氯胺酮引发的次生犯罪多，其现实危害和潜在危害极大。

因《刑法修正案（九）》对刑法第350条第1款、第2款作了修正①，增加了非法生产、运输制毒物品罪，将该罪的法定刑调整为情节较重、情节严重和情节特别严重三档，并将其最高法定刑从10年有期徒刑调整为15年有期徒刑，还增加了没收财产的规定。

① 刑法第350条第1款、第2款：“违反国家规定，非法生产、买卖、运输醋酸酐、乙醚、三氯甲烷或者其他用于制造毒品的原料、配剂，或者携带上述物品进出境，情节较重的，处三年以下有期徒刑、拘役或者管制，并处罚金；情节严重的，处三年以上七年以下有期徒刑，并处罚金；情节特别严重的，处七年以上有期徒刑，并处罚金或者没收财产。明知他人制造毒品而为其生产、买卖、运输前款规定的物品的，以制造毒品罪的共犯论处。”

《2016年毒品犯罪司法解释》第7条、第8条分别对非法生产、买卖、运输制毒物品罪的定罪量刑标准作出新的明确规定，整体下调了33种列管制毒物品的定罪量刑数量标准。如下调制造甲基苯丙胺的主要原料麻黄碱与制造氯胺酮的主要原料羟亚胺的定罪数量起点，麻黄碱对应情节较重的标准是一千克以上不满五千克；羟亚胺对应的情节较重的标准是二千克以上不满十千克。又如将适用“三年以下有期徒刑以下刑罚”的制毒物品数量标准的上限，从以往定罪量刑起点的10倍一律下调至5倍。第8条第1款第1项规定该罪情节严重的数量标准为定罪数量起点的5倍。第2款第1项规定认定该罪情节特别严重的数量标准为定罪数量起点的25倍。

第9条规定非法种植大麻的量刑数量标准，五千株不满三万株的为数量较大。第10条规定非法买卖、运输、携带、持有未经灭活的毒品原植物种子或者幼苗量刑数量标准，罂粟种子五十克以上、罂粟幼苗五千株以上的和大麻种子五十千克以上、大麻幼苗五万株以上的为数量较大。第13条规定非法提供麻醉药品、精神药品的量刑数量标准。

二、毒品含量

毒品含量也是毒品犯罪量刑需要考虑的重要因素，尤其在死刑量刑时是特别重要的因素。

1994年最高人民法院《执行禁毒决定的解释》（已失效）第19条规定：海洛因的含量在25%以上的，可视为《决定》和本解释中所指的海洛因。含量不够25%的，应当折合成含量为25%的海洛因计算数量。1997年刑法第357条规定，毒品的数量以查证属实的走私、贩卖、运输、制造、非法持有毒品的数量计算，不以纯度折算。《南宁会议纪要》（已失效）指出：对于查获的毒品证明有大量掺假，经鉴定查明毒品含量极少，确有大量掺假成分的，在处刑时酌情考虑。《2007年毒品案件若干意见》第4条明确规定，可能判处死刑的毒品犯罪案件，毒品鉴定结论中应有含量鉴定的结论。《大连会议纪要》规定，对可能判处被告人死刑的毒品犯罪案件，应当根据《2007年毒品案件若干意见》，作出毒品含量鉴定；对涉案毒品可能大量掺假或者系成分复杂的新类型毒品的，亦应当作出毒品含量鉴定。2017年《关于常见犯罪的量刑指导意见》（以下简称2017年《量刑指导意见》）规定，毒品含量明显偏低的，可以减少基准刑的30%以下。

综上，我国司法实践中毒品的含量是影响毒品犯罪案件的量刑因素之一。在可能判处死刑毒品犯罪案件，毒品含量是极其重要的影响因素。如《刑事审判参考》第367号案例张玉梅、刘玉堂、李永生贩卖毒品一案，原侦查机关委托鉴定意见为缴获的655.4克海洛因含量为69%，1.2克海洛因含量30%，0.4克海洛因含量为86%。二审期间，三被告人均对毒品含量提出异议，后经一审法院委托鉴定，结论为655.4克海洛因含量为17.33%，1.04克海洛因含量16.66%，0.25克海洛因含量为36.31%。据此最高人民法院从少杀、慎杀的刑事政策出发，结合本案毒品折合成纯海洛因只有110余克的具体情况，将三被告人由死刑改判为死缓。

三、毒品种类

根据《禁毒法》第2条和刑法第357条规定，毒品是指鸦片、海洛因、甲基苯丙胺（冰毒）、吗啡、大麻、可卡因，以及国家规定管制的其他能够使人形成瘾癖的麻醉药品和精神药品。传统的毒品主要有鸦片、海洛因、大麻等，新型毒品有冰毒、麻古等，其种类很多。世界卫生组织（WHO）则将毒品分为八大类：吗啡类、巴比妥类、酒精类、可卡因类、印度大麻类、苯丙胺类、柯特（Khat）类和致幻剂类。联合国麻醉药品委员会将毒品分为六大类：吗啡型药物（包括鸦片、吗啡、可待因、海洛因和罂粟植物等）、可卡因和可卡叶、大麻、安非他明等人工合成兴奋剂、安眠镇静剂（包括巴比妥药物和安眠酮）、安定类药物。国家食品药品监督管理总局、公安部、国家卫生和计划生育委员会印发的食药监药化监〔2013〕230号《关于公布麻醉药品和精神药品品种目录的通知》公布麻醉药品121种、一类精神药品68种、二类精神药品81种。上述部门联合印发的公通字〔2015〕27号《非药用类麻醉药品和精神药品列管办法》增补列管的非药用类麻醉药品和精神药品 116 种。

我国刑法第 347 条、第 348 条对于走私、贩卖、运输、制造和非法持有鸦片、海洛因、甲基苯丙胺规定不同的数量对应的量刑标准。

《2007 年毒品案件若干意见》明确规定办理二亚甲基双氧安非他明（MDMA）等苯丙胺类毒品（甲基苯丙胺除外）、氯胺酮、美沙酮、三唑仑、安眠酮、氯氮卓、艾司唑仑、地西泮、溴西泮等毒品案件定罪量刑标准问题。《2016 年毒品犯罪司法解释》新规定了芬太尼、甲卡西酮、曲马多、γ-羟丁酸、可待因、丁丙诺啡、阿普唑仑、恰特草、巴比妥、苯巴比妥、安钠咖、尼美西泮等 12 种新类型毒品的定罪量刑数量标准，并将氯胺酮的定罪量刑数量标准下调为原来的二分之一。

国家食品药品监督管理局 2004 年制定的《非法药物折算表》对 50 种阿片类、57 种苯丙胺类（含致幻剂）、2 种可卡因类、2 种大麻类、3 种其他兴奋剂、30 种苯二氮卓类镇静安眠药、10 种巴比妥类、2 种其他类镇静安眠药，共计 156 种药物，其 1 克对应海洛因的折算比作出规定。

司法实践中对于刑法、司法解释等没有规定量刑数量标准的毒品，参照《非法药物折算表》，折算成海洛因的数量后适用刑罚。根据《大连会议纪要》的精神，对于含有二种以上毒品成分的毒品混合物，应进一步作成分鉴定，确定所含的不同毒品成分及比例。对于毒品中含有海洛因、甲基苯丙胺的，应以海洛因、甲基苯丙胺分别确定其毒品种类；不含海洛因、甲基苯丙胺的，应以其中毒性较大的毒品成分确定其毒品种类；如果毒性相当或者难以确定毒性大小的，以其中比例较大的毒品成分确定其毒品种类，并在量刑时综合考虑其他毒品成分、含量和全案所涉毒品数量。

综上，同一数量的毒品因种类不同，适用的刑罚不同，即毒品种类也是影响量刑的重要因素。

四、法定情节

毒品犯罪中的法定情节主要有累犯、毒品再犯、主从犯、自首、坦白、立功、未遂以及刑法分则和司法解释中规定的其他情节。

（一）自首、坦白、立功

2017年《量刑指导意见》规定，对于自首情节，综合考虑自首的动机、时间、方式、罪行轻重、如实供述罪行的程度以及悔罪表现等情况，可以减少基准刑的40%；犯罪较轻的，可以减少基准刑的40%以上或者依法免除处罚。恶意利用自首规避法律制裁等不足以从宽处罚的除外。

对于坦白情节，综合考虑如实供述罪行的阶段程度、罪行轻重以及悔罪程度等情况，确定从宽的幅度。如实供述自己罪行的，可以减少基准刑的20%以下。如实供述司法机关尚未掌握的同种较重罪行的，可以减少基准刑的10%—30%，因如实供述自己罪行，避免特别严重后果发生的，可以减少基准刑的30%—50%。

对于立功情节，综合考虑立功的大小、次数、内容、来源、效果以及罪行轻重等情况，确定从宽的幅度。一般立功的，可以减少基准刑的20%以下。重大立功的，可以减少基准刑的20%—50%；犯罪较轻的，减少基准刑的50%以上或者依法免除处罚。

【案例】2016年9月至10月，被告人王某文、易某分别多次贩卖甲基苯丙胺（俗称“冰毒”）及甲基苯丙胺片剂（俗称“麻古”）。具体犯罪事实如下：

1. 2016年9月27日、10月3日、10月8日，被告人王某文在某市某社区9栋207房，以每次1500元的价格分三次卖给被告人易某约30克甲基苯丙胺和15粒甲基苯丙胺片剂。2016年10月25日，公安机关在某市某社区4栋附近抓获被告人王某文。

2. 2016年2月8日、8月中旬的一天、9月27日，被告人易某在某市某小区10栋106房或某超市员工通道每次以100元的价格，分四次卖给吸毒人员张某四小包甲基苯丙胺。

2016年8月中旬的一天，被告人易某在某市某区小区10栋106房将少量甲基苯丙胺以200元的价格贩卖给吸毒人员李某。

2016年10月8日，公安机关在被告人易某位于某市某区裕南街道16号10栋106房家中抓获被告人易某及吸毒人员李某。在被告人易某卧室内查获冰毒13.44克、麻古0.54克；在吸毒人员李某身上查获冰毒0.09克。

一审法院认为，被告人王某文、易某违反国家毒品管理法规，分别向他人贩卖毒品甲基苯丙胺十克以上不满五十克，其行为均已构成贩卖毒品罪。被告人易某如实供述自己的罪行，可从轻处罚。依照《中华人民共和国刑法》第347条第1款、第3款、第7款，第67条第3款之规定，以被告人王某文犯贩卖毒品罪，判处其有期徒刑8年6个月，并处罚金5000元；以被告人易某犯贩卖毒品罪，判处其有期徒刑7年，并处罚金2000元。

被告人易某不服判决，上诉至某市中级人民法院，称其协助公安机关抓获上线王某文，有立功表现，请求对其从轻判处。

二审法院查明，上诉人易某到案当日，向公安机关如实供述毒品购于王某文处，并根据公安机关提供的多份姓名为“王某文”的公民身份信息，辨认出王某文，确定了王某文的真实身份。次日，易某带领公安机关到王某文租住的某市某小区10栋106房进行了现场指认。2016年10月25日，公安机关在上述地点将王某文抓获归案。二审法院认定易某为公安机关顺利侦破王某文贩卖毒品案提供了真实、有效的线索，对公安机关抓捕王某文起到了实质性的协助作用，有立功表现。该院认为原审判决认定的事实清楚，证据确实、充分，定罪准确，审判程序合法，但未认定易某的立功情节，适用法律错误，量刑不当。据此对易某改判，以其犯贩卖毒品罪，判处有期徒刑6年，并处罚金2000元。

本案中被告人易某贩卖毒品甲基苯丙胺十克以上不满五十克，根据2017年《量刑指导意见》的相关规定，可以在七年到八年有期徒刑幅度内确定量刑起点。本案被告人易某为一般立功，可以减少基准刑的20%以下，取七年半有期徒刑为基准刑，有一般立功表现，可以减少基准刑 20%，二审法院对其改判六年有期徒刑较为适宜。

（二）从犯、未遂

2017 年《量刑指导意见》规定，对于从犯，应当综合考虑其在共同犯罪中的地位、作用等情况，予以从宽处罚，减少基准刑的 20%—50%；犯罪较轻的，减少基准刑的 50% 以上或者依法免除处罚。

【案例】某中级人民法院以李某勇犯运输毒品甲基苯丙胺净重 215.09 克（含量为 77.4%），构成运输毒品罪判处其有期徒刑 7 年 6 个月，剥夺政治权利 1 年，并处罚金人民币 25000 元，犯容留他人吸毒罪，判处有期徒刑 9 个月，并处罚金人民币 2000 元，决定执行有期徒刑 8 年。

该院裁判主要理由是鉴于李某勇到案后对其所犯数罪均能如实供述，且具有从犯、立功等法定从轻、减轻处罚情节，依法对其所犯运输毒品罪减轻处罚，对其所犯容留他人吸毒罪从轻处罚。

对于未遂犯，综合考虑犯罪行为的实行程度、造成损害的大小、犯罪未得逞的原因等情况，可以比照既遂犯减少犯罪基准刑的 50% 以下。对于法定刑为有期徒刑的被告人适用，对于可能判处无期徒刑以上刑罚的亦有调节作用。

【案例】被告人张某贩卖甲基苯丙胺 3100 余克、甲基苯丙胺片剂 196.11 克，其中贩卖 2000 克甲基苯丙胺因意志以外的原因未能得逞，一审法院认定其行为已构成贩卖毒品罪，对其犯贩卖运输毒品罪，判处死刑，缓期两年执行，剥夺政治权利终身，并处没收个人全部财产。二审法院裁定维持原判。

本案毒品数量达到当地司法机关内部掌握的死刑标准，法院对同案犯第一被告人判处死刑，立即执行，考虑到张某贩卖 2000 克冰毒且未遂的情节对其判处死刑，缓期两年执行是正确的，因为既符合我国少杀慎杀的死刑政策，也兼顾全案量刑平衡。

（三）累犯、毒品再犯

累犯、毒品再犯是法定从重处罚情节，即使毒品犯罪情节较轻，也要体现从严惩处的精神。尤其对于曾因实施严重暴力犯罪被判刑的累犯、刑满释放后短期内又实施毒品犯罪的再犯，以及在缓刑、假释、暂予监外执行期间又实施毒品犯罪的再犯，应当严格体现从重处罚的精神。

根据2017年《量刑指导意见》规定，对于累犯应当综合考虑前科的性质，时间间隔长短、次数、处罚轻重等情况，增加基准刑的10%—40%，一般不小于3个月。且毒品再犯可以增加基准刑的10%—30%。根据《武汉会议纪要》精神，对于因同一毒品犯罪前科同时构成累犯和毒品再犯的被告人，在裁判文书中应当同时引用刑法关于累犯和毒品再犯的条款，但在量刑时不得重复予以从重处罚。对于因不同犯罪前科同时构成累犯和毒品再犯的被告人，量刑时的从重处罚幅度一般应大于前述情形。因此对于因同一毒品犯罪前科构成累犯和毒品再犯的被告人，在确定量刑起点时不能重复计算调整刑，但对于不同犯罪前科同时构成累犯和毒品再犯应分别计算，再综合考虑确定量刑起点。

【案例】被告人赵某、钟某等人贩卖运输毒品一案[①]，被告人赵某贩卖海洛因约351.33克，贩卖、运输甲基苯丙胺片剂160.72克。被告人钟某贩卖海洛因162.08克、甲基苯丙胺82.24克、甲基苯丙胺片剂28.64克，其行为已构成贩卖毒品罪。钟某因贩卖毒品罪被判过刑，在刑罚执行完毕以后五年内再犯应当判处有期徒刑以上刑罚之罪，系累犯、毒品再犯，应当从重处罚。一审法院认为两被告人的行为均构成贩卖运输毒品罪，根据《中华人民共和国刑法》第347条第1款、第2款第1项、第57条第1款、第59条、第65条第1款、第356条、第64条的规定对两被告人犯贩卖运输毒品罪，判处无期徒刑，剥夺政治权利终身，并处没收个人全部财产。两被告人均没有上诉，因其他同案犯上诉，二审法院裁定维持原判。

本案的量刑考虑到毒品数量、法定情节的调节作用，对赵某、钟某适用刑罚恰当、均衡。被告人赵某贩卖毒品数量累计512.05克，被告人钟某贩卖运输毒品数量累计272.96克，从毒品数量分析，两被告人均达

① 案例来源于中国裁判文书网。

到应处十五年以上有期徒刑、无期徒刑、死刑的量刑幅度。被告人赵某贩卖运输毒品数量要大于钟某，但钟某系累犯、毒品再犯，有法定从重情节。本案量刑时以十五年有期徒刑为量刑起点，考虑赵某贩卖毒品数量对其从重，选择无期徒刑为宣告刑较为适宜。对于被告人钟某虽贩卖运输的毒品数量低于同案犯赵某，但其有法定从重情节，亦应在十五年有期徒刑的量刑起点，考虑对其从重处罚，选择适用无期徒刑是恰当的。

（四）前科劣迹

部分毒品犯罪中被告人的前科劣迹对其量刑有影响。根据2017年《量刑指导意见》的相关规定，对于有非未成年人犯罪的前科（不构成累犯和毒品再犯）的，综合考虑前科的性质、时间间隔的长短、次数、处罚轻重等情况，可以增加基准刑的10%以下。又如《2016年毒品犯罪司法解释》规定，对于曾因非法生产、买卖、运输制毒物品、走私制毒物品受过刑事处罚的或者二年内曾因非法生产、买卖、运输制毒物品、走私制毒物品受过行政处罚的，又违反国家规定，非法生产、买卖、运输制毒物品、走私制毒物品在达到刑法第350条第1款规定的“情节较重”数量标准最低值的百分之五十，应当认定为“情节较重”。

（五）其他法定情节

《2016年毒品犯罪司法解释》规定，被告人、犯罪嫌疑人针对多人、利用特殊人群实施毒品犯罪以及在特定地点或针对特定人群实施毒品犯罪、多次实施相关毒品犯罪等情节，也对其量刑产生影响。具体如下：

一是利用、教唆未成年人非法持有毒品或者非法生产、买卖、运输制毒物品、走私制毒物品，达到刑法第350条第1款规定的“情节较重”数量标准最低值的百分之五十，应当分别认定为刑法第348条、第350条第1款规定的“情节严重”。

二是向在校学生贩卖毒品的；利用残疾人、严重疾病患者、怀孕或者正在哺乳自己婴儿的妇女走私、贩卖、运输、制造毒品的；在戒毒所、监管场所贩卖毒品的；向多人贩卖毒品或者多次走私、贩卖、运输、制造毒品的等情形出现，应当认定为刑法第 347 条规定的“情节严重”。

三是在戒毒所、监管场所非法持有毒品或者利用教唆未成年人非法持有毒品的，应当认定为刑法第 348 条规定的“情节严重”。

四是被包庇的犯罪分子依法应当判处十五年有期徒刑以上刑罚；包庇多名或者多次包庇走私、贩卖、运输、制造毒品的犯罪分子；严重妨害司法机关对被包庇的犯罪分子实施的毒品犯罪进行追究的等情形出现，应当认定为刑法第 349 条第 1 款规定的“情节严重”。

包庇走私、贩卖、运输、制造毒品的近亲属或者为近亲属窝藏、转移、隐瞒毒品或者毒品犯罪所得的财物，不具有前述规定的情节严重情形，归案后认罪、悔罪、积极退赃、且系初犯、偶犯、犯罪情节轻微不需要判处刑罚的，可以免予刑事处罚。容留近亲属吸食、注射毒品，情节显著轻微危害不大的，不作为犯罪处理。需要追究刑事责任的，可以酌情从宽处罚。

五是为犯罪分子窝藏、转移、隐瞒毒品达到刑法或司法解释规定的数量大标准的或者窝藏、转移、隐瞒毒品犯罪所得的财物达到五万元；为多人或者多次为他人窝藏、转移、隐瞒毒品或者毒品犯罪所得的财物的；严重妨害司法机关对该犯罪分子实施的毒品犯罪进行追究的等情形出现，应当认定为刑法第 349 条第 1 款规定的“情节严重”。

五、主体身份

毒品犯罪案件中被告人的主体身份对量刑亦有影响。根据刑法规定，犯罪时不满 18 岁和年满七十五岁以及审判时怀孕的妇女不适用死刑。

2017 年《量刑指导意见》规定，已满十四周岁不满十六周岁的未成年人犯罪，减少基准刑的 30%—60%。已满十六周岁不满十八周岁的未成年人犯罪，减少基准刑的 10%—50%。

根据刑法第 349 条第 2 款规定，缉毒人员或者其他国家机关工作人员掩护、包庇走私、贩卖、运输、制造毒品的犯罪分子的，依照第一款的规定从重处罚。

根据《2016年毒品犯罪司法解释》的相关规定，部分毒品犯罪中被告人的身份为国家工作人员时，对量刑有影响。具体情形如下：

一是国家工作人员走私、贩卖、运输、制造毒品的，应当认定为刑法第347条第4款规定的“情节严重”。

二是国家工作人员非法持有毒品的，应当认定为刑法第348条规定的“情节严重”。

三是国家工作人员违反国家规定，非法生产、买卖、运输制毒物品、走私制毒物品在达到刑法第350条第1款规定的“情节较重”数量标准最低值的百分之五十，应当认定为“情节较重”。

四是国家工作人员引诱、教唆、欺骗他人吸食、注射毒品的，应当认定为刑法第353条第1款规定的“情节严重”。

【案例】被告人彭某2012年4月份多次贩卖甲基苯丙胺给刘某、李某林，总计10克。卷内有年度考核登记表，证明彭某系某县城市管理执法大队工作人员。

本案被告人彭某多次贩卖甲基苯丙胺毒品10克，已构成贩卖毒品罪，彭某系国家工作人员贩毒，应从严惩处。依照《中华人民共和国刑法》第347条第1、3、7款之规定，以彭某犯贩卖毒品罪，判处其有期徒刑8年，并处罚金人民币20000元，体现对其从严惩处是正确的。

六、其他因素

毒品犯罪案件量刑时，除前述的法定情节外，实践影响量刑一般还会酌情考虑认罪态度、涉案毒品是否流入社会、有无特情介入侦破以及全案量刑平衡等因素。比如特情引诱，《大连会议纪要》规定，对特情介入侦破的毒品犯罪案件，要区别不同情形予以分别处理。如行为人本来只有实施数量较小的毒品犯罪的故意，在特情引诱下实施了数量较大甚至达到实际掌握的死刑数量标准的毒品犯罪的，属于“数量引诱”。对因“数量引诱”实施毒品犯罪的被告人，应当依法从轻处罚，即使毒品数量超过实际掌握的死刑数量标准，一般也不判处死刑立即执行。

此外，有些毒品犯罪案件，往往由于毒品、毒资等证据已不存在，导致审查证据和认定事实困难。仅有被告人口供与同案被告人供述作为定案证据的，对被告人判处死刑立即执行要特别慎重。因此毒品犯罪证据状况有时也是影响量刑的重要因素。

第二节　毒品犯罪死刑适用

根据我国刑法、司法解释等规定，走私、贩卖、运输、制造毒品，有下列情形之一的，可以判处死刑：走私、贩卖、运输、制造鸦片1000克以上、海洛因或者甲基苯丙胺50克以上或者其他毒品数量大的；走私、贩卖、运输、制造毒品集团的首要分子；武装掩护走私、贩卖、运输、制造毒品的；以暴力抗拒检查、拘留、逮捕，情节严重的。

一、我国刑法对毒品犯罪案件保留死刑的必要性

死刑废除是国际刑法的大势所趋，但鉴于当前国际国内毒情形势严峻，尚不宜废除毒品犯罪中死刑，同时要正确把握死刑政策在毒品犯罪案件中的适用。

（一）世界各国（地区）禁毒都是严刑峻法

从世界各国（地区）禁毒立法规定，刑法设置了自由刑，还设置了罚金、没收财产、剥夺资格等刑罚措施，不少国家（地区）对严重的毒品犯罪都规定有死刑，如泰国、新加坡、马来西亚、印度尼西亚、缅甸等。我国台湾地区只对贩卖、运输、制造毒品罪规定有死刑，而对走私毒品罪没有规定死刑，在具体量刑时是以毒品类别处以不同的法定刑；香港特别行政区规定对于贩运、制造毒品罪的，最高可以判处终身监禁。20世纪中叶以后，限制与废止死刑逐渐成为国际性的发展潮流，但毒品犯罪的死刑却呈现出相反的趋势。这不仅体现在对毒品犯罪规定死刑的国家数量明显增加上，也表现为部分国家在立法或司法上强化了对毒品犯罪死刑的适用。1979年的一份调查显示，在125个保留死刑的国家中，只有10个国家对毒品犯罪规定了死刑。而1985年世界上则

有22个国家（地区）对毒品犯罪规定有死刑，1995年又增加至26个。截至2010年3月，世界上已有32个国家或地区在法律上对毒品犯罪规定有死刑。在这32个国家或地区中，至少有12个国家或地区在此前3年中对毒品犯罪执行过死刑；13个国家或地区设置了对特定种类的毒品犯罪强制性死刑规定；5个国家或地区被认为是事实上废除了对毒品犯罪的死刑。与此同时，泰国、马来西亚、朝鲜、伊朗、毛里求斯等国纷纷采取立法或司法举措，强化了毒品犯罪死刑的适用。例如，伊朗2006年共对96名毒品犯罪分子执行了死刑，但到2009年这一数字已剧增至172人左右。根据国际减灾协会2010年发布的《毒品犯罪死刑2010年全球概览》研究报告，近年来全球每年有数百人因毒品犯罪被处死，如果把那些秘密执行死刑的国家计算在内，极有可能超过1000人。而中国是与伊朗、沙特阿拉伯、越南、新加坡、马来西亚等一起被国际减灾协会的上述报告视为毒品犯罪死刑高适用率的国家①。

（二）当前我国毒品犯罪形势严峻，不宜立即废除死刑

《世界毒品报告》指出，2016年全球药物类阿片缉获量为87吨，与当年海洛因缉获量大致相同。国家禁毒委员会办公室发布的《2017中国禁毒报告》显示，2016年全国缴获海洛因8.8吨、冰毒晶体17.4吨。即我国2016年全国缴获的海洛因量是全球的十分之一，而海洛因的致死量是0.12克至0.15克。

特殊的地理位置和国内经济社会特点决定我国在一定时期内禁毒战争的艰巨性，严格控制死刑比立法废除死刑在毒品犯罪中适用更符合世情、国情需要。

我国西南的云南、广西两地毗邻世界最大鸦片和海洛因王国“金三角”（位于东南亚的泰国、缅甸、老挝三国交界的边境地区）；西北的新疆、西藏两地又临近世界第二大鸦片产地“金新月”（位于西南亚的阿富汗、巴基斯坦和伊朗三国的交接地带），特殊的地缘关系导致源

① 赵秉志、阴建峰：《论中国毒品犯罪死刑的逐步废止》，载《法学杂志》2013年第5期。

源不断的境外毒品进出我境，并形成双面夹击之势。且云南边境线长，山高林密，新疆、西藏边防线多雪域高原，方便犯罪分子出没的同时，也增加我国禁毒工作的狙击难度。近年来北起中国喀什、南至巴基斯坦瓜德尔港的经济大动脉中巴经济走廊加剧“金新月”海洛因向我国走私贩运势头。

死刑的存在对震慑毒品犯罪仍有重要价值，这不仅对中国，甚至对整个世界毒品的走势都会产生影响。例如，“金三角”毒品的传统通道是新加坡、马来西亚，但20世纪80年代以来，这些国家规定了极其严厉的惩罚手段，凡持有海洛因15克以上或一定数量的其他毒品，一律判处死刑。这种严酷的立法，直接将毒品流转的通道“逼”到了我国境内[①]。有力地佐证死刑适用在毒品犯罪上的有效性。由是观之，死刑的司法限制显然比立法废除更符合中国国情。

（三）新型合成毒品极度滥用趋势决定毒品犯罪保留死刑的必要性

主张毒品犯罪中废除死刑的主要观点是毒品犯罪属于无被害人犯罪，对之配置死刑缺乏必要的报应根据以及毒品犯罪是典型的非暴力犯罪，未达“罪行极其严重”之死刑适用标准。主要是认为1966年联合国通过的《公民权利和政治权利国际公约》第6条规定，保留死刑的国家只能将死刑适用于最严重的犯罪，我国已签署并批准《公民权利和政治权利国际公约》，根据该公约精神要求，我国刑法中不宜再保留毒品犯罪的死刑。之所以得出这一结论在于对当前毒品犯罪的形势以及新型毒品的危害性认识不足所致。

2018年《世界毒品报告》指出，2009年兴起的新精神活性物质在全球不断泛滥，全球发现的品种从2012年7类251种增加到2017年的9类800余种。截至2017年，我国列管的新精神活性物质已达到138种。最高人民法院、最高人民检察院、公安部共同发布的相关司法解释

① 赵翔等：《毒品问题研究——从全球视角看贵州毒品问题》，中国人民公安大学出版社2005年版，第99—102页。

规定了司法实践中九种比较常见的新型毒品，分别是甲基苯丙胺（冰毒）、氯胺酮（K粉）、美沙酮、安眠酮、三唑仑（海乐神）、氯氮卓（利眠宁）、艾司唑仑（舒乐安定）、地西泮（安定）、溴西泮，新型毒品的种类远远不只于此。2016年中国禁毒报告显示，截至2016年底，全国有吸毒人员250.5万人，同比增长6.8%，其中滥用合成毒品人员151.5万人，占60.5%。2017年全国有吸毒人员255.3万人，同比增长2.08%。其中滥用合成毒品人员153.8万人，占60.2%。

相对于传统毒品，合成毒品成本低，危害性更大，滥用程度更高。海洛因、大麻和可卡因等传统毒品是毒品原植物经过加工而成，对罂粟、大麻、古柯树等毒品原植物的依赖性强，其数量供应受到很大的限制，成本较高；但新型毒品与之不同，主要是应用化学原料通过人工合成，成本相对要低，因而能够大量制造，极大地提高供应量。鸦片、海洛因等传统毒品的危害为人们熟知，比如海洛因由吗啡加工制作而成，镇痛作用是吗啡的4—8倍，但成瘾快，极难戒断。长期使用会破坏人的免疫系统，并导致心、肝、肾等主要脏器的损害，注射吸食还能传播艾滋病。而新型毒品由于是化学合成类毒品，其种类和范围都不固定，对人体的危害并不为公众完全知晓。与鸦片、海洛因等传统毒品主要抑制中枢神经系统，具有镇静和放松作用不同。新型合成毒品刺激中枢神经系统，使人产生兴奋、致幻的作用，如苯丙胺类毒品。少量服用表现出精神振奋、清醒、机敏、思维活跃、情绪高涨等，长期滥用可造成慢性中毒，体重下降、消瘦、溃疡、指甲脆化等，静脉注射式滥用者可引起各种感染合并症，包括肝炎、细菌性内膜炎，败血症和艾滋病等。严重者出现精神错乱、性欲亢进、焦虑、狂躁、幻觉状态。由于社会公众普遍还没有认识到滥用新型毒品的危害性，导致在夜总会、酒吧、迪厅、舞厅等娱乐场所滥用新型毒品现象非常严重。

我们认为，毒品犯罪并非没有被害人，也不是达不到“罪行极其严重”程度。首先，犯罪最本质的特征是社会危害性，毒品犯罪的社会危害性不比暴力犯罪引发的命案轻，有时甚至更为严重。因吸毒而致身体、心理损害者就是被害人。2018年《世界毒品报告》指出，2000

年至2015年，全球因吸毒导致的死亡增加60%。2000年，50岁以上的人占死亡人数的27%，但2015年上升到39%。毒品犯罪带来的破坏力比其他犯罪大，其致害的不只是吸毒者还有吸毒者的亲友，这些潜在的被害人的伤害是长期的。一人染毒，全家及至整个家族都永无宁日。吸毒一旦上瘾，犹如打开潘多拉盒子，痛苦与绝望、堕落与乱伦、死亡与疾病都将随之而至。一般的恶性暴力犯罪所造成的都是显性的实害，而毒品犯罪所带来的不仅是实害，还有更深重的潜在危害，其危险性比一般的恶性暴力犯罪要严重得多。第72届联大主席莱恰克亲自出席在纽约举行的2018年《世界毒品报告》发布仪式，其在致辞中指出"吸毒会导致死亡和悲剧，它可以把家庭拆散，它可以使人们陷入贫困的循环中，它可以扩大分歧和不平等。毒品问题是一个全球性的问题，没有一个国家可以幸免。"

其次，因吸毒致幻引发的次生犯罪，往往后果极其严重。因合成毒品具有中枢神经兴奋、致幻等作用，吸毒者易出现狂躁，幻想、幻听和被害妄想等症状，进而自伤自残或者实施暴力犯罪。近年来因吸毒致幻诱发的故意杀人、故意伤害、驾车肇事危害公共安全的恶性案件时有发生，教训极为惨痛。最高人民法院2015年、2016年、2017年、2018年发布的23个指导性案例中都包含因吸毒致幻的极其严重犯罪。2015年发布的被告人王祖文故意杀人案，王由养祖父母抚养长大，案发前长期吸食氯胺酮，案发前日再次吸食氯胺酮后产生杀死祖父母恶念，次日凌晨，其从卧室拿出一把双刃长剑潜入养祖父母卧室，将二人杀死后，又将闻讯赶到的养父砍成轻伤。

2017年发布的肖胜故意杀人案，肖胜从2007年开始吸食冰毒、麻古等，案发前多次吸食毒品并出现幻觉、被害幻想等症状，案发当天其驾车与他人发生碰撞，其用随身携带的弹簧刀朝接警后前来执行公务的交警连续捅刺，致一人死亡、一人轻伤。

2018年发布的被告人龚金洪故意杀人案，龚长期吸食冰毒并有吸毒后幻想等症状，案发当日两次吸食冰毒后与妻子发生争吵，妻子离家出走，凌晨时分其持菜刀将熟睡中11岁女儿和9岁的儿子活活砍死。

最后，毒品犯罪分子人身危险性极大，再犯的可能性极大，教育改造难度大。自由刑不足以遏制其人身危险性。暴力犯罪引发的命案中，以激情杀人者居多。而激情杀人者再犯的可能性很少，但毒品犯罪者多是以贩养吸人员，毒品的成瘾性决定其再犯的可能性极大，复吸率与再犯率有密切的关系。2016年中国禁毒报告显示，2016年全国查获复吸人员60万人次，且已由滥用阿片类毒品人员为主转为滥用合成毒品为主，滥用合成毒品的复吸人员占比62%。最高人民法院发布的毒品犯罪指导性案例都包含有再犯的死刑判决。

综上，毒品犯罪引发的社会危害性足以达到极其严重的程度。符合1984年联合国经济与社会理事会决议通过的《死刑犯权利保障》，将"死刑只能适用的最严重犯罪"解释为"致命的或引起其他极其严重后果的故意犯罪行为"的标准。

（四）新中国成立初期禁毒成功经验为毒品犯罪案件适用死刑提供借鉴

当前不论是发达的欧美国家还是贫穷落后的非洲国家，其毒品问题均是不治之症，美国100多年来都在跟毒品斗争，但丝毫没有缓解迹象，毒品问题成为历届总统竞选的必打牌。放眼全球，回顾历史，能给全世界人民提供禁毒成功经验的只有中国，新中国成立初期，仅用三年时间就彻底将自1840年的鸦片战争以来毒情完全扼制，1953年新中国向全世界宣布中国为无毒国，其成功经验之一就是重刑。

二、毒品犯罪中要正确把握"少杀、慎杀"刑事政策

1982年以前，我国没有毒品犯罪死刑立法，因毒品犯罪极少。1979年刑法第171条规定，制造、贩卖、运输鸦片、海洛因、吗啡或者其他毒品的，处五年以下有期徒刑或者拘役，可以并处罚金。一贯或者大量制造、贩卖、运输前款毒品的，处五年以上有期徒刑，可以并处没收财产。即当时毒品犯罪的最高刑为15年有期徒刑。

80年代初期，毒品犯罪沉渣泛起。1982年第五届全国人大常委会第二十二次会议审议通过了《关于严惩严重破坏经济的罪犯的决定》，

该决定对1979年刑法第171条的制造、贩卖、运输毒品罪的处刑做了补充性规定，确定其最高刑为死刑。1988年《关于惩治走私罪的补充规定》将走私毒品犯罪的法定刑由10年有期徒刑提高到了死刑。1997年刑法关于毒品犯罪的规定全面吸收1990年《关于禁毒的决定》的主要内容，设置死刑。

我国刑法对毒品犯罪一直是限制死刑适用，对毒品犯罪亦不例外。2006年10月31日最高人民法院收回死刑复核权以及“两高三部”2010年联合发布的《2010年死刑案件证据规定》和《2010年排非规定》等是“少杀、慎杀”死刑政策在程序法中的体现。

“少杀、慎杀”死刑政策在实体法上体现也较多。首先，如未成年人及审判时怀孕妇女不适用死刑。最高人民法院以法释〔1998〕18号《最高人民法院关于对怀孕妇女在羁押期间自然流产审判时是否可以适用死刑问题的批复》答复河北省高级人民法院，指出“怀孕妇女因涉嫌犯罪在羁押期间自然流产后，又因同一事实被起诉、交付审判的，应当视为“审判的时候怀孕的妇女”，依法不适用死刑。”其次，根据《刑法修正案（八）》规定，已满75周岁的老人实施毒品犯罪不再适用死刑。最后，最高人民法院通过《大连会议纪要》调整毒品犯罪的死刑证据标准、限制死刑适用的对象、正确处理毒品数量与情节关系等措施控制死刑适用的范围。如规定对毒品数量已达到实际掌握的死刑数量标准，具有下列法定或者酌定从宽情节的，可以不判处被告人死刑立即执行：

1. 具有自首、立功等法定从宽处罚情节的；

2. 已查获的毒品数量未达到实际掌握的死刑数量标准，到案后坦白尚未被司法机关掌握的其他毒品犯罪，累计数量超过实际掌握的死刑数量标准的；

3. 经鉴定毒品含量极低，掺假之后的数量才达到实际掌握的死刑数量标准的，或者有证据表明可能大量掺假但因故不能鉴定的；

4. 因特情引诱毒品数量才达到实际掌握的死刑数量标准的；

5. 以贩养吸的被告人，被查获的毒品数量刚达到实际掌握的死刑数量标准的；

6. 毒品数量刚达到实际掌握的死刑数量标准，确属初次犯罪即被查获，未造成严重危害后果的；

7. 共同犯罪毒品数量刚达到实际掌握的死刑数量标准，但各共同犯罪人作用相当，或者责任大小难以区分的；

8. 家庭成员共同实施毒品犯罪，其中起主要作用的被告人已被判处死刑立即执行，其他被告人罪行相对较轻的；

9. 其他不是必须判处死刑立即执行的。

三、毒品犯罪死刑适用中常见的实务问题

（一）逆向竞合情节的死刑适用

毒品数量达到实际掌握的死刑数量标准，既有从重处罚情节，又有从宽处罚情节的，应当综合考虑各方面因素决定刑罚，判处死刑立即执行应当慎重。比如立功情节，《大连会议纪要》明确指出“关于立功从宽处罚的把握，应以功是否抵罪为标准。”“要充分注意毒品共同犯罪人以及上、下家之间的量刑平衡”“对于毒枭等严重毒品犯罪分子立功的，从轻或者减轻处罚应当从严掌握。”如刑事审判参考第540号案例张树林等走私、贩卖、运输毒品案中，被告人张树林虽有协助公安机关抓获两名重刑犯的重大立功表现，但其提出犯意、提供毒资，多次安排、指使他人实施贩卖，在共同犯罪中所起作用最大，系共同犯罪罪责最大、罪行最为严重者，且其共计贩卖海洛因13220.4克，冰毒11105克，数量特别巨大，虽有重大立功，但该功不足以抵其“罪”行之极其严重：毒品数量特别巨大、犯罪情节特别恶劣、人身危险性极大，主观恶性极深，故不宜对其从轻处罚。因而一审、二审法院均认为应对其处以极刑，最高人民法院最终也依法核准其死刑。

（二）共同犯罪中死刑适用

对于毒品共同犯罪中的死刑适用，《南宁会议纪要》（已失效）、《大连会议纪要》《武汉会议纪要》均有涉及，总的原则是要根据行为人在共同犯罪中作用和罪责的大小确定刑罚。《南宁会议纪要》（已失效）指

出，共同犯罪中能分清主从犯的，不能因为涉案的毒品数量特别巨大，就一律将被告人认定为主犯并判处重刑甚至死刑。还指出不同案件不能简单地类比，这一案件的从犯参与毒品犯罪的数量可能比另一案件的主犯参与毒品犯罪的数量大，但对这一案件从犯的处罚不是必然重于另一案件的主犯。即不能机械地以数量论，“一刀切”。不仅要注意案内不同共犯之间的量刑均衡，还要兼顾不同案件从犯与主犯之间的量刑差别。《大连会议纪要》保留《南宁会议纪要》（已失效）上述相关内容，并对共同犯罪中多个主犯和共同犯罪人的量刑问题作了进一步补充规定，指出对于共同犯罪中有多个主犯或者共同犯罪人的，处罚上也应做到区别对待。应当全面考察各主犯或者共同犯罪人在共同犯罪中实际发挥作用的差别、主观恶性和人身危险性方面的差异，对罪责或者人身危险性更大的主犯或者共同犯罪人依法判处更重的刑罚。因此在司法实践中要特别注意区分此种情况下罪责更为严重者和罪行最为严重者，准确适用刑罚。不能因为罪行最严重的主犯因为有立功、自首等法定从轻处罚情节不被处死刑立即执行，而对罪行相对较轻的主犯判处死刑立即执行。同时还规定共同犯罪毒品数量刚达到实际掌握的死刑数量标准，但各共同犯罪人作用相当，或者责任大小难以区分的，以及家庭成员共同实施毒品犯罪，其中起主要作用的被告人已被判处死刑立即执行，其他被告人罪行相对较轻的可以不判处死刑立即执行。

《武汉会议纪要》对毒品共同犯罪死刑适用在《大连会议纪要》中的原则性规定作了操作性更强的具体细化规定，指出毒品共同犯罪案件的死刑适用应当与该案的毒品数量、社会危害及被告人的犯罪情节、主观恶性、人身危险性相适应。涉案毒品数量刚超过实际掌握的死刑数量标准，依法应当适用死刑的，要尽量区分主犯间的罪责大小，一般只对其中罪责最大的一名主犯判处死刑；各共同犯罪人地位作用相当，或者罪责大小难以区分的，可以不判处被告人死刑；二名主犯的罪责均很突出，且均具有法定从重处罚情节的，也要尽可能比较其主观恶性、人身危险性方面的差异，判处二人死刑要特别慎重。涉案毒品数量达到巨大以上，二名以上主犯的罪责均很突出，或者罪责稍次的主犯具有法定、重大酌定从重处罚情节，判处二人以上死刑符合罪刑相适应原则，并有利于全案量刑平衡的，可以依法判处。

《武汉会议纪要》还对未到案共同犯罪人的死刑适用作出规定，指出对于部分共同犯罪人未到案的案件，在案被告人与未到案共同犯罪人均属罪行极其严重，即使共同犯罪人到案也不影响对在案被告人适用死刑的，可以依法判处在案被告人死刑；在案被告人的罪行不足以判处死刑，或者共同犯罪人归案后全案只宜判处其一人死刑的，不能因为共同犯罪人未到案而对在案被告人适用死刑；在案被告人与未到案共同犯罪人的罪责大小难以准确认定，进而影响准确适用死刑的，不应对在案被告人判处死刑。

综上，对毒品共同犯罪人适用死刑要注意以下几点：

1. 涉案毒品数量刚超过实际掌握的死刑数量标准，依法应当适用死刑的，要尽量区分主犯间的罪责大小，一般只对其中罪责最大的一名主犯判处死刑。

2. 涉案毒品数量达到巨大以上，二名以上主犯的罪责均很突出，或者罪责稍次的主犯具有法定、重大酌定从重处罚情节，判处二人以上死刑符合罪刑相适应原则，并有利于全案量刑平衡的，可以依法判处。

3. 对于部分共同犯罪人未到案的案件，在案被告人与未到案共同犯罪人均属罪行极其严重，即使共同犯罪人到案也不影响对在案被告人适用死刑的，可以依法判处在案被告人死刑。

有下列情形的可以不判处死刑立即执行：

1. 共同犯罪毒品数量刚达到实际掌握的死刑数量标准，但各共同犯罪人作用相当，或者责任大小难以区分的。

2. 家庭成员共同实施毒品犯罪，其中起主要作用的被告人已被判处死刑立即执行，其他被告人罪行相对较轻的。

3. 在案被告人与未到案共同犯罪人的罪责大小难以准确认定，进而影响准确适用死刑的。

此外，毒品犯罪案件，往往由于毒品、毒资等证据已不存在，导致审查证据和认定事实困难。在处理这类案件时，只有被告人的口供与同案其他被告人供述吻合，并且完全排除诱供、逼供、串供等情形，被告人的口供与同案被告人的供述才可以作为定案的证据。仅有被告人口供与同案被告人供述作为定案证据的，对被告人判处死刑立即执行要特别慎重。

【案例】被告人陈某伙同刘某、银某纠集黄某等十余人，多次从广东省购进冰毒驾车运回某省A市，分给杨某等人贩卖。被告人刘某、银某、陈某共同贩卖、运输冰毒130余公斤，被告人杨某从银某手中购买冰毒31公斤，麻古2000粒全部销出流入社会。一审法院以贩卖、运输毒品罪判处刘某、银某死刑立即执行，判处陈某、杨某死刑，缓期二年执行。公诉机关某市检察院认为一审法院对陈某、杨某量刑畸轻，适用法律错误提出抗诉。某省检察院认为抗诉理由成立，支持抗诉。检察机关的抗诉理由主要有：陈某贩卖、运输毒品冰毒130余公斤，远远超过该省实际掌握的死刑立即执行的数量标准；陈某在三次贩卖毒品犯罪中均系主犯；陈某系累犯，依法应当从重处罚；陈某因涉嫌后贩卖毒品罪被公安机关立案查处，在监视居住期间又再次与刘某后贩卖毒品，且一直拒不认罪，没有悔罪表现。被告人杨某贩卖冰毒31公斤、麻古2000粒，也远远超过该省实际掌握的死刑立即执行的数量标准；2016年2月16日因涉嫌贩卖毒品被公安机关抓获，次日因严重疾病被公安机关决定监视居住。被监视居住期间，杨某在一个星期内13次从银某处购得上述毒品，且全部销售出去，说明杨某在当地拥有广阔成熟的毒品销售网络，严重危害社会。杨某曾因犯抢劫罪被判刑六年，有犯罪前科。综上，检察机关认为虽然全案已判处两个死刑立即执行，但综合贩卖毒品数量和全案情节考量，被告人陈某、杨某主观恶性极深，人身危险性极大，难于教育改造，应当判处死刑立即执行。二审法院采纳检察机关的抗诉意见，改判被告人陈某、杨某死刑立即执行。本案中检察机关和二审法院较好地把握宽严相济的刑事政策，突出对累犯、惯犯、主犯等主观恶性深、人身危险性大、危害严重的毒品犯罪分子的打击力度，被告人陈某、杨某贩卖毒品数量巨大，无法定从轻、减轻处罚情节，依法应判处死刑，且主观恶性极深，人身危险性极大，难于教育改造，不属于“判处死刑不需要立即执行”情形，依法应处以极刑。二审采纳抗诉意见，改判其死刑立即执行是正确的。

（三）上下游犯罪的死刑适用

《大连会议纪要》对毒品犯罪的上下游死刑适用问题没有涉及，《武汉会议纪要》对此作了明确规定，指出对于贩卖毒品案件中的上下游，要结合其贩毒数量、次数及对象范围，犯罪的主动性，对促成交易所发挥的作用，犯罪行为的危害后果等因素，综合考虑其主观恶性和人身危险性，慎重、稳妥地决定死刑适用。概括起来重点把握三点：

1. 涉案毒品数量刚超过实际掌握的死刑数量标准的，对买卖同宗毒品的上下游，一般不能同时判处死刑。

2. 上家主动联络销售毒品，积极促成毒品交易的，通常可以判处上家死刑；下家积极筹资，主动向上家约购毒品，对促成毒品交易起更大作用的，可以考虑判处下家死刑。

3. 涉案毒品数量达到巨大以上的，综合全案情节同时判处上下游死刑符合罪刑相适应原则，并有利于全案量刑平衡的，可以依法判处。

【案例】[①] 被告人张成建系贺建波的下家，两被告人后贩卖毒品数量基本相当，均达到了实际掌握的死刑数量标准。因本案毒品未达到特

---

① 摘自《刑事审判参考》总第110集第1194号张成建等贩卖毒品案。简要案情：2013年5月至7月，被告人张成建伙同被告人匡小林，在浙江省舟山市普陀区华发大酒店、普津大酒店等地，在匡小林的参与验货下，先后4次从被告人贺建波处购得甲基苯丙胺（俗称“冰毒”）共计约3300克。2013年8月至10月间，张成建将上述部分毒品及从他人处购得的甲基苯丙胺片剂（俗称“麻古”）共计163粒（重14.67克）在舟山市普陀区多次贩卖给匡小林、周伟伟及张军峰（另案处理）、贺海江（另案处理）等人。同年10月9日，张成建在舟山市普陀区东港街道兴宁度假酒店公寓1018室被民警抓获，从该暂住处房内查获甲基苯丙胺495.35克（含量为61.3%—62%不等）、含甲基苯丙胺成分的粉末0.15克及甲基苯丙胺片剂共计20.836克。2013年5、6月的一天，被告人贺建波在舟山市普陀区华发大酒店610房间内贩卖给被告人匡小林甲基苯丙胺10克、贩卖给被告人洪达甲基苯丙胺2克。同年10月9日，被告人贺建波在舟山市普陀区华发大酒店门口被民警抓获，从其身上查获甲基苯丙胺片剂2粒（重0.182克）。

别巨大的程度，因而对上下游不宜同时判处死刑。综观全案，从犯交易联络的主动性及对促成毒品交易所发挥的作用来看，张成建比贺建波要更为积极主动，对达成毒品交易所起的作用更大，同时其主观恶性及人身危险性均大于贺建波，故一审、二审法院和最高人民法院复核均选择判处张成建死刑立即执行。

办理毒品犯罪案件，应当尽量将共同犯罪案件或者密切关联的上下游案件进行并案审理；因客观原因造成分案处理的，办案时应当及时了解关联案件的审理进展和处理结果，注重量刑平衡。一案中有多名共同犯罪人、上下游针对同宗毒品实施犯罪的，可以综合运用上述毒品共同犯罪、上下游犯罪的死刑适用原则予以处理。

（四）运输毒品犯罪的死刑适用

《武汉会议纪要》对《大连会议纪要》有关运输毒品犯罪死刑适用相关规定进行补充与完善，并对受人指使、雇用运输毒品犯罪的死刑适用作出新的规定，主要有以下方面需要认真把握：

1. 严惩重点

《大连会议纪要》明确规定，对于运输毒品犯罪，要注意重点打击指使、雇用他人运输毒品的犯罪分子和接应、接货的毒品所有者、买家或者卖家。对于运输毒品犯罪集团首要分子，组织、指使、雇用他人运输毒品的主犯或者毒枭、职业毒犯、毒品再犯，以及具有武装掩护、暴力抗拒检查、拘留或者逮捕、参与有组织的国际毒品犯罪、以运输毒品为业、多次运输毒品或者其他严重情节的，应当按照刑法、有关司法解释和司法实践实际掌握的数量标准，从严惩处，依法应判处死刑的必须坚决判处死刑。

涉嫌为贩卖而自行运输毒品，由于认定贩卖毒品的证据不足，因而认定为运输毒品罪的，不同于单纯的受指使为他人运输毒品行为，其量刑标准应当与单纯的运输毒品行为有所区别。

2. 受人指使、雇用运输毒品的被告人慎用死刑

运输毒品案件中，部分涉案人员系受指使、雇用的贫民、边民或者无业人员，并非毒品的所有者、买家或者卖家，有的只是为了赚取少量运费而为他人运输毒品，在整个毒品犯罪环节中处于从属、辅助和被支

配地位，与幕后的组织、指使、雇佣者相比，其所起作用和主观恶性相对较小，社会危害性也相对较小。有鉴于此，《武汉会议纪要》新增对受人指使、雇用运输毒品的被告人适用死刑的总体原则：应当综合考虑毒品数量、犯罪次数、犯罪的主动性和独立性、在共同犯罪中的地位作用、获利程度和方式及其主观恶性、人身危险性等因素，予以区别对待、慎重适用死刑。

根据《武汉会议纪要》规定，受人指使、雇用运输毒品的被告人在以下三种情况下一般不适用死刑。

一是对于有证据证明确属受人指使、雇用运输毒品，又系初犯、偶犯的被告人，即使毒品数量超过实际掌握的死刑数量标准，也可以不判处死刑。

二是被动参与犯罪，从属性、辅助性较强，获利程度较低的被告人，一般不应当判处死刑。

三是对于不能排除受人指使、雇用初次运输毒品的被告人，毒品数量超过实际掌握的死刑数量标准，但尚不属数量巨大的，一般也可以不判处死刑。

《武汉会议纪要》明确规定了对“不能排除”受人指使、雇用运输毒品的被告人不判处死刑的条件，突破《大连会议纪要》规定的“有证据证明确属”受雇，有其合理性。因为毒品犯罪案件隐蔽性强，“有证据证明确属”受雇的证明标准在雇佣者在逃案件中难以达到，而这类案件恰恰正是对受雇运输毒品的被告人需慎用死刑的。以“不能排除”受雇运输毒品，降低证明标准，符合客观实际更具有可操作性。但需要注意的是“不能排除”并不是毫无根据的推测，还是需要一定的证据支撑。如《刑事审判参考》第533号案例李补都运输毒品案[①]，

---

① 摘自《刑事审判参考》总第67集第533号李补都运输毒品案。简要案情：2007年6月22日晚23时许，被告人李补都骑摩托车途经四川省盐边县格拉乡平原村平原组新坝沟口时，被公安人员拦截，当场从李补都随身的包内查获可疑物品3块，净重1047.5克。经鉴定，该三块可疑物品中均检出海洛因。

不能排除被告人李补都系为收取少量运费而受谢某某雇用、指使运输毒品的主要证据支撑在于：

第一，李补都有稳定供述称其是为了获得报酬，受其亲戚谢某某邀约一起运输毒品的，其被抓捕时，在前面骑摩托车的就是谢某某。第二，有证据证明谢某某确有其人，且系李补都亲戚。首先被纳入侦查视线的是谢某某，公安机关在监控谢某某的过程中，发现与之接触频繁的李补都，从而将其确定为毒品犯罪嫌疑对象。第三，公安机关拦截抓捕李补都时，与其共同运输毒品的人逃跑，谢某某也恰在李补都被抓后在逃。鉴于李补都与谢某某一直处于侦查人员的监控之中，设卡拦截也是专门针对谢、李二人的。综合相关证据可以判断李补都是与谢某某共同运输毒品，从谢某某与李补都在案发前的一贯表现及家庭经济情况综合分析，李补都有为赚取少量运费而受谢某某雇佣、指使运输毒品的可能。

3. 多人受雇运输毒品，同时判处二人以上死刑要特别慎重

一案中有多人受雇运输毒品的，在决定死刑适用时，除各被告人运输毒品的数量外，还应结合其具体犯罪情节、参与犯罪程度、与雇用者关系的紧密性及其主观恶性、人身危险性等因素综合考虑，同时判处二人以上死刑要特别慎重。

（五）新类型、混合型毒品犯罪的死刑适用

理论上将毒品分为传统毒品和新型毒品。传统毒品一般是指鸦片、海洛因等阿片类流行早的毒品，新型毒品又称“实验室毒品”“化学合成毒品”，主要指冰毒、摇头丸等人工化学合成的致幻剂、兴奋剂类毒品，新型毒品已成为滥用最为广泛的毒品。

司法实践中，对新型毒品的死刑适用持肯定态度，但基本上只涉及甲基苯丙胺片剂（俗称“麻古”）、氯安酮等极少数新型毒品种类，且涉案毒品一般数量巨大，有法定或酌定从重处罚情节时才考虑适用死刑。

《武汉会议纪要》明确规定，涉案毒品为其他滥用范围和危害性相对较小的新类型、混合型毒品的，一般不宜判处被告人死刑。规定走私、贩卖、运输、制造麻古、氯胺酮的死刑适用数量标准，考虑到麻古

是以甲基苯丙胺为主要毒品成分的混合型毒品，其甲基苯丙胺含量相对较低，危害性亦有所不同。为体现罚当其罪，规定甲基苯丙胺片剂的死刑数量标准一般可以按照甲基苯丙胺（俗称“冰毒”）的2倍左右掌握，具体可以根据当地的毒品犯罪形势和涉案毒品含量等因素确定。涉案毒品为氯胺酮（俗称“K粉”）的，结合毒品数量、犯罪性质、情节及危害后果等因素，综合考虑氯胺酮的致瘾癖性、滥用范围和危害性等，其死刑数量标准一般可以按照海洛因的10倍掌握。《2016年毒品犯罪司法解释》将走私、贩运、运输、制造氯胺酮数量大的起点由《2007年毒品犯罪案件意见》规定的1000克下调至500克。

第三节 毒品犯罪自由刑、附加刑的适用

除死刑外，我国刑法对毒品犯罪还设置无期徒刑、有期徒刑、拘役、管制及附加刑等刑罚。

一、无期徒刑

根据刑法规定走私、贩卖、运输、制造毒品罪的法定刑有无期徒刑，非法持有毒品罪的最高法定刑为无期徒刑。

刑法第347条第2款第1项的规定，走私、贩卖、运输、制造鸦片一千克以上、海洛因或者甲基苯丙胺五十克以上或者其他毒品数量大的，处十五年有期徒刑、无期徒刑或者死刑。

刑法第348条规定，非法持有鸦片一千克以上、海洛因或者甲基苯丙胺五十克以上或者其他毒品数量大的，处七年有期徒刑或者无期徒刑。

根据《2016年毒品犯罪司法解释》第1条规定，其他毒品数量大的认定标准如下：(1) 可卡因五十克以上；(2) 3，4-亚甲二氧基甲基苯丙胺（MDMA）等苯丙胺类毒品（甲基苯丙胺除外）、吗啡一百克以上；(3) 芬太尼一百二十五克以上；(4) 甲卡西酮二百克以上；(5) 二

氢埃托啡[①]十毫克以上；（6）哌替啶（度冷丁）[②] 二百五十克以上；（7）氯胺酮五百克以上；（8）美沙酮一千克以上；（9）曲马多、γ-羟丁酸二千克以上；（10）大麻油五千克以上，大麻脂十千克、大麻叶及大麻烟一百五十千克以上；（11）可待因、丁丙诺啡五千克以上；（12）三唑仑、安眠酮五十千克以上；（13）阿普唑仑、恰特草一百千克以上；（14）咖啡因、罂粟壳二百千克以上；（15）巴比妥、苯巴比妥、安钠咖、尼美西泮二百五十千克以上；（16）氯氮卓、艾司唑仑、地西泮、溴西泮五百千克以上。

司法实践中毒品犯罪适用无期徒刑的有三种情形：一是罪行极其严重，但犯罪时不满18岁或者年满75岁以及审判时怀孕的妇女因不适用死刑的，适用无期徒刑。二是走私、贩卖、运输、制造和非法持有鸦片一千克以上、海洛因或者甲基苯丙胺五十克以上或者其他毒品数量大的，综合考虑毒品数量、其他情节适用无期徒刑。以海洛因、甲基苯丙胺类毒品为例，司法实践中有的地区一般对无期徒刑的量刑的毒品数量控制200克到600克之间。三是在毒品数量达到各地实际控制的死刑标准，但因具备法定从轻、减轻或酌定从轻情节的，一般判处无期徒刑。常见的酌定从轻处罚的理由有毒品未流入社会、特情介入破案、全案量刑平衡，有时还会考虑以贩卖或贩卖运输毒品罪定性的同案犯被判处死缓，对其运输毒品从轻判处无期徒刑等。如费某贩卖、运输甲基苯丙胺（冰毒）243.9克，含量为74.8%，犯贩卖、运输毒品罪，判处无期徒刑，剥夺政治权利终身，没收个人全部财产。法院认为其系累犯，应依法对其从重处罚。但鉴于本案系公安机关通过特情介入方式破获，涉案毒品均已当场起获，未流入社会，酌情对其从轻处罚，最后综合全案情节处以无期徒刑，量刑适当。

---

① 《2016年毒品犯罪司法解释》将“盐酸二氢埃托啡”改为“二氢埃托啡”。

② 《2016年毒品犯罪司法解释》将“度冷丁”改为“派替啶”。

二、有期徒刑、拘役、管制

刑法第6章规定的毒品犯罪的主刑均配置了有期徒刑，但对拘役、管制刑罚设置则不同。除第347条、第348条规定的走私、贩卖、运输、制造毒品罪和非法持有毒品罪外，第349条、第350条、第351条、第352条、第353条、第354条均设置有期徒刑、拘役、管制，第355条设置有期徒刑、拘役，未设置管制。

实践中常见的走私、贩卖、运输、制造毒品罪和非法持有毒品罪、容留他人吸毒罪等罪名的量刑要根据2017年《量刑指导意见》相关内容，其在“（十五）走私、贩卖、运输、制造毒品罪”规定了数量+情节的量刑指导意见；以及《最高人民法院关于常见犯罪的量刑指导意见（二）（试行）》（法发〔2017〕74号，以下简称《2017年量刑指导（二）》）对非法持有毒品罪、容留他人吸毒罪的量刑规定相关指导意见。

需要注意的《武汉会议纪要》首次明确了从严掌握毒品犯罪缓刑适用条件的原则。指出对于毒品再犯，一般不得适用缓刑；对于不能排除多次贩毒嫌疑的零包贩毒被告人，因认定构成贩卖毒品等犯罪的证据不足而认定为非法持有毒品罪的被告人，以及实施引诱、教唆、欺骗、强迫他人吸毒犯罪及制毒物品犯罪的被告人，应当严格限制缓刑适用。故司法实践中一般情况下对毒品犯罪案件适用缓刑应该慎重。

【案例】被告人周秀菊、大儿子刘某大（已故）、大儿媳刘某（在逃）均患有艾滋病。刘某以需陪其夫刘某大治病为由，要小叔子刘交办帮其贩卖毒品，遭拒。周秀菊（53岁）遂向刘交办下跪，要刘交办帮助嫂子贩卖剩余毒品赚钱为哥哥治疗艾滋病。刘交办被迫于2016年6月初至同年6月15日，先后帮助刘某贩卖甲基苯丙胺（俗称“冰毒”，以下同）共计约17.92克，其中卖出约14.33克，被公安机关查获3.59克。

一审法院认为被告人刘交办、周秀菊的行为均已构成贩卖毒品罪。被告人周秀菊在共同犯罪中是从犯。被告人刘交办犯贩卖毒品罪，判处有期徒刑8年，并处罚金10000元。被告人周秀菊犯贩卖毒品罪，判处有期徒刑3年，并处罚金5000元。

被告人周秀菊上诉提出“请求对其判处缓刑”。二审法院认为被告人周秀菊教唆刘交办贩卖毒品，其行为已构成贩卖毒品罪，在共同犯罪中其起次要作用，是从犯，依法可以减轻处罚。鉴于上诉人周秀菊是初犯，且认罪态度较好，确有悔罪表现且其子刘某大已死亡，儿媳刘某在逃，刘某大、刘某有一个1岁多的儿子需要周秀菊抚养，其所在地的司法部门同意对周秀菊适用社区矫正。据此对周秀菊改判有期徒刑3年，缓刑5年，并处罚金5000元。[①]

近年来以血缘、地源关系，亲情、乡情为纽带集结的家族式团伙贩毒呈现多发高发趋势，夫妻、父母子女一起贩毒、吸毒的案件增多，比一般共同犯罪隐蔽性、稳定性更强。毒品犯罪是我国刑法打击的重点，但这类犯罪中被告人家庭既有严重危害社会的犯罪分子，同时又因毒品犯罪而产生间接甚至直接受害者，比如成年家庭成员被定罪科刑，甚至处以极刑，未成年家庭成员将失去亲人监护而缺乏家庭亲情，对这类犯罪如何贯彻宽严相济的刑事政策，值得思考。本案被告人周秀菊愚昧至极，下跪胁迫小叔子刘交办帮助嫂子贩卖剩余毒品赚钱为哥哥治疗艾滋病，构成贩卖毒品罪，依法应予严惩。但其子刘某大已死，儿媳负案在逃，次子刘交办亦被判刑，家中还有1岁多的孙子需抚养，二审法院综合全案情节改判其3年有期徒刑，宣告缓刑5年，体现人道主义，希望以此挽救被告人周秀菊家庭，既分化瓦解犯罪，又教育感化犯罪分子。

三、附加刑

毒品犯罪的附加刑有罚金、没收财产、剥夺政治权利、驱逐出境等。

（一）罚金、没收财产

根据《武汉会议纪要》规定，办理毒品犯罪案件，应当依法追缴

① 案例来源于中国法院裁判文书网。

犯罪分子的违法所得，充分发挥财产刑的作用，切实加大对犯罪分子的经济制裁力度。判处罚金刑时，应当结合毒品犯罪的性质、情节、危害后果及被告人的获利情况、经济状况等因素合理确定罚金数额。对于决定并处没收财产的毒品犯罪，判处被告人有期徒刑的，应当按照上述确定罚金数额的原则确定没收个人部分财产的数额；判处无期徒刑的，可以并处没收个人全部财产；判处死缓或者死刑的，应当并处没收个人全部财产。

一些承办检察官对主刑比较重视，而对附加刑关注度不高，我国刑法除破坏禁毒活动型犯罪如包庇毒品犯罪分子罪和窝藏、转移、隐瞒毒品毒赃罪没有设置罚金、没收财产等附加刑，其他消费型、经营型、持有型毒品犯罪均设置并处罚金或并处没收财产的附加刑。因而在对法院判决进行审查要特别注意附加刑是否适用，以及适用的附加刑是否准确。如万某听说鸦片秧苗好吃，便从一个流动摊贩处购得罂粟果播种在自家菜园里。2017 年 5 月 4 日被公安民警发现后铲除，共计 2929 株。经鉴定，被铲除的植物为毒品原植物。一审法院以万某犯非法种植毒品原植物罪，判处有期徒刑 10 个月，缓刑 1 年。根据刑法第 351 条第 1 款规定，种植罂粟 500 株以上不满 3000 株的，处 5 年以下有期徒刑、拘役或者管制，并处罚金。一审法院对万某没有并处罚金，明显错误，且其种植罂粟接近 3000 株，仅处有期徒刑 10 个月并宣告缓刑，量刑畸轻。后检察机关对该案抗诉。

又如成某贩卖毒品甲基丙苯胺 123 余克，且曾因贩卖毒品罪被判过刑，系毒品再犯，没有法定、酌定从轻或减轻情节。一审法院对其判处有期徒刑 14 年 6 个月，并处罚金 5 万元。公诉机关认为量刑畸轻，且附加刑适用错误，提出抗诉。成某贩卖毒品甲基苯丙胺超过 50 克，又系毒品再犯，应从重处罚。根据刑法第 347 条第 1 款、第 2 款第 2 项，应当判处 15 年有期徒刑、无期徒刑或者死刑，并处没收财产，在无任何法定减轻处罚情节的情况下，法院对其判处有期徒刑 14 年 6 个月，并处罚金人民币 50000 元，系量刑不当。

（二）剥夺政治权利

根据刑法第57条规定，对于被判处死刑、无期徒刑的犯罪分子，应当剥夺政治权利终身。即对于被判处无期徒刑以上刑罚的毒品犯罪被告人应当剥夺政治权利终身。根据刑法第55条、第56条的规定，对于严重的毒品犯罪分子可以剥夺政治权利1年以上5年以下。如陶某运输甲基苯丙胺净重215.09克（含量为77.4%），一审法院以其犯运输毒品罪，判处有期徒刑15年，剥夺政治权利3年，并处没收个人财产人民币50000元。

（三）驱逐出境

根据刑法第35条规定，对于犯罪的外国人，可以适用或者附加适用驱逐出境。需要注意的是可以适用，而不是应当适用，要根据案情，综合考虑犯罪的事实、性质、情节以及我国与所在国关系以及国际斗争需要来决定是否适用。如加拿大籍Schellenberg（谢伦柏格）伙同他人走私冰毒222.035公斤，大连市中级人民法院于2018年11月20日，以其犯走私毒品罪，判处有期徒刑15年，驱逐出境。二审期间，检察机关提出掌握其还涉嫌漏罪的线索，建议二审法院发回重审。后查明其还有走私冰毒501公斤的犯罪事实，法院重审判处其死刑。

最后，需要注意上诉不加刑原则同样适用于附加刑。最高人民法院《关于刑事第二审判决改变第一审判决认定的罪名后能否加重附加刑的批复》（法释〔2008〕8号）指出“第一审人民法院没有判处附加刑的，第二审人民法院判决改变罪名后，不得判处附加刑，第一审人民法院原判附加刑较轻的，第二审人民法院不得改判较重的附加刑，也不得以事实不清、证据不足发回第一审人民法院重新审理；必须依法改判的，应当在第二审判决、裁定生效后，按照审判监督程序重新审判。”

第四节　常见毒品犯罪的量刑指引

2017年《量刑指导意见》《2017年量刑指导（二）》对走私、贩卖、运输、制造毒品罪和非法持有毒品罪、容留他人吸毒罪等规定量刑起点、基准、情节适用作出具体规定。《2016年毒品犯罪司法解释》对刑法第347条规定的其他毒品的数量标准和部分毒品犯罪的量刑情节作出明确规定，对毒品犯罪量刑，应以上述司法解释、规范性文件中的相关规定为指引。

一、走私、贩卖、运输、制造毒品罪

刑法第347条第1款规定，走私、贩卖、运输、制造毒品，无论数量多少，都应当追究刑事责任，予以刑事处罚。2017年《量刑指导意见》中关于走私、贩卖、运输、制造毒品罪的基准刑为拘役以上，即对走私、贩卖、运输、制造毒品的犯罪嫌疑人，一般不得作相对不起诉，对起诉到法院被告人不适用管制和免予刑事处罚。

根据刑法第347条规定，走私、贩卖、运输、制造毒品，有下列情形之一的，处十五年有期徒刑、无期徒刑或者死刑，并处没收财产：

（一）走私、贩卖、运输、制造鸦片一千克以上、海洛因或者甲基苯丙胺五十克以上或者其他毒品数量大的；

（二）走私、贩卖、运输、制造毒品集团的首要分子；

（三）武装掩护走私、贩卖、运输、制造毒品的；

（四）以暴力抗拒检查、拘留、逮捕，情节严重的；

（五）参与有组织的国际贩毒活动的。

走私、贩卖、运输、制造鸦片二百克以上不满一千克、海洛因或者甲基苯丙胺十克以上不满五十克或者其他毒品数量较大的，处七年以上有期徒刑，并处罚金。

走私、贩卖、运输、制造鸦片不满二百克、海洛因或者甲基苯丙胺不满十克或者其他少量毒品的，处三年以下有期徒刑、拘役或者管制，并处罚金；情节严重的，处三年以上七年以下有期徒刑，并处罚金。

单位犯罪的，对单位判处罚金，并对其直接负责的主管人员和其他直接责任人员，依照各该款的规定处罚。

2017年《量刑指导意见》确定走私、贩卖、运输、制造毒品罪的量刑起点。详见表2：

表 2

毒品名称	毒品数量	量刑起点
鸦片	大于 1000 克	十五年有期徒刑、依法应处无期徒刑以上刑罚的除外
	200 克以上不满 1000 克	可以在七年到八年有期徒刑幅度内确定量刑起点
	不满 200 克	可以在三年以下有期徒刑、拘役幅度内确定量刑起点，情节严重的，可以在三年至四年有期徒刑幅度内确定量刑起点。
海洛因	大于 50 克	十五年有期徒刑、依法应处无期徒刑以上刑罚的除外
	10 克以上不满 50 克	可以在七年到八年有期徒刑幅度内确定量刑起点
	不满 10 克	可以在三年以下有期徒刑、拘役幅度内确定量刑起点，情节严重的，可以在三年至四年有期徒刑幅度内确定量刑起点。
甲基苯丙胺	大于 50 克	十五年有期徒刑、依法应处无期徒刑以上刑罚的除外
	10 克以上不满 50 克	可以在七年到八年有期徒刑幅度内确定量刑起点
	不满 10 克	可以在三年以下有期徒刑、拘役幅度内确定量刑起点，情节严重的，可以在三年至四年有期徒刑幅度内确定量刑起点。
其他毒品	数量大	十五年有期徒刑、依法应处无期徒刑以上刑罚的除外
	数量较大	可以在七年到八年有期徒刑幅度内确定量刑起点
	少量	可以在三年以下有期徒刑、拘役幅度内确定量刑起点，情节严重的，可以在三年至四年有期徒刑幅度内确定量刑起点。
基准刑调节	增加 10%—30%	利用、教唆未成年人走私、贩卖、运输、制造毒品的
		向未成年人出售毒品的
		毒品再犯
	减少 30% 以下	受雇运输毒品的
		毒品含量明显偏低的
		存在数量引诱情形的

《2016年毒品犯罪司法解释》第4条规定，应当认定为刑法第347条第4款规定的“情节严重”情形，具体如下：（1）向多人贩卖毒品或者多次走私、贩卖、运输、制造毒品的；（2）在戒毒场所、监管场所贩卖毒品的；（3）向在校学生贩卖毒品的；（4）组织、利用残疾人、严重疾病患者、怀孕或者正在哺乳自己婴儿的妇女走私、贩卖、运输、制造毒品的；（5）国家工作人员走私、贩卖、运输、制造毒品的；（6）其他情节严重的情形。

刑法第347条第7款规定，对多次走私、贩卖、运输、制造毒品，未经处理的，毒品数量累计计算。

《2016年毒品犯罪司法解释》第3条规定，在实施走私、贩卖、运输、制造毒品犯罪的过程中，携带枪支、弹药或者爆炸物用于掩护的，应当认定为“武装掩护走私、贩卖、运输、制造毒品”。以暴力抗拒检查、拘留、逮捕，造成执法人员死亡、重伤、多人轻伤或者具有其他严重情节的，应当认定为“以暴力抗拒检查、拘留、逮捕、情节严重”枪支、弹药、爆炸物种类的认定依照相关司法解释。

最高人民法院《关于涉以压缩气体为动力的枪支、气枪铅弹刑事案件定罪量刑问题的批复》（法释〔2018〕8号）规定，对以压缩气体为动力的枪支的认定应当考虑枪支的数量、外观、材质、发射物。

二、非法持有毒品罪

根据刑法第348条规定，非法持有鸦片一千克以上、海洛因或者甲基苯丙胺五十克以上或者其他毒品数量大的，处七年以上有期徒刑或者无期徒刑，并处罚金；非法持有鸦片二百克以上不满一千克、海洛因或者甲基苯丙胺十克以上不满五十克或者其他毒品数量较大的，处三年以下有期徒刑、拘役或者管制，并处罚金；情节严重的，处三年以上七年以下有期徒刑，并处罚金。

《2017年量刑指导（二）》确定非法持有毒品罪的量刑起点见表3：

表 3

毒品名称	毒品数量	量刑起点
鸦片	大于 1000 克	可以在七年到八年有期徒刑幅度内确定量刑起点、依法应当判处无期徒刑的除外
	情节严重	可以在三年至四年有期徒刑内确定量刑起点
	大于 200 克，不满 1000 克	可以在一年以下有期徒刑、拘役幅度内确定量刑起点
海洛因	大于 50 克	可以在七年到八年有期徒刑幅度内确定量刑起点、依法应当判处无期徒刑的除外
	情节严重	可以在三年至四年有期徒刑内确定量刑起点
	10 克以上不满 50 克	可以在一年以下有期徒刑、拘役幅度内确定量刑起点
甲基苯丙胺	大于 50 克	可以在七年到八年有期徒刑幅度内确定量刑起点、依法应当判处无期徒刑的除外
	情节严重	可以在三年至四有期徒刑内确定量刑起点
	10 克以上不满 50 克	可以在一年以下有期徒刑、拘役幅度内确定量刑起点

在量刑起点的基础上，可以根据毒品数量等其他影响犯罪构成的犯罪事实增加刑罚量，确定基准刑。

《2016 年毒品犯罪司法解释》规定，非法持有毒品达到数量较大标准，出现“在戒毒场所、监管场所非法持有毒品；利用、教唆未成年人非法持有毒品；国家工作人员非法持有毒品；其他情节严重的情形”的，应当认定为刑法第 348 条规定的“情节严重”。

三、容留他人吸毒罪

刑法第 354 条规定，容留他人吸食、注射毒品的，处三年以下有期徒刑、拘役或者管制，并处罚金。

根据《2017 年量刑指导（二）》规定，构成容留他人吸毒罪的，可以在一年以下有期徒刑、拘役幅度内确定量刑起点。在量刑起点的基础上可以根据容留他人吸毒的人数、次数等其他影响犯罪构成的犯罪事实增加刑罚量，确定基准刑。容留近亲属吸食、注射毒品，情节显著轻微危害不大的，不作为犯罪处理；需要追究刑事责任的，可以酌情从宽处罚。

向他人贩卖毒品后又容留其吸食、注射毒品，或者容留他人吸食、注射毒品并向其贩卖毒品，以贩卖毒品罪和容留他人吸毒罪数罪并罚。

【案例】2018 年 5 月 7 日至 20 日，被告人曾某华先后三次在自家卧室内容留吸毒人员曾某雄、曾某春、蔺某勇、彭某、蔺某才等人共同吸食甲基苯丙胺（俗称“冰毒”）。一审法院以容留他人吸毒罪判处曾某华拘役四个月，并处罚金人民币三千元。

本案被告人曾某华的量刑起点可以在一年以下有期徒刑、拘役幅度内确定，根据容留人数、次数增加刑罚。《2016 年毒品犯罪司法解释》第 12 条规定了容留他人吸毒罪的构罪条件，“一次容留多人吸毒”“二年内多次容留他人吸毒”。原审被告人曾某华三次容留他人吸毒，且每次均容留多人吸毒，每一次都达到构罪标准，一审判处拘役四个月属量刑畸轻。公诉机关对该案抗诉。

四、非法生产、买卖、运输制毒物品、走私制毒物品罪

刑法第 350 条规定，违反国家规定，非法生产、买卖、运输醋酸酐、乙醚、三氯甲烷或者其他用于制造毒品的原料、配剂，或者携带上述物品进出境，情节较重的，处三年以下有期徒刑、拘役或者管制，并处罚金；情节严重的，处三年以上七年以下有期徒刑，并处罚金；情节特别严重的，处七年以上有期徒刑，并处罚金或者没收财产。

单位犯罪的，对单位判处罚金，并对其直接负责的主管人员和其他责任人员依照前两款规定处罚。

《2016 年毒品犯罪司法解释》第 7 条规定，违反国家规定，非法生产、买卖、运输制毒物品、走私制毒物品，达到下列数量标准的，应当认定为“情节较重”：

1. 麻黄碱（麻黄素）、伪麻黄碱（伪麻黄素）、消旋麻黄碱（消旋

麻黄素）一千克以上不满五千克；

2. 1－苯基－2－丙酮、1－苯基－2－溴－1－丙酮、3，4－亚甲基二氧苯基－2－丙酮、羟亚胺二千克以上不满十千克；

3. 3－氧－2－苯基丁腈、邻氯苯基环戊酮、去甲麻黄碱（去甲麻黄素）、甲基麻黄碱（甲基麻黄素）四千克以上不满二十千克；

4. 醋酸酐十千克以上不满五十千克；

5. 麻黄浸膏、麻黄浸膏粉、胡椒醛、黄樟素、黄樟油、异黄樟素、麦角酸、麦角胺、麦角新碱、苯乙酸二十千克以上不满一百千克；

6. N－乙酰邻氨基苯酸、邻氨基苯甲酸、三氯甲烷、乙醚、哌啶五十千克以上不满二百五十千克；

7. 甲苯、丙酮、甲基乙基酮、高锰酸钾、硫酸、盐酸一百千克以上不满五百千克；

8. 其他制毒物品数量相当的。

制毒物品数量为前述各项最高数量标准以上，不满最高数量标准五倍的，应当认定为情节严重。

制毒物品数量为前述各项最高数量标准五倍以上的，应当认定为情节特别严重。

违反国家规定，非法生产、买卖、运输制毒物品、走私制毒物品，达到前述规定的数量标准最低值的百分之五十，且具有下列情形之一的，应当认定为刑法第350条第1款规定的“情节较重”：

1. 曾因非法生产、买卖、运输制毒物品、走私制毒物品受过刑事处罚的；

2. 二年内曾因非法生产、买卖、运输制毒物品、走私制毒物品受过行政处罚的；

3. 一次组织五人以上或者多次非法生产、买卖、运输制毒物品、走私制毒物品，或者在多个地点非法生产制毒物品的；

4. 利用、教唆未成年人非法生产、买卖、运输制毒物品、走私制毒物品的；

5. 国家工作人员非法生产、买卖、运输制毒物品、走私制毒物品的；

6. 严重影响群众正常生产、生活秩序的；

7. 其他情节较重的情形。

达到前述“情节较重”规定的数量标准，具有《2016年毒品犯罪司法解释》第7条第2款第3项至第6项规定的情形之一的，应当认定为情节严重。

达到前述“情节严重”规定的数量标准，具有《2016年毒品犯罪司法解释》第7条第2款第3项至第6项规定的情形的，应当认定为情节特别严重。

表4

原料或配剂	情节较重	情节严重	情节特别严重
麻黄碱（麻黄素）、伪麻黄碱（伪麻黄素）、消旋麻黄碱（消旋麻黄碱）	1千克≤数量<5千克	5千克≤数量<25千克	≥25千克
1-苯基-2-丙酮、1-苯基-2-溴-1-丙酮、3，4-亚甲基二氧苯基-2-丙酮、羟亚胺	2千克≤数量<10千克	10千克≤数量<50千克	≥50千克
3-氧-2-苯基丁腈、邻氯苯基环戊酮、去甲麻黄碱（去甲麻黄素）、甲基麻黄碱（甲基麻黄素）	4千克≤数量<20千克	20千克≤数量<100千克	≥100千克
醋酸酐	10千克≤数量<50千克	50千克≤数量<250千克	≥250千克
麻黄浸膏、麻黄浸膏粉、胡椒醛、黄樟素、黄樟油、异黄樟素、麦角酸、麦角胺、麦角新碱、苯乙酸	20千克≤数量<100千克	100千克≤数量<500千克	≥500千克
N-乙酰邻氨基苯酸、邻氨基苯甲酸、三氯甲烷、乙醚、哌啶	50千克≤数量<250千克	250千克≤数量<1250千克	≥1250千克
甲苯、丙酮、甲基乙基酮、高锰酸钾、硫酸、盐酸	100千克≤数量<500千克	500千克≤数量<2500千克	≥2500千克

“国家有关规定”主要是指1988年我国卫生部、外贸部、公安部、海关总署《关于对三种特殊化学品实行出口准许证管理的通知》、我国于1988年参加的《联合国禁止非法贩运麻醉药品和精神药物公约》的有关规定，以及《中华人民共和国海关法》的有关规定。

五、非法种植毒品原植物罪

刑法第351条规定，非法种植罂粟、大麻等毒品原植物的，一律强制铲除。有下列情形之一的，处五年以下有期徒刑、拘役或者管制，并处罚金：

1. 种植罂粟五百株以上不满三千株或者其他毒品原植物数量较大的；

2. 经公安机关处理后又种植的；

3. 抗拒铲除的。

非法种植罂粟三千株以上或者其他毒品原植物数量大的，处五年以上有期徒刑，最高刑期为十五年有期徒刑，并处罚金或者没收财产。

非法种植罂粟或者毒品原植物的，在收获前自动铲除的，可以免除处罚。

根据《2016年毒品犯罪司法解释》第九条规定，非法种植毒品原植物，具有下列情形之一的，应当认定为刑法第351条第1款第1项规定的“数量较大”：

1. 非法种植大麻五千株以上不满三万株的；

2. 非法种植罂粟二百平方米以上不满一千二百平方米、大麻二千平方米以上不满一万二千平方米，尚未出苗的；

3. 非法种植其他毒品原植物数量较大的。

非法种植毒品原植物，达到前款规定的最高数量标准的，应当认定为刑法第三百五十一条第二款规定的“数量大”。

表 5

毒品或植物	数量较大	数量大
大麻	5000 株≤数量＜3 万株	≥3 万株
	2000 平方米≤面积＜12000 平方米，尚未出苗	≥12000 平方米
罂粟	500 株≤数量＜3000 株	≥3000 株
	200 平方米≤面积＜1200 平方米，尚未出苗	≥1200 平方米

六、非法买卖、运输、携带、持有毒品原植物种子、幼苗罪

刑法第 352 条规定，非法买卖、运输、携带、持有未经灭活的罂粟等毒品原植物种子或者幼苗，数量较大的，处三年以下有期徒刑、拘役或者管制，并处或者单处罚金。

根据《2016 年毒品犯罪司法解释》第 10 条规定，具有下列情形之一的，应当认定“数量较大”：

1. 罂粟种子五十克以上、罂粟幼苗五千株以上的；
2. 大麻种子五十千克以上、大麻幼苗五万株以上的；
3. 其他毒品原植物种子或者幼苗数量较大的。

七、包庇毒品犯罪分子罪

根据刑法第 349 条的规定，包庇走私、贩卖、运输、制造毒品的犯罪分子的，为犯罪分子窝藏、转移、隐瞒毒品或者犯罪所得的财物的，处三年以下有期徒刑、拘役或者管制；情节严重的，处三年以上十年以下有期徒刑。

缉毒人员或者其他国家机关工作人员掩护、包庇走私、贩卖、运输、制造毒品的犯罪分子的，依照前款的规定从重处罚。

根据《2016 年毒品犯罪司法解释》第 6 条、第 7 条规定，包庇走私、贩卖、运输、制造毒品的犯罪分子“情节严重”的情形有：

1. 被包庇的犯罪分子依法应当判处十五年有期徒刑以上刑罚的；

2. 包庇多名或者多次包庇走私、贩卖、运输、制造毒品的犯罪分子的；

3. 严重妨害司法机关对被包庇的犯罪分子实施的毒品犯罪进行追究的；

4. 其他情节严重的情形。

为走私、贩卖、运输、制造毒品的犯罪分子窝藏、转移、隐瞒毒品或者毒品犯罪所得的财物的“情节严重”的情形有：

1. 为犯罪分子窝藏、转移、隐瞒毒品达到刑法、司法解释规定的“数量大”标准的；

2. 为犯罪分子窝藏、转移、隐瞒毒品犯罪所得的财物价值达到五万元以上的；

3. 为多人或者多次为他人窝藏、转移、隐瞒毒品或者毒品犯罪所得的财物的；

4. 严重妨害司法机关对该犯罪分子实施的毒品犯罪进行追究的；

5. 其他情节严重的情形。

包庇走私、贩卖、运输、制造毒品的近亲属，或者为其窝藏、转移、隐瞒毒品或者毒品犯罪所得的财物，不具有前述“情节严重”情形，归案后认罪、悔罪、积极退赃，且系初犯、偶犯，犯罪情节轻微不需要判处刑罚的，可以免予刑事处罚。

八、引诱、教唆、欺骗他人吸毒罪

根据刑法第353条规定，引诱、教唆、欺骗他人吸食、注射毒品的，处三年以下有期徒刑、拘役或者管制，并处罚金；情节严重的，处三年以上七年以下有期徒刑，并处罚金。

强迫他人吸食、注射毒品的，处三年以上十年以下有期徒刑，并处罚金。

引诱、教唆、欺骗未成年人吸食、注射毒品的，从重处罚。

根据根据《2016年毒品犯罪司法解释》第11条规定，引诱、教唆、欺骗他人吸食、注射毒品“情节严重”的情形有：

1. 引诱、教唆、欺骗多人或者多次引诱、教唆、欺骗他人吸食、注射毒品的；

2. 对他人身体健康造成严重危害的；

3. 导致他人实施故意杀人、故意伤害、交通肇事等犯罪行为的；

4. 国家工作人员引诱、教唆、欺骗他人吸食、注射毒品的；

5. 其他情节严重的情形。

九、非法提供麻醉药品、精神药品罪

根据刑法第 355 条的规定，依法从事生产、运输、管理、使用国家管制的麻醉药品、精神药品的人员，违反国家规定，向吸食、注射毒品的人提供国家管制的能够使人成瘾的麻醉药品、精神药品的，处三年以下有期徒刑或者拘役，并处罚金；情节严重的，处三年以上十年以下有期徒刑，并处罚金。

单位犯本罪的，对单位判处罚金，并对其直接负责的主管人员和其他直接责任人员，依照上述规定处罚。

根据《2016 年毒品犯罪司法解释》第 13 条第 2 款的规定，“情节严重”的情形有：

1. 非法提供麻醉药品、精神药品达到刑法第 347 条第 3 款或者本解释第 2 条规定的“数量较大”标准的（详见附表）；

2. 非法提供麻醉药品、精神药品达到前述规定的数量标准，且有向多人或者多次非法提供麻醉药品、精神药品的；向吸食、注射毒品的未成年人非法提供麻醉药品、精神药品的；非法提供麻醉药品、精神药品造成严重后果的等情形之一的；

3. 其他情节严重的情形。

表 6

毒品种类	立案标准最低值	情节严重最低值
鸦片	100 克	200 克
海洛因、甲基苯丙胺	5 克	10 克
可卡因	5 克	10 克
3，4－亚甲二氧基甲基苯丙胺（MDMA）等苯丙胺类毒品（甲基苯丙胺除外）、吗啡	10 克	20 克
芬太尼	12．5 克	25 克
甲卡西酮	20 克	40 克
二氢埃托啡	1 毫克	2 毫克
哌替啶（度冷丁）	25 克	50 克
氯胺酮	50 克	100 克
美沙酮	100 克	200 克
曲马多、Y－羟丁酸	200 克	400 克
大麻油	500 克	1 千克
大麻脂	1 千克	2 千克
大麻叶、大麻烟	15 千克	30 千克
可待因、丁丙诺啡	500 克	1 千克
三唑仑、安眠酮	5 千克	10 千克
阿普唑仑、恰特草	10 千克	20 千克
咖啡因、罂粟壳	20 千克	40 千克
巴比妥、苯巴比妥、安钠咖、尼美西泮	25 千克	50 千克
氯氮卓、艾司唑仑、地西泮、溴西泮	50 千克	100 千克

第八章　毒品犯罪案件审判监督实务

第一节　毒品犯罪案件审判监督要点

人民检察院依法对刑事诉讼活动履行监督职责，检察机关的审判监督广义上既包括对刑事判决、裁定的监督，也包括对人民法院的审判活动是否合法实行监督。狭义的审判监督仅指对人民法院的审判活动是否合法实行监督。本节所介绍的毒品犯罪案件审判监督是从广义角度展开的。

对人民法院审理毒品犯罪案件的审判活动程序监督主要通过检察官参加庭前会议、出席法庭等活动履行监督职责。审查的重点主要有合议庭的组成人员、是否公开、准许出庭的辩护人是否适格、审理期限是否超期、证人是否旁听庭审等。

一、审判活动监督内容

《刑诉规则》第 583 条规定，人民检察院依法对人民法院的判决、裁定是否正确实行监督，对人民法院确有错误的判决、裁定，应当依法提出抗诉。抗诉是对毒品犯罪案件判决裁定监督的主要方式和途径，分为第二审程序的抗诉和审判监督程序的抗诉。《刑诉规则》第 571 条规定，人民检察院检察长或者检察长委托的副检察长，可以列席同级人民法院审判委员会会议，依法履行法律监督职责。2017 年最高人民检察院发布的《人民检察院刑事抗诉工作指引》（以下简称《抗诉指引》）规定，人民法院审判活动违法或判决书、裁定书存在技术性差错，还可以通过纠正审理违法意见书或检察建议的形式进行监督。因而检察机关办理毒品犯罪案件中履行审判监督职责的方式主要有第二审程序抗诉、审判监督程序抗诉、纠正违法意见书或检察建议、检察长列席审判委员会。

二、毒品犯罪刑事抗诉

刑事抗诉对实体方面主要监督的是采信证据不当、事实认定错误导致量刑畸重畸轻、混淆此罪与彼罪、一罪与数罪和对自首、立功、主从犯、犯罪形态等法定量刑情节认定错误导致量刑明显不当以及并处、单处附加刑适用错误等。

程序方面主要监督的是审判程序严重违法，如公开审判、回避、法庭质证、案件合议、案件管辖等影响案件公正审判以及审判人员贪污受贿、徇私舞弊或枉法裁判影响公正审判等导致量刑明显不当的。

对于下级院提出或提请抗诉案件，承办检察官应在全面审查证据并复核相关证据的基础上，提出认定事实、采信证据和适用法律的意见，分析判决是否确有错误，对下级院的抗诉理由或提请抗诉理由是否充分进行评判，最后作出支持抗诉或撤回抗诉、抗诉或不抗诉决定。实践中如何把握抗诉标准非常重要，即何种情形下应当抗诉，何种情形不宜抗诉。同时监督手段的选择也很重要，即何种情形下使用抗诉手段，何种情形下使用非抗诉的柔性监督手段等。

（一）应当抗诉情形

人民检察院发现人民法院的判决、裁定有下列情形之一的，应当提出抗诉：

一是原审判决或裁定认定事实确有错误，导致定罪或者量刑明显不当的。具体有：

1. 刑事判决、裁定认定的事实与证据证明的事实不一致的；
2. 认定的事实与裁判结论有矛盾的；
3. 有新的证据证明原判决、裁定认定的事实确有错误的等情形。

二是原审判决或裁定采信证据确有错误，导致定罪或者量刑明显不当的。具体有：

1. 刑事判决、裁定据以认定案件事实的证据不确实的；

2. 据以定案的证据不足以认定案件事实，或者所证明的案件事实与裁判结论之间缺乏必然联系的；

3. 据以定案的证据依法应当作为非法证据予以排除而未被排除的；

4. 不应当排除的证据作为非法证据被排除或者不予采信的；据以定案的主要证据之间存在矛盾，无法排除合理怀疑的；

5. 因被告人翻供、证人改变证言而不采纳依法收集并经庭审质证为合法、有效的其他证据，判决无罪或者改变事实认定的；

6. 犯罪事实清楚，证据确实、充分，但人民法院以证据不足为由判决无罪或者改变事实认定的。

三是原审判决或裁定适用法律确有错误的。具体有：

1. 定罪错误，即对案件事实进行评判时发生错误：有罪判无罪，无罪判有罪的；混淆此罪与彼罪、一罪与数罪的界限，造成罪刑不相适应，或者在司法实践中产生重大不良影响的。

2. 量刑错误，即适用刑罚与犯罪的事实、性质、情节和社会危害程度不相适应，重罪轻判或者轻罪重判，导致量刑明显不当：（1）不具有法定量刑情节而超出法定刑幅度量刑的；（2）认定或者适用法定量刑情节错误，导致未在法定刑幅度内量刑或者量刑明显不当的；（3）共同犯罪案件中各被告人量刑与其在共同犯罪中的地位、作用明显不相适应或者不均衡的；（4）适用主刑刑种错误的；（5）适用附加刑错误的；（6）适用免予刑事处罚、缓刑错误的；（7）适用刑事禁止令、限制减刑错误的。

四是人民法院在审判过程中有下列严重违反法定诉讼程序，可能影响公正裁判的。具体有：

1. 违反有关公开审判规定的；

2. 违反有关回避规定的；

3. 剥夺或者限制当事人法定诉讼权利的；

4. 审判组织的组成不合法的；

5. 除另有规定的以外，证据材料未经庭审质证直接采纳作为定案根据，或者人民法院依申请收集、调取的证据材料和合议庭休庭后自行调查取得的证据材料没有经过庭审质证而直接采纳作为定案根据的；

6. 由合议庭进行审判的案件未经过合议庭评议直接宣判的；

7. 违反审判管辖规定的；

8. 其他严重违反法定诉讼程序情形的。

五是刑事附带民事诉讼部分所作判决、裁定明显不当的。

六是人民法院适用犯罪嫌疑人、被告人逃匿、死亡案件违法所得的没收程序所作的裁定确有错误的。

七是审判人员在审理案件的时候，有贪污受贿、徇私舞弊或者枉法裁判行为，影响公正审判的。

（二）不宜抗诉情形

人民法院的判决裁定有下列情形，不宜抗诉：

一是原审判决或裁定认定事实、采信证据有下列情形之一的：

1. 被告人提出罪轻、无罪辩解或者翻供后，认定犯罪性质、情节或者有罪的证据之间的矛盾无法排除，导致人民法院未认定起诉指控罪名或者相关犯罪事实的；

2. 刑事判决改变起诉指控罪名，导致量刑差异较大，但没有足够证据或者法律依据证明人民法院改变罪名错误的；

3. 案件定罪事实清楚，因有关量刑情节难以查清，人民法院在法定刑幅度内从轻处罚的；

4. 依法排除非法证据后，证明部分或者全部案件事实的证据达不到确实、充分的标准，人民法院不予认定该部分案件事实或者判决无罪的。

二是原审判决或裁定适用法律有下列情形之一的：

1. 法律规定不明确、存有争议，抗诉的法律依据不充分的；

2. 具有法定从轻或者减轻处罚情节，量刑偏轻的；

3. 被告人系患有严重疾病、生活不能自理的人，怀孕或者正在哺乳自己婴儿的妇女，生活不能自理的人的唯一扶养人，量刑偏轻的；

三是人民法院审判活动违反法定诉讼程序，其严重程度不足以影响公正裁判，或者判决书、裁定书存在技术性差错，不影响案件实质性结论的，一般不提出抗诉。必要时以纠正审理违法意见书形式监督人民法院纠正审判活动中的违法情形，或者以检察建议书等形式要求人民法院更正法律文书中的差错。

四是人民法院判处被告人死刑缓期二年执行的案件，具有下列情形之一，除原判决认定事实、适用法律有严重错误或者社会反响强烈的以外，一般不提出判处死刑立即执行的抗诉：

1. 被告人有自首、立功等法定从轻、减轻处罚情节的；

2. 定罪的证据确实、充分，但影响量刑的主要证据存有疑问的；

3. 罪犯被送交监狱执行刑罚后，认罪服法，狱中表现较好，且死缓考验期限将满的。

三、对审判活动的其他监督方式

抗诉是最刚性的法律监督手段，但并非任何情况下都可以适用，不宜抗诉的情形中显然不适合使用抗诉手段，因此实务中要重视其他柔性监督手段的使用。

刑诉法第 209 条规定，人民检察院发现人民法院审理案件违反法律规定的诉讼程序，有权向人民法院提出纠正意见。

审判活动瑕疵，程序违法尚不足以影响公正裁判，如开庭审理的公开与不公开、适用简易程序还是普通程序、辩护人是否适格、送达是否迟延等。或者判决书、裁定书有错误表述文字或数字，但不影响定罪量刑，实践中多采用纠正违法通知书或者检察建议等柔性监督手段予以解决。

人民检察院履行审判监督职责的渠道主要有出席法庭、检察长列席审判委员会，还可以通过调查、审阅案卷和受理申诉控告诉等活动，监督审判活动是否合法。《刑诉规则》第 571 条规定，人民检察院检察长或者检察长委托的副检察长，可以列席同级人民法院审判委员会会议，依法履行法律监督职责。需要注意的是人民检察院对人民法院审判进行法律监督，不是公诉人的个人行为，而是人民检察院作为法律监督机关的整体职能，因此出庭检察人员发现法庭审判违反法律规定的诉讼程序，应当在休庭后及时向检察长报告，对人民法院违反法律规定的审判程序纠正意见应当是以人民检察院的名义在庭审后向人民法院提出。

第二节　毒品犯罪案件抗诉实务与技巧

无论是第二审程序的抗诉还是审判监督程序的抗诉都是针对确有错误的判决裁定所启动的纠错程序。抗诉意见能否被采纳，关键要在于阐述的抗诉理由是否有事实基础和法律依据，因而对判决裁定的审查、抗诉理由的归纳和证据审查是抗诉案件办理的重中之重，也是实务中的难点所在。

一、对刑事判决、裁定的审查要点

《刑诉规则》第584条规定，人民检察院认为同级人民法院第一审判决、裁定具有下列情形之一的，应当提出抗诉：认定的事实确有错误或者据以定罪量刑的证据不确实、不充分的；有确实、充分证据证明有罪判无罪，或者无罪判有罪的；重罪轻判，轻罪重判，适用刑罚明显不当的；认定罪名不正确，一罪判数罪、数罪判一罪，影响量刑或者造成严重社会影响的；免除刑事处罚或者适用缓行、禁止令、限制减刑等错误的；人民法院在审理过程中严重违反法律规定的诉讼程序的。

承办检察官在收到人民法院送达的第一审判决书或裁定书后，应当围绕上述法定情形及时审查，重点审查判决认定的事实、罪名是否与指控罪名一致，适用法律是否正确、量刑是否恰当、程序是否合法。对于确有错误的判决，评估是否有抗诉必要。

《刑诉规则》第591条规定，人民检察院认为人民法院已经发生法律效力的判决、裁定确有错误，具有下列情形之一的，应当按照审判监督程序向人民法院提出抗诉：有新的证据证明原判决、裁定认定的事实确有错误，可能影响定罪量刑的；据以定罪量刑的证据不确定、不充分的；据以定罪量刑的主要证据之间存在矛盾的；据以定罪量刑的证据依法不应当予以排除的；原判决、裁定的主要事实依据被依法变更或者撤销的；认定罪名错误且明显影响量刑的；违反法律关于追诉时效期限的规定的；量刑明显不当的；违反法律规定的诉讼程序，可能影响公正审判的；审判人员在审理案件的时候有贪污受贿，徇私舞弊，枉法裁判行为的。

无论是二审程序抗诉还是审判监督程序抗诉，第一步的基础性工作均是对判决裁定进行审查，判断其是否“确有错误”。对判决裁定的审查方法一般有“三步曲”，要念好“全、细、慎”三字经。

（一）全面排查

第一步，全面排查。排查起诉指控与法院判决认定的事实及法律适用是否一致，量刑是否适当、程序是否违法等。全篇通读研习裁判文书是审查判决裁定的基础，还要将其与出庭笔录、出庭意见等工作文书对比核查，重点是要做到“六看六查”：

一看被告人基本情况，查是否遗漏前科。毒品犯罪案件被告人有前科劣迹的较多，对一审判决审查时要特别注重前科情况及法律适用是否有误，除审查累犯、再犯情节是否被依法认定外，还要留意是否为缓刑考验期或假释考验期犯罪。

【案例】被告人张某因犯故意伤害罪于2011年被某区法院判处有期徒刑二年，缓刑二年。缓刑考验期自2011年3月22日至2013年3月21日。张某在2011年7月的一天与他人一起吸食冰毒被公安机关抓获，当场从其身上缴获冰毒24.5克。区检察院以非法持有毒品罪对其提起公诉，区法院以张某犯非法持有毒品罪，对其判处有期徒刑一年两个月，并处罚金五千元。判决书没有认定其前科情况，因而未发现张某是在缓刑考验期犯新罪，故未根据刑法第77条之规定撤销缓刑，对新犯的罪作出判决，把前罪和后罪所判处的刑罚，再依照刑法第69条的规定，决定执行的刑罚，显然一审判决认定事实和适用法律均存在错误。检察机关据此抗诉，后法院改判，对其数罪并罚，决定执行有期徒刑二年六个月，并处罚金五千元。

二看“审理查明……”部分，查是否全面准确认定犯罪事实。毒品犯罪案件一般以共同犯罪、对合犯情况居多，因先后到案导致分案处理的情况较为常见，因而在审查一审判决书时除要对起诉被告人的犯罪事实进行审查，还要对照另案处理的关联人或关联事实裁判情况进行全面审查，避免遗漏犯罪事实。尤其还要注意一些不影响本案事实认定或法律适用的枝节事实审查，因为它可能对本案无影响，但对关联案件、关联人的处理会有影响。

【案例】吕某贩卖、运输毒品案，起诉书指控“被告人吕某从一个外号叫‘锋伢子’的人（另案处理）手中购得甲基苯丙胺3000克”，检察官在对一审判决书进行审查时，发现法院认定被告人吕某为贩卖而购买甲基苯丙胺3000克的事实，但审查查明的事实部分却表述为被告人吕某在刘某阳处购得甲基苯丙胺。承办检察官认为法院判决认定吕某是从刘某阳处购得甲基苯丙胺的存在错误，没有证据证明外号叫“锋伢子”的人真名叫刘某阳，遂提出异议。而后该院另一名检察官办理的关联案件肖某锋运输贩卖毒品案中，被告人肖某锋的外号叫“锋伢子”，吕某贩卖毒品一案的破案报告也显示线索来源于肖某锋贩卖毒品案，从而印证承办检察官审查判决时敏锐和细致是正确的。

三看诉讼经过，查是否程序违法。对判决书审查既要盯着文书，又不能只盯着文书，还要根据诉讼活动综合研判，核查是否有剥夺或者限制当事人法定诉讼权利的或违反管辖、审判组织的组成不合法的情形。如邓某贩卖毒品案中，判决书上载明其有辩护人，但公诉人出庭时没有见到该辩护人，法院庭审笔录上也没有记载有辩护人，最后核查的事实是辩护人没有收到法院开庭通知，未能出庭为邓某辩护。后检察机关以一审法院存在严重程序违法为由提出抗诉。

四看证据摘录，查采信证据是否不当。重点要查是否有证据材料未经庭审质证直接采纳作为定案根据的，或者人民法院依申请收集、调取的证据材料和合议庭休庭后自行调查取得的证据材料没有经过庭审质证而直接采纳作为定案根据的。

五看是否对涉案财物处置作出判决，查涉案财物是否被随意处置或未依法作出处置。实践中公诉人在对判决裁定审查时比较容易忽视涉案财物的处置。根据《武汉会议纪要》精神，人民法院对查封、扣押、冻结的涉案财物及其孳息，经查确属违法所得或者依法应当追缴的其他涉案财物的，如购毒款、供犯罪所用的本人财物、毒品犯罪所得的财物及其收益等，应当判决没收，但法律另有规定的除外。

六看“本院认为”，查是否适用法律错误，导致量刑不当。此环节是判决裁定审查的重中之重，既要看法律条文适用是否正确，又要看最后判处的刑罚是否恰当。既要审查主刑适用，还要注意审查附加刑适用是否正确。特别要审查判决是否严格依法判处被告人罚金刑或者没收财产刑。对判处罚金刑的，应当审查是否结合毒品犯罪的性质、情节、危害后果及被告人的获利情况、经济状况等因素合理确定罚金数额。对于决定并处没收财产的毒品犯罪，判处被告人有期徒刑的，应当审查是否按照上述确定罚金数额的原则确定没收个人部分财产的数额；判处无期徒刑的，可以并处没收个人全部财产，审查适用财产刑是否适当；判处死缓或者死刑的，审查是否并处没收个人全部财产等。

【案例】被告人王某帮助他人运输甲基苯丙胺 648 克，到案后如实供述自己的罪行；王某在共同犯罪中起次要作用，是从犯，且系累犯。一审法院以被告人王某犯运输毒品罪，判处有期徒刑十二年，剥夺政治权利二年，并处罚金二万元。

本案一审法院对王某减轻处罚判处十二年有期徒刑值得商榷。第一，从毒品数量 648 克，且含量为 77.1%—77.5%，纯度较高的冰毒，达到当地司法机关掌握的无期徒刑量刑数量标准。第二，根据 2017 年《量刑指导意见》规定，累犯可以增加基准刑的 10%—40%，毒品再犯可增加基准刑 10%—30%。从犯减少基准刑的 20%—50%。当累犯、毒品再犯和从犯等法定情节逆向竞合时，逆向调节作用可以相互抵销。本案既有法定从重处罚情节，又有法定从轻、减轻处罚情节，综合考虑对其以起点刑 15 年有期徒刑处罚较为适宜。第三，对王某在法定刑以下量刑，只体现对其有利的从犯的法定减轻处罚情节和如实供述罪行的酌定从轻，而没有全面考虑其累犯、毒品再犯的法定从重处罚情节以及其主观恶性极深、社会危害性大等酌定从重情节。

（二）细核差异

第二步，细致核查差异点，如果诉、判不一致，要对其差异性进行细致核查。如果是判决的事实、情节与指控认定有差异，要针对差异点认真核查判决书采信证据是否正确，其认定犯罪事实的证据是否确实、充分。涉及量刑情节的证据是否确实、充分。如果是法律适用有差异，应重点审查涉及犯罪性质、认定罪名的证据是否确实、充分；适用法律和引用法律条文是否正确；罪与非罪、此罪与彼罪、一罪与数罪的认定是否正确；具有法定从重、从轻、减轻或者免除处罚情节的，适用法律是否正确；如果是量刑不当，则要审查适用刑种和量刑幅度是否正确。

（三）慎审抗诉必要性

第三步，慎审抗诉必要性。审查发现判决裁定确有错误的情况下，还要进一步谨慎审查是否有抗诉必要，是否存在不宜抗诉情形。

【案例】张某贩卖毒品甲基丙苯胺 500 余克，一审法院判决认为被告人张某被公安机关抓获后，尚未受到讯问时，主动向公安机关如实供述自己贩卖毒品的事实，可以认定为自首，依法可以减轻处罚，判处有期徒刑 13 年。承办人审查判决书时发现该情节认定与起诉书不一致，起诉书没有认定其自动投案。张某虽归案后如实供述其犯罪事实，但非自动投案。在案证据证明 2017 年 2 月 21 日 22 时许，侦查人员接群众举报在某宾馆 16 号房将涉嫌贩毒的张某抓获，并从其上衣口袋里搜缴 43 袋疑似毒品海洛因，查获房间内电子秤、小塑料袋、剪刀等物证。张某是侦查机关根据群众举报将其抓获，是被动归案，并非主动投案。张某也不符合 2010 年最高人民法院《处理自首和立功意见》[①] 规定的形迹可疑型自首，故不能认定为自首。公诉机关对一审法院错误认定自

① 《关于处理自首和立功若干具体问题的意见》规定，罪行未被有关部门、司法机关发觉，仅因形迹可疑被盘问、教育后，主动交代了犯罪事实的，应当视为自动投案，但有关部门、司法机关在其身上、随身携带的物品、驾乘的交通工具等处发现与犯罪有关的物品的，不能认定为自动投案。

首情节，导致量刑畸轻，有抗诉必要，遂对张某提出抗诉。

二、抗诉理由归纳

抗诉书是阐明抗诉理由的法定文书，其对判决错误，运用事实、法律和理论进行批驳，指出错误的原因，提出正确的结论。其中抗诉理由是人民检察院据以向人民法院提出抗诉，要求人民法院重新审理的重要根据，是抗诉制度的核心和抗诉成败的关键。因此在办理毒品犯罪抗诉案件中要特别注意归纳抗诉理由。归纳抗诉理由的过程也是论证判决裁定“确有错误，有抗诉必要”的过程。其逻辑起点是从判决裁定的“确有错误”，查找到错误再进行论证。一般而言有以下路径：

（一）归纳事实认定错误

判决裁定认定事实错误的抗点主要有：认定的事实与证据证明的事实不一致；认定的事实与裁判结论有矛盾；有新的证据证明原裁判认定的事实确有错误。

（二）归纳采信证据错误

采信证据确有错误，导致定罪或者量刑明显不当的抗点主要有：

1. 据以认定案件事实的证据不确实的；

2. 据以定案的证据不足以认定案件事实，或者所证明的案件事实与裁判结论之间缺乏必然联系的；

3. 非法证据排除不当；据以定案的证据依法应当作为非法证据予以排除而未被排除的；不应当排除的证据作为非法证据被排除或者不予采信的；

4. 据以定案的主要证据之间存在矛盾，无法排除合理怀疑的；

5. 因被告人翻供、证人改变证言而不采纳依法收集并经庭审质证为合法、有效的其他证据，判决无罪或者改变事实认定的；

6. 犯罪事实清楚，证据确实、充分，但人民法院以证据不足为由判决无罪或者改变事实认定的。

（三）归纳定罪错误

定罪错误的抗点主要为有罪判无罪，无罪判有罪的；混淆此罪与彼罪等，因此造成罪刑不相适应，或者在司法实践中产生重大不良影响的。

（四）归纳量刑错误

量刑错误在毒品犯罪抗诉案件非常普遍，主要是指适用刑罚与犯罪的事实、性质、情节和社会危害程度不相适应，重罪轻判或者轻罪重判，导致量刑明显不当。具体要注意以下抗点：

1. 不具有法定量刑情节而超出法定刑幅度量刑；

2. 认定或者适用法定量刑情节错误；

3. 适用刑种错误，包括主刑、附加刑错误；

4. 适用免予刑事处罚、缓刑错误和适用刑事禁止令、限制减刑错误；

5. 共犯量刑不当，各被告人量刑与其在共同犯罪中的地位、作用明显不相适应或者不均衡。

（五）归纳程序违法

对严重程序违法影响公正审判情形的抗点主要有：

1. 违反有关公开审判规定的；

2. 违反有关回避规定的；

3. 剥夺或者限制当事人法定诉讼权利的；

4. 审判组织的组成不合法的；

5. 除另有规定的以外，证据材料未经庭审质证直接采纳作为定案根据，或者人民法院依申请收集、调取的证据材料和合议庭休庭后自行调查取得的证据材料没有经过庭审质证而直接采纳作为定案根据的；

6. 由合议庭进行审判的案件未经过合议庭评议直接宣判的；

7. 违反审判管辖规定的；

8. 其他严重违反法定诉讼程序情形的。

三、抗诉案件证据审查

毒品犯罪案件因其交易的隐蔽性及被告人累犯、再犯较多带来的反侦查能力强，给侦查取证带来的难度越来越大。因检法两家在证据采信方面出现意见分歧导致诉、判不一，检察机关抗诉的毒品犯罪案件大多是因事实证据方面与法院判决意见相左，因此在办理毒品犯罪抗诉案件时要特别重视证据审查和二审阶段的新证据收集工作。一是要审查原案证据是否具备合法性、客观性和关联性；二是要审查抗诉证据之间、抗诉意见与抗诉证据之间是否存在矛盾；三是要审查抗诉证据是否确实、充分，必要时要补充完善证据，确保抗诉案件证据确实充分，掌握出席法庭支持抗诉的主动权。

【案例】被告人赵某先后4次共贩卖冰毒84.4克给张某，其中最后一次交易时间为2016年5月21日，双方事先约定购买冰毒60克，价格为3880元。交易中被抓获，侦查人员现场缴获两包疑似冰毒物品，一包净重10.3克，一包净重47.7克，但将两包混合封装送检，检出甲基苯丙胺。一审判决认为侦查人员没有按照《2016年办理毒品案件程序规定》的要求，对不同包装的毒品分别独立封装，虽从混合包装中检出甲基苯丙胺，但不排除两包疑似物中有一包不是冰毒的可能，最后一次交易数量应当根据有利于被告人原则认定其中小包10.3克为宜。据此，认为赵某贩卖冰毒36.3克，对其判处有期徒刑11年6个月。

基层检察院认为一审法院采信证据不当，认定事实错误导致量刑畸轻，提出抗诉。二审检察机关对全案证据审查后，委托鉴定混合装的疑似冰毒物中的甲基苯丙胺含量。鉴定意见为抽检的混合物甲基苯丙胺含量为70.4%，充分证明大包47.7克疑似冰毒物含甲基苯丙胺，结合赵某、张某的言词证据足以认定两包疑似冰毒物品均含甲基苯丙胺，遂决定支持抗诉。二审法院采取抗诉意见，认定赵某贩卖冰毒84.4克，改判张某有期徒刑15年，并处罚金3万元。

四、抗诉方式选择

刑事抗诉的方式有二审程序抗诉和审判监督程序抗诉两种方式。二审程序抗诉是地方各级人民检察院认为本级人民法院未生效的第一审判决、裁定确有错误的，在抗诉期限内向上一级人民法院提出抗诉。审判监督程序抗诉是最高人民检察院和地方各级人民检察院发现下级人民法院已生效的判决裁定确有错误而向同级人民法院提出抗诉。一般情况下无论是二审程序的抗诉还是审判监督程序的抗诉都是诉判不一，检法意见严重分歧的案件。根据判决裁定是否生效采用不同的方式抗诉，即对未生效的采取二审程序抗诉，已生效的采取审判监督程序抗诉，但在一些特殊情况下也可能出现诉判一致的错误判决，如何处理则值得研究。如重罪名被以轻罪名起诉，法院也以指控罪名定罪量刑，从而导致重罪轻判。从维护法制的统一正确实施，确保司法公正的角度考虑，应当有错必纠，通过抗诉手段纠正错误判决。检察机关错误指控后，对同级法院错误判决不能以定性错误提出抗诉，若在错误罪名的量刑幅度内也不能以量刑畸轻为由提出抗诉。即便是法院错误定性且量刑畸轻的判决，以二审程序抗诉，改判的幅度也还是在原判的轻罪名量刑幅度范围内，最后改判的刑期相对于重罪名而言仍然是畸轻。综上，不宜以二审程序提出抗诉，这种情形下，应当以审判监督程序抗诉。下级人民检察院发现诉判一致的错误判决后，应当立即向上一级人民检察院报告，充分发挥检察监督一体化机制作用，由上级人民检察院以审判监督程序抗诉。对于已生效的错误判决裁定，下级人民检察院及时提请上一级人民检察院以审判监督程序抗诉。对于未生效的这类错误判决，可以考虑让其生效后再由上级人民检察院以审判监督程序提出抗诉。

【案例】2016 年 12 月 21 日，邓某林、邓某聪、邓某超在共同吸食毒品时抱怨本地毒品价格较高，邓某聪表示某狱友刘某祥（谐音，在逃）低价贩卖毒品，邓某林随即提出三人一同前往某市找刘某祥购毒，邓某聪、邓某超同意。2016 年 12 月 23 日 15 时许，邓某林驾车接载邓某聪、邓某超开往某市，途中，由邓某林出资 5200 元、邓某聪出资 4800 元、邓某超出资 3000 元，共同筹集了 1.3 万元毒资，经邓某聪电话联系刘某祥，双方在某市北塔区西湖桥头红绿灯处完成交易。随后，邓某林驾车搭邓某聪、邓某超原路返回途中被公安机关截获，查获的 174.7 克白色晶体物经鉴定检出甲基苯丙胺成分。

该案检察机关以非法持有毒品罪提起公诉，一审法院以非法持有毒品罪判处邓某林、邓某聪有期徒刑 7 年 8 个月，邓某超有期徒刑 2 年 6 个月。区检察院收到判决书后，发现区法院将共同犯罪的三被告人按各自出资比例分别认定毒品数量明显错误，立即向市检察院汇报，市检察院发现该判决不仅仅是认定各被告人贩卖毒品数量错误，定性也有错误。根据《武汉会议纪要》的规定，该案应定性为运输毒品罪，区检察院以非法持有毒品罪起诉罪名错误。根据刑法第347条的规定，法定量刑起点是15年有期徒刑，一审判决对三人量刑明显畸轻。市检察院考虑到区检察院起诉罪名错误，若其按二审程序抗诉，抗点只能是量刑，在一审法院以非法持有毒品罪对邓某林、邓某聪均判处7年以上有期徒刑，二审法院改判提高刑期的可能性很小，且不能解决本案定性错误的问题。因此指示区检察院暂不按二审程序抗诉，待判决生效后由区检察院再按审判监督程序提请市检察院抗诉。后市检察院按审判监督程序向市中级法院提出了抗诉。市中级法院于2017年12月以运输毒品罪判决邓某林、邓某聪、邓某超有期徒刑15年、15年，12年6个月。该案被某省检察院评为优秀案件。

第三节　办理毒品犯罪抗诉案件中应注意的问题

毒品犯罪抗诉案件办理应当注意正确把握抗诉范围，撤回抗诉要释法说理，支持抗诉的案件要重视检察长列席审判委员会发挥监督作用，确保监督效果等。

一、第二审程序抗诉

（一）不能超出抗诉书范围支持抗诉

实践中在部分支持下级院抗诉意见的案件中，有提出新的抗诉意见的。有的在刑事抗诉书范围内，有的不在刑事抗诉书范围内，有的还超出起诉书指控范围。我们认为超出抗诉书范围的支持抗诉是无效的。所谓超出抗诉书范围，主要指当庭提出的与抗诉书所载抗诉主张不一致新的抗诉主张。不管该抗诉主张是对被告人有利还是不利，二审法院都不应该作为抗诉意见采纳。因为不管是哪一种情形，被告人、辩护人均需要进行充分的辩护准备。若检察人员在法庭上提出新的抗诉意见，被告人、辩护人是无法进行准备的，这必然会限制甚至剥夺被告人、辩护人对新的抗诉意见的辩护权，既不利于保障被告人的法定权利，也无法保证判决的公正性。需要注意的是，如果支抗意见仅仅是对抗诉书所载的抗诉理由进行补充或者对不当之处进行修正，没有提出新的抗诉主张，则不属于超越抗诉书范围。

（二）不能增加抗诉对象

实践中有的二审检察机关在办理毒品犯罪抗诉案件中有增加抗诉对象的情况。我们认为这是错误的。

首先，违反法定程序。二审程序抗诉是由上下两级检察院共同完成的，启动抗诉和抗诉的具体内容由下级人民检察院的生效法律文书刑事抗诉书决定，上级人民检察院全案审查后只有两种处理方式，一是认为抗诉正确予以支持，二是认为不当就撤回，相关法律、司法解释并未赋予其对下级院应当提出抗诉而没有提出抗诉的对象直接提起抗诉的权利。根据《刑诉规则》第 589 条规定，上一级人民检察院对下级人民检察院按照第二审程序提出抗诉的案件，认为抗诉正确的，应当支持抗诉；上一级人民检察院认为抗诉不当的，应该听取下级人民检察院的意见。听取意见后，仍然认为抗诉不当的，应当向同级人民法院撤回抗诉，并且通知下级人民检察院。

刑诉法第 232 条规定："地方各级人民检察院对同级人民法院第一审判决、裁定的抗诉，应当通过原审人民法院提出抗诉书，并且将抗诉书抄送上一级人民检察院。原审人民法院应当将抗诉书连同案卷、证据移送上一级人民法院，并且将抗诉书副本送交当事人。上级人民检察院如果认为抗诉不当，可以向同级人民法院撤回抗诉，并且通知下级人民检察院。"即刑事抗诉书一经送达后就产生拘束力，不仅对法院和被告人、辩护人如此，对抗诉机关同样如此。

其次，损害追加抗诉对象的诉讼权利。如果允许检察院（包括上下两级检察院）在抗诉期限届满后也可以追加抗诉内容，则会对被告人的权利造成实质损害。《新刑诉法解释》第 402 条规定："人民检察院只对部分被告人的判决提出抗诉……第二审人民法院不得对其他同案被告人加重刑罚。”若上级检察院将部分被告人追加为抗诉对象，会使部分被告人再次面对国家追诉。同时若被追加抗诉，该被告人则很难充分行使辩护权。

（三）部分支持抗诉亦应使用支持抗诉意见书

实践中有的检察院在部分支持下级院抗诉的案件中使用撤回抗诉文书，我们认为不妥。根据《抗诉指引》第24条规定，上一级人民检察院支持或者部分支持抗诉意见的，可以变更、补充抗诉理由。第25条规定，上一级人民检察院不支持抗诉的，承办部门应当制作撤回抗诉决定书，在同级人民法院开庭之前送达人民法院，同时通知提出抗诉的人民检察院，并向提出抗诉的人民检察院书面说明撤回抗诉理由。根据上述法条规定，只有在上一级检察院完全不支持抗诉的情况下才作撤回抗诉决定书。对于部分支持而言，仍是支持抗诉，因而不能使用撤回抗诉决定书。

（四）撤回抗诉应释法说理

《抗诉指引》第25条规定，上一级人民检察院不支持抗诉的，承办部门应当制作撤回抗诉决定书，在同级人民法院开庭之前送达人民法院，同时通知提出抗诉的人民检察院，并向提出抗诉的人民检察院书面说明撤回抗诉理由。实践中这一新规定几乎没有得到执行，上级院撤回抗诉几乎都没有释法说理。

二、审判监督程序抗诉

（一）注意及时提请

人民检察院启动审判监督程序抗诉，应注意以下几个问题：提请上级人民检察院按照审判监督程序抗诉的案件，原则上应当自人民法院作出裁判之日起二个月以内作出决定；需要复核主要证据的，可以延长一个月。属于冤错可能等事实证据有重大变化的案件，可以不受上述期限限制。

对于高级人民法院判处死刑缓期二年执行的案件，省级人民检察院认为确有错误提请抗诉的，一般应当在收到生效判决、裁定后三个月以内提出，至迟不得超过六个月。

对于人民法院第一审宣判后人民检察院在法定期限内未提出抗诉，或者判决、裁定发生法律效力后六个月内未提出抗诉的案件，没有发现新的事实或者证据的，一般不得为加重被告人刑罚而依照审判监督程序提出抗诉，但被害人提出申诉或上级人民检察院指令抗诉的除外。审查中发现有些单位没有注意到时限问题，提请上级抗诉的案件大部分都超过上述期限。审判监督程序抗诉是对生效裁判的否定，因而在权衡是否有抗诉必要时考虑的因素比二审抗诉要多，尤其在裁判生效多年，被破坏的社会关系渐趋恢复，在维护法律的统一正确实施兼顾效率和节省司法资源等因素考虑下，对一般情况下提请抗诉期限作出限定是有必要的。

（二）注意内部程序规范

根据《刑诉规则》第585条、第591条、第592条相关规定，对于同级人民法院已经发生法律效力的判决、裁定，人民检察院认为可能有错误的，应当另行指派检察官或者检察官办案组进行审查。经审查认为确有错误有抗诉必要的，应当提请上一级人民检察院提出抗诉。对于需要提出抗诉的案件，应当报请检察长决定。对重大疑难复杂的毒品犯罪案件检察长应当提请检察委员会研究决定。

实践中有些单位对下级院提请本级院抗诉或其提请上级院抗诉的重大疑难复杂毒品犯罪案件未经本院检察委员会讨论就决定抗诉。我们认为，根据《人民检察院检察委员会工作规则》第8条第3项规定，对这类案件处理应由检察委员会讨论决定。

对于高级人民法院判处死刑缓期二年执行的案件，省级人民检察院认为确有错误提请抗诉的，一般应当在收到生效判决、裁定后三个月以内提出，至迟不得超过六个月。

（三）注意正确适用审级

人民法院对审判监督程序抗诉案件的审理方式有提审和指令再审两

种形式。实践中一些检察官对提审、指令再审方式中对应的审级问题理解不透。刑诉法第 256 条规定，人民法院按照审判监督程序重新审判的案件，由原审人民法院审理的应当另行组成合议庭进行。如果原来是第一审案件，应当依照第一审程序进行审判，所作的判决、裁定，可以上诉、抗诉；如果原来是第二审案件，或者是上级人民法院提审的案件，应当依照第二审程序进行审判，所作的判决、裁定，是终审的判决、裁定。

此外需特别注意，对于人民法院以事实不清、证据不足为由宣告无罪的案件，在发现新的证据足以证明原判决错误的，不应以审判监督程序抗诉，而应重新起诉，实践中对这种情况普遍都是采取抗诉手段。

（四）注意监督指令再审是否合法

最高人民检察院对各级人民法院已经发生法律的判决和裁定，上级人民检察院对下级人民法院已经发生法律效力的判决和裁定，如果发现确有错误，有权按照审判监督程序向同级人民法院提出抗诉。刑诉法第 254 条第 4 款规定，人民检察院抗诉的案件，接受抗诉的人民法院应当组成合议庭重新审理，对于原判决事实不清楚或者证据不足的，可以指令下级人民法院再审。第 255 条规定，上级人民法院指令下级人民法院再审的，应当指令原审人民法院以外的下级人民法院审理；由原审人民法院审理更为适宜的，也可以指令原审人民法院审理。《新刑诉法解释》第 463 条规定，对人民检察院依照审判监督程序提出抗诉的案件，接受抗诉的人民法院应当组成合议庭审理。对原判事实不清、证据不足，包括有新的证据证明原判可能有错误，需要指令下级人民法院再审的，应当在立案之日起一个月内作出决定，并将指令再审决定书送达抗诉的人民检察院。审判监督程序抗诉案件实践中指令再审情况较为普遍，对此要有监督意见，务必准确把握以下三点：

一是接受抗诉的人民法院要重新组成合议庭对案件进行审理，经过审理后可以依法作出判决或裁定，对于其中认为原判决事实不清、证据不足的，可以指令下级人民法院重新审理。

二是接受抗诉的人民法院组成合议庭审理后认为需要指令再审，在立案之日起一个月内作出指令再审的决定，并将指令再审决定书送达抗诉的人民检察院。指令再审的情形限于原审事实不清、证据不足，包括有新的证据证明原判可能存在错误。

三是指令再审的人民法院原则上是原审人民法院以外的下级人民法院，特殊情况下也可以指令原审人民法院审理。刑诉法第 255 条是 2012 年修订时增加的规定，目的是解决当时实践普遍存在的“上抗原审”问题，明确原则上应当指令原审人民法院以外的下级人民法院审理，考虑特殊情况原审法院以外的法院审理不适合，确保司法公正的前提下可以由原审人民法院审理。因此原则上应由原审人民法院以外的下级人民法院审理，指令原审人民法院审理为例外。

【案例】被告人袁某甲为吸毒人员，2014 年 8 月 27 日晚 8 时许，袁某甲与其堂弟袁某伟在其堂妹夫刘某的租房内试吸刘某从 A 市夏某红（另案处理）处购得的麻古后一致认为这批货质量没有以前的好。次日，袁某甲叫上袁某伟一起帮忙驾驶其单位公车去 B 市办公事。刘某获悉后要求袁某甲先送他去 A 市，袁某甲明知刘某去换毒品，仍答应办完公事后再送刘某去 A 市，当天 15 时 48 分，袁某甲驾车带上刘某、袁某伟前往 B 市办事。办完事后，刘某因身上毒资不多，便向袁某甲和袁某伟借了 1 万元人民币。19 时 37 分，袁某甲驾车与刘某、袁某伟前往 A 市，后刘某从夏某红处购得 5 小包麻古和 1 小包冰毒，用一浅蓝色背包装着上了袁某甲所驾的公车上，放在副驾驶室储藏盒内。袁某甲和刘某讲带上车的毒品好香。随后由袁某伟驾车从 A 市返回，29 日凌晨零时许遇公安民警例行检查，袁某甲被当场抓获，刘某、袁某伟乘机逃离现场。公安民警从袁某甲所驾驶车辆的副驾驶室储藏盒内查获净重 93.2 克的甲基苯丙胺片剂 994 粒（经鉴定含量 12.73%），净重 527.7 克的甲基苯丙胺 1 包（经鉴定含量为 73.26%）。A 市检察院以袁某甲涉嫌运输毒品罪向 A 市中级人民法院提起公诉，中级人民法院以非法持有毒品罪对袁某甲判处 8 年有期徒刑。A 市检察院在判决生效后发现原判确有错误，遂提请某省检察院抗诉。某省检察院于 2017 年 4 月 21 日向某省高级人民法院提出抗诉。某省高级人民法院经开庭审理后于2017年11月6日裁定发回A市中级人民法院重新审判。A市中级人民法院经重审后于2018年5月17日作出判决，以运输毒品罪对被告人袁某甲改判。

三、检察长列席审判委员会

检察长列席审委会制度是连接审判权与法律监督权的桥梁，是检察机关依法履行法律监督职能的重要手段。有论者以员额检察官、法官承担终身的司法责任为由，认为没有必要设置检察长列席审委会，我们不赞同该观点。2018年10月26日十三届全国人大常委会第六次会议通过修订后的《人民法院组织法》《人民检察院组织法》，分别从人民法院接受法律监督和人民检察院履行法律监督职责的角度对这一制度作出明确规定。

毒品犯罪抗诉案件中检察长列席审判委员会要注意以下五个方面：一是列席人员范围为检察长或其委托的副检察长。二是列席审委会的检察长、副检察长要熟悉案情。以第二审程序抗诉案件为例，员额制改革后出席二审法庭支持抗诉是检察官的权限，检察长因不再审批案件，对案情以及其支持抗诉理由并不熟悉。因此列席前检察长（或副检察长）必须熟悉案情。一般要阅卷，必要时还可就有关问题召开检察委员会讨论决定。三是明确列席任务。检察长、副检察长列席审委会的任务是对于审判委员会讨论的案件发表意见，依法履行法律监督职责。四是注意发言顺序。检察长或者受检察长委托的副检察长可以在法院承办人汇报完毕后、审判委员会委员表决前发表意见，依法履行法律监督职责，不参与审判委员会的表决。五是注意保密。列席会议的所有人员对审判委员会讨论内容应当保密。

附件一：《刑事审判参考》毒品犯罪案例索引

1998 年至 2019 年期间，《刑事审判参考》130 个毒品案例审判规则分类集成如下：

一、非法证据排除的标准和适用

1. 王文勇、陈清运输毒品案——侦查人员出庭作证的范围和程序。

《刑事审判参考》总第 81 集第 721 号

2. 刘晓鹏、罗永全贩卖毒品案——如何把握非法言词证据的认定标准与排除程序。

《刑事审判参考》总第 92 集第 869 号

3. 李刚、李飞贩卖毒品案——如何审查未查获毒品实物的指控事实，以及在毒品犯罪案件中如何运用非法证据排除规则。

《刑事审判参考》总第 97 集第 971 号

二、程序违法的处理

1. 依火挖吉、曲莫木加、俄木阿巫贩卖、运输毒品案——审理先归案被告人过程中，在逃的共同犯罪嫌疑人归案的，无论处于一审还是二审阶段，原则上都应当并案处理。

《刑事审判参考》总第 67 集第 545 号

2. 陈某贩卖、运输毒品案——律师在侦查阶段先后接受有利害关系的两名同案犯委托，在审判阶段又为其中一人辩护的，属于程序违法，应发回重审。

《刑事审判参考》总第 82 集第 733 号

3. 刘洪高、刘开贵贩卖、运输毒品案——如何理解同一辩护人不得为两名以上犯罪事实存在关联的被告人辩护的限制性规定。

《刑事审判参考》总第 96 集第 956 号

三、行为人主观明知的认定

1. 李良顺运输毒品案——被告人以高度隐蔽的方式运输毒品，但否认明知的，如何认定。

《刑事审判参考》总第 67 集第 548 号

2. 龙正明运输毒品案——被告人到案后否认明知是毒品而运输的，如何认定其主观明知。

《刑事审判参考》总第 67 集第 549 号

3. 周桂花运输毒品案——被告人以托运方式运输毒品的，如何认定其主观明知。

《刑事审判参考》总第 67 集第 550 号

4. 许实义贩卖、运输毒品案——毒品犯罪被告人主观明知的认定。

《刑事审判参考》总第 71 集第 592 号

5. 傅伟光走私毒品案——在毒品犯罪案件中，如何认定行为人的主观明知；对走私美沙酮片剂的犯罪行为，不能以含量折算毒品数量。

《刑事审判参考》总第 75 集第 638 号

6. 巴拉姆·马利克·阿吉达利、木尔塔扎·拉克走私毒品案——走私毒品案件中被告人主观明知的认定。

《刑事审判参考》总第 96 集第 954 号

7. 骆小林运输毒品案——对当场查获毒品的案件，被告人拒不认罪的，如何把握有关被告人主观明知的证据要求。

《刑事审判参考》总第 99 集第 1015 号

四、被告人拒不认罪时的证据运用

1. 李伊斯麻贩卖毒品案——被告人拒不认罪的如何运用证据定罪处刑。

《刑事审判参考》总第 7 集第 054 号

2. 张建国贩卖毒品案——如何理解和把握刑事诉讼法第四十六条关于“没有被告人供述，证据充分确实的，可以认定被告人有罪和处以刑罚”的规定。

《刑事审判参考》总第 57 集第 453 号

3. 胡元忠运输毒品案——人“货”分离且被告人拒不认罪的，如何运用间接证据定案。

《刑事审判参考》总第 67 集第 552 号

4. 李陵、王君亚等贩卖、运输毒品，非法买卖、运输枪支、弹药案——被告人到案后不认罪的，如何认定其犯罪事实。

《刑事审判参考》总第 67 集第 553 号

5. 谢怀清等贩卖、运输毒品案——毒品共同犯罪案件中被告人先后翻供的，如何认定案件事实。

《刑事审判参考》总第 72 集第 605 号

6. 刘依善等贩卖毒品案——对于认定毒品交易上家犯罪事实的证据要求如何把握以及对于毒品来源有证据欠缺的案件应当注意哪些问题。

《刑事审判参考》总第 101 集第 1051 号

7. 刘吉良制造毒品，周永春制造毒品、非法持有枪支案——“零口供”案件中如何贯彻证据裁判原则，准确认定犯罪事实。

《刑事审判参考》总第 101 集第 1052 号

8. 李继轩等贩卖运输毒品案——被告人在一审庭审中认罪并对其庭前有罪供述不持异议，二审期间提出受到非法取证的如何审查与处理。

《刑事审判参考》总第 113 集第 1249 号

五、自首的认定和量刑

1. 杨永保等走私毒品案——仅因形迹可疑被公安机关盘问后即如实交代罪行的应认定为自首。

《刑事审判参考》总第 12 集第 082 号

2. 梁国雄、周观杰等贩卖毒品案——为贩卖毒品者交接毒品的行为以贩卖毒品罪论处；被告人归案后，在协助公安人员抓捕在逃下家的过程中，在公安人员对其失去控制的情况下，带着从下家处取回的数量巨大的海洛因回到公安机关的行为，应认定为自首。

《刑事审判参考》总第 47 集第 373 号

3. 彭佳升贩卖、运输毒品案——因运输毒品被抓获后又如实供述司法机关未掌握的贩卖毒品罪行不构成自首。

《刑事审判参考》总第 71 集第 593 号

4. 杨文博非法持有毒品案——因形迹可疑被盘查时发现持有可疑物品，在被带至公安机关接受调查时如实供述了非法持有毒品事实的，是否成立自首。

《刑事审判参考》总第 100 集第 1037 号

六、立功的认定和量刑

1. 金铁万、李光石贩卖毒品案——对有立功表现的毒品犯罪分子可以从轻、减轻或免除处罚。

《刑事审判参考》总第 4 集第 027 号

2. 梁延兵等贩卖、运输毒品案——如何认定被告人协助公安机关抓获同案犯构成立功。

《刑事审判参考》总第 32 集第 249 号

3. 梁国雄、周观杰等贩卖毒品案——被告人归案后及时提供下家的住处和活动情况，使公安机关从其住处查获数量巨大的毒品，应认定为重大立功。

《刑事审判参考》总第 47 集第 373 号

4. 田嫣、崔永林等贩卖毒品案——犯罪分子亲属代为立功的不能认定为立功，但可作为酌情从轻处罚的情节加以考虑。

《刑事审判参考》总第 52 集第 414 号

5. 陈佳嵘等贩卖、运输毒品案——协助司法机关稳住被监控的犯罪嫌疑人构成立功。

《刑事审判参考》总第 55 集第 438 号

6. 马良波、魏正芝贩卖毒品案——被告人提供的在逃犯的藏匿地点与被告人亲属协助公安机关抓获该人的实际地点不一致的，不能认定为立功。

《刑事审判参考》总第 67 集第 539 号

7. 魏光强等走私运输毒品案——提供线索并协助查获大量案外毒品，但无法查明毒品持有人的，构成立功。

《刑事审判参考》总第 84 集第 753 号

8. 胡俊波走私、贩卖、运输毒品，走私武器、弹药案——公安机关根据被告人供述抓获共同犯罪同案犯的，不应认定为立功；被告人如实供述并协助抓获上、下家的，应当认定为立功；对被告人的立功行为是否从宽处罚，应当根据“功是否足以抵罪”的情况而认定。

《刑事审判参考》总第 87 集第 801 号

9. 康文清贩卖毒品案——案发前，行为人检举揭发他人违法行为，公安机关根据该线索查获行为人自己实施犯罪的，不构成立功。

《刑事审判参考》总第 95 集第 936 号

10. 李梦杰、刘辉贩卖毒品案——立功等从轻处罚事实的认定是适用严格证明标准还是优势证明标准。

《刑事审判参考》总第 100 集第 1035 号

11. 朱莎菲贩卖毒品案——被告人协助公安机关抓获同案犯，但同案犯未被作为犯罪处理的，能否认定被告人构成立功。

《刑事审判参考》总第 100 集第 1036 号

七、共同犯罪的认定和量刑

1. 马盛坚等贩卖毒品案——贩卖毒品犯罪中的居间介绍如何定罪处罚。

《刑事审判参考》总第 32 集第 248 号

2. 黄德全、韦武全、韦红坚贩卖毒品案——毒品犯罪中如何准确认定从犯和适用刑罚。

《刑事审判参考》总第46集第366号

3. 梁国雄、周观杰等贩卖毒品案——为贩卖毒品者交接毒品的行为以贩卖毒品罪论处。

《刑事审判参考》总第47集第373号

4. 吕卫军、曾鹏龙运输毒品案——如何准确区分共犯与同时犯。

《刑事审判参考》总第47集第374号

5. 宋光军运输毒品案——因同案犯在逃致被告人在共同犯罪中地位、作用不明的，应慎用死刑。

《刑事审判参考》总第51集第405号

6. 练永伟等贩卖毒品案——如何区分犯罪集团和一般共同犯罪；家庭成员参与毒品共同犯罪，依法均可判处死刑的，一般不宜对所有参与犯罪的家庭成员适用死刑立即执行。

《刑事审判参考》总第52集第413号

7. 吴杰、常佳平、信沅明等贩卖毒品案——如何区分贩毒网络中主要被告人的罪责。

《刑事审判参考》总第67集第529号

8. 侯占齐、李文书、侯金山等人走私、贩卖毒品案——对家族式毒品共同犯罪中作用相对较小地位相对较低的主犯，可酌情从轻判处刑罚。

《刑事审判参考》总第67集第530号

9. 冯忠义、艾当生贩卖、运输毒品案——对同时为自己和他人运输毒品的被告人，应如何量刑。

《刑事审判参考》总第67集第547号

10. 凌万春、刘光普贩卖、制造毒品案——如何认定毒品共犯的地位、作用；在毒品中添加非毒品物质不构成制造毒品罪。

《刑事审判参考》总第87集第800号

11. 阿力日呷等贩卖、运输毒品案——对临时结伙贩卖、运输毒品起组织作用，但本人实际贩卖毒品数量相对较少的主犯如何量刑。

《刑事审判参考》总第96集第955号

12. 叶布比初、跑次此尔走私、贩卖、运输毒品案——毒品犯罪中，有地位、作用突出的嫌疑人在逃的，是否影响对被告人死刑的适用。

《刑事审判参考》总第100集第1033号

13. 陈恒武、李祥光贩卖、运输毒品案——共同贩卖毒品的死刑政策把握。

《刑事审判参考》总第112集第1229号

14. 孙奇志等贩卖毒品案——对毒品犯罪上下游如何区分罪责和适用死刑。

《刑事审判参考》总第112集第1230号

15. 张菊、王福贵、周道会贩卖、运输毒品案——重大毒品犯罪中，共同犯罪人及上下游之间如何适用刑罚。

《刑事审判参考》总第114集第1265号

八、同时具备从轻和从重量刑情节的刑罚适用

1. 张树林等走私、贩卖、运输毒品案——对有重大立功表现但罪行极其严重的被告人应当判处死刑。

《刑事审判参考》总第67集第540号

2. 吴乃亲贩卖毒品案——罪行极其严重，虽有重大立功，但功不抵罪，不予从轻处罚。

《刑事审判参考》总第67集第541号

3. 王会陆、李明等人贩卖、运输毒品案——共同犯罪中罪责相对较小但系毒品再犯的主犯，可以判处死刑立即执行。

《刑事审判参考》总第67集第546号

4. 邱绿清等走私、运输毒品案——走私、运输毒品数量大，罪行严重，且有累犯情节，但有证据表明被告人系受雇走私、运输毒品，且非单独实施走私、运输毒品行为的，可以不适用死刑立即执行。

《刑事审判参考》总第91集第852号

九、毒品含量对量刑的影响

1. 李惠元贩卖毒品案——贩卖毒品数量较大，但毒品含量极低的，在处刑时应酌情考虑。

《刑事审判参考》总第46集第364号

2. 刘玉堂、李永生贩卖毒品案——在毒品犯罪死刑复核案件中，对于毒品大量掺假的情况，在量刑时应酌情考虑。

《刑事审判参考》总第46集第367号

3. 赵廷贵贩卖毒品案——贩卖含量极低的海洛因针剂，如何认定毒品数量并适用刑罚。

《刑事审判参考》总第63集第500号

4. 丁皓贩卖毒品案——对于被告人始终不供述且无法排除合理怀疑的案件，依法不适用死刑。

《刑事审判参考》总第114集第1265号

十、毒品数量对量刑的影响

1. 黄赏等走私毒品案——对走私毒品大麻的犯罪如何适用死刑。

《刑事审判参考》总第2集第011号

2. 唐有珍运输毒品案——毒品犯罪数量不是决定判处死刑的唯一标准。

《刑事审判参考》总第2集第012号

3. 吉火木子扎运输毒品案——如何把握运输毒品犯罪案件中毒品数量与死刑适用的关系。

《刑事审判参考》总第67集第532号

4. 姚明跃等贩卖毒品案——被告人具有吸毒情节的，如何认定贩卖毒品数量。

《刑事审判参考》总第112集第1231号

十一、毒品再犯的认定和适用

1. 李靖贩卖、运输毒品案——因毒品犯罪被判处的刑罚尚未执行完毕又犯贩卖、运输毒品罪的，是否适用刑法第三百五十六条的规定从重处罚。

《刑事审判参考》总第49集第392号（以《大连会议纪要》和《武汉会议纪要》的相关规定为准）

2. 贺建军贩卖、运输毒品案——保外就医期间再犯毒品犯罪的应当认定为毒品再犯。

《刑事审判参考》总第67集第542号

3. 龙从斌贩卖毒品案——对毒品犯罪数量接近实际掌握的死刑适用标准，又系毒品再犯的，可以判处死刑立即执行。

《刑事审判参考》总第67集第543号

4. 古丽波斯坦·巴吐尔汗贩卖毒品案——司法机关查获部分毒品后，被告人主动交代了实际贩毒数量，并达到死刑数量标准的，可以不判处死刑立即执行；对毒品数量达到实际掌握的死刑数量标准的毒品再犯，并非一律判处死刑立即执行。

《刑事审判参考》总第82集第742号

5. 李光耀等贩卖、运输毒品案——被告人未满十八周岁时曾因毒品犯罪被判刑，在刑法修正案（八）实施后构成毒品再犯。

《刑事审判参考》总第90集第839号

6. 姚某贩卖毒品案——不满18周岁的人因毒品犯罪被判处五年有期徒刑以下刑罚，其再次实施毒品犯罪的，是否能够认定为毒品再犯。

《刑事审判参考》总第100集第1034号

7. 周崇敏贩卖毒品案——二审裁判文书生效后，发现被告人在因一审判处的有期徒刑届满被取保候审期间又犯新罪的，在对新罪进行审判时不应认定该被告人构成累犯。

《刑事审判参考》总第102集第1068号

十二、特情介入及特情引诱案件的处理

1. 刘军等贩卖、运输毒品、非法买卖枪支、弹药案——有特情介入的毒品犯罪案件并不必然存在特情引诱。

《刑事审判参考》总第24集第164号

2. 王佳友、刘泽敏贩卖毒品案——对不存在特情引诱，但有特情介入因素的案件，在量刑时应考虑特情介入这一因素。

《刑事审判参考》总第67集第537号

3. 申时雄、汪宗智贩卖毒品案——如何认定毒品犯罪案件中的数量引诱。

《刑事审判参考》总第67集第538号

4. 包占龙贩卖毒品案——在毒品犯罪案件中，如何区别“犯意引诱”和“数量引诱”；对被告人是否判处死刑立即执行，应当充分考虑“数量引诱”的因素。

《刑事审判参考》总第75集第639号

5. 刘继芳贩卖毒品案——不以牟利为目的，为他人代购用于吸食的毒品，毒品数量未达到非法持有毒品罪的定罪标准的，不应认定为犯罪；对于因犯罪引诱而实施毒品犯罪的被告人，应当依法定罪，但在量刑时应当体现从宽处罚。

《刑事审判参考》总第99集第1014号

十三、毒品犯罪未遂的认定

1. 胡斌、张筠筠等故意杀人、运输毒品（未遂）案——误认尸块为毒品予以运输，应以运输毒品罪（未遂）定性；因对象不能犯形成的犯罪未遂可以从轻处罚。

《刑事审判参考》总第5集第037号

2. 苏水清贩卖毒品案——为贩卖毒品向公安特情人员购买毒品的应认定为贩卖毒品罪的未遂。

《刑事审判参考》总第28集第208号

3. 朱海斌等制造、贩卖毒品案——制造毒品失败的行为应认定为犯罪未遂。

《刑事审判参考》总第61集第486号

十四、走私毒品罪的认定和量刑

1. 易卜拉欣·阿卜杜西默德·阿布多什走私毒品案——对走私恰特草的行为如何定罪量刑。

《刑事审判参考》总第 105 集第 1132 号

2. 圣德·阿美·强走私毒品案——如何运用间接证据认定“零口供”走私毒品案。

《刑事审判参考》总第 110 集第 1193 号

十五、贩卖毒品罪的认定和量刑

1. 庄木根、刘平平、郑斌非法买卖枪支、贩卖毒品案——非法买卖枪支时以毒品冲抵部分价款行为应以贩卖毒品罪论处。

《刑事审判参考》总第 59 集第 463 号

2. 武汉同济药业有限公司等四单位及孙伟民等人贩卖、运输、制造、转移毒品案——不明知他人购买咖啡因是用于贩卖给吸毒人员的情况下，违规大量出售咖啡因的行为不构成贩卖毒品罪，应认定为非法经营罪。

《刑事审判参考》总第 67 集第 528 号

3. 智李梅、蒋国峰贩卖、窝藏、转移毒品案——被告人曾参与贩卖毒品，后又单方面帮助他人窝藏、转移毒品的，应以贩卖毒品罪和窝藏、转移毒品罪数罪并罚。

《刑事审判参考》总第 73 集第 617 号

4. 蒋泵源贩卖毒品案——明知他人从事贩卖毒品活动而代为保管甲基苯丙胺的行为应认定为贩卖毒品罪。

《刑事审判参考》总第 85 集第 767 号

5. 李某贩卖毒品案——对被告人辩称受人雇佣贩卖毒品的案件，如何把握死刑政策和证据标准。

《刑事审判参考》总第 89 集第 821 号

6. 呷布金莫贩卖毒品案——对贩卖毒品数量刚达到死刑适用标准，

但系毒品惯犯的，可以判处死刑立即执行。

《刑事审判参考》总第67集第544号

7. 陈维有、庄凯思贩卖毒品案——如何准确认定居间介绍买卖毒品行为。

《刑事审判参考》总第108集第1179号

8. 张成建等贩卖毒品案——贩卖毒品犯罪案件中上下游的罪责区分及死刑适用。

《刑事审判参考》总第110集第1194号

9. 张传勇贩卖毒品案——对以非接触方式交易毒品且被告人拒不供认的案件，如何综合运用间接证据定案。

《刑事审判参考》总第110集第1195号

10. 章远贩卖毒品、容留他人吸毒案——为索要债务而唆使他人贩卖毒品的行为如何定性。

《刑事审判参考》总第110集第1197号

十六、运输毒品罪的认定和量刑

1. 马俊海运输毒品案——被告人在受人雇佣运输毒品过程中才意识到运输的是毒品的案件，应作为酌定从轻情节予以考虑。

《刑事审判参考》总第4集第028号

2. 赵扬运输毒品案——如何把握运输毒品罪适用死刑的一般标准。

《刑事审判参考》总第67集第531号

3. 李补都运输毒品案——被告人运输毒品数量大，但不排除受人雇佣的，如何量刑。

《刑事审判参考》总第67集第533号

4. 王平运输毒品案——拒不供认毒品来源，又不能证明系受人指使、雇佣运输毒品的，如何处理。

《刑事审判参考》总第86集第782号

5. 高某贩卖毒品、宋某非法持有毒品案——如何认定以贩养吸的被告人贩卖毒品的数量以及为他人代购数量较大的毒品用于吸食并在同城间运输的行为如何定性。

《刑事审判参考》总第91集第853号（以《武汉会议纪要》相关规定为准）

6. 傅勇、朱小勇贩卖、运输毒品，石远德运输毒品案——对接应毒品的行为，如何结合在案证据认定毒品运输方和接应方的犯罪事实并准确定性。

《刑事审判参考》总第101集第1053号

7. 张应宣运输毒品案——吸毒人员在运输毒品过程中被查获的，如何定性。

《刑事审判参考》总第102集第1069号

8. 曾某平等贩卖、运输毒品案——在上诉案件中，对于公诉机关指控但一审没有认定的犯罪事实，二审能否审理并予以认定。

《刑事审判参考》总第105集第1131号

9. 高朝能贩卖、运输毒品案——审理死刑案件应当经审判委员会讨论决定。

《刑事审判参考》总第112集第1232号

十七、制造毒品罪的认定和量刑

1. 高国亮、李永望等贩卖、制造毒品案——加工、生产混合型毒品“麻古”的行为应认定为制造毒品罪。

《刑事审判参考》总第63集第501号

2. 夏志军制造毒品、非法持有枪支案——如何认定制造毒品犯罪的“幕后老板”。

《刑事审判参考》总第82集第743号

3. 凌万春、刘光普贩卖、制造毒品案——如何认定毒品共犯的地位、作用；在毒品中添加非毒品物质不构成制造毒品罪。

《刑事审判参考》总第87集第800号

4. 刘守红贩卖、制造毒品案——如何认定制造毒品行为以及制毒数量。

《刑事审判参考》总第 110 集第 1196 号

5. 林清泉制造毒品案——制造毒品犯罪案件中，缴获的毒品系液态毒品，判处死刑应当特别慎重。

《刑事审判参考》总第 112 集第 1228 号

十八、非法持有毒品罪的认定和量刑

1. 张敏贩卖毒品案——如何正确认定非法持有毒品罪。

《刑事审判参考》总第 16 集第 108 号

2. 黄学东非法持有毒品案——非法持有毒品罪认定中应当注意的问题。

《刑事审判参考》总第 36 集第 284 号

3. 宋国华贩卖毒品案——对购买数量巨大的毒品且被告人本人系吸毒成瘾者的应当如何定性。

《刑事审判参考》总第 46 集第 365 号

4. 张玉英非法持有毒品案——对接受藏匿有毒品的邮包的行为如何定性。

《刑事审判参考》总第 47 集第 375 号

5. 欧阳永松非法持有毒品案——从吸毒人员住处查获数量较大的毒品，但认定其曾贩卖毒品的证据不足的，是认定为贩卖毒品罪还是非法持有毒品罪。

《刑事审判参考》总第 102 集第 1070 号

6. 周某非法持有毒品案——非法持有毒品者主动向公安机关上交毒品的，如何量刑。

《刑事审判参考》总第 103 集第 1084 号

十九、容留他人吸毒罪的认定和量刑

聂凯凯容留他人吸毒案——旅馆经营者发现客人在房间内吸毒不予制止，是否构成容留他人吸毒罪。

《刑事审判参考》总第 100 集第 1032 号

二十、新类型毒品犯罪的认定和量刑

1. 王某贩卖毒品案——对以非常规形式存在的毒品应如何定性及对涉及多种类毒品的犯罪案件如何量刑。

《刑事审判参考》总第 54 集第 430 号

2. 王丹俊贩卖、制造毒品案——如何把握贩卖、制造氯胺酮案件的死刑适用标准。

《刑事审判参考》总第 67 集第 534 号

3. 李昭均运输毒品案——如何把握运输氯胺酮犯罪的死刑适用标准。

《刑事审判参考》总第 67 集第 535 号

4. 赵敏波贩卖、运输毒品案——未进行毒品含量鉴定的新类型毒品犯罪案件应如何量刑。

《刑事审判参考》总第 67 集第 536 号

5. 傅伟光走私毒品案——在毒品犯罪案件中，如何认定行为人的主观明知；对走私美沙酮片剂的犯罪行为，不能以含量折算毒品数量。

《刑事审判参考》总第 75 集第 638 号

二十一、制毒物品犯罪的认定

1. 王小情、杨平先等非法买卖制毒物品案——以非法贩卖为目的，利用麻黄碱类复方制剂加工、提炼制毒物品的，应当认定为非法买卖制毒物品罪；向他人贩卖制毒物品，没有证据证实行为人明知他人用于制造毒品的，不应认定为制造毒品罪的共犯。

《刑事审判参考》总第 87 集第 802 号

2. 解群英等非法买卖制毒物品、张海明等非法经营案——将麻黄碱类复方制剂拆解成粉末进行买卖的，应当认定为非法买卖制毒物品罪；非法买卖麻黄碱复方制剂的，没有证据证明系用于非法买卖制毒物品的，不应认定为非法买卖制毒罪，情节严重的，可认定为非法经营罪。

《刑事审判参考》总第 87 集第 803 号

二十二、因吸毒诱发的次生犯罪的定性和量刑

1. 彭崧故意杀人案——被告人吸食毒品后影响其控制、辨别能力而实施犯罪行为的，应当承担刑事责任。

《刑事审判参考》总第 55 集第 431 号

2. 陈万寿故意杀人案——吸食毒品致精神障碍后故意杀人案件的处理原则。

《刑事审判参考》总第 113 集第 1242 号

二十三、吸毒者实施毒品犯罪的认定

1. 郑大昌走私毒品案——吸毒者实施毒品犯罪的应如何定罪量刑。

《刑事审判参考》总第 55 集第 431 号

2. 高某贩卖毒品、宋某非法持有毒品案——如何认定以贩养吸的被告人贩卖毒品的数量以及为他人代购数量较大的毒品用于吸食并在同城间运送的行为如何定性。

《刑事审判参考》总第 91 集第 853 号（以《武汉会议纪要》相关规定为准）

二十四、毒品犯罪案件的管辖

1. 闵光辉、马占霖、帕丽且木·买森木贩卖毒品案——如何确定毒品犯罪案件的地域管辖。

《刑事审判参考》总第 67 集第 551 号

2. 邵春天制造毒品案——跨国犯罪案件如何确定管辖权和进行证据审查。

《刑事审判参考》总第 75 集第 640 号

二十五、其他

1. 薛佩军等盗窃案——盗窃毒品应以盗窃罪定罪，但不计犯罪数

额，根据情节轻重定罪量刑。

《刑事审判参考》总第 27 集第 191 号

2. 韩雅利贩卖毒品、韩镇平窝藏毒品案——被告人在羁押期间人工流产后脱逃，多年后又被抓获审判的，不能适用死刑。

《刑事审判参考》总第 32 集第 250 号

3. 易大元运输毒品案——走私、贩卖、运输、制造毒品过程中暴力抗拒检查、抓捕，造成执法人员重伤、死亡的行为，不实行数罪并罚，而是作为走私、贩卖、运输、制造毒品犯罪的加重处罚情节。

《刑事审判参考》总第 89 集第 822 号

4. 沙学民容留他人吸毒案——在暂予监外执行期间犯新罪被抓获，应如何计算前罪余刑。

《刑事审判参考》总第 103 集第 1085 号

附件二：相关司法解释、规范性文件及其解读

办理毒品犯罪案件适用法律若干问题的意见

（2007年12月18日最高人民法院、最高人民检察院、公安部公布并施行，公通字〔2007〕84号）

一、关于毒品犯罪案件的管辖问题

根据刑事诉讼法的规定，毒品犯罪案件的地域管辖，应当坚持以犯罪地管辖为主、被告人居住地管辖为辅的原则。

“犯罪地”包括犯罪预谋地，毒资筹集地，交易进行地，毒品生产地，毒资、毒赃和毒品的藏匿地、转移地，走私或者贩运毒品的目的地以及犯罪嫌疑人被抓获地等。

“被告人居住地”包括被告人常住地、户籍地及其临时居住地。

对怀孕、哺乳期妇女走私、贩卖、运输毒品案件，查获地公安机关认为移交其居住地管辖更有利于采取强制措施和查清犯罪事实的，可以报请共同的上级公安机关批准，移送犯罪嫌疑人居住地公安机关办理，查获地公安机关应继续配合。

公安机关对侦办跨区域毒品犯罪案件的管辖权有争议的，应本着有利于查清犯罪事实，有利于诉讼，有利于保障案件侦查安全的原则，认真协商解决。经协商无法达成一致的，报共同的上级公安机关指定管辖。对即将侦查终结的跨省（自治区、直辖市）重大毒品案件，必要

时可由公安部商最高人民法院和最高人民检察院指定管辖。

为保证及时结案，避免超期羁押，人民检察院对于公安机关移送审查起诉的案件，人民法院对于已进入审判程序的案件，被告人及其辩护人提出管辖异议或者办案单位发现没有管辖权的，受案人民检察院、人民法院经审可以依法报请上级人民检察院、人民法院指定管辖，不再自行移送有管辖权的人民检察院、人民法院。

二、关于毒品犯罪嫌疑人、被告人主观明知的认定问题

走私、贩卖、运输、非法持有毒品主观故意中的“明知”，是指行为人知道或者应当知道所实施的行为是走私、贩卖、运输、非法持有毒品行为。具有下列情形之一，并且犯罪嫌疑人、被告人不能做出合理解释的，可以认定其“应当知道”，但有证据证明确属被蒙骗的除外：

（一）执法人员在口岸、机场、车站、港口和其他检查站检查时，要求行为人申报为他人携带的物品和其他疑似毒品物，并告知其法律责任，而行为人未如实申报，在其所携带的物品内查获毒品的；

（二）以伪报、藏匿、伪装等蒙蔽手段逃避海关、边防等检查，在其携带、运输、邮寄的物品中查获毒品的；

（三）执法人员检查时，有逃跑、丢弃携带物品或逃避、抗拒检查等行为，在其携带或丢弃的物品中查获毒品的；

（四）体内藏匿毒品的；

（五）为获取不同寻常的高额或不等值的报酬而携带、运输毒品的；

（六）采用高度隐蔽的方式携带、运输毒品的；

（七）采用高度隐蔽的方式交接毒品，明显违背合法物品惯常交接方式的；

（八）其他有证据足以证明行为人应当知道的。

三、关于办理氯胺酮等毒品案件定罪量刑标准问题

（一）走私、贩卖、运输、制造、非法持有下列毒品，应当认定为刑法第三百四十七条第二款第（一）项、第三百四十八条规定的“其

他毒品数量大”：

1. 二亚甲基双氧安非他明（MDMA）等苯丙胺类毒品（甲基苯丙胺除外）100克以上；

2. 氯胺酮、美沙酮1千克以上；

3. 三唑仑、安眠酮50千克以上；

4. 氯氮卓、艾司唑仑、地西泮、溴西泮500千克以上；

5. 上述毒品以外的其他毒品数量大的。

（二）走私、贩卖、运输、制造、非法持有下列毒品，应当认定为刑法第三百四十七条第三款、第三百四十八条规定的“其他毒品数量较大”：

1. 二亚甲基双氧安非他明（MDMA）等苯丙胺类毒品（甲基苯丙胺除外）20克以上不满100克的；

2. 氯胺酮、美沙酮200克以上不满1千克的；

3. 三唑仑、安眠酮10千克以上不满50千克的；

4. 氯氮卓、艾司唑仑、地西泮、溴西泮100千克以上不满500千克的；

5. 上述毒品以外的其他毒品数量较大的。

（三）走私、贩卖、运输、制造下列毒品，应当认定为刑法第三百四十七条第四款规定的“其他少量毒品”：

1. 二亚甲基双氧安非他明（MDMA）等苯丙胺类毒品（甲基苯丙胺除外）不满20克的；

2. 氯胺酮、美沙酮不满200克的；

3. 三唑仑、安眠酮不满10千克的；

4. 氯氮卓、艾司唑仑、地西泮、溴西泮不满100千克的；

5. 上述毒品以外的其他少量毒品的。

（四）上述毒品品种包括其盐和制剂。毒品鉴定结论中毒品品名的认定应当以国家食品药品监督管理局、公安部、卫生部最新发布的《麻醉药品品种目录》、《精神药品品种目录》为依据。

四、关于死刑案件的毒品含量鉴定问题

可能判处死刑的毒品犯罪案件，毒品鉴定结论中应有含量鉴定的结论。

办理毒品犯罪案件毒品提取、扣押、称量、取样和送检程序若干问题的规定

（最高人民法院、最高人民检察院、公安部2016年5月24日公布，2016年7月1日起施行，公禁毒〔2016〕511号）

第一章 总 则

第一条 为规范毒品的提取、扣押、称量、取样和送检程序，提高办理毒品犯罪案件的质量和效率，根据《中华人民共和国刑事诉讼法》《最高人民法院关于适用〈中华人民共和国刑事诉讼法〉的解释》《人民检察院刑事诉讼规则（试行）》《公安机关办理刑事案件程序规定》等有关规定，结合办案工作实际，制定本规定。

第二条 公安机关对于毒品的提取、扣押、称量、取样和送检工作，应当遵循依法、客观、准确、公正、科学和安全的原则，确保毒品实物证据的收集、固定和保管工作严格依法进行。

第三条 人民检察院、人民法院办理毒品犯罪案件，应当审查公安机关对毒品的提取、扣押、称量、取样、送检程序以及相关证据的合法性。

毒品的提取、扣押、称量、取样、送检程序存在瑕疵，可能严重影响司法公正的，人民检察院、人民法院应当要求公安机关予以补正或者作出合理解释。经公安机关补正或者作出合理解释的，可以采用相关证据；不能补正或者作出合理解释的，对相关证据应当依法予以排除，不得作为批准逮捕、提起公诉或者判决的依据。

第二章 提取、扣押

第四条 侦查人员应当对毒品犯罪案件有关的场所、物品、人身进行勘验、检查或者搜查，及时准确地发现、固定、提取、采集毒品及内

外包装物上的痕迹、生物样本等物证，依法予以扣押。必要时，可以指派或者聘请具有专门知识的人，在侦查人员的主持下进行勘验、检查。

侦查人员对制造毒品、非法生产制毒物品犯罪案件的现场进行勘验、检查或者搜查时，应当提取并当场扣押制造毒品、非法生产制毒物品的原料、配剂、成品、半成品和工具、容器、包装物以及上述物品附着的痕迹、生物样本等物证。

提取、扣押时，不得将不同包装物内的毒品混合。

现场勘验、检查或者搜查时，应当对查获毒品的原始状态拍照或者录像，采取措施防止犯罪嫌疑人及其他无关人员接触毒品及包装物。

第五条 毒品的扣押应当在有犯罪嫌疑人在场并有见证人的情况下，由两名以上侦查人员执行。

毒品的提取、扣押情况应当制作笔录，并当场开具扣押清单。

笔录和扣押清单应当由侦查人员、犯罪嫌疑人和见证人签名。犯罪嫌疑人拒绝签名的，应当在笔录和扣押清单中注明。

第六条 对同一案件在不同位置查获的两个以上包装的毒品，应当根据不同的查获位置进行分组。

对同一位置查获的两个以上包装的毒品，应当按照以下方法进行分组：

（一）毒品或者包装物的外观特征不一致的，根据毒品及包装物的外观特征进行分组；

（二）毒品及包装物的外观特征一致，但犯罪嫌疑人供述非同一批次毒品的，根据犯罪嫌疑人供述的不同批次进行分组；

（三）毒品及包装物的外观特征一致，但犯罪嫌疑人辩称其中部分不是毒品或者不知是否为毒品的，对犯罪嫌疑人辩解的部分疑似毒品单独分组。

第七条 对查获的毒品应当按其独立最小包装逐一编号或者命名，并将毒品的编号、名称、数量、查获位置以及包装、颜色、形态等外观特征记录在笔录或者扣押清单中。

在毒品的称量、取样、送检等环节，毒品的编号、名称以及对毒品外观特征的描述应当与笔录和扣押清单保持一致；不一致的，应当作出书面说明。

第八条 对体内藏毒的案件，公安机关应当监控犯罪嫌疑人排出体内的毒品，及时提取、扣押并制作笔录。笔录应当由侦查人员和犯罪嫌疑人签名；犯罪嫌疑人拒绝签名的，应当在笔录中注明。在保障犯罪嫌疑人隐私权和人格尊严的情况下，可以对排毒的主要过程进行拍照或者录像。

必要时，可以在排毒前对犯罪嫌疑人体内藏毒情况进行透视检验并以透视影像的形式固定证据。

体内藏毒的犯罪嫌疑人为女性的，应当由女性工作人员或者医师检查其身体，并由女性工作人员监控其排毒。

第九条 现场提取、扣押等工作完成后，一般应当由两名以上侦查人员对提取、扣押的毒品及包装物进行现场封装，并记录在笔录中。

封装应当在有犯罪嫌疑人在场并有见证人的情况下进行；应当使用封装袋封装毒品并加密封口，或者使用封条贴封包装，作好标记和编号，由侦查人员、犯罪嫌疑人和见证人在封口处、贴封处或者指定位置签名并签署封装日期。犯罪嫌疑人拒绝签名的，侦查人员应当注明。

确因情况紧急、现场环境复杂等客观原因无法在现场实施封装的，经公安机关办案部门负责人批准，可以及时将毒品带至公安机关办案场所或者其他适当的场所进行封装，并对毒品移动前后的状态进行拍照固定，作出书面说明。

封装时，不得将不同包装内的毒品混合。对不同组的毒品，应当分别独立封装，封装后可以统一签名。

第十条 必要时，侦查人员应当对提取、扣押和封装的主要过程进行拍照或者录像。

照片和录像资料应当反映提取、扣押和封装活动的主要过程以及毒品的原始位置、存放状态和变动情况。照片应当附有相应的文字说明，文字说明应当与照片反映的情况相对应。

第十一条 公安机关应当设置专门的毒品保管场所或者涉案财物管

理场所，指定专人保管封装后的毒品及包装物，并采取措施防止毒品发生变质、泄漏、遗失、损毁或者受到污染等。

对易燃、易爆、具有毒害性以及对保管条件、保管场所有特殊要求的毒品，在处理前应当存放在符合条件的专门场所。公安机关没有具备保管条件的场所的，可以借用其他单位符合条件的场所进行保管。

第三章 称 量

第十二条 毒品的称量一般应当由两名以上侦查人员在查获毒品的现场完成。

不具备现场称量条件的，应当按照本规定第九条的规定对毒品及包装物封装后，带至公安机关办案场所或者其他适当的场所进行称量。

第十三条 称量应当在有犯罪嫌疑人在场并有见证人的情况下进行，并制作称量笔录。

对已经封装的毒品进行称量前，应当在有犯罪嫌疑人在场并有见证人的情况下拆封，并记录在称量笔录中。

称量笔录应当由称量人、犯罪嫌疑人和见证人签名。犯罪嫌疑人拒绝签名的，应当在称量笔录中注明。

第十四条 称量应当使用适当精度和称量范围的衡器。称量的毒品质量不足一百克的，衡器的分度值应当达到零点零一克；一百克以上且不足一千克的，分度值应当达到零点一克；一千克以上且不足十千克的，分度值应当达到一克；十千克以上且不足一百千克的，分度值应当达到十克；一百千克以上且不足一吨的，分度值应当达到一百克；一吨以上的，分度值应当达到一千克。

称量前，称量人应当将衡器示数归零，并确保其处于正常的工作状态。

称量所使用的衡器应当经过法定计量检定机构检定并在有效期内，一般不得随意搬动。

法定计量检定机构出具的计量检定证书复印件应当归入证据材料卷，并随案移送。

第十五条 对两个以上包装的毒品，应当分别称量，并统一制作称量笔录，不得混合后称量。

对同一组内的多个包装的毒品，可以采取全部毒品及包装物总质量减去包装物质量的方式确定毒品的净质量；称量时，不同包装物内的毒品不得混合。

第十六条 多个包装的毒品系包装完好、标识清晰完整的麻醉药品、精神药品制剂的，可以按照其包装、标识或者说明书上标注的麻醉药品、精神药品成分的含量计算全部毒品的质量，或者从相同批号的药品制剂中随机抽取三个包装进行称量后，根据麻醉药品、精神药品成分的含量计算全部毒品的质量。

第十七条 对体内藏毒的案件，应当将犯罪嫌疑人排出体外的毒品逐一称量，统一制作称量笔录。

犯罪嫌疑人供述所排出的毒品系同一批次或者毒品及包装物的外观特征相似的，可以按照本规定第十五条第二款规定的方法进行称量。

第十八条 对同一容器内的液态毒品或者固液混合状态毒品，应当采用拍照或者录像等方式对其原始状态进行固定，再统一称量。必要时，可以对其原始状态固定后，再进行固液分离并分别称量。

第十九条 现场称量后将毒品带回公安机关办案场所或者送至鉴定机构取样的，应当按照本规定第九条的规定对毒品及包装物进行封装。

第二十条 侦查人员应当对称量的主要过程进行拍照或者录像。

照片和录像资料应当清晰显示毒品的外观特征、衡器示数和犯罪嫌疑人对称量结果的指认情况。

第四章　取　样

第二十一条 毒品的取样一般应当在称量工作完成后，由两名以上侦查人员在查获毒品的现场或者公安机关办案场所完成。必要时，可以指派或者聘请具有专门知识的人进行取样。

在现场或者公安机关办案场所不具备取样条件的，应当按照本规定第九条的规定对毒品及包装物进行封装后，将其送至鉴定机构并委托鉴定机构进行取样。

第二十二条 在查获毒品的现场或者公安机关办案场所取样的，应当在有犯罪嫌疑人在场并有见证人的情况下进行，并制作取样笔录。

对已经封装的毒品进行取样前，应当在有犯罪嫌疑人在场并有见证人的情况下拆封，并记录在取样笔录中。

取样笔录应当由取样人、犯罪嫌疑人和见证人签名。犯罪嫌疑人拒绝签名的，应当在取样笔录中注明。

必要时，侦查人员应当对拆封和取样的主要过程进行拍照或者录像。

第二十三条 委托鉴定机构进行取样的，对毒品的取样方法、过程、结果等情况应当制作取样笔录，但鉴定意见包含取样方法的除外。

取样笔录应当由侦查人员和取样人签名，并随案移送。

第二十四条 对单个包装的毒品，应当按照下列方法选取或者随机抽取检材：

（一）粉状。将毒品混合均匀，并随机抽取约一克作为检材；不足一克的全部取作检材。

（二）颗粒状、块状。随机选择三个以上不同的部位，各抽取一部分混合作为检材，混合后的检材质量不少于一克；不足一克的全部取作检材。

（三）膏状、胶状。随机选择三个以上不同的部位，各抽取一部分混合作为检材，混合后的检材质量不少于三克；不足三克的全部取作检材。

（四）胶囊状、片剂状。先根据形状、颜色、大小、标识等外观特征进行分组；对于外观特征相似的一组，从中随机抽取三粒作为检材，不足三粒的全部取作检材。

（五）液态。将毒品混合均匀，并随机抽取约二十毫升作为检材；不足二十毫升的全部取作检材。

（六）固液混合状态。按照本款以上各项规定的方法，分别对固态毒品和液态毒品取样；能够混合均匀成溶液的，可以将其混合均匀后按照本款第五项规定的方法取样。

对其他形态毒品的取样，参照前款规定的取样方法进行。

第二十五条 对同一组内两个以上包装的毒品，应当按照下列标准确定选取或者随机抽取独立最小包装的数量，再根据本规定第二十四条规定的取样方法从单个包装中选取或者随机抽取检材：

（一）少于十个包装的，应当选取所有的包装；

（二）十个以上包装且少于一百个包装的，应当随机抽取其中的十个包装；

（三）一百个以上包装的，应当随机抽取与包装总数的平方根数值最接近的整数个包装。

对选取或者随机抽取的多份检材，应当逐一编号或者命名，且检材的编号、名称应当与其他笔录和扣押清单保持一致。

第二十六条 多个包装的毒品系包装完好、标识清晰完整的麻醉药品、精神药品制剂的，可以从相同批号的药品制剂中随机抽取三个包装，再根据本规定第二十四条规定的取样方法从单个包装中选取或者随机抽取检材。

第二十七条 在查获毒品的现场或者公安机关办案场所取样的，应当使用封装袋封装检材并加密封口，作好标记和编号，由取样人、犯罪嫌疑人和见证人在封口处或者指定位置签名并签署封装日期。犯罪嫌疑人拒绝签名的，侦查人员应当注明。

从不同包装中选取或者随机抽取的检材应当分别独立封装，不得混合。

对取样后剩余的毒品及包装物，应当按照本规定第九条的规定进行封装。选取或者随机抽取的检材应当由专人负责保管。在检材保管和送检过程中，应当采取妥善措施防止其发生变质、泄漏、遗失、损毁或者受到污染等。

第二十八条 委托鉴定机构进行取样的，应当使用封装袋封装取样后剩余的毒品及包装物并加密封口，作好标记和编号，由侦查人员和取样人在封口处签名并签署封装日期。

第二十九条 对取样后剩余的毒品及包装物，应当及时送至公安机关毒品保管场所或者涉案财物管理场所进行妥善保管。

对需要作为证据使用的毒品，不起诉决定或者判决、裁定（含死刑复核判决、裁定）发生法律效力后方可处理。

第五章 送 检

第三十条 对查获的全部毒品或者从查获的毒品中选取或者随机抽取的检材，应当由两名以上侦查人员自毒品被查获之日起三日以内，送至鉴定机构进行鉴定。

具有案情复杂、查获毒品数量较多、异地办案、在交通不便地区办案等情形的，送检时限可以延长至七日。

公安机关应当向鉴定机构提供真实、完整、充分的鉴定材料，并对鉴定材料的真实性、合法性负责。

第三十一条 侦查人员送检时，应当持本人工作证件、鉴定聘请书等材料，并提供鉴定事项相关的鉴定资料；需要复核、补充或者重新鉴定的，还应当持原鉴定意见复印件。

第三十二条 送检的侦查人员应当配合鉴定机构核对鉴定材料的完整性、有效性，并检查鉴定材料是否满足鉴定需要。

公安机关鉴定机构应当在收到鉴定材料的当日作出是否受理的决定，决定受理的，应当与公安机关办案部门签订鉴定委托书；不予受理的，应当退还鉴定材料并说明理由。

第三十三条 具有下列情形之一的，公安机关应当委托鉴定机构对查获的毒品进行含量鉴定：

（一）犯罪嫌疑人、被告人可能被判处死刑的；

（二）查获的毒品系液态、固液混合物或者系毒品半成品的；

（三）查获的毒品可能大量掺假的；

（四）查获的毒品系成分复杂的新类型毒品，且犯罪嫌疑人、被告人可能被判处七年以上有期徒刑的；

（五）人民检察院、人民法院认为含量鉴定对定罪量刑有重大影响而书面要求进行含量鉴定的。

进行含量鉴定的检材应当与进行成分鉴定的检材来源一致，且一一对应。

第三十四条 对毒品原植物及其种子、幼苗，应当委托具备相应资质的鉴定机构进行鉴定。当地没有具备相应资质的鉴定机构的，可以委托侦办案件的公安机关所在地的县级以上农牧、林业行政主管部门，或者设立农林相关专业的普通高等学校、科研院所出具检验报告。

第六章 附 则

第三十五条 本规定所称的毒品，包括毒品的成品、半成品、疑似物以及含有毒品成分的物质。

毒品犯罪案件中查获的其他物品，如制毒物品及其半成品、含有制毒物品成分的物质、毒品原植物及其种子和幼苗的提取、扣押、称量、取样和送检程序，参照本规定执行。

第三十六条 本规定所称的“以上”“以内”包括本数，“日”是指工作日。

第三十七条 扣押、封装、称量或者在公安机关办案场所取样时，无法确定犯罪嫌疑人、犯罪嫌疑人在逃或者犯罪嫌疑人在异地被抓获且无法及时到场的，应当在有见证人的情况下进行，并在相关笔录、扣押清单中注明。

犯罪嫌疑人到案后，公安机关应当以告知书的形式告知其扣押、称量、取样的过程、结果。犯罪嫌疑人拒绝在告知书上签名的，应当将告知情况形成笔录，一并附卷；犯罪嫌疑人对称量结果有异议，有条件重新称量的，可以重新称量，并制作称量笔录。

第三十八条 毒品的提取、扣押、封装、称量、取样活动有见证人的，笔录材料中应当写明见证人的姓名、身份证件种类及号码和联系方式，并附其常住人口信息登记表等材料。

下列人员不得担任见证人：

（一）生理上、精神上有缺陷或者年幼，不具有相应辨别能力或者不能正确表达的人；

（二）犯罪嫌疑人的近亲属，被引诱、教唆、欺骗、强迫吸毒的被害人及其近亲属，以及其他与案件有利害关系并可能影响案件公正处理的人；

（三）办理该毒品犯罪案件的公安机关、人民检察院、人民法院的工作人员、实习人员或者其聘用的协勤、文职、清洁、保安等人员。

由于客观原因无法由符合条件的人员担任见证人或者见证人不愿签名的，应当在笔录材料中注明情况，并对相关活动进行拍照并录像。

第三十九条 本规定自2016年7月1日起施行。

《办理毒品犯罪案件毒品提取、扣押、称量、取样和送检程序若干问题的规定》理解与适用[*]

吴孟栓　高翼飞[**]

2016年5月24日，最高人民法院、最高人民检察院、公安部联合制定下发了《办理毒品犯罪案件毒品提取、扣押、称量、取样和送检程序若干问题的规定》（以下简称《规定》），《规定》自2016年7月1日起施行。《规定》的出台，规范了毒品的提取、扣押、称量、取样和送检程序，统一了毒品犯罪案件执法标准，遵循依法、客观、准确、公正、科学和安全的原则，确保毒品实物证据的收集、固定和保管等工作严格依法进行，对于提高案件办理质量和效率，保障人权，维护司法公正，依法打击毒品犯罪活动具有重要的意义。为便于准确理解和掌握《规定》的基本精神和主要内容，现就《规定》的有关问题作出解读。

一、制定《规定》的背景和过程

毒品犯罪案件中查获的毒品是最重要的证据之一，毒品的种类和数量是毒品犯罪案件定罪量刑的重要情节。因此，对查获毒品的提取、扣押、称量、取样、送检等工作的规范化程度成为影响毒品犯罪案件办案质量的关键因素。目前，在毒品犯罪案件的侦查、起诉和审判实践中，由于毒品的提取、扣押、称量、取样和送检等工作缺乏统一、规范的执行标准，公安机关、人民检察院、人民法院就有关问题的认识存在较大分歧。例如，在提取、扣押环节，一些侦查人员对毒品及相关证据的固

---

* 转引自《刑事司法指南》（2016年第3集，总第67集），法律出版社2016年版。

** 作者单位：最高人民检察院法律政策研究室。

定、提取、采集工作不规范，导致庭审阶段被告人或其辩护人对毒品的真实性和称量、鉴定结果提出质疑。在称量环节，关于称量主体是侦查人员、鉴定人员还是计量部门，称量地点是案发现场、办案单位还是鉴定机构，多个包装的毒品是否需要逐包称量等问题，长期困扰基层办案单位。在取样环节，对于多个包装的毒品，应当全部取样还是从中随机抽取部分检材，各地执行的标准五花八门，有的地方要求对几百份毒品全部逐一取样鉴定，严重影响办案效率，导致一些犯罪嫌疑人被降格处理。在送检环节，案件满足何种条件或达到何种标准才需要对毒品进行含量鉴定，也是需要予以统一和规范的实际问题。另外，根据《刑事诉讼法》第 54 条的规定，收集物证不符合法定程序，可能严重影响司法公正的，应当予以补正或者作出合理解释；不能补正或者作出合理解释的，对该证据应当予以排除。但是，由于毒品的提取、扣押、称量、取样和送检没有较为细致的程序规定，侦查机关在相关工作中虽然存在一定瑕疵，但在那些情况下应当排除相关证据，没有明确的规范依据可供参照。

党的十八届四中全会通过的《中共中央关于全面推进依法治国若干重大问题的决定》强调，“全面贯彻证据裁判规则，严格依法收集、固定、保存、审查、运用证据”。依法治国方略的深入推进对司法机关依法严厉打击毒品违法犯罪活动提出新的更高的要求。因此，为提高毒品犯罪案件的办案质量和效率，保障案件刑事诉讼的顺利进行，维护当事人的诉讼权利，亟须对相关程序予以规范。《中共中央、国务院关于加强禁毒工作的意见》（中发〔2014〕6 号）明确提出，“及时出台司法解释或指导意见，加大依法惩治毒品违法犯罪力度，规范和统一法律适用”。为深入贯彻落实中央文件精神，按照国家禁毒委员会的部署要求，最高人民法院刑事审判五庭、最高人民检察院法律政策研究室、公安部禁毒局共同研究起草了《规定》。在起草过程中，借鉴联合国等国际组织的技术规范和其他国家的执法实践经验，参考了联合国毒品与犯罪问题办公室制定的《毒品的代表性取样指南》《检测鸦片、吗啡和海洛因的推荐方法》，欧洲法庭科学研究机构联合会《法庭科学中最优取样方法指南》《毒品定量分析取样指南》，美国毒品科学工作小组《用于定性分析的缴获毒品的取样标准》等文献资料，借鉴了地方公检法机关成熟的经验做法，并通过走访调研和召开座谈会广泛征求意见，反复修改完善。

《规定》坚持问题导向，着力解决司法机关在办理毒品犯罪案件工作中遇到的困难和问题，对基层反映比较集中的称量和取样主体、多包装毒品称量、取样方法等问题作出了具体、详细的规定。《规定》坚持立足司法办案实际，在参考国际权威组织的技术规范和域外执法经验的同时，充分考虑了我国经济社会发展现状、各地毒品犯罪现实情况以及司法机关办理毒品犯罪案件工作实践，以满足基层执法办案单位的迫切需求为出发点和落脚点，广泛征求了各地、各级公安机关、人民检察院和人民法院的意见和建议，保证各项规定的可操作性。《规定》坚持促进执法规范化建设。为毒品的提取、扣押、称量、取样和送检等环节的工作统一了操作标准，提高了执法规范化水平，确保刑事诉讼质量；重视将查获毒品作为毒品犯罪案件重要证据，规范证据的收集、固定、保存和运用，体现了坚持以审判为中心，全面贯彻证据裁判规则的精神，为今后进一步完善毒品犯罪案件相关证据规则，特别是物证、鉴定意见的瑕疵证据、非法证据排除规则奠定了良好的基础，有利于确保办案质量，依法保障犯罪嫌疑人和当事人的合法权益。《规定》坚持同上位法和有关司法解释、规范性文件保持一致。确保相关程序与《刑事诉讼法》《最高人民法院关于适用〈中华人民共和国刑事诉讼法〉的解释》（以下简称《刑诉法解释》）、《人民检察院刑事诉讼规则（试行）》《公安机关办理刑事案件程序规定》等有关规定协调统一，有序衔接。

二、《规定》的主要内容及说明

（一）关于毒品提取、扣押的程序

1. 毒品提取、扣押的一般性要求。《规定》明确，毒品的扣押应当在有犯罪嫌疑人在场并有见证人的情况下，由两名以上侦查人员执行。毒品的提取、扣押情况应当制作笔录，并当场开具扣押清单。笔录和扣押清单应当由侦查人员、犯罪嫌疑人和见证人签名。犯罪嫌疑人拒绝签名的，应当在笔录和扣押清单中注明。

根据《刑诉法解释》第72条的规定，对与案件事实有可能有关联的血迹、体液、毛发、人体组织、指纹、足迹、字迹等生物样本、痕迹和物品，应当提取而没有提取，应当检验而没有检验，导致案件事实存疑的，人民法院应当向人民检察院说明情况，由人民检察院依法补充收集、调取证据或者作出合理说明。具体到毒品犯罪案件中，指纹等关联痕迹物证的收集，对于排除合理怀疑具有十分重要的作用。特别是在零口供案件中，犯罪嫌疑人、被告人大多会辩称涉案毒品不是其携带、持有的，那么，如果侦查人员没有提取毒品及其外包装上的指纹等生物样本，则很难认定侦查机关扣押的毒品与行为人持有毒品具有同一性。

《关于办理死刑案件审查判断证据若干问题的规定》第6条第4项规定，对现场遗留与犯罪有关的具备检验鉴定条件的血迹、指纹、毛发等，要通过DNA鉴定、指纹鉴定等与被告人的生物特征、物品等作同一认定。有鉴于此，《规定》要求，侦查人员应当对毒品犯罪案件有关的场所、物品、人身进行勘验、检查或者搜查，及时准确地发现、固定、提取、采集毒品及内外包装物上的痕迹、生物样本等物证，依法予以扣押。必要时，可以指派或者聘请具有专门知识的人，在侦查人员的主持下进行勘验、检查。侦查人员对制造毒品、非法生产制毒物品犯罪案件的现场进行勘验、检查或者搜查时，应当提取并当场扣押制造毒品、非法生产制毒物品的原料、配剂、成品、半成品和工具、容器、包装物以及上述物品附着的痕迹、生物样本等物证。提取、扣押时，不得将不同包装物内的毒品混合。现场勘验、检查或者搜查时，应当对查获毒品的原始状态拍照或者录像，采取措施防止犯罪嫌疑人及其他无关人员接触毒品及包装物。

2. 对两个以上包装的毒品的分组。对于查获的两个以上包装的毒品进行分组是做好称量、取样工作的必要准备。为确保多包毒品称量、取样的科学性、精确性和规范化，《规定》首次明确，侦查人员应当分别根据查获毒品的位置、毒品及其包装物的外观特征、犯罪嫌疑人的供述和辩解等具体情形对毒品进行分组。首先，对同一案件在不同位置查获的两个以上包装的毒品，应当根据不同的查获位置进行分组。其次，对同一位置查获的两个以上包装的毒品，应当按照以下方法进行分组：(1) 毒品或者包装物的外观特征不一致的，根据毒品及包装物的外观特征进行分组；(2) 毒品及包装物的外观特征一致，但犯罪嫌疑人供述非同一批次毒品的，根据犯罪嫌疑人供述的不同批次进行分组；(3) 毒品及包装物的外观特征一致，但犯罪嫌疑人辩称其中部分不是毒品或者不知是否为毒品的，对犯罪嫌疑人辩解的部分疑似毒品单独分组。这里的“在不同位置查获”，是指查获的毒品放置或者藏匿在相对分离在物理空间，包括同一地点的不同场所、同一场所的不同方位和身体上的不同部位。例如，在犯罪嫌疑人住所的卧室和卫生间分别发现疑似毒品，在犯罪嫌疑人身上和体内均发现疑似毒品，都应当分别进行分组。

3. 对毒品进行编号。《规定》要求，对查获的毒品应当按其独立最小包装逐一编号或者命名，并将毒品的编号、名称、数量、查获位置以及包装、颜色、形态等外观特征记录在笔录或者扣押清单中。在毒品的称量、取样、送检等环节，毒品的编号、名称以及对毒品外观特征的描述应当与笔录和扣押清单保持一致；不一致的，应当作出书面说明。

4. 对体内排出毒品的提取和扣押。《规定》要求，对体内藏毒的案件，公安机关应当监控犯罪嫌疑人排出体内的毒品，及时提取、扣押并制作笔录。笔录应当由侦查人员和犯罪嫌疑人签名；犯罪嫌疑人拒绝签名的，应当在笔录中注明。在保障犯罪嫌疑人隐私权和人格尊严的情况下，可以对排毒的主要过程进行拍照或者录像。必要时，可以在排毒前对犯罪嫌疑人体内藏毒情况进行透视检验并以透视影像的形式固定证据。体内藏毒的犯罪嫌疑人为女性的，应当由女性工作人员或者医师检查其身体，并由女性工作人员监控其排毒。在有效固定证据的同时，充分保证犯罪嫌疑人的隐私权和人格尊严不受侵犯。

5. 提取、扣押毒品的封装。《规定》要求，现场提取、扣押等工作完成后，一般应当由两名以上侦查人员对提取、扣押的毒品及包装物进行现场封装，并记录在笔录中。封装应当在有犯罪嫌疑人在场并有见证人的情况下进行；应当使用封装袋封装毒品并加密封口，或者使用封条贴封包装，作好标记和编号，由侦查人员、犯罪嫌疑人和见证人在封口处、贴封处或者指定位置签名并签署封装日期。犯罪嫌疑人拒绝签名的，侦查人员应当注明。确因情况紧急、现场环境复杂等客观原因无法在现场实施封装的，经公安机关办案部门负责人批准，可以及时将毒品带至公安机关办案场所或者其他适当的场所进行封装，并对毒品移动前后的状态进行拍照固定，作出书面说明。封装时，不得将不同包装内的毒品混合。对不同组的毒品，应当分别独立封装，封装后可以统一签名。

6. 毒品的保管要求。《规定》要求，公安机关应当设置专门的毒品保管场所或者涉案财物管理场所，指定专人保管封装后的毒品及包装物，并采取措施防止毒品发生变质、泄漏、遗失、损毁或者受到污染等。对易燃、易爆、具有毒害性以及对保管条件、保管场所有特殊要求的毒品，在处理前应当存放在符合条件的专门场所。公安机关没有具备保管条件的场所的，可以借用其他单位符合条件的场所进行保管。借用其他单位的场所进行保管，主要依据的是《人民警察法》第 13 条第 2 款的有关规定："公安机关因侦查犯罪的需要，必要时，按照国家有关规定，可以优先使用机关、团体、企业事业组织和个人的交通工具、通信工具、场地和建筑物，用后应当及时归还，并支付适当费用；造成损失的，应当赔偿。"实践中，公安机关不具备保管条件的，既可以借用其他具备保管条件的公安机关的专门场所进行保管，也可以租用或者借用其他具有相关资质、条件和管理能力的单位的场所进行保管。另外，根据《公安机关缴获毒品管理规定》（公禁毒〔2016〕486 号）第 10 条第 2 款的规定，对借用其他单位的场所保管的毒品，公安机关应当派专人看守或者进行定期检查。

7. 拍照、录像的要求。拍照和录像是记录提取、扣押过程的客观资料，是证明侦查行为合法性最有效的手段，有利于保护证据链条的完整性。《规定》提出，必要时，侦查人员应当对提取、扣押和封装的主要过程进行拍照或者录像。照片和录像资料应当反映提取、扣押和封装活动的主要过程以及毒品的原始位置、存放状态和变动情况。照片应当附有相应的文字说明，文字说明应当与照片反映的情况相对应。实践中，侦查机关提取、扣押、封装毒品时一般应当尽可能地对有关工作过程完整地进行拍照和录像。

（二）关于毒品称量的程序

1. 毒品称量的一般性要求。称量操作较为简单，不需要专门知识和专业人员，也无须对称量人员提出资质要求，《规定》要求，毒品的称量一般应当由两名以上侦查人员完成。为保证称量结果的准确性和有效性，《规定》提出应当使用经过法定计量检定机构检定并在有效期限内的衡器进行称量，并且对衡器的精确度提出了具体要求，规定称量应当使用适当精度和称量范围的衡器。称量的毒品质量不足一百克的，衡器的分度值应当达到零点零一克；一百克以上且不足一千克的，分度值应当达到零点一克；一千克以上且不足十千克的，分度值应当达到一克；十千克以上且不足一百千克的，分度值应当达到十克；一百千克以上且不足一吨的，分度值应当达到一百克；一吨以上的，分度值应当达到一千克。称量前，称量人应当将衡器示数归零，并确保其处于正常的工作状态。

同时，《规定》还要求，法定计量检定机构出具的计量检定证书复印件应当归入证据材料卷，并随案移送。毒品的称量一般应当在查获毒品的现场完成，但由于实践中毒品犯罪案件现场的环境比较复杂，存在确实不宜在现场完成称量的情形，《规定》明确不具备现场称量条件的可以带至公安机关办案场所或者其他适当的场所进行称量，但是一般应当在现场进行封装。

鉴于称量结果对于定罪量刑的重要性，《规定》还要求称量一般应当在有犯罪嫌疑人在场并有见证人的情况下进行，并制作称量笔录。对已经封装的毒品进行称量前，应当在有犯罪嫌疑人在场并有见证人的情况下拆封，并记录在称量笔录中。称量笔录应当由称量人、犯罪嫌疑人和见证人签名。犯罪嫌疑人拒绝签名的，应当在称量笔录中注明。侦查人员应当对称量的主要过程进行拍照或者录像。照片和录像资料应当清晰显示毒品的外观特征、衡器示数和犯罪嫌疑人对称量结果的指认情况。

2. 对多包毒品的称量要求。《规定》明确，对同一组内的两个以上包装的毒品，应当分别称量，并统一制作称量笔录，不得混合后称量。对同一组内的多个包装的毒品，可以采取全部毒品及包装物总质量减去包装物质量的方式确定毒品的净质量；称量时，不同包装物内的毒品不得混合。多个包装的毒品系包装完好、标识清晰完整的麻醉药品、精神药品制剂的，可以按照其包装、标识或者说明书上标注的麻醉药品、精神药品成分的含量计算全部毒品的质量，或者从相同批号的药品制剂中随机抽取三个包装进行称量后，根据麻醉药品、精神药品成分的含量计算全部毒品的质量。

3. 对体内排出毒品的称量要求。《规定》明确，对体内藏毒的案件，应当将犯罪嫌疑人排出体外的毒品逐一称量，统一制作称量笔录。犯罪嫌疑人供述所排出的毒品系同一批次或者毒品及包装物的外观特征相似的，可以对多包毒品的称量方法进行称量。

4. 对液态毒品、固液混合状态毒品的称量要求。《规定》明确，对同一容器内的液态毒品或者固液混合状态毒品，应当采用拍照或者录像等方式对其原始状态进行固定，再统一称量。必要时，可以对其原始状态固定后，再进行固液分离并分别称量。

（三）关于毒品取样的程序

1. 毒品取样的一般性要求。对毒品的取样，是由有关人员按照既定的规范选取查获毒品的全部或者从中随机抽取一部分，经过物理均匀（手工或机械碾磨）后再随机抽取一部分毒品作为检材的过程，这项工作不需要专门性知识和技能，一般侦查人员即可胜任。因此，《规定》明确，毒品的取样一般应当在称量工作完成后由两名以上侦查人员完成；必要时，可以指派或者聘请具有专门知识的人进行取样。根据各地执法实际不同，《规定》提出，取样一般应当在查获毒品的现场或者公安机关办案场所完成，现场或者公安机关办案场所不具备取样条件的，应当按照规定对毒品及包装物进行封装后，将其送至鉴定机构并委托鉴定机构进行取样；同时，鉴于取样方法是确保鉴定意见准确性和有效性的重要前提，《规定》要求：

（1）在查获毒品的现场或者公安机关办案场所取样的，应当在有犯罪嫌疑人在场并有见证人的情况下进行，并制作取样笔录。对已经封装的毒品进行取样前，应当在有犯罪嫌疑人在场并有见证人的情况下拆封，并记录在取样笔录中。取样笔录应当由取样人、犯罪嫌疑人和见证人签名。犯罪嫌疑人拒绝签名的，应当在取样笔录中注明。必要时，侦查人员应当对拆封和取样的主要过程进行拍照或者录像。

（2）委托鉴定机构进行取样的，对毒品的取样方法、过程、结果等情况应当制作取样笔录，但鉴定意见包含取样方法的除外。取样笔录应当由侦查人员和取样人签名，并随案移送。

2. 对单包毒品的取样方法。《规定》对单个包装的毒品，根据毒品不同的物理性状，规定了不同的选取或者随机抽取检材的方法：

（1）对粉状的毒品，将毒品混合均匀，并随机抽取约一克作为检材；不足一克的全部取作检材。

（2）对颗粒状、块状的毒品，随机选择三个以上不同的部位，各抽取一部分混合作为检材，混合后的检材质量不少于一克；不足一克的全部取作检材。

（3）对膏状、胶状的毒品，随机选择三个以上不同的部位，各抽取一部分混合作为检材，混合后的检材质量不少于三克；不足三克的全部取作检材。

（4）对胶囊状、片剂状的毒品，先根据形状、颜色、大小、标识等外观特征进行分组；对于外观特征相似的一组，从中随机抽取三粒作为检材，不足三粒的全部取作检材。

（5）对液态的毒品，将毒品混合均匀，并随机抽取约二十毫升作为检材；不足二十毫升的全部取作检材。

（6）对固液混合状态的毒品。按照以上方法，分别对固态毒品和液态毒品取样；能够混合均匀成溶液的，可以将其混合均匀后按照液态毒品的取样方法进行取样。

（7）对其他形态毒品的取样，参照上述取样方法进行。

3. 对多包毒品的取样方法。为提高办案效率，节省有限的鉴定资源，在确保取样代表性、有效性的基础上，减轻取样、鉴定的工作量，《规定》提出，对同一组内两个以上包装的毒品，应当按照下列标准确定选取或者随机抽取独立最小包装的数量：

（1）少于十个包装的，应当选取所有的包装；

（2）十个以上包装且少于一百个包装的，应当随机抽取其中的十个包装；

（3）一百个以上包装的，应当随机抽取与包装总数的平方根数值最接近的整数个包装。然后，再按照对单包毒品的取样方法从中选取或者随机抽取检材。对选取或者随机抽取的多份检材，应当逐一编号或者命名，且检材的编号、名称应当与其他笔录和扣押清单保持一致。鉴于麻醉药品、精神药品通常有统一规格的包装，对批号相同的药品制剂全部取样，工作量巨大且无必要。

对此，《规定》明确，对于多个包装的毒品系包装完好、标识清晰完整的麻醉药品、精神药品制剂，可以从相同批号的药品制剂中随机抽取三个包装，再从单个包装中选取或者随机抽取检材。

4. 取样后对检材及剩余毒品的封装和保管。《规定》强调，在查获毒品的现场或者公安机关办案场所取样的，应当使用封装袋封装检材并加密封口，作好标记和编号，由取样人、犯罪嫌疑人和见证人在封口处或者指定位置签名并签署封装日期。犯罪嫌疑人拒绝签名的，侦查人员应当注明。从不同包装中选取或者随机抽取的检材应当分别独立封装，不得混合。选取或者随机抽取的检材应当由专人负责保管。在检材保管和送检过程中，应当采取妥善措施防止其发生变质、泄漏、遗失、损毁或者受到污染等。委托鉴定机构进行取样的，应当使用封装袋封装取样后剩余的毒品及包装物并加密封口，作好标记和编号，由侦查人员和取样人在封口处签名并签署封装日期。对取样后剩余的毒品及包装物，应当按照规定进行封装，及时送至公安机关毒品保管场所或者涉案财物管理场所进行妥善保管。

由于此前没有关于毒品处理的规定，实践中对毒品应当在何时作出处理没有明确的规范，有的公安机关办案部门在诉讼中将涉案毒品销毁，导致证据灭失，需要对毒品进行补充鉴定或者重新鉴定时已不具备条件，影响了诉讼的正常进行，为此，《规定》强调，对需要作为证据使用的毒品，不起诉决定或者判决、裁定（含死刑复核判决、裁定）发生法律效力后方可处理，明确了负责保管毒品的公安机关办案部门不得在不起诉决定或者判决、裁定发生法律效力前擅自对作为物证的毒品作出处置，以保证诉讼和审判活动的顺利进行。

根据《刑事诉讼法》第175条的规定，对于公安机关移送起诉的案件，人民检察院决定不起诉的，应当将不起诉决定书送达公安机关。公安机关认为不起诉的决定有错误的时候，可以要求复议，如果意见不被接受，可以向上一级人民检察院提请复核。

《刑事诉讼法》第176条规定，对于有被害人的案件，决定不起诉的，人民检察院应当将不起诉决定书送达被害人。被害人如果不服，可以自收到决定书后7日以内向上一级人民检察院申诉，请求提起公诉。人民检察院应当将复查决定告知被害人。

《刑事诉讼法》第177条规定，对于人民检察院依照本法第173条第2款规定作出的不起诉决定，被不起诉人如果不服，可以自收到决定书后7日以内向人民检察院申诉。人民检察院应当作出复查决定，通知被不起诉的人，同时抄送公安机关。

《刑事诉讼法》第248条第2款规定，下列判决和裁定是发生法律效力的判决和裁定：（一）已过法定期限没有上诉、抗诉的判决和裁定；（二）终审的判决和裁定；（三）最高人民法院核准的死刑的判决和高级人民法院核准的死刑缓期二年执行的判决。根据上述规定，在公安机关对人民检察院不起诉决定申请复议、复核期间，被害人和被不起诉人申诉期间以及人民法院作出的相关判决、裁定发生效之前，负责保管毒品的公安机关办案部门均不得将作为证据使用的毒品销毁或者作其他可能导致毒品灭失的处理。

（四）关于毒品送检的程序

根据《刑诉法解释》第85条的规定，送检材料、样本来源不明，或者因污染不具备鉴定条件的；鉴定对象与送检材料、样本不一致的，不得作为定案的根据。因此，送检对于鉴定的真实性、可靠性至关重要。《规定》要求公安机关应当向鉴定机构提供真实、完整、充分的鉴定材料，并对鉴定材料的真实性、合法性负责，对送检程序作了以下规定：

1. 关于送检的时间。为了防止检材因取样时间过长而发生变质，影响鉴定的准确性，保证送检的及时性，确保提取的检材符合鉴定条件，提高案件办理的质量和效率，《规定》明确，对查获的全部毒品或者从查获的毒品中选取或者随机抽取的检材，应当由两名以上侦查人员自毒品被查获之日起 3 日以内，送至鉴定机构进行鉴定。具有案情复杂、查获毒品数量较多、异地办案、在交通不便地区办案等情形的，送检时限可以延长至 7 日。

2. 鉴定材料。《规定》要求，侦查人员送检时，应当持本人工作证件、鉴定聘请书等材料，并提供鉴定事项相关的鉴定资料；需要复核、补充或者重新鉴定的，还应当持原鉴定意见复印件。送检的侦查人员应当配合鉴定机构核对鉴定材料的完整性、有效性，并检查鉴定材料是否满足鉴定需要。公安机关鉴定机构应当在收到鉴定材料的当日作出是否受理的决定，决定受理的，应当与公安机关办案部门签订鉴定委托书；不予受理的，应当退还鉴定材料并说明理由。

3. 毒品含量鉴定。我国《刑法》第 357 条第 2 款明确规定：“毒品的数量以查证属实的数量计算，不以纯度折算。”在基层司法实践中，侦查机关、检察机关和审判机关对于在什么情况下需要对查获毒品进行含量鉴定往往存在认识上的分歧。关于毒品的含量鉴定，最高人民法院、最高人民检察院、公安部关于印发《办理毒品犯罪案件适用法律若干问题的意见》（公通字〔2007〕84 号）仅规定：“可能判处死刑的毒品犯罪案件，应有含量的鉴定。”

《全国部分法院审理毒品犯罪案件工作座谈会纪要》（法〔2008〕324 号）认为，对涉案毒品可能大量掺假或者系成分复杂的新类型毒品的，也应当作毒品含量的鉴定。参考上述规定，并结合司法实践，《规定》列举了需要对毒品进行含量鉴定的五种情形：

（1）犯罪嫌疑人、被告人可能被判处死刑的；

（2）查获的毒品系液态、固液混合物或者系毒品半成品的；

（3）查获的毒品可能大量掺假的；

（4）查获的毒品系成分复杂的新类型毒品，且犯罪嫌疑人、被告人可能被判处七年以上有期徒刑的；

（5）人民检察院、人民法院认为含量鉴定对定罪量刑有重大影响而书面要求进行含量鉴定的。进一步拓展了毒品含量鉴定的适用范围，有利于保证办案质量，公正定罪量刑，维护犯罪嫌疑人、被告人的合法权益。同时，《规定》明确要求进行含量鉴定的检材应当与进行成分鉴定的检材来源一致，且一一对应。

4. 关于对毒品原植物及其幼苗、种子的鉴定和检验问题。针对各地普遍反映的毒品原植物及其幼苗、种子鉴定难问题，《规定》参考《刑诉法解释》第 87 条关于“对案件中的专门性问题需要鉴定，但没有法定司法鉴定机构，或者法律、司法解释规定可以进行检验的，可以指派、聘请有专门知识的人进行检验，检验报告可以作为定罪量刑的参考”的规定作了变通，明确了对毒品原植物及其种子、幼苗，应当委托具备相应资质的鉴定机构进行鉴定。当地没有具备相应资质的鉴定机构的，可以委托侦办案件的公安机关所在地的县级以上农牧、林业行政主管部门，或者设立农林相关专业的普通高等学校、科研院所出具检验报告。鉴定与检验“两条腿走路”的规定，符合司法实践的需要。

（五）其他需要明确的问题

1. 关于犯罪嫌疑人不在场的问题。由于毒品犯罪一般会被科以较重的刑罚，犯罪嫌疑人、被告人经常拒不承认查获毒品为其所有或者在庭审阶段对查获的毒品及其称量结果提出异议，为了保证相关工作的公平、公正，防止被告人在法庭上翻供，《规定》要求，对毒品进行扣押、封装、称量以及查获毒品的现场或者公安机关办案场所取样时，应当有犯罪嫌疑人在场。对于上述过程中无法确定犯罪嫌疑人、犯罪嫌疑人在逃或者犯罪嫌疑人在异地被抓获且无法及时到场的，《规定》也明确，应当在有见证人的情况下进行，并在相关笔录、扣押清单中注明，并且要求在犯罪嫌疑人到案后，公安机关应当以告知书的形式告知其扣押、称量、取样的过程、结果。犯罪嫌疑人拒绝在告知书上签名的，应当将告知情况形成笔录，一并附卷；犯罪嫌疑人对称量结果有异议，有条件重新称量的，可以重新称量，并制作称量笔录。

2. 关于见证人身份材料的收集、见证人资格以及无适格见证人在场的相关程序要求的问题。很多毒品犯罪案件现场发生在凌晨或者偏僻处，或者抓获嫌疑人和查获毒品存在不确定性，难以找到合适的见证人。另外，毒品犯罪案件具有其特殊性，很多与案件无关的在场人员不愿意作见证人。实践中，有的侦查机关安排其协警、临时工、实习人员等临时充当见证人，这些人员与侦查机关存在一定联系，不符合见证人的中立性要求，属于不适格的见证人。另外，除了由见证人在笔录中签名外，是否应当一并提取见证人身份材料，各地的做法不统一。见证人的身份材料是确定见证人是否符合法律规定的重要材料。有鉴于此，《规定》对见证人身份资料的收集、不得担任见证人的情形以及由于客观原因没有符合条件的见证人在场时的相关工作程序要求等作出了明确规定。一是明确规定有见证人在场见证毒品的提取、扣押、封装、称量、取样活动的，应当在笔录材料中写明见证人的姓名、身份证件种类及号码和联系方式，并附其常住人口信息登记表等材料。二是明确规定三类人员不得担任见证人：（1）生理上、精神上有缺陷或者年幼，不具有相应辨别能力或者不能正确表达的人；（2）犯罪嫌疑人的近亲属，被引诱、教唆、欺骗、强迫吸毒的被害人及其近亲属，以及其他与案件有利害关系并可能影响案件公正处理的人；（3）办理该毒品犯罪案件的公安机关、人民检察院、人民法院的工作人员、实习人员或者其聘用的协勤、文职、清洁、保安等人员。三是明确规定由于客观原因无法由符合条件的人员担任见证人或者见证人不愿签名的，应当在笔录材料中注明情况，并对相关活动进行拍照并录像。

最高人民法院关于审理毒品犯罪案件适用法律若干问题的解释

（2016年1月25日最高人民法院审判委员会第1676次会议通过，自2016年4月11日起施行，法释〔2016〕8号）

为依法惩治毒品犯罪，根据《中华人民共和国刑法》的有关规定，现就审理此类刑事案件适用法律的若干问题解释如下：

第一条 走私、贩卖、运输、制造、非法持有下列毒品，应当认定为刑法第三百四十七条第二款第一项、第三百四十八条规定的“其他毒品数量大”：

（一）可卡因五十克以上；

（二）3，4－亚甲二氧基甲基苯丙胺（MDMA）等苯丙胺类毒品（甲基苯丙胺除外）、吗啡一百克以上；

（三）芬太尼一百二十五克以上；

（四）甲卡西酮二百克以上；

（五）二氢埃托啡十毫克以上；

（六）哌替啶（度冷丁）二百五十克以上；

（七）氯胺酮五百克以上；

（八）美沙酮一千克以上；

（九）曲马多、γ－羟丁酸二千克以上；

（十）大麻油五千克、大麻脂十千克、大麻叶及大麻烟一百五十千克以上；

（十一）可待因、丁丙诺啡五千克以上；

（十二）三唑仑、安眠酮五十千克以上；

（十三）阿普唑仑、恰特草一百千克以上；

（十四）咖啡因、罂粟壳二百千克以上；

（十五）巴比妥、苯巴比妥、安钠咖、尼美西泮二百五十千克以上；

（十六）氯氮卓、艾司唑仑、地西泮、溴西泮五百千克以上；

（十七）上述毒品以外的其他毒品数量大的。

国家定点生产企业按照标准规格生产的麻醉药品或者精神药品被用于毒品犯罪的，根据药品中毒品成分的含量认定涉案毒品数量。

第二条 走私、贩卖、运输、制造、非法持有下列毒品，应当认定为刑法第三百四十七条第三款、第三百四十八条规定的“其他毒品数量较大”：

（一）可卡因十克以上不满五十克；

（二）3，4－亚甲二氧基甲基苯丙胺（MDMA）等苯丙胺类毒品（甲基苯丙胺除外）、吗啡二十克以上不满一百克；

（三）芬太尼二十五克以上不满一百二十五克；

（四）甲卡西酮四十克以上不满二百克；

（五）二氢埃托啡二毫克以上不满十毫克；

（六）哌替啶（度冷丁）五十克以上不满二百五十克；

（七）氯胺酮一百克以上不满五百克；

（八）美沙酮二百克以上不满一千克；

（九）曲马多、γ－羟丁酸四百克以上不满二千克；

（十）大麻油一千克以上不满五千克、大麻脂二千克以上不满十千克、大麻叶及大麻烟三十千克以上不满一百五十千克；

（十一）可待因、丁丙诺啡一千克以上不满五千克；

（十二）三唑仑、安眠酮十千克以上不满五十千克；

（十三）阿普唑仑、恰特草二十千克以上不满一百千克；

（十四）咖啡因、罂粟壳四十千克以上不满二百千克；

（十五）巴比妥、苯巴比妥、安钠咖、尼美西泮五十千克以上不满二百五十千克；

（十六）氯氮卓、艾司唑仑、地西泮、溴西泮一百千克以上不满五百千克；

（十七）上述毒品以外的其他毒品数量较大的。

第三条 在实施走私、贩卖、运输、制造毒品犯罪的过程中，携带枪支、弹药或者爆炸物用于掩护的，应当认定为刑法第三百四十七条第二款第三项规定的“武装掩护走私、贩卖、运输、制造毒品”。枪支、弹药、爆炸物种类的认定，依照相关司法解释的规定执行。

在实施走私、贩卖、运输、制造毒品犯罪的过程中，以暴力抗拒检查、拘留、逮捕，造成执法人员死亡、重伤、多人轻伤或者具有其他严重情节的，应当认定为刑法第三百四十七条第二款第四项规定的“以暴力抗拒检查、拘留、逮捕，情节严重”。

第四条 走私、贩卖、运输、制造毒品，具有下列情形之一的，应当认定为刑法第三百四十七条第四款规定的“情节严重”：

（一）向多人贩卖毒品或者多次走私、贩卖、运输、制造毒品的；

（二）在戒毒场所、监管场所贩卖毒品的；

（三）向在校学生贩卖毒品的；

（四）组织、利用残疾人、严重疾病患者、怀孕或者正在哺乳自己婴儿的妇女走私、贩卖、运输、制造毒品的；

（五）国家工作人员走私、贩卖、运输、制造毒品的；

（六）其他情节严重的情形。

第五条 非法持有毒品达到刑法第三百四十八条或者本解释第二条规定的“数量较大”标准，且具有下列情形之一的，应当认定为刑法第三百四十八条规定的“情节严重”：

（一）在戒毒场所、监管场所非法持有毒品的；

（二）利用、教唆未成年人非法持有毒品的；

（三）国家工作人员非法持有毒品的；

（四）其他情节严重的情形。

第六条 包庇走私、贩卖、运输、制造毒品的犯罪分子，具有下列情形之一的，应当认定为刑法第三百四十九条第一款规定的“情节严重”：

（一）被包庇的犯罪分子依法应当判处十五年有期徒刑以上刑罚的；

（二）包庇多名或者多次包庇走私、贩卖、运输、制造毒品的犯罪分子的；

（三）严重妨害司法机关对被包庇的犯罪分子实施的毒品犯罪进行追究的；

（四）其他情节严重的情形。

为走私、贩卖、运输、制造毒品的犯罪分子窝藏、转移、隐瞒毒品或者毒品犯罪所得的财物，具有下列情形之一的，应当认定为刑法第三百四十九条第一款规定的“情节严重”：

（一）为犯罪分子窝藏、转移、隐瞒毒品达到刑法第三百四十七条第二款第一项或者本解释第一条第一款规定的“数量大”标准的；

（二）为犯罪分子窝藏、转移、隐瞒毒品犯罪所得的财物价值达到五万元以上的；

（三）为多人或者多次为他人窝藏、转移、隐瞒毒品或者毒品犯罪所得的财物的；

（四）严重妨害司法机关对该犯罪分子实施的毒品犯罪进行追究的；

（五）其他情节严重的情形。

包庇走私、贩卖、运输、制造毒品的近亲属，或者为其窝藏、转移、隐瞒毒品或者毒品犯罪所得的财物，不具有本条前两款规定的“情节严重”情形，归案后认罪、悔罪、积极退赃，且系初犯、偶犯，犯罪情节轻微不需要判处刑罚的，可以免予刑事处罚。

第七条 违反国家规定，非法生产、买卖、运输制毒物品、走私制毒物品，达到下列数量标准的，应当认定为刑法第三百五十条第一款规定的“情节较重”：

（一）麻黄碱（麻黄素）、伪麻黄碱（伪麻黄素）、消旋麻黄碱（消旋麻黄素）一千克以上不满五千克；

（二）1－苯基－2－丙酮、1－苯基－2－溴－1－丙酮、3，4－亚甲基二氧苯基-2-丙酮、羟亚胺二千克以上不满十千克；

（三）3-氧-2-苯基丁腈、邻氯苯基环戊酮、去甲麻黄碱（去甲麻黄素）、甲基麻黄碱（甲基麻黄素）四千克以上不满二十千克；

（四）醋酸酐十千克以上不满五十千克；

（五）麻黄浸膏、麻黄浸膏粉、胡椒醛、黄樟素、黄樟油、异黄樟素、麦角酸、麦角胺、麦角新碱、苯乙酸二十千克以上不满一百千克；

（六）N-乙酰邻氨基苯酸、邻氨基苯甲酸、三氯甲烷、乙醚、哌啶五十千克以上不满二百五十千克；

（七）甲苯、丙酮、甲基乙基酮、高锰酸钾、硫酸、盐酸一百千克以上不满五百千克；

（八）其他制毒物品数量相当的。

违反国家规定，非法生产、买卖、运输制毒物品、走私制毒物品，达到前款规定的数量标准最低值的百分之五十，且具有下列情形之一的，应当认定为刑法第三百五十条第一款规定的“情节较重”：

（一）曾因非法生产、买卖、运输制毒物品、走私制毒物品受过刑事处罚的；

（二）二年内曾因非法生产、买卖、运输制毒物品、走私制毒物品受过行政处罚的；

（三）一次组织五人以上或者多次非法生产、买卖、运输制毒物品、走私制毒物品，或者在多个地点非法生产制毒物品的；

（四）利用、教唆未成年人非法生产、买卖、运输制毒物品、走私制毒物品的；

（五）国家工作人员非法生产、买卖、运输制毒物品、走私制毒物品的；

（六）严重影响群众正常生产、生活秩序的；

（七）其他情节较重的情形。

易制毒化学品生产、经营、购买、运输单位或者个人未办理许可证明或者备案证明，生产、销售、购买、运输易制毒化学品，确实用于合法生产、生活需要的，不以制毒物品犯罪论处。

第八条 违反国家规定，非法生产、买卖、运输制毒物品、走私制毒物品，具有下列情形之一的，应当认定为刑法第三百五十条第一款规定的“情节严重”：

（一）制毒物品数量在本解释第七条第一款规定的最高数量标准以上，不满最高数量标准五倍的；

（二）达到本解释第七条第一款规定的数量标准，且具有本解释第七条第二款第三项至第六项规定的情形之一的；

（三）其他情节严重的情形。

违反国家规定，非法生产、买卖、运输制毒物品、走私制毒物品，具有下列情形之一的，应当认定为刑法第三百五十条第一款规定的“情节特别严重”：

（一）制毒物品数量在本解释第七条第一款规定的最高数量标准五倍以上的；

（二）达到前款第一项规定的数量标准，且具有本解释第七条第二款第三项至第六项规定的情形之一的；

（三）其他情节特别严重的情形。

第九条 非法种植毒品原植物，具有下列情形之一的，应当认定为刑法第三百五十一条第一款第一项规定的“数量较大”：

（一）非法种植大麻五千株以上不满三万株的；

（二）非法种植罂粟二百平方米以上不满一千二百平方米、大麻二千平方米以上不满一万二千平方米，尚未出苗的；

（三）非法种植其他毒品原植物数量较大的。

非法种植毒品原植物，达到前款规定的最高数量标准的，应当认定为刑法第三百五十一条第二款规定的“数量大”。

第十条 非法买卖、运输、携带、持有未经灭活的毒品原植物种子或者幼苗，具有下列情形之一的，应当认定为刑法第三百五十二条规定的“数量较大”：

（一）罂粟种子五十克以上、罂粟幼苗五千株以上的；

（二）大麻种子五十千克以上、大麻幼苗五万株以上的；

（三）其他毒品原植物种子或者幼苗数量较大的。

第十一条 引诱、教唆、欺骗他人吸食、注射毒品，具有下列情形之一的，应当认定为刑法第三百五十三条第一款规定的“情节严重”：

（一）引诱、教唆、欺骗多人或者多次引诱、教唆、欺骗他人吸食、注射毒品的；

（二）对他人身体健康造成严重危害的；

（三）导致他人实施故意杀人、故意伤害、交通肇事等犯罪行为的；

（四）国家工作人员引诱、教唆、欺骗他人吸食、注射毒品的；

（五）其他情节严重的情形。

第十二条 容留他人吸食、注射毒品，具有下列情形之一的，应当依照刑法第三百五十四条的规定，以容留他人吸毒罪定罪处罚：

（一）一次容留多人吸食、注射毒品的；

（二）二年内多次容留他人吸食、注射毒品的；

（三）二年内曾因容留他人吸食、注射毒品受过行政处罚的；

（四）容留未成年人吸食、注射毒品的；

（五）以牟利为目的容留他人吸食、注射毒品的；

（六）容留他人吸食、注射毒品造成严重后果的；

（七）其他应当追究刑事责任的情形。

向他人贩卖毒品后又容留其吸食、注射毒品，或者容留他人吸食、注射毒品并向其贩卖毒品，符合前款规定的容留他人吸毒罪的定罪条件的，以贩卖毒品罪和容留他人吸毒罪数罪并罚。

容留近亲属吸食、注射毒品，情节显著轻微危害不大的，不作为犯罪处理；需要追究刑事责任的，可以酌情从宽处罚。

第十三条 依法从事生产、运输、管理、使用国家管制的麻醉药品、精神药品的人员，违反国家规定，向吸食、注射毒品的人提供国家规定管制的能够使人形成瘾癖的麻醉药品、精神药品，具有下列情形之一的，应当依照刑法第三百五十五条第一款的规定，以非法提供麻醉药品、精神药品罪定罪处罚：

（一）非法提供麻醉药品、精神药品达到刑法第三百四十七条第三款或者本解释第二条规定的“数量较大”标准最低值的百分之五十，不满“数量较大”标准的；

（二）二年内曾因非法提供麻醉药品、精神药品受过行政处罚的；

（三）向多人或者多次非法提供麻醉药品、精神药品的；

（四）向吸食、注射毒品的未成年人非法提供麻醉药品、精神药品的；

（五）非法提供麻醉药品、精神药品造成严重后果的；

（六）其他应当追究刑事责任的情形。

具有下列情形之一的，应当认定为刑法第三百五十五条第一款规定的“情节严重”：

（一）非法提供麻醉药品、精神药品达到刑法第三百四十七条第三款或者本解释第二条规定的“数量较大”标准的；

（二）非法提供麻醉药品、精神药品达到前款第一项规定的数量标准，且具有前款第三项至第五项规定的情形之一的；

（三）其他情节严重的情形。

第十四条 利用信息网络，设立用于实施传授制造毒品、非法生产制毒物品的方法，贩卖毒品，非法买卖制毒物品或者组织他人吸食、注射毒品等违法犯罪活动的网站、通讯群组，或者发布实施前述违法犯罪活动的信息，情节严重的，应当依照刑法第二百八十七条之一的规定，以非法利用信息网络罪定罪处罚。

实施刑法第二百八十七条之一、第二百八十七条之二规定的行为，同时构成贩卖毒品罪、非法买卖制毒物品罪、传授犯罪方法罪等犯罪的，依照处罚较重的规定定罪处罚。

第十五条 本解释自2016年4月11日起施行。《最高人民法院关于审理毒品案件定罪量刑标准有关问题的解释》（法释〔2000〕13号）同时废止；之前发布的司法解释和规范性文件与本解释不一致的，以本解释为准。

《关于审理毒品犯罪案件适用法律若干问题的解释》的理解与适用*

叶晓颖　马　岩　方文军　李静然**

为进一步规范毒品犯罪案件的法律适用，确保依法从严惩处毒品犯罪，最高人民法院制定了《关于审理毒品犯罪案件适用法律若干问题的解释》（法释〔2016〕8号，以下简称《解释》）。为便于实践中准确理解和适用，现对《解释》的制定背景、指导思想和主要内容予以说明。

一、《解释》的制定背景和经过

2000年最高人民法院发布了《关于审理毒品案件定罪量刑标准有关问题的解释》（以下简称《2000年解释》），解决了部分毒品犯罪的定罪量刑标准问题。但受当时条件所限，《2000年解释》只有5个条文，仅规定了走私、贩卖、运输、制造毒品罪，非法持有毒品罪、走私制毒物品罪、非法买卖制毒物品罪和非法种植毒品原植物罪这4种犯罪的定罪量刑标准，对其他毒品犯罪的定罪量刑标准则没有涉及。此后，随着我国毒品犯罪形势的发展变化和法律的修改，实践中出现了较多新的毒品犯罪法律适用问题。最高人民法院对此高度重视，近年来又单独或者会同有关单位制定了一系列规范性文件加以解决，同时，也逐步将制定新的毒品犯罪司法解释工作提上日程。

禁毒工作关系国家安危、民族兴衰和人民福祉，党中央、国务院高度重视禁毒工作。2014年6月，中央政治局常委会议、国务院常务会

---

* 原文载《人民司法·应用》2016年第13期。

** 作者单位：最高人民法院刑五庭。

议分别听取禁毒工作专题汇报，习近平总书记、李克强总理分别对禁毒工作作出重要指示批示。中共中央、国务院首次印发了《关于加强禁毒工作的意见》，并下发了贯彻落实分工方案，其中均明确要求，由最高人民法院及时制定司法解释或者规范性文件，统一和规范毒品犯罪案件的法律适用，加大依法惩治毒品犯罪力度。

最高人民法院研究认为，经过多年的司法经验积累和调查研究，制定新的司法解释，对毒品犯罪的有关法律适用问题进行规范的时机已经成熟。根据工作安排，最高人民法院刑五庭于2015年初正式立项，开始起草《解释》。起草过程中，刑五庭开展了大量的书面和实地调研，委托相关科研机构提供了毒品依赖性潜力的研究数据，掌握了有关新类型毒品和制毒物品的滥用情况及犯罪形势，对近年来各地审理毒品犯罪案件的经验进行了系统总结，对审判实践中遇到的突出法律适用问题进行了认真研究。为确保起草质量，还与最高人民检察院、公安部、国家食品药品监督管理总局（以下简称食药监总局）等单位进行了多次研究、讨论，组织召开了专家论证会。在前期调研论证工作的基础上，就《解释》在法院系统内部，并向最高人民检察院、公安部、食药监总局、海关总署等相关职能单位及有关专家学者正式征求了意见。经认真研究、充分吸收各方意见后，又正式征求了全国人大常委会法工委的意见，法工委亦原则赞同《解释》的内容。2016年1月25日，最高人民法院审判委员会第1676次会议审议通过了《解释》。

二、《解释》的指导思想和制定意义

当前，受国际毒潮持续泛滥和国内多种因素影响，我国的禁毒斗争形势严峻复杂，毒品犯罪高发、多发，禁毒工作任务十分艰巨。《解释》以依法从严惩处毒品犯罪为指导思想，体现了对走私、贩卖、运输、制造毒品等各类严重毒品犯罪，以及具有武装掩护犯罪，暴力抗拒检查、拘留、逮捕，多次、向多人实施犯罪，组织、利用未成年人、病残人员犯罪，国家工作人员犯罪等严重情节的毒品犯罪分子的依法严惩。同时，为全面贯彻宽严相济刑事政策，更好地分化瓦解毒品犯罪分子，对其中罪行较轻或者具有从宽处罚情节的，根据罪刑相适应的刑法基本原则，也体现了从宽处理。

制定《解释》的主要意义在于：第一，为依法从严惩处新类型毒品犯罪提供了明确依据。《解释》新规定了甲卡西酮、曲马多、安钠咖等12种新类型毒品的定罪量刑数量标准，并下调了在我国危害较为严重的毒品氯胺酮的定罪量刑数量标准，为实践中相关犯罪的打击处理提供了明确依据。第二，配合刑法修改加大了对制毒物品犯罪的处罚力度。近年来，制毒物品流入非法渠道被用于制造毒品的情况在我国较为突出，根据《刑法修正案（九）》修改制毒物品犯罪的精神，《解释》整体下调了全部33种制毒物品的定罪量刑数量标准，以进一步加大对制毒物品犯罪的从严惩处力度，强化对毒品犯罪的源头治理。第三，首次全面、系统规定了各类毒品犯罪的定罪量刑标准。《解释》结合近年来的司法实践，首次以司法解释的形式，对容留他人吸毒罪，非法种植毒品原植物罪，非法买卖、运输、携带、持有毒品原植物种子、幼苗罪，非法提供麻醉药品、精神药品罪等4类犯罪的定罪标准，对走私、贩卖、运输、制造毒品罪，非法持有毒品罪，包庇毒品犯罪分子罪，窝藏、转移、隐瞒毒品、毒赃罪，引诱、教唆、欺骗他人吸毒罪，非法提供麻醉药品、精神药品罪等6类犯罪的“情节严重”标准作出明确规定，并结合立法修改对非法生产、买卖、运输制毒物品、走私制毒物品罪的定罪量刑标准作出新的规定，为各类毒品犯罪的定罪和刑罚适用提供了明确依据。此外，《解释》还对武装掩护走私、贩卖、运输、制造毒品的认定，以暴力抗拒检查、拘留、逮捕“情节严重”的认定，网络涉毒犯罪的司法认定等其他较为突出的毒品犯罪法律适用问题作了规定。总体来看，《解释》具有很强的实践指导意义，有利于进一步规范毒品犯罪案件办理工作，加大依法惩治毒品犯罪的力度。

三、《解释》的主要内容

《解释》以刑法第六章第七节有关毒品犯罪的法律规定为依据，共涉及10类毒品犯罪的定罪量刑标准和其他较为突出的毒品犯罪法律适用问题。在充分调查研究和认真总结各地经验的基础上，《解释》对原有司法解释和规范性文件没有规定，但实践中迫切需要解决的毒品犯罪法律适用问题作出新规定，对原有规定中不适应当前毒品犯罪形势发展的内容作了修改，同时也吸收了原有司法解释和规范性文件中的部分内容。涉及的原有司法解释和规范性文件包括：《2000年解释》，2007年《最高人民法院、最高人民检察院、公安部办理毒品犯罪案件适用法律若干问题的意见》（以下简称《2007年意见》），2012年《最高人民检察院、公安部关于公安机关管辖的刑事案件立案追诉标准的规定（三）》（以下简称《立案追诉标准（三）》）和2009年《最高人民法院、最高人民检察院、公安部关于办理制毒物品犯罪案件适用法律若干问题的意见》（以下简称《2009年制毒物品意见》）等。

（一）关于毒品的定罪量刑数量标准问题

毒品数量是毒品犯罪案件定罪量刑的重要基础性情节。《2000年解释》和《2007年意见》共规定了16类毒品的定罪量刑数量标准。近年来，我国又有甲卡西酮、曲马多、安钠咖、恰特草等10余种国家规定管制的麻醉药品或者精神药品出现滥用，但原有司法解释和规范性文件没有对其定罪量刑数量标准作出规定，给司法实践中相关犯罪的打击处理带来困难。同时，原有司法解释和规范性文件对个别毒品定罪量刑数量标准的规定，也已与其社会危害明显不相适应，需要作出调整。为此，《解释》在第1条第1款和第2条中，系统规定了28类毒品的“数量大”和“数量较大”标准。其中，保留了原有司法解释和规范性文件中规定的标准的15类，下调了标准的1类，新增了标准的12类。

1. 关于保留的15类毒品的定罪量刑数量标准。可卡因、苯丙胺类（甲基苯丙胺除外）、吗啡、二氢埃托啡、哌替啶（度冷丁）、大麻类、咖啡因、罂粟壳等8类毒品的定罪量刑数量标准，来自《2000年解释》的规定；美沙酮、三唑仑、安眠酮、氯氮卓、艾司唑仑、地西泮、溴西泮等7类毒品的定罪量刑数量标准，来自《2007年意见》的规定。调研过程中，未发现原有标准存在明显问题，故在《解释》中予以保留，未作调整。

2. 关于下调的1类和新增的12类毒品的定罪量刑数量标准。《解释》对氯胺酮的定罪量刑数量标准作了调整，新规定了芬太尼、甲卡西酮、曲马多、γ－羟丁酸、可待因、丁丙诺啡、阿普唑仑、恰特草、巴比妥、苯巴比妥、安钠咖、尼美西泮等12类毒品的定罪量刑数量标准。

3. 关于其他麻醉药品和精神药品的定罪量刑数量标准。我国的麻醉药品和精神药品种类繁多，根据2013年版《麻醉药品品种目录》和《精神药品品种目录》的规定，共有270种。据了解，实践中还有咪达唑仑、布桂嗪等列管麻醉药品和精神药品出现个别、散在滥用，但尚未形成规模，且随着药品管制的加强呈现下降趋势。鉴于现阶段司法解释还不可能对所有已列管麻醉药品和精神药品的定罪量刑数量标准作出规定，故《解释》主要立足于解决当前已经出现一定规模滥用或者存在较大滥用潜力的毒品的定罪量刑数量标准，对于其他滥用问题尚不突出或者滥用潜力不大的毒品，暂不作规定。

《解释》在确定各类毒品定罪量刑数量标准时考虑了多方面的因素：一是毒品的药物依赖性（致瘾癖性）和对人体的危害。这是《解释》确定各类毒品定罪量刑数量标准的基础。药物依赖性方面主要依据2004年国家食品药品监督管理局制定的《非法药物折算表》，以及相关科研机构提供的10余种新类型毒品的依赖性潜力评估意见。二是毒品的滥用情况，包括毒品的滥用主体与人数、滥用地域范围、滥用场所等。三是毒品的犯罪形势，包括犯罪数量、犯罪发展趋势、犯罪地域分布及犯罪类型等。四是毒品的药用价值。对于医疗上广泛使用的品种，适当提高了定罪量刑数量标准，对于几乎没有药用价值、不存在合法用途的品种，适当降低了定罪量刑数量标准。五是毒品的交易价格。总体而言，毒品的药物依赖性及对人体的危害越大，滥用范围和潜力越大，相关毒品犯罪的数量越多、分布越广、蔓延趋势越突出，且毒品的药用价值越低、价格越高，定罪量刑的数量标准就越低，处刑就越重。

此次新增的12类和下调的1类毒品的定罪量刑数量标准，是在综合考虑上述因素的基础上，会同最高人民检察院、公安部、食药监总局等相关单位经反复研究，并请北京大学中国药物依赖性研究所、军事医学科学院毒物药物研究所、中国食品药品检定研究院的多位专家充分论证后确定的。因篇幅有限，这里仅对氯胺酮和甲卡西酮定罪量刑数量标准的确定作重点说明：

（1）关于氯胺酮的定罪量刑数量标准。《2007年意见》规定，氯胺酮的定罪量刑数量标准与海洛因是20∶1的关系。《解释》将其调整为10∶1，即500克以上为“数量大”，主要基于以下几点考虑：第一，氯胺酮在我国滥用较为严重，近年来滥用人数不断增长，目前已上升至第三位，仅次于甲基苯丙胺和海洛因。第二，滥用氯胺酮造成的现实危害不断加大，因其兼具麻醉和致幻效果，实践中大量的自伤自残、暴力犯罪及“毒驾”案件多由吸食氯胺酮引发。第三，我国的制造、贩卖氯胺酮犯罪近年来呈迅速增长之势，因而有必要加大对涉氯胺酮犯罪的惩治力度。

（2）关于甲卡西酮的定罪量刑数量标准，甲卡西酮属于一类精神药品，具有兴奋和致幻作用，在我国不存在合法生产、经营，也没有合法用途。甲卡西酮在我国部分省份已经出现滥用，其他地方也破获了一些制贩甲卡西酮的案件，但缺乏明确的定罪量刑数量标准。《非法药物折算表》将甲卡西酮归为苯丙胺类毒品，故有意见认为，对甲卡西酮可以参照《2000年解释》中苯丙胺类毒品的定罪量刑数量标准执行，即100克以上为“数量大”。经研究认为，甲卡西酮虽与苯丙胺类毒品的结构类似，但严格来说属于卡西酮类毒品，就其定罪量刑标准单独作出规定更为科学。关于甲卡西酮的药物依赖性，《非法药物折算表》规定1克甲卡西酮=1克海洛因。公安部禁毒局国家毒品实验室的实验数据显示，甲卡西酮与甲基苯丙胺产生的精神兴奋性为2∶1。考虑到甲卡西酮在我国虽已出现滥用和犯罪，但滥用人数、滥用地域范围、犯罪形势和交易价格等与甲基苯丙胺还存在一定差距，故综合上述因素将甲卡西酮的定罪量刑数量标准设定为甲基苯丙胺的4倍，即200克以上为“数量大”。

此外，需要说明的是，《解释》中现有的毒品种类原则上按照数量标准由低到高排列（二氢埃托啡除外），并对数量标准相同的进行了分组归类。毒品名称主要根据2013年版《麻醉药品品种目录》和《精神药品品种目录》确定，个别在听取行业专家意见后进行了规范和调整。例如，将《2000年解释》中的“度冷丁”调整为“哌替啶”，将“盐酸二氢埃托啡”调整为“二氢埃托啡”，将《2007年意见》中的“二亚甲基双氧安非他明”调整为“3，4-亚甲二氧基甲基苯丙胺”，并用括号注明其通用简称MDMA。

《解释》第1条第2款规定了具有药用价值的麻醉药品或者精神药品被用于毒品犯罪的，如何认定毒品数量的问题。该问题近年来在实践中较为突出。《2000年解释》通过括号标注的方式规定，对医用度冷丁和盐酸二氢埃托啡针剂及片剂，要按照药品中该类毒品成分的含量认定涉案毒品数量。考虑到其他由定点企业生产但流入非法渠道的麻醉药品和精神药品，也应当采用这种毒品数量认定方法，故《解释》专门在第1条第2款对该问题作出明确、统一的规定。这样规定主要基于以下几点考虑：第一，药品中水分、淀粉、糖分、色素等成分占有相当大的比重，有效药物成分（即毒品成分）的含量较低，如果根据药品的总重量认定涉案毒品数量，势必同毒品成分的实际数量有明显差距，难以体现罚当其罪。第二，对于不同厂家生产或者同一厂家生产的不同规格的同类药品，在总重量相同的情况下，其有效药物成分的含量可能存在较大差异，如果根据药品的总重量认定涉案毒品数量，会影响量刑平衡。第三，从药品生产、使用单位流入非法渠道的麻醉药品和精神药品，其有效药物成分的含量有严格标准，不涉及毒品的含量鉴定问题，不会给司法实践带来操作上的困难，有关实务部门也均同意这种毒品数量认定方法。第四，本款规定仅适用于国家定点企业生产，流入非法渠道的麻醉药品和精神药品，并非国家定点企业生产的麻醉药品和精神药品以及海洛因、甲基苯丙胺等没有临床用途的麻醉药品和精神药品不在此列。另外，对于以制造毒品为目的生产出的纯度不高的毒品以及为了增加毒品数量而掺杂、掺假的情形，均应按照毒品的全部数量认定。第五，本款并非《解释》的创设性规定，《2000年解释》对度冷丁和盐酸二氢埃托啡均作了类似规定，多年来在执行过程中并未发现问题。起草过程中，有意见提出，该规定似与《刑法》第357条第2款有关毒品数量不以纯度折算的规定不甚一致，建议再作研究。经再次研究，《解释》最终保留了该款规定。据此，国家定点生产企业按照标准规格生产的麻醉药品或者精神药品，流入非法渠道被用于毒品犯罪的，要根据药品中毒品成分的含量认定涉案毒品数量。

（二）关于走私、贩卖、运输、制造毒品罪的量刑情节问题

1. “武装掩护走私、贩卖、运输、制造毒品”和“以暴力抗拒检查、拘留、逮捕，情节严重”，是《刑法》第347条第2款第3项、第4项规定的两个应当判处15年有期徒刑以上刑罚的量刑情节。但对于这两个情节应当如何认定，原有司法解释和规范性文件一直没有作出明确规定，实践中也存在模糊认识，故《解释》第3条对此作了规定。

（1）关于“武装掩护走私、贩卖、运输、制造毒品”的认定。该问题的核心在于“武装掩护”的界定。《解释》将其明确界定为携带枪支、弹药或者爆炸物用于掩护毒品犯罪的情形。其中，“武装”限定于枪支、弹药、爆炸物，不包括尖刀、棍棒等普通器械；“携带”既包括随身携带、随包携带、随车携带，也包括在制毒场所存放等。考虑到该行为具有高度的危险性，故既不要求显示、出示、使用，对枪支、弹药或者爆炸物的数量亦无要求。之所以强调“用于掩护”，旨在从用途和目的上加以限制，对于只携带子弹而没有携带枪支，不可能实现掩护目的的，不能认定为“武装掩护”。此外，对于枪支、弹药、爆炸物种类的认定，参照《最高人民法院关于审理非法制造、买卖、运输枪支、弹药、爆炸物等刑事案件具体应用法律若干问题的解释》执行。例如，枪支主要包括军用枪支、以火药为动力发射枪弹的非军用枪支、以压缩气体等为动力的其他非军用枪支等。

（2）关于“以暴力抗拒检查、拘留、逮捕，情节严重”的认定。该问题的核心在于“情节严重”的认定。考虑到该情节对应的法定刑为15年有期徒刑、无期徒刑直至死刑，为体现罚当其罪，《解释》将

“情节严重”规定为造成执法人员死亡、重伤、多人轻伤或者具有其他严重情节的情形。“其他严重情节”主要是指严重程度与所列举情形相当的其他情节，如造成执法人员二人轻伤、多人轻微伤或者造成公私财产重大损失等情形。

2. 对于《刑法》第347条第4款中走私、贩卖、运输、制造少量毒品“情节严重”的认定，《2000年解释》第3条作了规定，但在这些年的执行过程中逐步暴露出一些问题，《解释》第4条对此作了修改、完善和补充。

（1）《解释》第4条第1项源自《2000年解释》第3条第4项规定的“向多人贩毒或者多次贩毒”。此次修改为“向多人贩卖毒品或者多次走私、贩卖、运输、制造毒品”，主要是为了应对实践中存在的其他情形。起草过程中，有意见提出，实践中很多零包贩毒案件，被告人虽然具有向多人贩毒或者多次贩毒的情节，但累计贩卖毒品的数量却不足1克，如果将这种情况认定为“情节严重”，处3年以上7年以下有期徒刑，会出现罪刑不相适应，故应当设定最低毒品数量限制。经研究认为，向多人贩卖毒品或者多次走私、贩卖、运输、制造毒品的，具有较大的社会危害性，也体现了犯罪分子较深的主观恶性，应重点打击、从严惩处，故不再设定最低数量限制。

（2）《解释》第4条第2项将《2000年解释》第3条第3项中的“戒毒监管场所”修改为“戒毒场所、监管场所”，扩大了条文覆盖面。“戒毒场所”包括强制隔离戒毒所、自愿戒毒所、社区戒毒治疗门诊、戒毒医院等，“监管场所”包括拘留所、看守所、监狱等。实践中，在上述场所贩卖毒品的行为严重破坏了场所的管理秩序，也是对禁毒法律法规的严重挑战，应予严惩。

（3）《解释》第4条第3项是结合实践新增的内容。近年来，毒品逐步向校园蔓延，严重侵害了在校学生的身心健康，破坏了学校的教学管理秩序。为体现对在校学生的特殊保护，严厉打击向在校学生贩卖毒品的犯罪活动，《解释》新增了此项规定。这里的“在校学生”包括中小学、中等职业学校学生和普通高等学校中的本、专科学生（不包括研究生）。其中，中等职业学校包括中专、职高、技校，普通高等学校包括全日制大学、学院、职业技术学院、高等专科学校。《解释》的本项规定与《刑法》第 347 条第 6 款“向未成年人出售毒品的，从重处罚”的规定之间不存在矛盾，如果贩卖对象既是未成年人又是在校学生的，适用本项的规定处罚。

（4）《解释》第 4 条第 4 项也是新增内容。实践中，部分犯罪分子组织、利用残疾人、艾滋病人、乙肝病人、尿毒症患者、癌症病人以及怀孕或者正在哺乳自己婴儿的妇女等特殊群体走私、贩卖、运输、制造毒品，加大了查缉工作的难度。而且，由于上述人员普遍存在“收押难”问题，经常是“抓了放、放了抓”，流散社会再次甚至多次实施毒品犯罪，严重影响了打击毒品犯罪的力度和效果，故将利用上述特殊群体实施毒品犯罪的行为增列为“情节严重”情形。

（5）《解释》第 4 条第 5 项是《2000 年解释》的原有内容。起草过程中，有意见认为，国家工作人员没有利用职务或工作上的便利实施毒品犯罪的，不应当认定为“情节严重”。经研究认为，毒品犯罪属于严重妨害社会管理秩序、危害人民群众身心健康的犯罪，国家工作人员本应自觉抵制毒品、积极与毒品犯罪作斗争，而具有该特定身份的人员转而实施毒品犯罪，无疑具有更为恶劣的社会影响和更大的社会危害，应当从严惩处，故无须限定国家工作人员“利用职务或者工作便利”的条件。

需要特别说明的是，《解释》删去了《2000 年解释》第 3 条第 1 项根据毒品数量认定“情节严重”的规定。关于《刑法》第 347 条第 4 款中的“情节严重”是包括毒品数量还是指毒品数量之外的其他情节，起草过程中主要有两种意见：一种意见认为，刑法已经规定走私、贩卖、运输、制造少量毒品的，处 3 年以下有期徒刑、拘役或者管制，但《2000 年解释》第 3 条第 1 项却将毒品数量仍在这一幅度范围内的情形，即“走私、贩卖、运输、制造鸦片一百四十克以上不满二百克、海洛因或者甲基苯丙胺七克以上不满十克或者其他数量相当毒品的”规定为“情节严重”，判处 3 年以上 7 年以下有期徒刑，与刑法规定之间存在明显逻辑矛盾。故《刑法》第 347 条第 4 款中的“情节严重”应当是指除毒品数量之外的其他情节，不应再单纯用数量去解释数量，建议起草新的司法解释时删去该项规定。另一种意见认为，毒品数量是认定毒品犯罪“情节严重”的重要标准之一，《刑法》第 347 条第 3 款与第 4 款的规定之间缺乏一档数量标准的衔接，如第 3 款规定，走私海洛因 10 克以上不满 50 克的，处 7 年以上有期徒刑；第 4 款规定，走私海洛因不满 10 克的，处 3 年以下有期徒刑、拘役或者管制，并处罚金；而 3 年以上 7 年以下有期徒刑的量刑档次只有“情节严重”作为条件，并无数量标准的规定，故有必要将毒品数量规定为《刑法》第 347 条第 4 款“情节严重”中的一个情节。此外，直接将毒品数量作为认定“情节严重”的标准，非常便于执行，也已经为实践普遍接受，故建议保留该项规定。经研究认为，第一种意见更符合现行刑法的规定，且征求意见过程中立法机关也赞同第一种意见，故《解释》最终删去了《2000 年解释》第 3 条第 1 项将毒品数量认定为“情节严重”的规定。

（三）关于非法持有毒品罪“情节严重”的认定问题

《2000 年解释》没有对非法持有毒品罪的“情节严重”认定标准作出规定。为便于实践中准确认定，《解释》第 5 条结合近年来的司法实践，从犯罪主体、犯罪情节等方面对该问题作了规定。其中，第一项从非法持有毒品的场所角度作出规定。在强制隔离戒毒所、看守所、监狱等特定场所非法持有毒品的，破坏了上述场所的监管秩序，具有更大的社会危害性，故规定为“情节严重”情形。第二项是针对利用、教唆未成年人非法持有毒品的情况作出的规定。起草过程中，主要有两种意见：一种意见认为，此类行为在实践中时有发生，既增大了查缉难度，也对未成年人的权益造成了侵害，应当从严惩处，建议作出规定。另一种意见认为，《刑法》第 347 条将“利用、教唆未成年人走私、贩卖、运输、制造毒品”规定为从重处罚情节，本条却将“利用、教唆未成年人非法持有毒品”规定为加重处罚情节，在逻辑上存在矛盾，建议删去。经征求立法机关意见并进一步研究认为，该项规定与刑法并无实质冲突，且对利用、教唆未成年人非法持有毒品的行为确有从严惩处的必要，故保留了该项规定。第 3 项是从非法持有毒品主体的特殊身份角度作出的规定。

此外，关于能否单独将毒品数量规定为非法持有毒品罪的“情节严重”情形，起草过程中也存在分歧意见。经研究并征求立法机关意见，《解释》最终没有将毒品数量规定为非法持有毒品罪“情节严重”的情形之一，与《解释》第 4 条未将毒品数量作为认定走私、贩卖、运输、制造少量毒品“情节严重”的理由相同，在此不再赘述。

（四）关于包庇毒品犯罪分子罪和窝藏、转移、隐瞒毒品、毒赃罪“情节严重”的认定问题

《刑法》第 349 条没有对包庇毒品犯罪分子罪和窝藏、转移、隐瞒毒品、毒赃罪设定入罪条件，最高人民检察院、公安部制定的《立案追诉标准（三）》对此也没有规定。为依法严惩毒品犯罪，严厉打击包庇毒品犯罪分子和为犯罪分子窝藏、转移、隐瞒毒品、毒赃的行为，《解释》没有对这两个罪设定入罪条件。

关于包庇毒品犯罪分子罪“情节严重”的认定，以往司法解释和规范性文件均未作规定，《解释》第 6 条第 1 款从不同角度对此作出规定。第 1 项从包庇对象的角度加以规定。走私、贩卖、运输、制造毒品罪是性质最为严重的毒品犯罪，15 年有期徒刑以上刑罚是该罪的最高法定刑幅度，包庇因犯该罪依法应当判处 15 年有期徒刑以上刑罚的毒品犯罪分子，体现了包庇行为的严重性，故属于“情节严重”。第 2 项从包庇情节的角度加以规定，包括多次实施包庇行为和虽未达多次但包庇人数达到多人的情形。第 3 项从包庇行为的后果角度加以规定。“严重妨害”是指包庇者毁灭重要证据导致司法机关难以认定犯罪，作伪证严重影响司法机关准确认定犯罪事实，以及帮助犯罪分子藏匿、潜逃严重妨害其及时到案等情形。

《解释》第 6 条第 2 款从不同角度规定了窝藏、转移、隐瞒毒品、毒赃罪“情节严重”的认定问题。该罪与包庇毒品犯罪分子罪对应的法定刑相同，但犯罪对象不同，故对该罪“情节严重”的规定，既要

体现两罪量刑情节的相当，也要考虑到两罪犯罪对象的差异。第 1 项是从窝藏、转移、隐瞒毒品数量的角度加以规定。考虑到本项中的犯罪对象是毒品，危害性大于一般的窝藏赃物行为，故设定的毒品数量标准不宜过高。同时，从不同罪名法定刑衔接的角度考虑，走私、贩卖、运输、制造毒品“数量大”判处 15 年有期徒刑以上刑罚，非法持有毒品“数量大”判处 7 年以上有期徒刑或者无期徒刑，将窝藏、转移、隐瞒毒品“数量大”规定为“情节严重”，判处 3 年以上 10 年以下有期徒刑，较好地体现了不同罪名犯罪性质的差异。并且，这也与前款第 1 项包庇依法应当判处 15 年有期徒刑以上刑罚的毒品犯罪分子属于“情节严重”的规定相对应。第 2 项是从窝藏、转移、隐瞒毒赃数额的角度加以规定。窝藏、转移、隐瞒毒赃行为的危害性要小于窝藏、转移、隐瞒毒品行为，但大于一般的掩饰、隐瞒犯罪所得行为。最高人民法院 2015 年制定的《关于审理掩饰、隐瞒犯罪所得、犯罪所得收益刑事案件适用法律若干问题的解释》第 3 条规定，一般情况下，掩饰、隐瞒犯罪所得及其产生的收益价值总额达到 10 万元以上的属于“情节严重”，但掩饰、隐瞒救灾、扶贫等特定款物价值总额达到 5 万元的即为“情节严重”。最高人民法院、最高人民检察院 2011 年制定的《关于办理危害计算机信息系统安全刑事案件应用法律若干问题的解释》第 7 条也规定，涉及此类犯罪而掩饰、隐瞒，违法所得 5 万元以上的属于“情节严重”。考虑到毒品犯罪的特殊性，为体现依法严惩，将窝藏、转移、隐瞒毒赃“情节严重”的标准规定为 5 万元以上。第 3 项是从犯罪情节的角度加以规定，第 4 项是从行为后果角度作出规定，具体理由不再赘述。

特别需要说明的是，为全面贯彻宽严相济刑事政策，《解释》在第 6 条第 3 款规定了实施《刑法》第 349 条规定的犯罪，可以免予刑事处罚的特定情形。近几年公布的有关掩饰、隐瞒犯罪所得、犯罪所得收益犯罪，盗窃犯罪和诈骗犯罪等司法解释，对于近亲属间实施犯罪的，均规定了不作为犯罪处理或者可以免予刑事处罚的特别条款。《解释》从“亲亲相隐”的诉讼理念出发，参考上述司法解释的规定，对于针对近亲属实施《刑法》第349条规定的犯罪行为的，也设置了可以免予刑事处罚的条款。但考虑到严惩毒品犯罪的政策要求，对适用条件作了严格限制，即需要同时具备以下几个条件：一是不具有第6条前两款规定的“情节严重”情形，即被告人犯罪情节较轻，论罪应当判处3年以下有期徒刑、拘役或者管制。二是归案后认罪、悔罪并积极退赃。设置该条件是为了鼓励被告人如实交代犯罪事实，积极退缴毒品、毒赃，以便依法追究走私、贩卖、运输、制造毒品犯罪分子的刑事责任，突出毒品犯罪的打击重点。三是属初犯、偶犯，即可以免予刑事处罚者仅限于初犯、偶犯情形，对于再次犯罪者则应依法惩处。四是综合评价其行为属于《刑法》第37条规定的“犯罪情节轻微不需要判处刑罚”的情形。

（五）关于非法生产、买卖、运输制毒物品、走私制毒物品罪的定罪量刑标准问题

《刑法修正案（九）》对《刑法》第350条第1款、第2款作了修正，增加了非法生产、运输制毒物品罪，将该罪的法定刑从两档调整为“情节较重”“情节严重”和“情节特别严重”三档，并将该罪的法定最高刑从10年有期徒刑提高为15年有期徒刑，在财产刑方面增加了没收财产的规定。结合刑法修正情况，《解释》第7条、第8条分别对非法生产、买卖、运输制毒物品、走私制毒物品罪的定罪量刑标准作出新的明确规定。

与以往不同的是，《解释》在《2000年解释》和《2009年制毒物品意见》等规定的基础上，整体下调了全部33种列为管制毒物品的定罪量刑数量标准，以进一步加大对制毒物品犯罪的惩治力度，从源头上遏制毒品犯罪，这也符合《刑法修正案（九）》修正本罪的精神。

1. 关于非法生产、买卖、运输制毒物品、走私制毒物品罪“情节较重”（即定罪标准）的认定

《解释》第7条第1款规定了全部33种已列管制毒物品的定罪数量标准。《解释》在确定制毒物品定罪数量标准时的考虑因素包括：一是在制造毒品过程中发挥的作用，包括该类制毒物品属于主要原料还是配

剂，是否具有不可替代性，制造毒品的用量、比例等。二是当前的犯罪形势，包括该类制毒物品流入制毒渠道的数量、走向，在制造毒品犯罪中出现的频率等。三是制成毒品的种类、危害，例如，因甲基苯丙胺与氯胺酮的定罪量刑数量标准差距较大，制造甲基苯丙胺的主要原料麻黄碱与制造氯胺酮的主要原料羟亚胺的定罪量刑标准也要体现一定差别。四是合法用途和管制级别，包括该类制毒物品是否存在合法用途，在工农业生产和日常生活中是否广泛使用，行政管制级别的高低等。《解释》对制毒物品定罪数量标准的规定，是在综合考虑上述因素的基础上，会同最高人民检察院、公安部、食药监总局、安监总局等相关单位经反复研究，并请中国食品药品检定研究院、中国化学品安全协会的多位专家充分论证后确定的。

为加大对制毒物品犯罪的惩治力度，《解释》下调了麻黄碱、羟亚胺等25种制毒物品的定罪数量起点。同时，为防止刑法设定的较高幅度法定刑出现虚置，《解释》将适用3年有期徒刑以下刑罚（情节较重）的制毒物品数量标准上限，从以往定罪数量起点的10倍一律下调至5倍。例如，考虑到麻黄碱是制造甲基苯丙胺的主要原料，在制毒犯罪中应用广泛，将非法生产、买卖、运输或走私麻黄碱的定罪数量标准从5千克以上不满50千克下调为1千克以上不满5千克；考虑到羟亚胺在制造氯胺酮犯罪中起重要作用，且出品率较高，将非法生产、买卖、运输或走私羟亚胺的定罪数量标准从10千克以上不满100千克下调为2千克以上不满10千克。

除单纯的数量标准外，《解释》第7条第2款还从“数量+其他情节”的角度规定了该罪的定罪标准。即制毒物品数量达到该条第1款规定的定罪数量起点的50%，且具有第2款所列几种情形之一的，应当以非法生产、买卖、运输制毒物品、走私制毒物品罪定罪处罚。这几种情形分别从违法犯罪经历、犯罪情节、犯罪主体、危害后果等方面作出规定。其中，第3项将一次组织5人以上实施犯罪和在多个地点非法生产规定为“情节较重”，是考虑到该罪涉案人员、加工窝点众多的具体情况。第六项主要是指生产制毒物品过程中污染水源或者土壤，导致养殖的鱼类、牲畜或者种植的农作物大量死亡等严重影响群众生产、生活秩序的情形。

此外,《解释》第七条第3款规定了非法生产、买卖、运输制毒物品,不以制毒物品犯罪论处的例外情形。该款吸收了《2009年制毒物品意见》的相关规定,并对原有规定作了文字调整。绝大部分制毒物品(行政管理领域称为易制毒化学品)具有双重性,既可能被用于制造毒品,又在工农业生产和人们的日常生活中发挥重要作用。因此,对制毒物品违法犯罪活动的打击,不能影响到正常的生产、生活需要。根据禁毒法和《易制毒化学品管理条例》的规定,我国对易制毒化学品的生产、经营、购买、运输和进出口实行严格的分类管理和许可、备案制度。但实践中确实存在未办理许可证明或者备案证明而生产、销售、购买、运输易制毒化学品,且实际用于合法生产、生活需要的情形。但对于此类行为,不应以制毒物品犯罪论处。鉴于实践中对此类行为的定性还存在认识偏差,《解释》专门作出明确规定。

2. 关于非法生产、买卖、运输制毒物品、走私制毒物品罪“情节严重”的认定

《解释》第8条第1款第1项规定了认定该罪“情节严重”的数量标准,该数量标准的起点为定罪数量标准的上限(即定罪数量起点的5倍),该数量标准的上限为起点的5倍(即定罪数量起点的25倍)。第2项规定了认定“情节严重”的“数量+其他情节”标准,即达到“情节较重”数量标准,同时具有第7条第2款第3项至第6项情形之一的,应当认定为“情节严重”。之所以未将第一项情形规定在内,主要考虑被告人“曾因非法生产、买卖、运输制毒物品、走私制毒物品受过刑事处罚”后又实施同类犯罪的,可能构成累犯,若将该情形规定为“情节严重”,则该情形同时成为从重处罚情节和加重处罚情节,既存在重复评价问题,也存在逻辑上的矛盾。根据“举重以明轻”的刑法解释原理,既然曾受刑事处罚的情形不属于该罪的“情节严重”,曾受行政处罚的自然也不应当被认定为“情节严重”。

3. 关于非法生产、买卖、运输制毒物品、走私制毒物品罪“情节

特别严重”的认定

《解释》第8条第2款第1项规定了认定该罪“情节特别严重”的数量标准，即达到“情节严重”一档的最高数量标准（定罪数量起点的25倍）以上的，就属于“情节特别严重”。第2项规定了认定“情节特别严重”的“数量+其他情节”标准，即达到“情节严重”的数量标准，同时具有第7条第2款第3项至第6项情形之一的，应当认定为“情节特别严重”。

（六）关于非法种植毒品原植物罪和非法买卖、运输、携带、持有毒品原植物种子、幼苗罪的定罪量刑标准问题

《刑法》第351条规定了非法种植罂粟的“数量较大”和“数量大”标准，《2000年解释》第5条规定了非法种植大麻的“数量较大”和“数量大”标准，《立案追诉标准（三）》第7条规定了非法种植罂粟、大麻尚未出苗情况下的立案追诉标准（即“数量较大”标准），上述规定在近年来的执行过程中均未发现问题。《解释》第9条充分吸收了原有司法解释和规范性文件的相关内容。第1款规定了非法种植毒品原植物罪的定罪标准，即“数量较大”标准。对于第2项中已经播种毒品原植物但尚未出苗的情形，鉴于这种情况下无法逐一清点植株数量，只能从播种面积的角度作出规定，“数量较大”标准的起点系根据单位面积正常条件下的出芽率、成活率等指标，综合考虑尚未出苗的社会危害明显低于已成活植株的情况而确定的。同时，《解释》参照刑法对罂粟植株数量标准的规定，将“数量较大”标准的上限设定为起点的6倍，即罂粟1200平方米、大麻12000平方米。第9条第2款明确了非法种植毒品原植物“数量大”的标准，属提示性规定。

《解释》第10条规定了非法买卖、运输、携带、持有毒品原植物种子、幼苗罪的定罪标准，即“数量较大”标准，充分吸收了《立案追诉标准（三）》第8条的相关内容。考虑到此类犯罪的社会危害要小于非法种植毒品原植物犯罪，故将非法买卖、运输、携带、持有罂粟、大麻幼苗的定罪数量标准分别规定为非法种植罂粟、大麻定罪数量标准的10倍，即罂粟幼苗5000株和大麻幼苗50000株以上。另外，按照种

子与幼苗相对应的原则，根据农业部门提供的数据和计算方法，将非法买卖、运输、携带、持有罂粟、大麻种子的定罪数量标准规定为罂粟种子 50 克和大麻种子 50 千克以上。

（七）关于引诱、教唆、欺骗他人吸毒罪“情节严重”的认定问题

刑法和《立案追诉标准（三）》均没有对引诱、教唆、欺骗他人吸毒罪设定入罪条件，故实施此类行为的一般均应追究刑事责任。《解释》第 11 条规定了引诱、教唆、欺骗他人吸毒罪的“情节严重”认定标准问题，分别从犯罪情节、危害后果、犯罪主体等角度作出规定。第 2 项中“对他人身体健康造成严重危害”的认定，可以参照最高人民法院、最高人民检察院 2014 年制定的《关于办理危害药品安全刑事案件适用法律若干问题的解释》第 2 条的规定执行，也包括引诱、教唆、欺骗他人吸食、注射毒品，导致其实施自伤、自残行为，对身体健康造成严重危害的情形。需要说明的是，行为人对上述结果的发生应属过失心态，如果故意通过引诱、教唆、欺骗他人吸毒的手段实施伤害、杀人行为，构成故意伤害罪、故意杀人罪的，应依法定罪处罚。第 3 项是指他人因吸毒致幻而实施杀人、伤害、危害公共安全、交通肇事等犯罪的情形。

（八）关于容留他人吸毒罪的定罪量刑标准问题

《刑法》第 354 条并没有为容留他人吸毒罪设定入罪条件。但禁毒法第 61 条规定，容留他人吸食、注射毒品，尚不构成犯罪的，可以由公安机关给予拘留、罚款等行政处罚。为给行政执法保留一定空间，《立案追诉标准（三）》第 11 条为容留他人吸毒罪设定了立案追诉标准，对该罪的定罪处罚起到一定规范作用。但近年来的实践情况表明，《立案追诉标准（三）》为容留他人吸毒罪设定的部分入罪条件偏低，加之一些地方机械执行这一标准，导致一些不完全符合该罪犯罪构成要件的行为，以及一些原本可以通过行政处罚手段处理的容留他人吸毒行为，也被按照刑事犯罪处理。个别地方甚至出现了“以刑抵戒”的现

象，即一些吸毒人员主动交代自己容留他人吸毒的犯罪事实，以规避长达两年的强制隔离戒毒，反而不利于有效遏制毒品犯罪。《解释》第12条吸收了《立案追诉标准（三）》的部分合理内容，也结合司法实践情况，完善了容留他人吸毒罪的定罪标准。

《解释》第12条第1款第1项保留了《立案追诉标准（三）》中“一次容留三人以上吸食、注射毒品”的规定，在表述上将“三人以上”调整为“多人”。第2项对《立案追诉标准（三）》中“容留他人吸食、注射毒品两次以上”的规定作了修改，增加了“二年内”的时间限制，并要求是多次容留他人吸食、注射毒品的才入罪，即二年内第三次容留他人吸食、注射毒品的才作为犯罪处理。第3项在《立案追诉标准（三）》原有规定的基础上增加了“二年内”的时间限制。第4项、第5项、第6项保留了《立案追诉标准（三）》的原有规定，因这3项均属于社会危害大、应予追究刑事责任的情形，故未在时间、人数、次数上设定条件。需要说明的是，第5项中的“以牟利为目的”主要是指为赚取场所使用费或者为了招揽生意而容留他人吸食、注射毒品的情形，如专门开设地下烟馆容留他人吸食、注射毒品并收取场地使用费，或者娱乐场所经营者、管理者为招揽生意而容许顾客在场所内吸食、注射毒品的。另外需要特别说明的是，在司法工作中，可以将行为人“曾因容留他人吸食、注射毒品受过刑事处罚的”认定为第1款第7项中“其他应当追究刑事责任的情形”。如果行为人不构成累犯的，依法定罪处罚；行为人构成累犯的，可以认定累犯但不予从重处罚，以免违反“禁止重复评价”原则。

实践中，对于向他人贩卖毒品后容留其吸食、注射毒品，或者容留他人吸食、注射毒品并向其贩卖毒品的，有的地方以容留他人吸毒罪与贩卖毒品罪数罪并罚，也有的地方以贩卖毒品罪一罪定罪处罚。经研究认为，通常情况下贩卖毒品行为与容留他人吸毒行为并不具有刑法上的牵连关系，故原则上应单独评价，在容留他人吸毒行为达到定罪标准的情况下，与贩卖毒品罪数罪并罚。对于实践中常见的多次让他人在相关场所“试吸”毒品后又向其贩卖毒品的，因让他人“试吸”毒品的行为属于贩卖毒品的手段行为，故不宜认定为容留他人吸毒罪并数罪并罚。

《解释》第12条第3款规定了容留近亲属吸食、注射毒品行为的处理原则。对于容留近亲属吸食、注射毒品的，实践中普遍认为具有可宽宥性。主要考虑到吸毒是违法行为而不是犯罪行为，容留近亲属吸食、注射毒品的多系不得已而为之，吸毒者的近亲属在某种程度上也是受害人，对此类情形从宽处罚，既能够彰显司法的人性化，也符合宽严相济的刑事政策。因此，对于容留近亲属吸食、注射毒品，情节显著轻微危害不大的，不作为犯罪处理。例如，父母二年内多次在自己家中容留已单独居住的成年子女吸食毒品的，或者同胞姐姐在自己家中容留未成年弟弟吸食毒品的，一般可认定为“情节显著轻微危害不大”，不作为犯罪处理。容留近亲属吸食、注射毒品，确实需要追究刑事责任的，除极少数情节恶劣的情形外，一般也应酌情从宽处罚。

需要注意的是，构成容留他人吸毒罪仅限于容留者拥有对场所的支配、控制权，而被容留者未经容留者允许，不享有场所使用权的情形，例如，二人共同租住同一房间，其中一人在房中吸毒的，同租者并不构成容留他人吸毒罪。此外，对场所有共同居住、使用权的一方放任另一方在共同的住所内容留他人吸食、注射毒品的，例如，同居女友放任同居男友在同居处容留他人吸毒而未加制止的，因放任者不符合认定为犯罪的条件，对其亦不应以容留他人吸毒罪定罪处罚。

（九）关于非法提供麻醉药品、精神药品罪的定罪量刑标准问题

关于非法提供麻醉药品、精神药品罪的定罪标准，《立案追诉标准（三）》作了相关规定。《解释》第13条第1款结合实践情况，对《立案追诉标准（三）》的规定加以完善。第1项规定了非法提供麻醉药品、精神药品罪的定罪数量标准。因该罪系向吸食、注射毒品的人无偿提供麻醉药品和精神药品，被告人的主观恶性相对小于贩卖毒品罪，故在设定其定罪量刑数量标准时，需要注意与贩卖毒品罪的协调、衔接问题。《立案追诉标准（三）》将非法提供麻醉药品、精神药品的立案追

诉标准设定为《刑法》第347条中“数量较大”标准最低值的10%。但这样一来，在毒品（或者说是麻醉药品和精神药品）数量相同的情况下，非法提供麻醉药品、精神药品罪的量刑就与走私、贩卖、运输、制造毒品罪基本相当，这便与两类犯罪的罪行严重程度不相适应。基于上述考虑，《解释》将该罪的定罪数量起点上调至“数量较大”标准最低值的50%。第2项至第5项规定的是非法提供麻醉药品、精神药品罪的定罪情节标准，即虽未达到定罪数量标准，但具有二年内曾因非法提供麻醉药品、精神药品受过行政处罚，向多人或者多次非法提供，向吸食、注射毒品的未成年人非法提供，造成严重后果等情形之一的，也应当定罪处罚。

《解释》第13条第2款规定了非法提供麻醉药品、精神药品罪“情节严重”的认定标准。第1项规定了认定“情节严重”的数量标准。同样是考虑到该罪与贩卖毒品罪的量刑标准衔接问题，《解释》将该罪的“情节严重”数量标准设定为第347条中“数量较大”标准。《解释》规定，非法提供麻醉药品、精神药品达到“数量较大”标准的，处3年以上7年以下有期徒刑；走私、贩卖、运输、制造毒品达到“数量较大”标准的，处7年以上有期徒刑，两个罪名的法定刑之间实现了较好的衔接。第2项规定了认定非法提供麻醉药品、精神药品罪“情节严重”的“数量+其他情节”标准。达到第一款规定的定罪数量标准，但同时具有向多人或者多次非法提供，向吸食、注射毒品的未成年人非法提供，造成严重后果等情形之一的，即可认定为“情节严重”。

（十）关于网络涉毒犯罪的法律适用问题

《刑法修正案（九）》在《刑法》第287条之后增加了两条，作为之一、之二，对利用信息网络实施相关犯罪的定性问题作出规定，其中涉及网络涉毒犯罪的一些问题。《解释》第14条根据《刑法修正案（九）》的上述新增条款，结合网络涉毒犯罪的各种具体表现形式，对其定性问题作出提示性规定。

《解释》第14条第1款明确了部分网络涉毒犯罪的定性问题。具体包括两类行为：一是利用信息网络，设立用于实施涉毒违法犯罪活动的网站、通讯群组的行为。具体包括设立用于传授制造毒品、非法生产制毒物品等犯罪方法的网站、通讯群组，设立用于贩卖毒品、非法买卖制毒物品的网站、通讯群组以及设立用于实施组织他人吸食、注射毒品等违法犯罪活动的网站、通讯群组。二是利用信息网络发布实施前述涉毒违法犯罪活动信息的行为。其中，对于利用信息网络组织他人吸食、注射毒品行为的定性，以往存在一些分歧认识，有的意见主张以容留他人吸毒罪定罪处罚，有的意见认为不构成犯罪。《解释》根据《刑法修正案（九）》第287条之一的规定，对此类行为的定性予以明确，即利用信息网络，设立用于组织他人吸食、注射毒品的网站、通讯群组，发布组织他人吸食、注射毒品的违法活动信息，情节严重的，应当以非法利用信息网络罪定罪处罚。

《解释》第14条第2款明确了罪名竞合情况下的处理原则。就利用信息网络实施毒品犯罪而言，《刑法》第287条之一、第287条之二规定的实际上是传授犯罪方法、贩卖毒品、非法买卖制毒物品等犯罪的预备行为或者帮助行为。因此，当《刑法》第287条之一规定的非法利用信息网络罪和第287条之二规定的帮助信息网络犯罪活动罪，与传授犯罪方法罪、贩卖毒品罪、非法买卖制毒物品罪等发生竞合时，应当依照处罚较重的规定定罪处罚。

全国部分法院审理毒品犯罪案件工作座谈会纪要

（2008 年 12 月 1 日公布并施行，法〔2008〕324 号）

近年来，全国法院认真贯彻落实国家禁毒法律和政策，始终把打击毒品犯罪作为刑事审判工作的一项重要任务，依法严惩了一大批毒品犯罪分子，为净化社会环境，保护公民身心健康，维护社会和谐稳定作出了重要贡献。但是，由于国际国内各方面因素的影响，我国的禁毒形势仍然十分严峻。人民法院一定要从民族兴衰和国家安危的高度，深刻认识惩治毒品犯罪的极端重要性和紧迫性，认真贯彻执行刑法、刑事诉讼法和禁毒法的有关规定，坚持“预防为主，综合治理，禁种、禁制、禁贩、禁吸并举”的禁毒工作方针，贯彻宽严相济的刑事政策，充分发挥刑事审判职能，严厉打击严重毒品犯罪，积极参与禁毒人民战争和综合治理工作，有效遏制毒品犯罪发展蔓延的势头。

为了进一步加强毒品犯罪案件的审判工作，依法惩治毒品犯罪，最高人民法院于 2008 年 9 月 23 日至 24 日在辽宁省大连市召开了全国部分法院审理毒品犯罪案件工作座谈会。最高人民法院张军副院长出席座谈会并作讲话。座谈会在 2000 年在南宁市召开的“全国法院审理毒品犯罪案件工作座谈会”及其会议纪要、2004 年在佛山市召开的“全国法院刑事审判工作座谈会”和 2007 年在南京市召开的“全国部分法院刑事审判工作座谈会”精神的基础上，根据最高人民法院统一行使死刑案件核准权后毒品犯罪法律适用出现的新情况，适应审理毒品案件尤其是毒品死刑案件的需要，对最高人民法院“关于全国法院审理毒品犯罪案件工作座谈会纪要”（即“南宁会议纪要”）、有关会议领导讲话和有关审理毒品犯罪案件规范性文件的相关内容进行了系统整理和归纳完善，同时认真总结了近年来全国法院审理毒品犯罪案件的经验，研究分析了审理毒品犯罪案件中遇到的新情况、新问题，对人民法院审理毒品犯罪案件尤其是毒品死刑案件具体应用法律的有关问题取得了共识。现纪要如下：

一、毒品案件的罪名确定和数量认定问题

刑法第三百四十七条规定的走私、贩卖、运输、制造毒品罪是选择性罪名，对同一宗毒品实施了两种以上犯罪行为并有相应确凿证据的，应当按照所实施的犯罪行为的性质并列确定罪名，毒品数量不重复计算，不实行数罪并罚。对同一宗毒品可能实施了两种以上犯罪行为，但相应证据只能认定其中一种或者几种行为，认定其他行为的证据不够确实充分的，则只按照依法能够认定的行为的性质定罪。如涉嫌为贩卖而运输毒品，认定贩卖的证据不够确实充分的，则只定运输毒品罪。对不同宗毒品分别实施了不同种犯罪行为的，应对不同行为并列确定罪名，累计毒品数量，不实行数罪并罚。对被告人一人走私、贩卖、运输、制造两种以上毒品的，不实行数罪并罚，量刑时可综合考虑毒品的种类、数量及危害，依法处理。

罪名不以行为实施的先后、毒品数量或者危害大小排列，一律以刑法条文规定的顺序表述。如对同一宗毒品制造后又走私的，以走私、制造毒品罪定罪。下级法院在判决中确定罪名不准确的，上级法院可以减少选择性罪名中的部分罪名或者改动罪名顺序，在不加重原判刑罚的情况下，也可以改变罪名，但不得增加罪名。

对于吸毒者实施的毒品犯罪，在认定犯罪事实和确定罪名时要慎重。吸毒者在购买、运输、存储毒品过程中被查获的，如没有证据证明其是为了实施贩卖等其他毒品犯罪行为，毒品数量未超过刑法第三百四十八条规定的最低数量标准的，一般不定罪处罚；查获毒品数量达到较大以上的，应以其实际实施的毒品犯罪行为定罪处罚。

对于以贩养吸的被告人，其被查获的毒品数量应认定为其犯罪的数量，但量刑时应考虑被告人吸食毒品的情节，酌情处理；被告人购买了一定数量的毒品后，部分已被其吸食的，应当按能够证明的贩卖数量及

查获的毒品数量认定其贩毒的数量，已被吸食部分不计入在内。

有证据证明行为人不以牟利为目的，为他人代购仅用于吸食的毒品，毒品数量超过刑法第三百四十八条规定的最低数量标准的，对托购者、代购者应以非法持有毒品罪定罪。代购者从中牟利，变相加价贩卖毒品的，对代购者应以贩卖毒品罪定罪。明知他人实施毒品犯罪而为其居间介绍、代购代卖的，无论是否牟利，都应以相关毒品犯罪的共犯论处。

盗窃、抢夺、抢劫毒品的，应当分别以盗窃罪、抢夺罪或者抢劫罪定罪，但不计犯罪数额，根据情节轻重予以定罪量刑。盗窃、抢夺、抢劫毒品后又实施其他毒品犯罪的，对盗窃罪、抢夺罪、抢劫罪和所犯的具体毒品犯罪分别定罪，依法数罪并罚。走私毒品，又走私其他物品构成犯罪的，以走私毒品罪和其所犯的其他走私罪分别定罪，依法数罪并罚。

二、毒品犯罪的死刑适用问题

审理毒品犯罪案件，应当切实贯彻宽严相济的刑事政策，突出毒品犯罪的打击重点。必须依法严惩毒枭、职业毒犯、再犯、累犯、惯犯、主犯等主观恶性深、人身危险性大、危害严重的毒品犯罪分子，以及具有将毒品走私入境，多次、大量或者向多人贩卖，诱使多人吸毒，武装掩护、暴力抗拒检查、拘留或者逮捕，或者参与有组织的国际贩毒活动等情节的毒品犯罪分子。对其中罪行极其严重依法应当判处死刑的，必须坚决依法判处死刑。

毒品数量是毒品犯罪案件量刑的重要情节，但不是唯一情节。对被告人量刑时，特别是在考虑是否适用死刑时，应当综合考虑毒品数量、犯罪情节、危害后果、被告人的主观恶性、人身危险性以及当地禁毒形势等各种因素，做到区别对待。近期，审理毒品犯罪案件掌握的死刑数量标准，应当结合本地毒品犯罪的实际情况和依法惩治、预防毒品犯罪的需要，并参照最高人民法院复核的毒品死刑案件的典型案例，恰当把握。量刑既不能只片面考虑毒品数量，不考虑犯罪的其他情节，也不能只片面考虑其他情节，而忽视毒品数量。

对虽然已达到实际掌握的判处死刑的毒品数量标准，但是具有法定、酌定从宽处罚情节的被告人，可以不判处死刑；反之，对毒品数量接近实际掌握的判处死刑的数量标准，但具有从重处罚情节的被告人，也可以判处死刑。毒品数量达到实际掌握的死刑数量标准，既有从重处罚情节，又有从宽处罚情节的，应当综合考虑各方面因素决定刑罚，判处死刑立即执行应当慎重。

具有下列情形之一的，可以判处被告人死刑：（1）具有毒品犯罪集团首要分子、武装掩护毒品犯罪、暴力抗拒检查、拘留或者逮捕、参与有组织的国际贩毒活动等严重情节的；（2）毒品数量达到实际掌握的死刑数量标准，并具有毒品再犯、累犯，利用、教唆未成年人走私、贩卖、运输、制造毒品，或者向未成年人出售毒品等法定从重处罚情节的；（3）毒品数量达到实际掌握的死刑数量标准，并具有多次走私、贩卖、运输、制造毒品，向多人贩毒，在毒品犯罪中诱使、容留多人吸毒，在戒毒监管场所贩毒，国家工作人员利用职务便利实施毒品犯罪，或者职业犯、惯犯、主犯等情节的；（4）毒品数量达到实际掌握的死刑数量标准，并具有其他从重处罚情节的；（5）毒品数量超过实际掌握的死刑数量标准，且没有法定、酌定从轻处罚情节的。

毒品数量达到实际掌握的死刑数量标准，具有下列情形之一的，可以不判处被告人死刑立即执行：（1）具有自首、立功等法定从宽处罚情节的；（2）已查获的毒品数量未达到实际掌握的死刑数量标准，到案后坦白尚未被司法机关掌握的其他毒品犯罪，累计数量超过实际掌握的死刑数量标准的；（3）经鉴定毒品含量极低，掺假之后的数量才达到实际掌握的死刑数量标准的，或者有证据表明可能大量掺假但因故不能鉴定的；（4）因特情引诱毒品数量才达到实际掌握的死刑数量标准的；（5）以贩养吸的被告人，被查获的毒品数量刚达到实际掌握的死刑数量标准的；（6）毒品数量刚达到实际掌握的死刑数量标准，确属初次犯罪即被查获，未造成严重危害后果的；（7）共同犯罪毒品数量刚达到实际掌握的死刑数量标准，但各共同犯罪人作用相当，或者责任大小难以区分的；（8）家庭成员共同实施毒品犯罪，其中起主要作用的被告人已被判处死刑立即执行，其他被告人罪行相对较轻的；（9）其他不是必须判处死刑立即执行的。

有些毒品犯罪案件，往往由于毒品、毒资等证据已不存在，导致审查证据和认定事实困难。在处理这类案件时，只有被告人的口供与同案其他被告人供述吻合，并且完全排除诱供、逼供、串供等情形，被告人的口供与同案被告人的供述才可以作为定案的证据。仅有被告人口供与同案被告人供述作为定案证据的，对被告人判处死刑立即执行要特别慎重。

三、运输毒品罪的刑罚适用问题

对于运输毒品犯罪，要注意重点打击指使、雇用他人运输毒品的犯罪分子和接应、接货的毒品所有者、买家或者卖家。对于运输毒品犯罪集团首要分子，组织、指使、雇用他人运输毒品的主犯或者毒枭、职业毒犯、毒品再犯，以及具有武装掩护、暴力抗拒检查、拘留或者逮捕、参与有组织的国际毒品犯罪、以运输毒品为业、多次运输毒品或者其他严重情节的，应当按照刑法、有关司法解释和司法实践实际掌握的数量标准，从严惩处，依法应判处死刑的必须坚决判处死刑。

毒品犯罪中，单纯的运输毒品行为具有从属性、辅助性特点，且情况复杂多样。部分涉案人员系受指使、雇用的贫民、边民或者无业人员，只是为了赚取少量运费而为他人运输毒品，他们不是毒品的所有者、买家或者卖家，与幕后的组织、指使、雇用者相比，在整个毒品犯罪环节中处于从属、辅助和被支配地位，所起作用和主观恶性相对较小，社会危害性也相对较小。因此，对于运输毒品犯罪中的这部分人员，在量刑标准的把握上，应当与走私、贩卖、制造毒品和前述具有严重情节的运输毒品犯罪分子有所区别，不应单纯以涉案毒品数量的大小决定刑罚适用的轻重。

对有证据证明被告人确属受人指使、雇用参与运输毒品犯罪，又系初犯、偶犯的，可以从轻处罚，即使毒品数量超过实际掌握的死刑数量标准，也可以不判处死刑立即执行。

毒品数量超过实际掌握的死刑数量标准，不能证明被告人系受人指使、雇用参与运输毒品犯罪的，可以依法判处重刑直至死刑。

涉嫌为贩卖而自行运输毒品，由于认定贩卖毒品的证据不足，因而认定为运输毒品罪的，不同于单纯的受指使为他人运输毒品行为，其量刑标准应当与单纯的运输毒品行为有所区别。

四、制造毒品的认定与处罚问题

鉴于毒品犯罪分子制造毒品的手段复杂多样、不断翻新，采用物理方法加工、配制毒品的情况大量出现，有必要进一步准确界定制造毒品的行为、方法。制造毒品不仅包括非法用毒品原植物直接提炼和用化学方法加工、配制毒品的行为，也包括以改变毒品成分和效用为目的，用混合等物理方法加工、配制毒品的行为，如将甲基苯丙胺或者其他苯丙胺类毒品与其他毒品混合成麻古或者摇头丸。为便于隐蔽运输、销售、使用、欺骗购买者，或者为了增重，对毒品掺杂使假，添加或者去除其他非毒品物质，不属于制造毒品的行为。

已经制成毒品，达到实际掌握的死刑数量标准的，可以判处死刑；数量特别巨大的，应当判处死刑。已经制造出粗制毒品或者半成品的，以制造毒品罪的既遂论处。购进制造毒品的设备和原材料，开始着手制造毒品，但尚未制造出粗制毒品或者半成品的，以制造毒品罪的未遂论处。

五、毒品含量鉴定和混合型、新类型毒品案件处理问题

鉴于大量掺假毒品和成分复杂的新类型毒品不断出现，为做到罪刑相当、罚当其罪，保证毒品案件的审判质量，并考虑目前毒品鉴定的条件和现状，对可能判处被告人死刑的毒品犯罪案件，应当根据最高人民法院、最高人民检察院、公安部 2007 年 12 月颁布的《办理毒品犯罪案件适用法律若干问题的意见》，作出毒品含量鉴定；对涉案毒品可能大量掺假或者系成分复杂的新类型毒品的，亦应当作出毒品含量鉴定。

对于含有二种以上毒品成分的毒品混合物，应进一步作成分鉴定，

确定所含的不同毒品成分及比例。对于毒品中含有海洛因、甲基苯丙胺的，应以海洛因、甲基苯丙胺分别确定其毒品种类；不含海洛因、甲基苯丙胺的，应以其中毒性较大的毒品成分确定其毒品种类；如果毒性相当或者难以确定毒性大小的，以其中比例较大的毒品成分确定其毒品种类，并在量刑时综合考虑其他毒品成分、含量和全案所涉毒品数量。对于刑法、司法解释等已规定了量刑数量标准的毒品，按照刑法、司法解释等规定适用刑罚；对于刑法、司法解释等没有规定量刑数量标准的毒品，有条件折算为海洛因的，参照国家食品药品监督管理局制定的《非法药物折算表》，折算成海洛因的数量后适用刑罚。

对于国家管制的精神药品和麻醉药品，刑法、司法解释等尚未明确规定量刑数量标准，也不具备折算条件的，应由有关专业部门确定涉案毒品毒效的大小、有毒成分的多少、吸毒者对该毒品的依赖程度，综合考虑其致瘾癖性、戒断性、社会危害性等依法量刑。因条件限制不能确定的，可以参考涉案毒品非法交易的价格因素等，决定对被告人适用的刑罚，但一般不宜判处死刑立即执行。

六、特情介入案件的处理问题

运用特情侦破毒品案件，是依法打击毒品犯罪的有效手段。对特情介入侦破的毒品案件，要区别不同情形予以分别处理。

对已持有毒品待售或者有证据证明已准备实施大宗毒品犯罪者，采取特情贴靠、接洽而破获的案件，不存在犯罪引诱，应当依法处理。

行为人本没有实施毒品犯罪的主观意图，而是在特情诱惑和促成下形成犯意，进而实施毒品犯罪的，属于“犯意引诱”。对因“犯意引诱”实施毒品犯罪的被告人，根据罪刑相适应原则，应当依法从轻处罚，无论涉案毒品数量多大，都不应判处死刑立即执行。行为人在特情既为其安排上线，又提供下线的双重引诱，即“双套引诱”下实施毒品犯罪的，处刑时可予以更大幅度的从宽处罚或者依法免予刑事处罚。

行为人本来只有实施数量较小的毒品犯罪的故意，在特情引诱下实施了数量较大甚至达到实际掌握的死刑数量标准的毒品犯罪的，属于

"数量引诱"。对因"数量引诱"实施毒品犯罪的被告人，应当依法从轻处罚，即使毒品数量超过实际掌握的死刑数量标准，一般也不判处死刑立即执行。

对不能排除"犯意引诱"和"数量引诱"的案件，在考虑是否对被告人判处死刑立即执行时，要留有余地。

对被告人受特情间接引诱实施毒品犯罪的，参照上述原则依法处理。

七、毒品案件的立功问题

共同犯罪中同案犯的基本情况，包括同案犯姓名、住址、体貌特征、联络方式等信息，属于被告人应当供述的范围。公安机关根据被告人供述抓获同案犯的，不应认定其有立功表现。被告人在公安机关抓获同案犯过程中确实起到协助作用的，例如，经被告人现场指认、辨认抓获了同案犯；被告人带领公安人员抓获了同案犯；被告人提供了不为有关机关掌握或者有关机关按照正常工作程序无法掌握的同案犯藏匿的线索，有关机关据此抓获了同案犯；被告人交代了与同案犯的联系方式，又按要求与对方联络，积极协助公安机关抓获了同案犯等，属于协助司法机关抓获同案犯，应认定为立功。

关于立功从宽处罚的把握，应以功是否足以抵罪为标准。在毒品共同犯罪案件中，毒枭、毒品犯罪集团首要分子、共同犯罪的主犯、职业毒犯、毒品惯犯等，由于掌握同案犯、从犯、马仔的犯罪情况和个人信息，被抓获后往往能协助抓捕同案犯，获得立功或者重大立功。对其是否从宽处罚以及从宽幅度的大小，应当主要看功是否足以抵罪，即应结合被告人罪行的严重程度、立功大小综合考虑。要充分注意毒品共同犯罪人以及上、下家之间的量刑平衡。对于毒枭等严重毒品犯罪分子立功的，从轻或者减轻处罚应当从严掌握。如果其罪行极其严重，只有一般立功表现，功不足以抵罪的，可不予从轻处罚；如果其检举、揭发的是其他犯罪案件中罪行同样严重的犯罪分子，或者协助抓获的是同案中的其他首要分子、主犯，功足以抵罪的，原则上可以从轻或者减轻处罚；如果协助抓获的只是同案中的从犯或者马仔，功不足以抵罪，或者从轻处罚后全案处刑明显失衡的，不予从轻处罚。相反，对于从犯、马仔立功，特别是协助抓获毒枭、首要分子、主犯的，应当从轻处罚，直至依法减轻或者免除处罚。

被告人亲属为了使被告人得到从轻处罚，检举、揭发他人犯罪或者协助司法机关抓捕其他犯罪人的，不能视为被告人立功。同监犯将本人或者他人尚未被司法机关掌握的犯罪事实告知被告人，由被告人检举揭发的，如经查证属实，虽可认定被告人立功，但是否从宽处罚、从宽幅度大小，应与通常的立功有所区别。通过非法手段或者非法途径获取他人犯罪信息，如从国家工作人员处贿买他人犯罪信息，通过律师、看守人员等非法途径获取他人犯罪信息，由被告人检举揭发的，不能认定为立功，也不能作为酌情从轻处罚情节。

八、毒品再犯问题

根据刑法第三百五十六条规定，只要因走私、贩卖、运输、制造、非法持有毒品罪被判过刑，不论是在刑罚执行完毕后，还是在缓刑、假释或者暂予监外执行期间，又犯刑法分则第六章第七节规定的犯罪的，都是毒品再犯，应当从重处罚。

因走私、贩卖、运输、制造、非法持有毒品罪被判刑的犯罪分子，在缓刑、假释或者暂予监外执行期间又犯刑法分则第六章第七节规定的犯罪的，应当在对其所犯新的毒品犯罪适用刑法第三百五十六条从重处罚的规定确定刑罚后，再依法数罪并罚。

对同时构成累犯和毒品再犯的被告人，应当同时引用刑法关于累犯和毒品再犯的条款从重处罚。

九、毒品案件的共同犯罪问题

毒品犯罪中，部分共同犯罪人未到案，如现有证据能够认定已到案被告人为共同犯罪，或者能够认定为主犯或者从犯的，应当依法认定。没有实施毒品犯罪的共同故意，仅在客观上为相互关联的毒品犯罪上下家，不构成共同犯罪，但为了诉讼便利可并案审理。审理毒品共同犯罪案件应当注意以下几个方面的问题：

一是要正确区分主犯和从犯。区分主犯和从犯，应当以各共同犯罪人在毒品共同犯罪中的地位和作用为根据。要从犯意提起、具体行为分工、出资和实际分得毒赃多少以及共犯之间相互关系等方面，比较各个共同犯罪人在共同犯罪中的地位和作用。在毒品共同犯罪中，为主出资者、毒品所有者或者起意、策划、纠集、组织、雇用、指使他人参与犯罪以及其他起主要作用的是主犯；起次要或者辅助作用的是从犯。受雇用、受指使实施毒品犯罪的，应根据其在犯罪中实际发挥的作用具体认定为主犯或者从犯。对于确有证据证明在共同犯罪中起次要或者辅助作用的，不能因为其他共同犯罪人未到案而不认定为从犯，甚至将其认定为主犯或者按主犯处罚。只要认定为从犯，无论主犯是否到案，均应依照刑法关于从犯的规定从轻、减轻或者免除处罚。

二是要正确认定共同犯罪案件中主犯和从犯的毒品犯罪数量。对于毒品犯罪集团的首要分子，应按集团毒品犯罪的总数量处罚；对一般共同犯罪的主犯，应按其所参与的或者组织、指挥的毒品犯罪数量处罚；对于从犯，应当按照其所参与的毒品犯罪的数量处罚。

三是要根据行为人在共同犯罪中的作用和罪责大小确定刑罚。不同案件不能简单类比，一个案件的从犯参与犯罪的毒品数量可能比另一案件的主犯参与犯罪的毒品数量大，但对这一案件从犯的处罚不是必然重于另一案件的主犯。共同犯罪中能分清主从犯的，不能因为涉案的毒品数量特别巨大，就不分主从犯而一律将被告人认定为主犯或者实际上都按主犯处罚，一律判处重刑甚至死刑。对于共同犯罪中有多个主犯或者共同犯罪人的，处罚上也应做到区别对待。应当全面考察各主犯或者共同犯罪人在共同犯罪中实际发挥作用的差别，主观恶性和人身危险性方面的差异，对罪责或者人身危险性更大的主犯或者共同犯罪人依法判处更重的刑罚。

十、主观明知的认定问题

毒品犯罪中，判断被告人对涉案毒品是否明知，不能仅凭被告人供述，而应当依据被告人实施毒品犯罪行为的过程、方式、毒品被查获时的情形等证据，结合被告人的年龄、阅历、智力等情况，进行综合分析判断。

具有下列情形之一，被告人不能做出合理解释的，可以认定其“明知”是毒品，但有证据证明确属被蒙骗的除外：（1）执法人员在口岸、机场、车站、港口和其他检查站点检查时，要求行为人申报为他人携带的物品和其他疑似毒品物，并告知其法律责任，而行为人未如实申报，在其携带的物品中查获毒品的；（2）以伪报、藏匿、伪装等蒙蔽手段，逃避海关、边防等检查，在其携带、运输、邮寄的物品中查获毒品的；（3）执法人员检查时，有逃跑、丢弃携带物品或者逃避、抗拒检查等行为，在其携带或者丢弃的物品中查获毒品的；（4）体内或者贴身隐秘处藏匿毒品的；（5）为获取不同寻常的高额、不等值报酬为他人携带、运输物品，从中查获毒品的；（6）采用高度隐蔽的方式携带、运输物品，从中查获毒品的；（7）采用高度隐蔽的方式交接物品，明显违背合法物品惯常交接方式，从中查获毒品的；（8）行程路线故意绕开检查站点，在其携带、运输的物品中查获毒品的；（9）以虚假身份或者地址办理托运手续，在其托运的物品中查获毒品的；（10）有其他证据足以认定行为人应当知道的。

十一、毒品案件的管辖问题

毒品犯罪的地域管辖，应当依照刑事诉讼法的有关规定，实行以犯罪地管辖为主、被告人居住地管辖为辅的原则。考虑到毒品犯罪的特殊性和毒品犯罪侦查体制，“犯罪地”不仅可以包括犯罪预谋地、毒资筹集地、交易进行地、运输途经地以及毒品生产地，也包括毒资、毒赃和毒品藏匿地、转移地、走私或者贩运毒品目的地等。“被告人居住地”，不仅包括被告人常住地和户籍所在地，也包括其临时居住地。

对于已进入审判程序的案件，被告人及其辩护人提出管辖异议，经审查异议成立的，或者受案法院发现没有管辖权，而案件由本院管辖更适宜的，受案法院应当报请与有管辖权的法院共同的上级法院依法指定本院管辖。

十二、特定人员参与毒品犯罪问题

近年来，一些毒品犯罪分子为了逃避打击，雇用孕妇、哺乳期妇女、急性传染病人、残疾人或者未成年人等特定人员进行毒品犯罪活动，成为影响我国禁毒工作成效的突出问题。对利用、教唆特定人员进行毒品犯罪活动的组织、策划、指挥和教唆者，要依法严厉打击，该判处重刑直至死刑的，坚决依法判处重刑直至死刑。对于被利用、被诱骗参与毒品犯罪的特定人员，可以从宽处理。

要积极与检察机关、公安机关沟通协调，妥善解决涉及特定人员的案件管辖、强制措施、刑罚执行等问题。对因特殊情况依法不予羁押的，可以依法采取取保候审、监视居住等强制措施，并根据被告人具体情况和案情变化及时变更强制措施；对于被判处有期徒刑或者拘役的罪犯，符合刑事诉讼法第二百一十四条规定情形的，可以暂予监外执行。

十三、毒品案件财产刑的适用和执行问题

刑法对毒品犯罪规定了并处罚金或者没收财产刑，司法实践中应当依法充分适用。不仅要依法追缴被告人的违法所得及其收益，还要严格依法判处被告人罚金刑或者没收财产刑，不能因为被告人没有财产，或者其财产难以查清、难以分割或者难以执行，就不依法判处财产刑。

要采取有力措施，加大财产刑执行力度。要加强与公安机关、检察机关的协作，对毒品犯罪分子来源不明的巨额财产，依法及时采取查封、扣押、冻结等措施，防止犯罪分子及其亲属转移、隐匿、变卖或者洗钱，逃避依法追缴。要加强不同地区法院之间的相互协作配合。毒品犯罪分子的财产在异地的，第一审人民法院可以委托财产所在地人民法院代为执行。要落实和运用有关国际禁毒公约规定，充分利用国际刑警组织等渠道，最大限度地做好境外追赃工作。

全国法院毒品犯罪审判工作座谈会纪要

（2015年5月18日公布并施行，法〔2015〕129号）

为深入学习习近平总书记等中央领导同志关于禁毒工作的重要指示批示精神，贯彻落实《中共中央国务院关于加强禁毒工作的意见》和全国禁毒工作会议精神，进一步统一思想认识，提高毒品犯罪审判工作水平，推动人民法院禁毒工作取得更大成效，最高人民法院于2014年12月11日至12日在湖北省武汉市召开了全国法院毒品犯罪审判工作座谈会。出席会议的有各省、自治区、直辖市高级人民法院、解放军军事法院和新疆维吾尔自治区高级人民法院生产建设兵团分院主管刑事审判工作的副院长、刑事审判庭庭长及部分中级人民法院主管刑事审判工作的副院长。最高人民法院副院长李少平出席会议并讲话。

会议传达学习了中央对禁毒工作的一系列重大决策部署，总结了近年来人民法院禁毒工作取得的成绩和存在的问题，分析了当前我国毒品犯罪的总体形势和主要特点，明确了继续依法从严惩处毒品犯罪的审判指导思想，研究了毒品犯罪审判中遇到的若干法律适用问题，并对当前和今后一个时期人民法院的禁毒工作作出具体安排部署。现纪要如下：

一、关于进一步加强人民法院禁毒工作的总体要求

禁毒工作关系国家安危、民族兴衰和人民福祉，厉行禁毒是党和政府的一贯立场和坚决主张。近年来，在党中央的高度重视和坚强领导下，各地区、各有关部门按照国家禁毒委员会的统一部署，深入开展禁毒人民战争，全面落实综合治理措施，有效遏制了毒品问题快速发展蔓延的势头，禁毒工作取得了阶段性成效。2014年6月，中央政治局常委会议、国务院常务会议分别听取禁毒工作专题汇报，习近平总书记、

李克强总理分别对禁毒工作作出重要指示批示。中共中央、国务院首次印发了《关于加强禁毒工作的意见》，并下发了贯彻落实分工方案。国家禁毒委员会制定了《禁毒工作责任制》，并召开全国禁毒工作会议对全面加强禁毒工作作出部署。

依法审理毒品犯罪案件，积极参与禁毒工作是人民法院肩负的一项重要职责任务。长期以来，全国各级人民法院认真贯彻落实中央和国家禁毒委员会的决策部署，扎实履行刑事审判职责，坚持依法从严惩处毒品犯罪，大力加强禁毒法制建设，积极参与禁毒综合治理，各项工作均取得显著成效，为全面、深入推进禁毒工作提供了有力司法保障。同时，应当清醒地看到，受国际毒潮持续泛滥和国内多种因素影响，当前和今后一个时期，我国仍将处于毒品问题加速蔓延期、毒品犯罪高发多发期、毒品治理集中攻坚期，禁毒斗争形势严峻复杂，禁毒工作任务十分艰巨。加强禁毒工作，治理毒品问题，对深入推进平安中国、法治中国建设，维护国家长治久安，保障人民群众幸福安康，实现“两个一百年”奋斗目标和中华民族伟大复兴的中国梦，具有重要意义。各级人民法院要从维护重要战略机遇期国家安全和社会稳定的政治高度，充分认识毒品问题的严峻性、长期性和禁毒工作的艰巨性、复杂性，切实增强做好禁毒工作的责任感、使命感和紧迫感。要认真学习领会、坚决贯彻落实党中央对禁毒工作的一系列重大决策部署和全国禁毒工作会议精神，切实采取有力措施，进一步加强人民法院禁毒工作。

一是毫不动摇地坚持依法从严惩处毒品犯罪。充分发挥审判职能作用，依法运用刑罚惩治毒品犯罪，是治理毒品问题的重要手段，也是人民法院参与禁毒斗争的主要方式。面对严峻的毒品犯罪形势，各级人民法院要继续坚持依法从严惩处毒品犯罪的指导思想。要继续依法严惩走私、制造毒品和大宗贩卖毒品等源头性犯罪，严厉打击毒枭、职业毒犯、累犯、毒品再犯等主观恶性深、人身危险性大的毒品犯罪分子，该判处重刑和死刑的坚决依法判处。要加大对制毒物品犯罪、多次零包贩卖毒品、引诱、教唆、欺骗、强迫他人吸毒及非法持有毒品等犯罪的惩处力度，严惩向农村地区贩卖毒品及国家工作人员实施的毒品犯罪。要更加注重从经济上制裁毒品犯罪，依法追缴犯罪分子违法所得，充分适用罚金刑、没收财产刑并加大执行力度，依法从严惩处涉毒洗钱犯罪和为毒品犯罪提供资金的犯罪。要严厉打击因吸毒诱发的杀人、伤害、抢劫、以危险方法危害公共安全等次生犯罪。要规范和限制毒品犯罪的缓刑适用，从严把握毒品罪犯减刑条件，严格限制严重毒品罪犯假释，确保刑罚执行效果。同时，为全面发挥刑罚功能，也要贯彻好宽严相济刑事政策，突出打击重点，体现区别对待。对于罪行较轻，或者具有从犯、自首、立功、初犯等法定、酌定从宽处罚情节的毒品犯罪分子，根据罪刑相适应原则，依法给予从宽处罚，以分化瓦解毒品犯罪分子，预防和减少毒品犯罪。要牢牢把握案件质量这条生命线，既要考虑到毒品犯罪隐蔽性强、侦查取证难度大的现实情况，也要严格贯彻证据裁判原则，引导取证、举证工作围绕审判工作的要求展开，切实发挥每一级审判程序的职能作用，确保案件办理质量。对于拟判处被告人死刑的毒品犯罪案件，在证据质量上要始终坚持最高的标准和最严的要求。

二是深入推进毒品犯罪审判规范化建设。各级人民法院要结合审判工作实际，积极开展调查研究，不断总结经验，及时发现并解决审判中遇到的突出法律适用问题。各高、中级人民法院要加大审判指导力度，在做好毒品犯罪审判工作的同时，通过编发典型案例、召开工作座谈会等形式，不断提高辖区法院毒品犯罪审判工作水平。最高人民法院对于复核毒品犯罪死刑案件中发现的问题，要继续通过随案附函、集中通报、发布典型案例等形式，加强审判指导；对于毒品犯罪法律适用方面存在的突出问题，要适时制定司法解释或规范性文件，统一法律适用；对于需要与公安、检察机关共同解决的问题，要加强沟通、协调，必要时联合制发规范性文件；对于立法方面的问题，要继续提出相关立法建议，推动禁毒法律的修改完善。

三是不断完善毒品犯罪审判工作机制。各级人民法院要严格落实禁毒工作责任，按照《禁毒工作责任制》的要求和同级禁毒委员会的部署认真开展工作，将禁毒工作列入本单位整体工作规划，制订年度工作方案，抓好贯彻落实。要进一步加强专业审判机构建设，各高级人民法院要确定专门承担毒品犯罪审判指导任务的审判庭，毒品犯罪相对集中地区的高、中级人民法院可以根据当地实际和工作需要，探索确立专门承担毒品犯罪审判工作的合议庭或者审判庭。要建立健全业务学习、培训机制，通过举办业务培训班、组织交流研讨会等多种形式，不断提高毒品犯罪审判队伍专业化水平。要推动与相关职能部门建立禁毒长效合作机制，在中央层面和毒品犯罪集中地区建立公检法三机关打击毒品犯罪联席会议制度，探索建立重大毒品犯罪案件信息通报、反馈机制，提升打击毒品犯罪的合力。

四是加大参与禁毒综合治理工作力度。要充分利用有利时机集中开展禁毒宣传，最高人民法院和毒品犯罪高发地区的高级人民法院要将“6·26”国际禁毒日新闻发布会制度化，并利用网络、平面等媒体配合报道，向社会公众介绍人民法院毒品犯罪审判及禁毒综合治理工作情况，公布毒品犯罪典型案例。要加强日常禁毒法制宣传，充分利用审判资源优势，通过庭审直播、公开宣判、举办禁毒法制讲座、建立禁毒对象帮教制度，与社区、学校、团体建立禁毒协作机制等多种形式，广泛、深入地开展禁毒宣传教育活动。要突出宣传重点，紧紧围绕青少年群体和合成毒品滥用问题，有针对性地组织开展宣传教育工作，增强人民群众自觉抵制毒品的意识和能力。要延伸审判职能，针对毒品犯罪审判中发现的治安隐患和社会管理漏洞，及时向有关职能部门提出加强源头治理、强化日常管控的意见和建议，推动构建更为严密的禁毒防控体系。

二、关于毒品犯罪法律适用的若干具体问题

会议认为，2008年印发的《全国部分法院审理毒品犯罪案件工作座谈会纪要》（以下简称《大连会议纪要》）较好地解决了办理毒品犯罪案件面临的一些突出法律适用问题，其中大部分规定在当前的审判实践中仍有指导意义，应当继续参照执行。同时，随着毒品犯罪形势的发展变化，近年来出现了一些新情况、新问题，需要加以研究解决。与会代表对审判实践中反映较为突出，但《大连会议纪要》没有作出规定，

或者规定不尽完善的毒品犯罪法律适用问题进行了认真研究讨论，就下列问题取得了共识。

（一）罪名认定问题

贩毒人员被抓获后，对于从其住所、车辆等处查获的毒品，一般均应认定为其贩卖的毒品。确有证据证明查获的毒品并非贩毒人员用于贩卖，其行为另构成非法持有毒品罪、窝藏毒品罪等其他犯罪的，依法定罪处罚。

吸毒者在购买、存储毒品过程中被查获，没有证据证明其是为了实施贩卖毒品等其他犯罪，毒品数量达到刑法第三百四十八条规定的最低数量标准的，以非法持有毒品罪定罪处罚。吸毒者在运输毒品过程中被查获，没有证据证明其是为了实施贩卖毒品等其他犯罪，毒品数量达到较大以上的，以运输毒品罪定罪处罚。

行为人为吸毒者代购毒品，在运输过程中被查获，没有证据证明托购者、代购者是为了实施贩卖毒品等其他犯罪，毒品数量达到较大以上的，对托购者、代购者以运输毒品罪的共犯论处。行为人为他人代购仅用于吸食的毒品，在交通、食宿等必要开销之外收取“介绍费”“劳务费”，或者以贩卖为目的收取部分毒品作为酬劳的，应视为从中牟利，属于变相加价贩卖毒品，以贩卖毒品罪定罪处罚。

购毒者接收贩毒者通过物流寄递方式交付的毒品，没有证据证明其是为了实施贩卖毒品等其他犯罪，毒品数量达到刑法第三百四十八条规定的最低数量标准的，一般以非法持有毒品罪定罪处罚。代收者明知是物流寄递的毒品而代购毒者接收，没有证据证明其与购毒者有实施贩卖、运输毒品等犯罪的共同故意，毒品数量达到刑法第三百四十八条规定的最低数量标准的，对代收者以非法持有毒品罪定罪处罚。

行为人利用信息网络贩卖毒品、在境内非法买卖用于制造毒品的原料或者配剂、传授制造毒品等犯罪的方法，构成贩卖毒品罪、非法买卖制毒物品罪、传授犯罪方法罪等犯罪的，依法定罪处罚。行为人开设网站、利用网络聊天室等组织他人共同吸毒，构成引诱、教唆、欺骗他人吸毒罪等犯罪的，依法定罪处罚。

（二）共同犯罪认定问题

办理贩卖毒品案件，应当准确认定居间介绍买卖毒品行为，并与居中倒卖毒品行为相区别。居间介绍者在毒品交易中处于中间人地位，发挥介绍联络作用，通常与交易一方构成共同犯罪，但不以牟利为要件；居中倒卖者属于毒品交易主体，与前后环节的交易对象是上下家关系，直接参与毒品交易并从中获利。居间介绍者受贩毒者委托，为其介绍联络购毒者的，与贩毒者构成贩卖毒品罪的共同犯罪；明知购毒者以贩卖为目的购买毒品，受委托为其介绍联络贩毒者的，与购毒者构成贩卖毒品罪的共同犯罪；受以吸食为目的的购毒者委托，为其介绍联络贩毒者，毒品数量达到刑法第三百四十八条规定的最低数量标准的，一般与购毒者构成非法持有毒品罪的共同犯罪；同时与贩毒者、购毒者共谋，联络促成双方交易的，通常认定与贩毒者构成贩卖毒品罪的共同犯罪。居间介绍者实施为毒品交易主体提供交易信息、介绍交易对象等帮助行为，对促成交易起次要、辅助作用的，应当认定为从犯；对于以居间介绍者的身份介入毒品交易，但在交易中超出居间介绍者的地位，对交易的发起和达成起重要作用的被告人，可以认定为主犯。

两人以上同行运输毒品的，应当从是否明知他人带有毒品，有无共同运输毒品的意思联络，有无实施配合、掩护他人运输毒品的行为等方面综合审查认定是否构成共同犯罪。受雇于同一雇主同行运输毒品，但受雇者之间没有共同犯罪故意，或者虽然明知他人受雇运输毒品，但各自的运输行为相对独立，既没有实施配合、掩护他人运输毒品的行为，又分别按照各自运输的毒品数量领取报酬的，不应认定为共同犯罪。受雇于同一雇主分段运输同一宗毒品，但受雇者之间没有犯罪共谋的，也不应认定为共同犯罪。雇用他人运输毒品的雇主，及其他对受雇者起到一定组织、指挥作用的人员，与各受雇者分别构成运输毒品罪的共同犯罪，对运输的全部毒品数量承担刑事责任。

（三）毒品数量认定问题

走私、贩卖、运输、制造、非法持有两种以上毒品的，可以将不同种类的毒品分别折算为海洛因的数量，以折算后累加的毒品总量作为量刑的根据。对于刑法、司法解释或者其他规范性文件明确规定了定罪量刑数量标准的毒品，应当按照该毒品与海洛因定罪量刑数量标准的比例进行折算后累加。对于刑法、司法解释及其他规范性文件没有规定定罪量刑数量标准，但《非法药物折算表》规定了与海洛因的折算比例的毒品，可以按照《非法药物折算表》折算为海洛因后进行累加。对于既未规定定罪量刑数量标准，又不具备折算条件的毒品，综合考虑其致瘾癖性、社会危害性、数量、纯度等因素依法量刑。在裁判文书中，应当客观表述涉案毒品的种类和数量，并综合认定为数量大、数量较大或者少量毒品等，不明确表述将不同种类毒品进行折算后累加的毒品总量。

对于未查获实物的甲基苯丙胺片剂（俗称“麻古”）、MDMA 片剂（俗称“摇头丸”）等混合型毒品，可以根据在案证据证明的毒品粒数，参考本案或者本地区查获的同类毒品的平均重量计算出毒品数量。在裁判文书中，应当客观表述根据在案证据认定的毒品粒数。

对于有吸毒情节的贩毒人员，一般应当按照其购买的毒品数量认定其贩卖毒品的数量，量刑时酌情考虑其吸食毒品的情节；购买的毒品数量无法查明的，按照能够证明的贩卖数量及查获的毒品数量认定其贩毒数量；确有证据证明其购买的部分毒品并非用于贩卖的，不应计入其贩毒数量。

办理毒品犯罪案件，无论毒品纯度高低，一般均应将查证属实的毒品数量认定为毒品犯罪的数量，并据此确定适用的法定刑幅度，但司法解释另有规定或者为了隐蔽运输而临时改变毒品常规形态的除外。涉案毒品纯度明显低于同类毒品的正常纯度的，量刑时可以酌情考虑。

制造毒品案件中，毒品成品、半成品的数量应当全部认定为制造毒品的数量，对于无法再加工出成品、半成品的废液、废料则不应计入制造毒品的数量。对于废液、废料的认定，可以根据其毒品成分的含量、外观形态，结合被告人对制毒过程的供述等证据进行分析判断，必要时可以听取鉴定机构的意见。

（四）死刑适用问题

当前，我国毒品犯罪形势严峻，审判工作中应当继续坚持依法从严惩处毒品犯罪的指导思想，充分发挥死刑对于预防和惩治毒品犯罪的重要作用。要继续按照《大连会议纪要》的要求，突出打击重点，对罪行极其严重、依法应当判处死刑的被告人，坚决依法判处。同时，应当全面、准确贯彻宽严相济刑事政策，体现区别对待，做到罚当其罪，量刑时综合考虑毒品数量、犯罪性质、情节、危害后果、被告人的主观恶性、人身危险性及当地的禁毒形势等因素，严格审慎地决定死刑适用，确保死刑只适用于极少数罪行极其严重的犯罪分子。

1. 运输毒品犯罪的死刑适用

对于运输毒品犯罪，应当继续按照《大连会议纪要》的有关精神，重点打击运输毒品犯罪集团首要分子，组织、指使、雇用他人运输毒品的主犯或者毒枭、职业毒犯、毒品再犯，以及具有武装掩护运输毒品、以运输毒品为业、多次运输毒品等严重情节的被告人，对其中依法应当判处死刑的，坚决依法判处。

对于受人指使、雇用参与运输毒品的被告人，应当综合考虑毒品数量、犯罪次数、犯罪的主动性和独立性、在共同犯罪中的地位作用、获利程度和方式及其主观恶性、人身危险性等因素，予以区别对待，慎重适用死刑。对于有证据证明确属受人指使、雇用运输毒品，又系初犯、偶犯的被告人，即使毒品数量超过实际掌握的死刑数量标准，也可以不判处死刑；尤其对于其中被动参与犯罪，从属性、辅助性较强，获利程度较低的被告人，一般不应当判处死刑。对于不能排除受人指使、雇用初次运输毒品的被告人，毒品数量超过实际掌握的死刑数量标准，但尚不属数量巨大的，一般也可以不判处死刑。

一案中有多人受雇运输毒品的，在决定死刑适用时，除各被告人运输毒品的数量外，还应结合其具体犯罪情节、参与犯罪程度、与雇用者关系的紧密性及其主观恶性、人身危险性等因素综合考虑，同时判处二人以上死刑要特别慎重。

2. 毒品共同犯罪、上下家犯罪的死刑适用

毒品共同犯罪案件的死刑适用应当与该案的毒品数量、社会危害及被告人的犯罪情节、主观恶性、人身危险性相适应。涉案毒品数量刚超过实际掌握的死刑数量标准，依法应当适用死刑的，要尽量区分主犯间的罪责大小，一般只对其中罪责最大的一名主犯判处死刑；各共同犯罪人地位作用相当，或者罪责大小难以区分的，可以不判处被告人死刑；二名主犯的罪责均很突出，且均具有法定从重处罚情节的，也要尽可能比较其主观恶性、人身危险性方面的差异，判处二人死刑要特别慎重。涉案毒品数量达到巨大以上，二名以上主犯的罪责均很突出，或者罪责稍次的主犯具有法定、重大酌定从重处罚情节，判处二人以上死刑符合罪刑相适应原则，并有利于全案量刑平衡的，可以依法判处。

对于部分共同犯罪人未到案的案件，在案被告人与未到案共同犯罪人均属罪行极其严重，即使共同犯罪人到案也不影响对在案被告人适用死刑的，可以依法判处在案被告人死刑；在案被告人的罪行不足以判处死刑，或者共同犯罪人归案后全案只宜判处其一人死刑的，不能因为共同犯罪人未到案而对在案被告人适用死刑；在案被告人与未到案共同犯罪人的罪责大小难以准确认定，进而影响准确适用死刑的，不应对在案被告人判处死刑。

对于贩卖毒品案件中的上下家，要结合其贩毒数量、次数及对象范围，犯罪的主动性，对促成交易所发挥的作用，犯罪行为的危害后果等因素，综合考虑其主观恶性和人身危险性，慎重、稳妥地决定死刑适用。对于买卖同宗毒品的上下家，涉案毒品数量刚超过实际掌握的死刑数量标准的，一般不能同时判处死刑；上家主动联络销售毒品，积极促成毒品交易的，通常可以判处上家死刑；下家积极筹资，主动向上家约购毒品，对促成毒品交易起更大作用的，可以考虑判处下家死刑。涉案毒品数量达到巨大以上的，也要综合上述因素决定死刑适用，同时判处上下家死刑符合罪刑相适应原则，并有利于全案量刑平衡的，可以依法判处。

一案中有多名共同犯罪人、上下家针对同宗毒品实施犯罪的，可以

综合运用上述毒品共同犯罪、上下家犯罪的死刑适用原则予以处理。

办理毒品犯罪案件，应当尽量将共同犯罪案件或者密切关联的上下游案件进行并案审理；因客观原因造成分案处理的，办案时应当及时了解关联案件的审理进展和处理结果，注重量刑平衡。

3. 新类型、混合型毒品犯罪的死刑适用

甲基苯丙胺片剂（俗称“麻古”）是以甲基苯丙胺为主要毒品成分的混合型毒品，其甲基苯丙胺含量相对较低，危害性亦有所不同。为体现罚当其罪，甲基苯丙胺片剂的死刑数量标准一般可以按照甲基苯丙胺（冰毒）的2倍左右掌握，具体可以根据当地的毒品犯罪形势和涉案毒品含量等因素确定。

涉案毒品为氯胺酮（俗称“K粉”）的，结合毒品数量、犯罪性质、情节及危害后果等因素，对符合死刑适用条件的被告人可以依法判处死刑。综合考虑氯胺酮的致瘾癖性、滥用范围和危害性等因素，其死刑数量标准一般可以按照海洛因的10倍掌握。

涉案毒品为其他滥用范围和危害性相对较小的新类型、混合型毒品的，一般不宜判处被告人死刑。但对于司法解释、规范性文件明确规定了定罪量刑数量标准，且涉案毒品数量特别巨大，社会危害大，不判处死刑难以体现罚当其罪的，必要时可以判处被告人死刑。

（五）缓刑、财产刑适用及减刑、假释问题

对于毒品犯罪应当从严掌握缓刑适用条件。对于毒品再犯，一般不得适用缓刑。对于不能排除多次贩毒嫌疑的零包贩毒被告人，因认定构成贩卖毒品等犯罪的证据不足而认定为非法持有毒品罪的被告人，实施引诱、教唆、欺骗、强迫他人吸毒犯罪及制毒物品犯罪的被告人，应当严格限制缓刑适用。

办理毒品犯罪案件，应当依法追缴犯罪分子的违法所得，充分发挥财产刑的作用，切实加大对犯罪分子的经济制裁力度。对查封、扣押、冻结的涉案财物及其孳息，经查确属违法所得或者依法应当追缴的其他涉案财物的，如购毒款、供犯罪所用的本人财物、毒品犯罪所得的财物及其收益等，应当判决没收，但法律另有规定的除外。判处罚金刑时，应当结合毒品犯罪的性质、情节、危害后果及被告人的获利情况、经济状况等因素合理确定罚金数额。对于决定并处没收财产的毒品犯罪，判处被告人有期徒刑的，应当按照上述确定罚金数额的原则确定没收个人部分财产的数额；判处无期徒刑的，可以并处没收个人全部财产；判处死缓或者死刑的，应当并处没收个人全部财产。

对于具有毒枭、职业毒犯、累犯、毒品再犯等情节的毒品罪犯，应当从严掌握减刑条件，适当延长减刑起始时间、间隔时间，严格控制减刑幅度，延长实际执行刑期。对于刑法未禁止假释的前述毒品罪犯，应当严格掌握假释条件。

（六）累犯、毒品再犯问题

累犯、毒品再犯是法定从重处罚情节，即使本次毒品犯罪情节较轻，也要体现从严惩处的精神。尤其对于曾因实施严重暴力犯罪被判刑的累犯、刑满释放后短期内又实施毒品犯罪的再犯，以及在缓刑、假释、暂予监外执行期间又实施毒品犯罪的再犯，应当严格体现从重处罚。

对于因同一毒品犯罪前科同时构成累犯和毒品再犯的被告人，在裁判文书中应当同时引用刑法关于累犯和毒品再犯的条款，但在量刑时不得重复予以从重处罚。对于因不同犯罪前科同时构成累犯和毒品再犯的被告人，量刑时的从重处罚幅度一般应大于前述情形。

（七）非法贩卖麻醉药品、精神药品行为的定性问题

行为人向走私、贩卖毒品的犯罪分子或者吸食、注射毒品的人员贩卖国家规定管制的能够使人形成瘾癖的麻醉药品或者精神药品的，以贩卖毒品罪定罪处罚。行为人出于医疗目的，违反有关药品管理的国家规定，非法贩卖上述麻醉药品或者精神药品，扰乱市场秩序，情节严重的，以非法经营罪定罪处罚。

行为人出于医疗目的，违反有关药品管理的国家规定，非法贩卖上述麻醉药品或者精神药品，扰乱市场秩序，情节严重的，以非法经营罪定罪处罚。

最高法《毒品犯罪武汉会议纪要》理解与适用*

高贵君　马岩　方文军　李静然**

为贯彻落实《中共中央国务院关于加强禁毒工作的意见》和全国禁毒工作会议精神，进一步统一思想认识，提高毒品犯罪审判工作水平，最高人民法院于2014年12月11日至12日在湖北省武汉市组织召开了全国法院毒品犯罪审判工作座谈会。会议传达学习了中央对禁毒工作的重要决策精神，安排部署了当前和今后一个时期的人民法院禁毒工作，研究讨论了近年来毒品犯罪审判遇到的新情况、新问题，并就若干法律适用具体问题取得了共识。会议形成的《全国法院毒品犯罪审判工作座谈会纪要》（以下简称《纪要》），已由最高人民法院于2015年5月18日以法〔2015〕129号文件印发，供各级人民法院在刑事审判工作中参照执行。为便于司法实践中准确理解和适用，现就《纪要》的制定背景和经过、指导思想、起草思路及主要内容等问题说明如下。

一、《纪要》的制定背景和经过

2008年12月，最高人民法院印发了《全国部分法院审理毒品犯罪案件工作座谈会纪要》（以下简称《大连会议纪要》），较好地解决了办理毒品犯罪案件面临的一些突出法律适用问题。近年来，随着毒品犯罪形势的发展变化，实践中出现了一些新的法律适用问题，部分原有问题也没有得到很好解决，因而有必要制定新的指导文件对这些问题加以规范。从2012年下半年开始，最高人民法院开展了新一轮调研工作，对

---

* 原文载《人民司法·应用》2016年第13期。

** 作者单位：最高人民法院刑五庭。

各地法院在办理毒品犯罪案件中遇到的法律适用问题进行了系统梳理和研究论证。

2014 年 6 月，中央政治局常委会议、国务院常务会议分别听取禁毒工作专题汇报，习近平总书记、李克强总理分别对禁毒工作作出重要指示批示。中共中央、国务院首次印发了《关于加强禁毒工作的意见》(以下简称《意见》)，并下发了贯彻落实分工方案。国家禁毒委员会时隔十年再次召开全国禁毒工作会议，对全面加强禁毒工作作出部署。《意见》及其分工方案明确提出，由最高人民法院作为牵头单位，针对毒品犯罪案件办理过程中遇到的新情况、新问题，及时制定司法解释或者规范性文件，统一和规范法律适用。

为贯彻落实中央决策精神，进一步加强人民法院禁毒工作，最高人民法院决定于 2014 年 12 月在湖北省武汉市组织召开全国法院毒品犯罪审判工作座谈会。为筹备此次会议，在前期调研的基础上，经深入研究和反复论证，起草形成了《纪要》稿。会前，就《纪要》稿向本院相关庭室、部分高级人民法院、最高人民检察院、公安部及有关专家学者正式征求了意见。会上，与会代表对《纪要》稿进行了认真讨论。各方均原则同意《纪要》稿内容，并提出了一些修改意见和建议。会后，对《纪要》稿作了进一步修改、完善，形成送审稿提交最高人民法院刑事审判专业委员会讨论。2015 年 4 月 7 日，最高人民法院刑事审判专业委员会第 238 次会议讨论通过了《纪要》。

二、《纪要》的指导思想、起草思路及与《大连会议纪要》的适用关系

（一）《纪要》的指导思想

《纪要》的制定体现了以下指导思想：一是坚持依法从严惩处毒品犯罪。《纪要》分析了当前毒品犯罪的严峻形势，要求各级人民法院继续坚持依法从严惩处毒品犯罪的审判指导思想。在犯罪类型方面，既要依法严惩走私、制造毒品、大宗贩卖毒品和制毒物品犯罪等源头性犯罪，又要加大对多次零包贩卖毒品、引诱、教唆、欺骗、强迫他人吸毒

及非法持有毒品等末端犯罪的处罚力度，并严惩向农村地区贩卖毒品及国家工作人员实施的毒品犯罪。在重点打击对象方面，要坚持严厉打击毒枭、职业毒犯、累犯、毒品再犯等主观恶性深、人身危险性大的毒品犯罪分子，该判处重刑和死刑的坚决依法判处。在经济制裁方面，对毒品犯罪违法所得的追缴和罚金刑、没收财产刑的适用等问题作了更为明确、具体的规定，并强调要加大执行力度。在保障刑罚执行效果方面，对毒品犯罪的缓刑适用作出了规范，对严重毒品罪犯的减刑、假释加以限制。二是贯彻宽严相济刑事政策，确保罚当其罪。宽严相济刑事政策是现阶段我国的基本刑事政策，也适用于毒品犯罪的审判工作。《纪要》强调，为充分发挥刑罚功能，要全面、准确贯彻宽严相济刑事政策，坚持宽严相济、罚当其罪，突出打击重点、体现区别对待。既要严厉惩处严重毒品犯罪和主观恶性深、人身危险性大的毒品犯罪分子；对于罪行较轻，或者具有从犯、自首、立功、初犯等法定、酌定从宽处罚情节的毒品犯罪分子，也要根据罪刑相适应原则，依法给予从宽处罚，以发挥刑罚分化瓦解毒品犯罪分子、预防和减少毒品犯罪的作用。

（二）《纪要》法律适用部分的起草思路

《纪要》的法律适用部分以刑法、有关毒品犯罪的司法解释、规范性文件为依据，总结了近年来各地法院审理毒品犯罪案件的经验和做法，立足解决实践中反映比较突出的法律适用问题。具体思路为：第一，对一些长期存在、但一直没有得到很好解决的法律适用问题作出规定。如从贩毒人员住所等处查获毒品的性质认定、居间介绍买卖毒品共同犯罪的认定、一案涉及两种以上毒品的数量认定、毒品共同犯罪人与上下家的死刑适用等问题。第二，结合近几年毒品犯罪的新形势、新特点，对《大连会议纪要》的原有规定作出修改、完善。如吸毒者运输毒品行为的定性、有吸毒情节的贩毒人员的贩毒数量认定等问题。第三，对《大连会议纪要》印发以来实践中新出现的、较为突出的毒品犯罪法律适用问题加以规范。如接收物流寄递毒品行为的定性、网络涉毒犯罪的定性、新类型、混合型毒品犯罪的死刑适用、非法贩卖麻精药品行为的定性等问题。第四，对目前争议较大、尚不成熟的问题暂不规定。在《纪要》起草过程中，曾经考虑对毒品犯罪的既未遂形态认定、死刑适用数量标准、犯前罪时未成年的毒品再犯认定等问题作出规定，但鉴于实践中争议较大，最终未纳入《纪要》内容。

（三）《纪要》与《大连会议纪要》的适用关系

《大连会议纪要》对最高人民法院2000年印发的《关于全国法院审理毒品犯罪案件工作座谈会纪要》（以下简称《南宁会议纪要》）等规范性文件的内容进行了系统整理，其中的大部分规定在当前的审判实践中仍有指导意义，应当继续参照执行。《纪要》对近年来审判实践中反映较为突出，但《大连会议纪要》没有作出规定，或者规定不尽完善的若干毒品犯罪法律适用问题作出了规范，是对《大连会议纪要》的补充和完善。今后，对于《纪要》与《大连会议纪要》的适用关系，可以区分以下几种情形加以把握：第一，《大连会议纪要》没有规定，《纪要》作了规定的，或者《大连会议纪要》虽有规定，但《纪要》作了修改、完善的，参照《纪要》的规定执行。《纪要》中的多数规定均属此类情形。第二，《大连会议纪要》已有规定，《纪要》在此基础上作出补充性规定的（并非修改），两者配套使用，如毒品犯罪的死刑适用问题等。第三，《大连会议纪要》已有规定，《纪要》没有涉及的，继续参照执行《大连会议纪要》的规定，如毒品案件的立功、特情介入案件的处理、主观明知的认定等问题。

三、《纪要》的主要内容

《纪要》包括两部分内容，第一部分对进一步加强人民法院禁毒工作提出总体要求，第二部分对当前毒品犯罪适用法律的一些具体问题作出规范。这种体例与《大连会议纪要》有所不同，并不是单纯的法律适用指导文件，更接近于2000年印发的《南宁会议纪要》。采用这种体例主要是为了与本次会议召开的背景及会议内容相呼应。

《纪要》在第一部分传达了中央对禁毒工作的一系列重大决策部署，明确了当前和今后一个时期人民法院禁毒工作的指导思想和任务目标，从坚持依法从严惩处毒品犯罪、加强审判规范化建设、完善毒品犯罪审判工作机制、积极参与禁毒综合治理等四个方面，对深入贯彻落实中央精神、加强人民法院禁毒工作提出了明确、具体的要求。

《纪要》在第二部分对当前毒品犯罪审判中的一些具体法律适用问题作了规范。主要包括几类问题：罪名认定，共同犯罪认定，毒品数量认定，死刑适用，缓刑、财产刑适用及减刑、假释，累犯、毒品再犯，非法贩卖麻醉药品、精神药品行为的定性。其中，死刑适用是核心问题。以下对这七类问题分别予以说明。

（一）罪名认定问题

1. 关于从贩毒人员住所等处查获毒品的性质认定。该问题是一个老问题，实践中存在争议，但原有规范性文件没有作出明确规定。有意见认为，对于从贩毒人员住所等处查获的毒品，必须有证据证明是用于贩卖才能予以认定，否则应当认定为其非法持有的毒品。经研究，毒品犯罪隐蔽性强、取证难度大，而且实践中从贩毒人员住所等处查获的毒品多系用于贩卖。为严厉打击毒品犯罪、降低证明难度，《纪要》采用了事实推定的证明方法。即根据行为人贩卖毒品及从其住所等处查获毒品的事实，推定查获的毒品是用于贩卖。但根据推定原则，应当允许当事人提出反证。反证是指确有证据证明查获的毒品并非贩毒人员用于贩卖，包括其为他人保管用于吸食的毒品，为犯罪分子窝藏毒品，持有祖传、捡拾、用于治病的毒品等。贩毒人员对查获的毒品实施的行为另构成非法持有毒品罪、窝藏毒品罪等其他犯罪的，应依法予以认定；贩毒人员的行为构成数罪的，应依法数罪并罚。具体而言，《纪要》的规定主要包含三种情形：一是行为人因贩卖毒品被人赃俱获，随后又从其住所等处查获毒品的；二是有其他证据证明行为人实施了贩卖毒品犯罪，但没有查获毒品实物，后从其住所等处查获毒品的；三是行为人因吸毒或其他违法犯罪行为被抓获后，查明其有贩毒行为，并从其住所等处查获毒品的。

2. 关于吸毒者购买、运输、存储毒品行为的定性。该问题近年来在司法定性上的变化较大。《南宁会议纪要》规定，吸毒者在购买、运输、存储毒品过程中被抓获，如没有证据证明其实施了其他毒品犯罪行为，查获的毒品数量大的，应当以非法持有毒品罪定罪。《大连会议纪要》对此作了不同规定，吸毒者在购买、运输、存储毒品过程中被查获，如没有证据证明其是为了实施贩卖等其他毒品犯罪行为，查获的毒品数量达到较大以上的，应以其实际实施的毒品犯罪行为定罪处罚。但实践中对如何理解“实际实施的毒品犯罪行为”存在争议，尤其是吸毒者运输毒品行为的定性问题。从《大连会议纪要》的起草过程看，该规定的本意是，当吸毒者运输毒品数量大，明显超出其合理吸食量时，以运输毒品罪定罪处罚，而不再像《南宁会议纪要》规定的那样一律认定为非法持有毒品罪。但是，由于“实际实施的毒品犯罪行为”这一表述较为原则，又没有写明合理吸食量的问题，导致近年来各地对此类案件的处理差异很大。有的简单区分动态与静态，对吸毒者在运输毒品过程中被查获的，无论毒品数量多少，一律认定为运输毒品罪。有的根据毒品数量是否超过吸毒者的合理吸食量来区分，吸毒者运输毒品数量达到较大以上但未超过合理吸食量的，认定为非法持有毒品罪；超过合理吸食量的，认定为运输毒品罪，但各地设定的合理吸食量标准又很不统一，有的为50克（以海洛因为例），有的为100克，还有的达到了200克。据了解，还有个别地方仍在执行《南宁会议纪要》的规定，对吸毒人员运输毒品数量大的也一律认定为非法持有毒品罪。

为减少分歧，《纪要》对《大连会议纪要》的上述规定作出了修改和完善：一是明确规定了吸毒者运输毒品行为的定性；二是降低了将吸毒者运输毒品的行为认定为运输毒品罪的门槛。根据《纪要》的规定，在没有证据证明吸毒者是为了实施贩卖毒品等其他犯罪的情况下，对其购买、运输、存储毒品的行为，直接以数量较大作为区分罪与非罪的标准；同时，对吸毒者运输毒品的行为，直接以数量较大标准作为区分非法持有毒品罪与运输毒品罪的界限，而不再另行设置更高的合理吸食量标准。据此，吸毒者在购买、运输、存储毒品过程中被查获，没有证据证明其是为了实施贩卖毒品等其他犯罪，毒品数量未达到较大标准的，不作为犯罪处理；毒品数量达到较大以上的，根据其具体的行为状态定罪，处于购买、存储状态的认定为非法持有毒品罪，处于运输状态的认定为运输毒品罪。《纪要》这样规定的主要理由是：第一，虽然我国对吸毒行为一般不按照犯罪处理，但刑法设置非法持有毒品罪的定罪标准时，实际考虑了吸毒者合理吸食量的因素，故可以把数量较大视为合理吸食量的界限，超过数量较大标准的应视为超出了合理吸食量。吸毒者在运输毒品过程中被当场查获，毒品数量达到较大以上的，表明其并非单纯以吸食为目的运输毒品，如没有证据证明其是为了实施贩卖毒品等其他犯罪，根据其客观行为状态认定为运输毒品罪具有正当性。第二，我国吸毒人员数量庞大，是毒品犯罪的重要诱因，为从源头上遏制毒品犯罪、减少毒品流通，应当加大对吸毒者实施的毒品犯罪的打击力度。故而对吸毒者运输毒品行为的定性，不应在数量较大标准之上设定更高的合理吸食量标准，否则容易放纵吸毒者实施的毒品犯罪。第三，合理吸食量目前尚难以准确界定，实践中各地掌握的标准也非常不统一，不利于统一执法尺度，直接以毒品数量较大作为区分标准更便于实践操作。

3. 关于运输代购毒品行为的定性和变相加价贩卖毒品的认定。《纪要》的这一规定是对《大连会议纪要》相关规定的补充。《大连会议纪要》规定了为他人代购毒品行为的定性，但没有解决运输代购毒品行为的性质认定问题。同时，实践中对《大连会议纪要》规定的“从中牟利、变相加价贩卖毒品”的认定也存在认识分歧。

（1）关于运输代购毒品行为的定性。《大连会议纪要》规定，有证据证明行为人不以牟利为目的，为他人代购仅用于吸食的毒品，毒品数量超过《刑法》第三百四十八条规定的最低数量标准的，对托购者、代购者应以非法持有毒品罪定罪。实践中，部分代购者需要通过运输方式将代购的毒品交给托购者，但对于为吸毒者运输代购毒品行为的定性，《大连会议纪要》并没有作出规定。对此，主要存在以下两种不同认识：一种意见认为，此类行为符合运输毒品罪的构成要件，应一律认定为运输毒品罪。另一种意见认为，对此类行为不应一律认定为运输毒品罪，而要结合代购毒品的目的加以认定。经研究，《纪要》基本采纳了第二种意见。在没有证据证明托购者、代购者是为了实施贩卖毒品等其他犯罪的情况下，代购者为吸毒者运输代购毒品行为的性质从属于吸毒者，应当与上述吸毒者自行运输毒品行为的认定思路一致。据此，行为人为吸毒者代购并运输毒品，没有证据证明托购者、代购者是为了实施贩卖毒品等其他犯罪，毒品数量未达到较大以上的，对托购者、代购者不定罪处罚；毒品数量达到较大以上，在代购过程中被查获的，对托购者、代购者以非法持有毒品罪的共犯论处，在运输过程中被查获的，对托购者、代购者以运输毒品罪的共犯论处。这样规定不但有利于严厉打击运输代购毒品行为，遏制毒品的消费和流通，也便于操作和认定。

（2）关于变相加价贩卖毒品的认定。《大连会议纪要》规定，代购者从中牟利，变相加价贩卖毒品的，对代购者应以贩卖毒品罪定罪。《纪要》进一步明确了何谓“从中牟利”，即行为人为他人代购仅用于吸食的毒品，在交通、食宿等必要开销之外收取“介绍费”“劳务费”，或者以贩卖为目的收取部分毒品作为酬劳的，应视为从中牟利，属于变相加价贩卖毒品，以贩卖毒品罪定罪处罚。其中，“介绍费”“劳务费”是实践中代购者变相牟利的不同表现形式；“以贩卖为目的收取部分毒品作为酬劳的”既存在变相加价贩卖毒品的行为，又具有贩卖毒品的故意，应当认定为贩卖毒品罪。需要注意的是，只有为他人代购仅用于吸食的毒品的，才需要根据是否从中牟利判断能否认定为贩卖毒品罪。如果明知托购者实施贩卖毒品犯罪而为其代购毒品的，无论是否牟利，均应以贩卖毒品罪的共犯论处。从另一个角度看，如果代购者从代购行为中牟利、加价或者变相加价贩卖毒品的，无论其为他人代购的毒品是否仅用于吸食，均构成贩卖毒品罪。

对于“代购蹭吸”行为是否属于“从中牟利”，实践中存在较大争议。多数意见认为，为他人代购仅用于吸食的毒品并“蹭吸”的行为，根本上是为了满足托购者及代购者自身吸食毒品的需求，故不宜认定为牟利行为；而且，如果对以吸食为目的的托购者认定非法持有毒品罪，对“蹭吸”的代购者认定贩卖毒品罪，也会导致处罚失衡。少数意见认为，“蹭吸”也是非法获利的一种表现形式，尤其对于多次“蹭吸”甚至以“蹭吸”作为代购毒品的主要目的的，应当认定为从中牟利。

鉴于对该问题存在较大分歧意见，还需进一步研究论证，故《纪要》没有作出明确规定，实践中应当结合具体案情慎重把握。

4. 关于接收物流寄递毒品行为的定性。当前，随着物流寄递行业的发展，毒品交易过程中通过邮寄、快递等方式交付毒品的情况较为常见，由此产生了相关的法律适用问题。《纪要》对此作出了新规定，具体包括购毒者和代收者接收物流寄递毒品行为的定性两个方面。

（1）关于购毒者接收物流寄递毒品行为的定性。如果没有证据证明购毒者是为了实施贩卖毒品等犯罪，对于其单纯接收物流寄递毒品的行为，应当认定为运输毒品罪还是非法持有毒品罪，实践中存在不同意见。一种意见认为，贩毒者通过物流寄递方式交付毒品的行为因购毒者的购买、送货要求而发生，购毒者与贩毒者有通过物流寄递方式运输毒品的共同犯罪故意，应当认定为运输毒品罪的共犯。另一种意见认为，贩毒者通过物流寄递方式运输毒品的行为应视为其毒品交付行为的组成部分，对购毒者不应再认定为运输毒品罪，购毒者接收毒品数量达到较大以上的，应认定为非法持有毒品罪。经研究，《纪要》采纳了第二种意见。具体理由为：第一，贩毒者通过物流寄递方式向购毒者交付毒品的行为属于其贩卖毒品行为的组成部分，该运输毒品行为通常由贩毒者主导实施，购毒者原则上不应对毒品交付前由贩毒者实施的运输毒品行为承担刑事责任。第二，在当面交付的贩卖毒品犯罪中，购毒者通常不对贩毒者为送货而实施的运输毒品行为承担刑事责任，不将购毒者、贩毒者认定为运输毒品罪的共犯；同理，在贩毒者通过物流寄递方式交付毒品的情况下，一般也不应将购毒者、贩毒者认定为运输毒品罪的共犯，否则所有接收毒品的购毒者（包括因吸食而少量购买毒品者）都将构成运输毒品罪，会造成打击面过大。因此，《纪要》规定，购毒者接收贩毒者通过物流寄递方式交付的毒品，没有证据证明其是为了实施贩卖毒品等其他犯罪，毒品数量达到较大以上的，一般应当以非法持有毒品罪定罪处罚。但在个别情况下，购毒者对贩毒者交付运输毒品的行为起支配作用或者与贩毒者共同交付运输毒品，购毒者、贩毒者符合以运输毒品罪共犯论处的条件的，可以依法认定。

（2）关于代收者接收物流寄递毒品行为的定性。实践中，部分购毒者会委托、雇用他人代为接收毒品。在代收者没有实施其他毒品犯罪故意的情况下，其只是代替购毒者实际持有接收的毒品，毒品数量达到较大以上的，应当认定为非法持有毒品罪。需要说明的是，没有证据证明购毒者是为了实施贩卖、运输毒品等其他犯罪的，因购毒者通过代收者的代收行为实现了对毒品的间接持有，故购毒者与代收者构成非法持有毒品罪的共同犯罪；如果购毒者有贩卖毒品等其他犯罪行为的，则应依法定罪处罚，不再对其认定为非法持有毒品罪。

5. 关于网络涉毒犯罪的定性。随着信息网络的普及应用，网络涉毒犯罪呈快速蔓延之势，主要表现为利用网络传播制毒技术、买卖制毒物品、贩卖毒品和组织吸毒等形式。《纪要》对此作出两方面规定，包括利用信息网络实施毒品犯罪行为的定性和利用互联网组织吸毒行为的定性。

（1）关于利用信息网络实施毒品犯罪行为的定性。《纪要》规定，对于利用信息网络贩卖毒品、在境内非法买卖用于制造毒品的原料或者配剂、传授制造毒品等犯罪的方法，构成贩卖毒品罪、非法买卖制毒物品罪、传授犯罪方法罪等犯罪的，依法定罪处罚。这里有两个需要注意的问题：一是构成非法买卖制毒物品罪的，要达到相应的定罪数量标准要求；二是“传授制造毒品等犯罪的方法”与“构成……等犯罪”中的“等”字，都是为了应对实践中的复杂情况和将来的立法修改而预留的空间。

（2）关于利用互联网组织吸毒行为的定性。对于利用互联网组织吸毒行为的定性，有意见认为可以认定为容留他人吸毒罪。但多数意见认为，虚拟空间不符合容留他人吸毒罪中的“场所”特征，对此类行为不能认定为容留他人吸毒罪；就其特征而言，属于组织或者聚众吸毒行为，但刑法尚无相应罪名。故《纪要》规定，对于在利用互联网组织他人吸毒的过程中，实施引诱、教唆、欺骗他人吸毒等犯罪的，可以依法定罪处罚。

（二）共同犯罪认定问题

对于毒品案件的共同犯罪问题，《大连会议纪要》已经作了一些规定，应当继续参照执行。《纪要》结合近年来的司法实践，又对两方面的问题作了具体规定。

1. 关于居间介绍买卖毒品的认定与处理。实践中，对居间介绍买卖毒品与居中倒卖毒品的认定容易发生混淆，对居间介绍买卖毒品的共同犯罪认定、主从犯认定存在分歧认识。《纪要》对这些问题作了明确规定。

（1）关于居间介绍买卖毒品与居中倒卖毒品的区分。贩卖毒品案件中，一些犯罪分子为减轻罪责，往往辩称自己是居间介绍者，不是真正的购毒者或者贩毒者。由于居间介绍买卖毒品者与居中倒卖毒品者在罪责和量刑上存在差别，认定时要准确区分。《纪要》从二者在毒品交易中所处的地位、发挥的作用、是否成立共同犯罪、有无获利及获利方式等方面对其作了区分。具体来看，两者的区别有以下几点：第一，在毒品交易中的地位作用不同。居间介绍者不是毒品交易的一方主体，在交易中处于中间人地位，对促成毒品交易起帮助作用；居中倒卖者虽然处于毒品交易链条的中间环节，但在每一个具体的交易环节中都是一方交易主体，对交易的发起和达成起决定性作用。第二，是否成立共同犯罪不同。居间介绍者对毒品交易行为起帮助作用，在处理上往往认定为交易一方的共犯；居中倒卖者与前后环节的交易主体不是共犯关系，而是上下家关系。第三，有无获利及获利方式不同。居间介绍者不以牟利为要件，获得的报酬来自交易一方或者双方支付的酬劳；居中倒卖者必然从毒品交易中获利，是通过“吃差价”方式来牟利。

（2）关于居间介绍买卖毒品的共同犯罪认定。对此，《纪要》区分情形作出具体规定，适用时应注意把握以下几点：第一，原则上，居间介绍者受哪一方交易主体委托，与哪一方交易主体存在犯罪共谋，就认定其与哪一方构成共同犯罪。第二，居间介绍者受以吸食毒品为目的的购毒者委托，为其介绍贩毒者的，不能因为其行为客观上促进了贩卖行为而简单认定为贩毒者的共犯，一般仍要按照购毒者的行为性质认定为非法持有毒品罪。第三，居间介绍者同时受贩毒者、购毒者双方委托，为其联络、促成交易的，为便于司法认定和处理，一般认定其与贩毒者构成共同犯罪；但作为例外，如果居间介绍者与以贩卖为目的的购毒者关系更为紧密，且购毒者对促成毒品交易起更大作用的，可以认定其与该购毒者构成共同犯罪。

（3）关于居间介绍买卖毒品者的地位作用认定。居间介绍者不是毒品交易的一方主体，对促成交易起帮助作用，故一般应当认定为从犯。但对个别以居间介绍者的身份介入毒品交易，在交易中超出居间介绍者的地位，对促成交易起重要、直接作用的被告人，可以认定为主犯。

2. 关于运输毒品共同犯罪的认定。对于两人以上同行运输毒品的，能否认定为共同犯罪，实践中存在分歧认识。《大连会议纪要》对该问题没有明确规定。因其关系到各被告人运输毒品数量的认定及共同犯罪中的地位作用问题，故需要加以规范。《纪要》对此作了两方面规定。

（1）判断同行运输毒品者是否构成共同犯罪的总体原则。《纪要》规定，对于两人以上同行运输毒品的，应当主要从以下三方面判断其是否构成共同犯罪：一是是否明知他人带有毒品；二是有无共同运输毒品的意思联络；三是有无实施配合、掩护他人运输毒品的行为。其中，第一项、第二项属于主观要素，第三项是客观要素。对于同行运输毒品，但不知道他人带有毒品的；或者虽然知道同行者带有毒品，但就共同运输毒品既没有事先通谋，在运输过程中也没有形成意思联络的，不能成立共同犯罪。对于有无实施配合、掩护他人运输毒品的行为，可以结合下列因素进行综合判断：一是运输毒品的起运地、目的地、路线是否相同；二是交通、生活费用是否共同使用；三是在途中有无配合、掩护他人运输毒品的具体行为；四是是否由其中部分人员统一与交货人或者接货人进行交接；五是是否共同获取、统一分配报酬。

（2）受雇于同一雇主运输毒品但不认定为共同犯罪的情形。《纪要》之所以对此作出专门规定，是因为实践中对受雇于同一雇主运输毒品的，容易不严格区分主客观要件就认定为共同犯罪。《纪要》具体规定了两种情形：一是受雇于同一雇主同行运输毒品，但受雇者之间没有共同犯罪故意，或者虽然明知他人受雇运输毒品，但各自的运输行为相对独立，既没有实施配合、掩护他人运输毒品的行为，又分别按照各自运输的毒品数量领取报酬的，不应认定为共同犯罪。二是受雇于同一雇主分段运输同一宗毒品，但受雇者之间没有犯罪共谋的，也不应认定为共同犯罪。需要说明的是，《纪要》规定不构成共同犯罪的仅限于受雇者之间，雇主以及其他对全体受雇者起到一定组织、指挥作用的人员则与受雇者分别构成共同犯罪，对运输的全部毒品数量承担刑事责任。

（三）毒品数量认定问题

1. 关于一案涉及两种以上毒品的数量认定。毒品犯罪中一案涉及两种以上毒品的情况较为普遍，如何准确认定涉案毒品总量，并在此基础上准确定罪量刑，是司法实践中比较突出的一个问题。《大连会议纪要》规定，对被告人一人走私、贩卖、运输、制造两种以上毒品的，不实行数罪并罚，量刑时可综合考虑毒品的种类、数量及危害，依法处理。该规定没有明确一案涉及两种以上毒品的能否进行数量折算，也没有涉及非法持有毒品罪的问题。实践中，对一案涉及两种以上毒品的数量认定，做法不一。有的地方将涉案的不同种毒品按一定比例折算后予以累加进行量刑，但折算对象和折算依据不明确、不统一。也有的地方根据涉案毒品中毒性（或者数量）最大的毒品认定毒品数量，将其他毒品作为量刑情节考虑。

《纪要》明确了应当对不同种类毒品进行数量折算并累加数量的基本原则。这样规定的理由主要有：一是对不同种类毒品进行数量折算，有利于准确认定涉案毒品数量，科学量刑。二是在关系到能否根据折算后累加的毒品数量对被告人适用更高幅度法定刑，或者能否达到非法持有毒品罪的定罪标准的情况下，进行数量折算更有利于依法从严惩处毒品犯罪。关于折算对象，海洛因是刑法明确规定了定罪量刑数量标准的常见毒品，《非法药物折算表》也以海洛因为折算参照物，对海洛因的毒性研究相对成熟，故《纪要》规定将其作为折算对象。关于裁判文书表述，由于刑法对不同种类毒品的数量折算没有明确规定，故在裁判文书中应当客观表述涉案毒品的种类和数量，并综合认定为数量大、数量较大或者少量毒品等，不明确表述将不同种类毒品进行折算后累加的毒品总量。

2. 关于未查获实物的混合型毒品的数量认定。实践中，被告人对于未查获实物的混合型毒品，通常按照粒数供述，但量刑时考虑的是涉案毒品的实际重量。对于如何计算未查获实物的混合型毒品的数量，《大连会议纪要》没有作出规定，各地的做法也不统一，需要规范。根据《纪要》的规定，在未查获实物的情况下，根据在案证据证明的混合型毒品的粒数，参考本案或者本地区查获的同类毒品的平均重量计算出毒品数量，是一个便于司法操作的办法。但是，由于这种计算方法是为了方便量刑而采用的一种特殊认定方法，所以裁判文书中原则上只表述根据在案证据认定的毒品粒数。确有必要时，可以考虑用括号注明据此计算出的毒品约重。需要注意的是，在大部分涉案混合型毒品未被查获，主要根据上述方法计算出毒品数量的情况下，决定适用死刑应当格外慎重。

3. 关于有吸毒情节的贩毒人员的贩毒数量认定。针对该问题，《纪要》对《大连会议纪要》的相关规定作了修改，加大了对吸毒者实施的贩卖毒品犯罪的处罚力度。《大连会议纪要》规定，对于以贩养吸的被告人，其被查获的毒品数量应认定为其犯罪的数量，但量刑时应考虑被告人吸食毒品的情节，酌情处理；被告人购买了一定数量的毒品后，部分已被其吸食的，应当按能够证明的贩卖数量及查获的毒品数量认定其贩毒的数量，已被吸食部分不计入在内。上述规定在执行中暴露出一些问题：一是以贩养吸被告人的认定存在扩大化倾向。一些地方将有吸毒情节的贩毒人员一律认定为以贩养吸，并根据《大连会议纪要》的规定，在认定贩毒数量时作有利于被告人的处理。二是对被告人吸食毒品数量的认定标准不严。对于被告人购买一定数量的毒品后，被查获时部分毒品去向不明，也没有证据证明被其贩卖的，往往仅凭被告人的辩解即认定去向不明的毒品是被其吸食，并从其贩毒数量中扣除。因此，有意见认为，《大连会议纪要》的上述规定使有吸毒情节的贩毒人员，因为吸毒违法行为而在认定贩毒数量时获益，特别是当其购买的毒品数量大，而能够证明的贩卖及查获的毒品数量小的情况下，这种认定思路不利于有效打击吸毒者实施的毒品犯罪。

经研究，《纪要》调整了认定思路：一是改变了适用主体，将《大连会议纪要》规定的“以贩养吸的被告人”修改为“有吸毒情节的贩毒人员”，以便于认定。二是改变了认定原则，将认定重心放在“进口”而非“出口”，即，对于有吸毒情节的贩毒人员，一般应当将其购买的毒品数量全部认定为其贩卖的毒品数量，并据此确定适用的法定刑幅度，只在量刑时酌情考虑其吸食毒品的情节。三是提高了证明标准，对于不计入贩毒数量的例外情形，要求必须是“确有证据证明”，高于执行《大连会议纪要》过程中实际掌握的证明标准。《纪要》规定的两种例外情形：一是被告人购买的毒品数量缺乏足够证据证明的，还是要按照能够证明的贩卖数量及查获的毒品数量认定其贩卖毒品的数量。二是确有证据证明被告人购买的部分毒品并非用于贩卖的，包括已被其本人吸食、不以牟利为目的为吸食者代购或者被其赠予他人等情形，不应计入其贩卖毒品的数量。需要注意的是，不计入贩毒数量的不应包括丢失、销毁等情形，因为被告人如系以贩卖为目的购买这部分毒品，无论是否卖出，均应计入其贩卖毒品的数量。

在《纪要》起草过程中，有意见提出，对于有吸毒情节的贩毒人员恰好购买了50克甲基苯丙胺的，应当如何认定其贩毒数量？量刑时能否考虑其购买的部分毒品可能被其吸食的情节，而判处十五年有期徒刑以下刑罚？对此，根据《纪要》的规定，一般还是应当按照其购买的毒品数量（即50克甲基苯丙胺）认定其贩卖毒品的数量，并据此确定适用的法定刑幅度，量刑时只能在相应的法定刑幅度内酌情从轻处罚，而不能在法定刑以下适用刑罚。但是，对于确有证据证明被告人购买的部分毒品已经被其吸食，而非用于贩卖的，可以从其贩卖的毒品数量中扣除，并在相应的法定刑幅度内量刑，这实际属于《纪要》规定的第二种例外情形。

4. 关于低纯度毒品的数量认定及对量刑的影响。该问题也是个老问题，但实践中各地的认识和做法很不统一。调研中了解到，有的地方仍在执行对低纯度毒品按照25%的纯度进行折算后认定数量的做法；有的地方提出，对毒品含量极低的案件应当报送最高人民法院核准在法定刑以下判处刑罚。对此，《纪要》强调，应当严格执行刑法有关毒品数量不以纯度折算的规定，一般均应将查证属实的毒品数量认定为毒品犯罪的数量，并据此确定适用的法定刑幅度。但《纪要》也规定了两个例外情形：一是2000年最高人民法院《关于审理毒品案件定罪量刑标准有关问题的解释》规定，对度冷丁（杜冷丁）和盐酸二氢埃托啡针剂及片剂要按照有效药物成分的含量计算毒品数量，这属于司法解释的特殊规定。二是为了掩护运输而将毒品临时溶于液体的，可以将溶液蒸馏后得到的纯度较高的毒品数量作为量刑的依据，这也是司法实践中普遍接受的做法。

同时，考虑到不同纯度毒品的毒性和社会危害的客观差异，《纪要》规定，涉案毒品纯度明显低于同类毒品的正常纯度的，量刑时可以酌情考虑。关于各类毒品的正常纯度，根据相关部门提供的数据，在终端消费市场，海洛因的正常纯度为5%—60%，甲基苯丙胺（冰毒）的正常纯度为50%—99%，甲基苯丙胺片剂的正常纯度为5%—30%，氯胺酮的正常纯度为60%—99%。明显低于上述纯度范围最低值的，量刑时可以酌情考虑。是否“明显低于”正常纯度，则要结合案件具体情况进行判断。此外，鉴于当前毒品犯罪的严峻形势和社会危害，对毒品含量极低的案件，尚不宜报送最高人民法院核准在法定刑以下判处刑罚。

5. 关于制造毒品的数量认定。《大连会议纪要》对制造毒品罪的认定与处罚作了一些规定，但没有涉及制造毒品的数量认定问题。制造毒品案件中，现场遗留物的情况比较复杂，可能包括毒品成品、半成品、废液废料等，其中通常都能够检出毒品成分。如何认定制造毒品的数量，一直是困扰审判实践的难题。废液废料是指不具备进一步提取（提纯）毒品条件的固体或者液体废弃物，能够检出毒品成分但含量极低。故《纪要》明确提出，废液废料不应计入制造毒品的数量，并原则性规定了有关废液废料的判断方法和依据。

（四）死刑适用问题

《大连会议纪要》对毒品犯罪的死刑适用问题作了较为系统的规定，对相对统一死刑适用标准发挥了重要作用，对于这些规定总体仍应继续参照执行。《纪要》对《大连会议纪要》的相关规定作出了补充和完善，这些内容大多是《大连会议纪要》没有规定的，也是对近年来审判实践经验的总结。需要说明的是，《纪要》中的死刑均指死刑立即执行。

《纪要》强调了毒品犯罪案件的死刑政策把握问题，提出在当前形势下仍要充分发挥死刑的威慑作用，对罪行极其严重、依法应当判处死刑的毒品犯罪分子，要坚决判处死刑；同时提出，在毒品犯罪审判中也要全面贯彻宽严相济刑事政策，体现区别对待，做到罚当其罪，确保死刑只适用于极少数罪行极其严重的犯罪分子。需要说明的是，在《纪要》起草过程中，曾经考虑过明确规定一个相对统一的、有一定幅度的毒品犯罪死刑数量标准。但从调研情况看，由于各地的毒品犯罪形势差异较大，要制定全国统一的毒品犯罪死刑数量标准，目前条件还不成熟。下一步，各地法院可以结合当地毒品犯罪审判实际，参照最高人民法院复核毒品犯罪死刑案件的典型案例，进一步规范和统一当地实际掌握的死刑数量标准。关于《纪要》中“数量巨大”和“数量特别巨大”的具体标准，刑法只规定了毒品“数量大”，没有规定“数量巨大”和“数量特别巨大”。《大连会议纪要》在有关制造毒品和共同犯罪问题的规定中，使用了毒品“数量特别巨大”的表述。为进一步细化死刑适用标准，《纪要》在多处使用了毒品“数量巨大”和“数量特别巨大”的表述。对于其具体标准，各地可以从当地实际出发，参照近年来最高人民法院复核毒品犯罪死刑案件的情况加以把握。

《纪要》结合近年来的审判实际，对运输毒品犯罪，毒品共同犯罪和上下家犯罪，新类型、混合型毒品犯罪的死刑适用问题作了具体规定。

1. 运输毒品犯罪的死刑适用

该部分是对《大连会议纪要》相关规定的补充和完善，重申了

《大连会议纪要》规定的运输毒品犯罪的严惩重点，并对受人指使、雇用运输毒品犯罪的死刑适用作了一些新规定，主要包括以下几方面内容。

首先，《纪要》新增了对受人指使、雇用运输毒品的被告人适用死刑的总体原则。提出要以区别对待、慎重适用死刑为原则，并明确提出决定是否适用死刑时，应当综合考虑毒品数量、被告人的犯罪次数、犯罪的主动性和独立性、在共同犯罪中的地位作用、获利程度和方式及其主观恶性、人身危险性等因素。其次，《纪要》对于确属受人指使、雇用运输毒品并系初犯、偶犯的被告人，在《大连会议纪要》的基础上进一步明确了不判处死刑的情形。《大连会议纪要》规定，对于这部分被告人，即使毒品数量超过实际掌握的死刑数量标准，也可以不判处死刑。《纪要》则进一步提出，对于其中被动参与犯罪，从属性、辅助性较强，获利程度较低的被告人，一般不应当判处死刑。这是新增加的内容，目的是进一步严格限制受雇运输毒品犯罪的死刑适用，以突出对运输毒品犯罪的打击重点。再次，《纪要》明确规定了对“不能排除”受人指使、雇用运输毒品的被告人不判处死刑的条件。这是对《大连会议纪要》规定的“有证据证明确属”受雇的突破，吸收了2010年我院办公厅下发云南高院的《关于审理运输毒品犯罪案件应切实做到罪刑相当、罚当其罪的函》中的有关内容。主要考虑毒品犯罪隐蔽性强，部分案件难以达到“有证据证明确属”受雇的证明标准，如果在量刑时完全不予考虑，又有悖于罪责刑相适应原则。故近年来各地在审理此类案件时，包括最高人民法院在复核此类死刑案件时，也将“不能排除”受雇运输毒品的被告人作为慎用死刑的对象。《纪要》明确规定，“不能排除”受人指使、雇用运输毒品的被告人同时具备以下两个条件的，可以不判处死刑：一是不排除初次参与运输毒品，二是毒品数量不属巨大。需要说明的是，“不能排除”并不是无根据的推测，也要求有一定的证据证明，只是没有达到确实、充分的证明标准。最后，《纪要》规定了多人受雇运输毒品犯罪的死刑适用。强调对不同受雇者应结合其运输毒品数量、具体犯罪情节、参与犯罪程度、与雇用者关系的紧密性及其主观恶性、人身危险性等量刑因素作进一步区分，同时判处二人以上死刑要特别慎重。

需要说明的是，“受指使、雇用运输毒品”的表述源自《大连会议纪要》。在《纪要》起草过程中，有意见提出，受指使为他人运输毒品的被告人在共同犯罪中通常处于明显的被动、从属地位，与以牟利为目的受雇运输毒品的被告人有所不同，在决定死刑适用时应当进一步加以区分。经研究，该意见确有合理性，但鉴于实践中个案差异较大，对受指使与受雇用运输毒品的被告人如何体现区别对待，尚需进一步总结经验，故《纪要》没有对此作出明确规定。但《纪要》中也体现了根据具体犯罪情节进一步加以区分的精神，如规定对于受人指使、雇用参与运输毒品的被告人，应当综合考虑其犯罪的主动性和独立性、在共同犯罪中的地位作用、获利程度和方式及其主观恶性、人身危险性等因素，予以区别对待。又如，规定对于有证据证明确属受人指使、雇用初次运输毒品的案件，被告人被动参与犯罪，从属性、辅助性较强，获利程度较低的，一般不应当判处死刑。在今后的审判实践中，可以进一步总结受指使与受雇用运输毒品犯罪在社会危害性上的区别，依法、准确适用死刑。

2. 毒品共同犯罪、上下家犯罪的死刑适用

《大连会议纪要》对毒品共同犯罪的死刑适用作了较为原则的规定，对毒品交易上下家的死刑适用则没有涉及。《纪要》对此作了具体规定，是新增的内容。

（1）关于毒品共同犯罪案件的死刑适用。毒品共同犯罪案件中，能否对二名以上被告人适用死刑的问题较为突出。《纪要》规定，毒品共同犯罪的死刑适用要严格贯彻罪责刑相适应原则，涉案毒品的数量不同，适用死刑的具体原则也有所区别。对于毒品数量刚超过实际掌握的死刑数量标准的，原则上只对其中罪责最大的一名主犯适用死刑；罪责确实难以区分的，可以不判处被告人死刑；但即使二名主犯的罪责均很突出，且均具有法定从重处罚情节的，也要尽可能比较其主观恶性、人身危险性方面的差异，判处二人死刑要特别慎重，也就是说，在这种情

况下，判处二人死刑属于极例外的做法。如果毒品数量达到巨大以上，判处二人以上死刑也还应当具备以下两个条件：一是二名以上主犯的罪责均很突出，或者个别主犯罪责稍次但具有法定或者重大酌定从重处罚情节；二是判处二人以上死刑符合罪刑相适应原则，并有利于全案量刑平衡。

（2）关于存在未到案共同犯罪人案件的死刑适用。实践中，此类案件的死刑适用存在的问题较多。办理此类案件的总体原则是，分清在案被告人与未到案共同犯罪人的罪责，准确适用死刑，并防止升格适用死刑；因罪责不清影响死刑适用的，不应对在案被告人判处死刑。《纪要》规定了三种具体情形：一是共同犯罪人到案与否不影响对在案被告人适用死刑的情形，即，在案被告人与未到案共同犯罪人均属罪行极其严重的，可以依法判处在案被告人死刑。二是不得因共同犯罪人未到案而对在案被告人升格适用死刑的情形，即，在案被告人的罪行不足以判处死刑，或者共同犯罪人归案后从全案量刑平衡的角度考虑，只宜判处该共同犯罪人死刑的，这种情况下不应判处在案被告人死刑。三是共同犯罪人未到案影响罪责认定，进而影响准确适用死刑的情形，这种情况下也不应对在案被告人判处死刑。

（3）关于贩卖毒品上下家的死刑适用。办理此类案件，应当对毒品上家还是下家判处死刑，以及什么情况下可以同时判处上下家死刑，也是实践中反映较为突出的问题。首先，《纪要》明确了对贩卖毒品上下家决定死刑适用时的考虑因素。包括贩毒数量、次数及对象范围，犯罪的主动性，对促成交易所发挥的作用，犯罪行为的危害后果及被告人的主观恶性、人身危险性等。其次，《纪要》对买卖同宗毒品上下家的死刑适用问题作了原则性规定。对于买卖同宗毒品的上下家，由于涉案毒品总量没有增加，毒品数量刚超过实际掌握的死刑数量标准的，一般不能同时判处死刑。再次，《纪要》结合实践情况，进一步明确了买卖同宗毒品案件中判处上下家死刑的一般规则。上家主动联络销售毒品，积极促成毒品交易的，一般可以优先考虑判处上家死刑；但并不是一律“杀上家不杀下家”，下家积极筹资，主动向上家约购毒品，对促成毒品交易起更大作用的，可以考虑判处下家死刑。最后，《纪要》规定，涉案毒品数量达到巨大以上的，也要综合各种量刑因素，慎重决定能否同时对上下家判处死刑。

（4）关于人数较多的同宗毒品犯罪案件的死刑适用。同宗毒品犯罪案件既包括涉及同宗毒品买卖、多名被告人互为上下家的案件，也包括多名上下家和共同犯罪人并存的案件。《纪要》提出，对此类案件的死刑适用可以综合运用前述毒品共同犯罪、上下家犯罪的原则予以处理。

（5）关于并案审理问题。《纪要》提出，从准确定罪量刑和诉讼经济原则考虑，对毒品共同犯罪案件和密切相关的上下游案件应当尽量并案审理，因客观原因分案处理的，要注意各案间的量刑平衡，确保准确适用死刑。

3. 新类型、混合型毒品犯罪的死刑适用

这部分内容也是《纪要》针对近年来实践中反映较为集中的新问题作出的新规定。

（1）关于甲基苯丙胺片剂（俗称“麻古”）犯罪的死刑适用。调研中了解到，对甲基苯丙胺片剂的死刑数量标准，一些地方完全按照甲基苯丙胺（冰毒）的数量标准掌握。但是，根据有关部门提供的数据，此类片剂中的甲基苯丙胺含量约在5%—30%，而冰毒中的甲基苯丙胺含量一般在50%—99%。在数量相同的情况下，甲基苯丙胺片剂所含的有效毒品成分和危害性要小于冰毒，故对前者应当掌握更高的死刑数量标准。经研究，《纪要》提出，对甲基苯丙胺片剂的死刑数量标准，一般可以按照冰毒的2倍左右掌握，具体可以根据当地的毒品犯罪形势和涉案毒品含量等因素确定。例如，对于实际掌握的冰毒死刑数量标准较高、甲基苯丙胺片剂中毒品含量较高的省份，可以适当低于前述2倍标准；对于甲基苯丙胺片剂的含量较低、社会危害较小的省份，可以适当高于前述2倍标准。

（2）关于氯胺酮犯罪的死刑适用。《纪要》主要作了两方面的规定：一是规定对涉氯胺酮犯罪案件，符合条件的可以依法适用死刑。主要针对案件性质为制造、贩卖毒品，涉及多人多宗犯罪，具有多次、大量、向多人贩卖及累犯、毒品再犯等情节的被告人。二是明确了氯胺酮的死刑数量标准。2007年最高人民法院、最高人民检察院、公安部《办理毒品犯罪案件适用法律若干问题的意见》（以下简称《2007年毒品案件适用意见》）规定，氯胺酮的“数量大”标准是1000克，与海洛因的“数量大”标准是20∶1的关系。主要考虑当时氯胺酮的滥用情况尚不严重，涉氯胺酮犯罪的社会危害亦不是非常突出。而且，以往对涉氯胺酮犯罪案件判处死刑的数量标准掌握得也较高。《纪要》规定对氯胺酮的死刑数量标准一般可以按照海洛因的10倍掌握，主要基于以下几点考虑：第一，近年来氯胺酮在我国的滥用人数不断增长，已上升至第三位，仅次于甲基苯丙胺和海洛因。第二，滥用氯胺酮造成的现实危害不断加大，因其兼具麻醉和致幻效果，实践中大量的自伤自残、暴力犯罪及“毒驾”案件多系由吸食氯胺酮引发。第三，制贩氯胺酮案件近年来呈迅速增长之势，有必要加大对此类犯罪的打击力度。此外，10∶1的比例参考了《非法药物折算表》中氯胺酮与海洛因的折算比例。需要注意的是，《纪要》对氯胺酮死刑数量标准的规定，并不是对氯胺酮定罪量刑数量标准的全面调整；目前，对于涉氯胺酮非死刑案件，仍应适用《2007年毒品案件适用意见》的规定，按照与海洛因20∶1的比例掌握。

（3）关于其他新类型、混合型毒品犯罪的死刑适用。由于这些毒品的滥用范围和社会危害相对较小，有的还没有定罪量刑数量标准，故一般不宜适用死刑。但考虑到毒品犯罪形势发展变化很快，《纪要》也规定，对于司法解释、规范性文件明确规定了定罪量刑数量标准，且涉案毒品数量特别巨大，社会危害大，不判处死刑难以体现罚当其罪的，必要时可以判处被告人死刑。

（五）缓刑、财产刑适用及减刑、假释问题

为进一步规范毒品犯罪的刑罚适用与执行，加大惩处毒品犯罪力度，《纪要》在这方面作了一些新规定，包括三方面内容。

1. 关于毒品犯罪的缓刑适用。司法实践中存在毒品犯罪缓刑适用不够规范的问题，《纪要》首次对这一问题作出规定，明确了从严掌握毒品犯罪缓刑适用条件的原则。《纪要》明确提出，对于毒品再犯一般不得适用缓刑，并结合审判实践规定，对于不能排除多次贩毒嫌疑的零包贩毒被告人，因认定构成贩卖毒品等犯罪的证据不足而认定为非法持有毒品罪的被告人，实施引诱、教唆、欺骗、强迫他人吸毒犯罪及制毒物品犯罪的被告人，应当限制缓刑适用。

2. 关于毒品犯罪的涉案财物追缴及财产刑适用。毒品犯罪是典型的贪利型犯罪，应进一步加大对犯罪分子的经济制裁力度。《纪要》结合2013年1月1日起施行的《刑诉法解释》等相关规定，对下列问题作出规范：一是规定了对毒品犯罪案件查封、扣押、冻结的涉案财物及其孳息的判缴问题。强调要依法追缴毒品犯罪分子违法所得，并明确规定了应予没收财物的具体范围。二是明确了确定罚金数额的原则及判处没收财产刑的幅度问题。要求继续充分发挥财产刑的作用，结合案件和被告人的具体情况合理确定罚金数额及没收财产刑的幅度，既要对毒品犯罪分子给予有力经济制裁，也要确保刑罚执行效果、避免形成空判。需要说明的是，该部分中“法律另有规定的除外”是新刑诉法司法解释的原文规定，主要是为了应对实践中的复杂情况，在此予以保留。另外，对于判处无期徒刑的，刑法及相关司法解释均未规定“应当”并处没收个人全部财产，故《纪要》规定为“可以”并处没收个人全部财产。

3. 关于毒品罪犯的减刑、假释。《纪要》第一次以规范性文件的形式对毒品罪犯的刑罚执行问题作出规定，要求对于具有毒枭、职业毒犯、累犯、毒品再犯等情节的毒品罪犯，应当从严把握减刑条件并对其假释作出限制。

（六）累犯、毒品再犯问题

《大连会议纪要》在此方面已有一些规定，《纪要》对《大连会议纪要》的相关规定作了补充和完善。第一，《纪要》进一步明确了累犯、毒品再犯情节对毒品犯罪案件量刑的影响，强调要根据宽严相济刑事政策的要求，对累犯、毒品再犯依法从严惩处，并具体规定了其中几类严惩的重点。第二，《纪要》规定了同时具有累犯、毒品再犯情节的刑罚适用及法条引用问题。《大连会议纪要》规定，对同时构成累犯和毒品再犯的被告人，应当同时引用刑法关于累犯和毒品再犯的条款从重处罚。对此类被告人是否要重复予以从重处罚，实践中有不同认识。《纪要》对《大连会议纪要》的上述规定加以完善，区分两种情形作出规定：一是对于因同一毒品犯罪前科同时构成累犯和毒品再犯的被告人，在裁判文书中应当同时引用刑法关于累犯和毒品再犯的条款，但在量刑时不得重复予以从重处罚；二是对于因不同犯罪前科同时构成累犯和毒品再犯的被告人，量刑时的从重处罚幅度一般应大于前述情形，以体现区别。之所以规定为“一般”，是考虑到实践中存在一些例外情况。例如，对于分别因罪行较轻的盗窃罪和非法持有毒品罪而同时构成累犯和毒品再犯的被告人，对其从重处罚幅度未必大于因单一的严重贩卖毒品罪而同时构成累犯和毒品再犯的被告人。

（七）非法贩卖麻醉药品、精神药品行为的定性问题

近年来，非法贩卖盐酸曲马多、安钠咖、美沙酮等麻精药品的案件不断出现。对此类案件如何定性，实践中存在不小争议，《纪要》对该问题作了原则性规定。

麻精药品通常具有双重属性，无论通过合法渠道销售还是非法渠道流通，只要被患者正常使用发挥疗效作用的，就属于药品；只有脱离管制被吸毒人员滥用的，才属于毒品。因此，列入《麻醉药品品种目录》和《精神药品品种目录》的麻精药品并不等同于毒品，也并非所有非法贩卖麻精药品的行为都应当被认定为贩卖毒品罪，而应具体情况具体分析。

《纪要》根据贩卖对象作出区别规定：第一，对于向走私、贩卖毒品的犯罪分子或者吸食、注射毒品的人员进行贩卖的，应当以贩卖毒品罪定罪处罚。第二，对于出于医疗目的，违反药品管理法的相关规定，向无资质的药品经营人员、私立医院、诊所、药店或者病人非法贩卖的，侵犯的是国家对药品的正常经营管理秩序，故不应认定为贩卖毒品罪，符合非法经营罪的定罪标准的，依法定罪处罚。需要说明的是，实

践中有的被告人向不特定对象贩卖麻精药品，如果没有证据证明其是向走私、贩卖毒品的犯罪分子或者吸食、注射毒品的人员进行贩卖的，根据有利于被告人的原则，一般不宜认定为贩卖毒品罪。